Ulrike Herrmann

Deutschland, ein Wirtschaftsmärchen

PIPER

Zu diesem Buch

»Die neue Ampelregierung war noch keine zwanzig Minuten alt, als FDP-Chef Christian Lindner zum ersten Mal von der Wahrheit abwich. Er sagte nämlich, man wolle ›die breite Mitte des Landes entlasten‹. Das ist falsch. Die Mitte kommt im Koalitionsvertrag nicht vor, und beschenkt wird sie auch nicht. Für die WählerInnen lohnt es sich also, wachsam zu sein. Die meisten ökonomischen Kernbegriffe dienen dazu, die Realität zu verschleiern. Ein schönes Beispiel ist auch die ›soziale Marktwirtschaft‹, die die Ampel zur ›ökologisch sozialen Marktwirtschaft‹ weiter entwickeln will. Dieser Begriff klingt nach Ausgleich, Gerechtigkeit und Solidarität. Angeblich sind fast alle fast gleich. Tatsächlich war die Bundesrepublik aber nie gerecht, sondern ist eine Klassengesellschaft, in der die reichsten zehn Prozent einen großen Teil des Volksvermögens besitzen. Der Begriff der ›sozialen Marktwirtschaft‹ wurde 1949 von der CDU nur erfunden, um eine ›Wirtschaftsreform‹ zu simulieren, die es nie gegeben hat. Diese Legende sollte verbrämen, wie wenig sich seit der NS-Zeit ökonomisch verändert hatte: In den Großkonzernen dominierten weiterhin die alten Eliten.«

Ulrike Herrmann arbeitet als Wirtschaftskorrespondentin bei der tageszeitung (taz). Zudem ist sie regelmäßiger Gast im Radio und im Fernsehen. Sie ist ausgebildete Bankkauffrau und hat an der FU Berlin Geschichte und Philosophie studiert. Zuletzt erschienen im Piper Verlag ihre Bestseller »Der Sieg des Kapitals« sowie »Kein Kapitalismus ist auch keine Lösung«.

Ulrike Herrmann

DEUTSCHLAND, EIN WIRTSCHAFTS MÄRCHEN

Warum es kein Wunder ist, dass wir reich geworden sind

PIPER

Mehr über unsere Autorinnen, Autoren und Bücher:
www.piper.de

Von Ulrike Herrmann liegen im Piper Verlag vor:
Deutschland, ein Wirtschaftsmärchen
Kein Kapitalismus ist auch keine Lösung
Der Sieg des Kapitals

Inhalte fremder Webseiten, auf die in diesem Buch hingewiesen wird, macht sich der Verlag nicht zu eigen und übernimmt dafür keine Haftung.

Unser Versprechen für mehr Nachhaltigkeit
• Klimaneutrales Produkt
• FSC®-zertifiziertes Papier
• Hergestellt in Europa

MIX
Papier aus verantwortungsvollen Quellen
FSC® C083411
FSC www.fsc.org

Aktualisierte Taschenbuchausgabe
ISBN 978-3-492-31900-3
Februar 2022

Umschlaggestaltung: Lorenz & Zeller
nach dem Entwurf von Buchgut, Berlin
Umschlagmotiv: Illustrationen: Bernd Reuters,1952, für Volkswagen
Satz: Publikations Atelier, Dreieich
Gesetzt aus der Charter ITC
Litho: Lorenz & Zeller, Inning am Ammersee
Druck und Bindung: CPI books GmbH, Leck
Printed in the EU

Inhalt

Einleitung 9

I Was von der Nazi-Zeit übrig blieb 13
Das Deutsche Reich: Ein Schwellenland 14
Zu Fuß in den Krieg 18
Der Untergang 21
Der Hunger erreicht Deutschland 25
Wenn Geld nichts mehr wert ist: Der Schwarzmarkt 30

II Kein Wunder: Das »Wirtschaftswunder« 34
Ein Symbol wird geboren: Die D-Mark 36
Der wahre Vater der D-Mark: Edward A. Tenenbaum 39
Das »Wunder« startet – nicht nur in Westdeutschland 41
Ein Fehler: Erhard gibt fast alle Preise frei 45
Noch ein Fehler: Die SPD setzt auf Sozialismus 49

III Ludwig Erhard: Ein talentierter Selbstdarsteller 53
Verkäufer für Weißwäsche 54
Profiteur des NS-Regimes 58
»Kriegswichtige« Gutachten 60
Eine Denkschrift, die auch die SS liest 65
Die Lüge vom Widerstand 67
Als Minister gescheitert, aber »Professor« 69
Eine Qual für beide: Erhard und Adenauer 73
Seltsamer Nachruhm 78

IV **Die Rettung kommt von außen: Europa** 81
Der Marshallplan: Nicht nur Propaganda 82
Genial und effizient: Die Europäische Zahlungsunion 84
»Exportstar« Deutschland: Die ewigen Überschüsse 87
Gold – ein schlechtes Geschäft 93
Europa vereinigt sich – wider Willen 95

V **Die »soziale Marktwirtschaft« war nicht sozial** 104
Das große Missverständnis: Um Gerechtigkeit ging es nicht 105
Kein Wahlgeschenk: Die Rentenreform von 1957 108
Nirgendwo ist »Marktwirtschaft«:
Die ungebrochene Macht der Großkonzerne 114
Die Kontinuität der Eliten 119

VI **Die Krisen kehren zurück** 125
Eine Schlüsselindustrie verschwindet: Die Kohle 125
Goldkrise: Die Tücken der Leitwährung Dollar 130
»Truppendollar«: Ständiger Streit mit den USA 134
Erhard muss gehen: Die Bundesbank stürzt einen Kanzler 139
Die SPD triumphiert: »Wahlschlacht um die Mark« 143
Die Spekulanten siegen: Das Weltwährungssystem zerfällt 146
Herstatt: Eine Kölner Pleite hat weltweite Folgen 150
Der Ölpreis explodiert – und Autos bleiben stehen 153

VII **Staat im Staat: Die Bundesbank** 157
Die Macht der Unabhängigkeit 157
Adenauer muss nachgeben 160
Alarm: Inflation! 162
»Hysterie in Frankfurt« 166
Die Bundesbank torpediert die deutsche Einheit 169
Europa ist empört: »Tyrannei der D-Mark« 171

VIII **Ein historisches Geschenk: Die Wiedervereinigung** 174
Die DDR: Ein Vasallenstaat der Sowjets 175
Die Macken der Planwirtschaft 176
Selbst SED-Kader resignieren 182

Teuer und trotzdem kostenlos: Die Wiedervereinigung 188
Schicksalswahl 1990:
Das tragische Versagen von Oskar Lafontaine 195
Die »soziale Marktwirtschaft« bleibt unsozial 200

IX Die Reichen werden beglückt – vor allem von Rot-Grün 204
»Die größte Steuerreform der Bundesrepublik« 205
Agenda 2010: Die SPD-Wähler werden betrogen 209
»Riester-Rente«: Die Angst vor der Altersarmut kehrt zurück 214
Vor der GroKo ist nach der GroKo 219

X Die Finanzkrise ab 2007:
Die Pleite einer Bank war keine gute Idee 223
Der ewige Traum: Spekulieren ohne Risiko 224
Selbst Arbeitslose kaufen Häuser 225
Der Schock: Lehman Brothers geht pleite 226
Seltsam: Auch deutsche Banken sind bankrott 227
Nach der Krise ist vor der Krise 229
Ein Sanierungsfall: Die Deutsche Bank 230

XI Ein Kontinent zerstört sich selbst: Die Eurokrise 233
Die D-Mark war kein Dollar 234
Der Euro ist die »Story« 235
Es funktioniert nicht: Ein Euro, aber 19 Staatsanleihen 237
»Exportstar« Deutschland: Weltrekorde im Außenhandel 239
Der Euro wird von innen gesprengt 242
Kein Euro ist auch keine Lösung 246
Der Euro könnte wie der Dollar sein 247

XII Schluss: Politik lohnt sich 250

Dank 254

Anmerkungen 255

Literatur 311

Einleitung

Die neue Ampelregierung war noch keine zwanzig Minuten alt, als FDP-Chef Christian Lindner zum ersten Mal von der Wahrheit abwich. Über den Koalitionsvertrag sagte er nämlich, Ziel sei es, »die breite Mitte des Landes zu entlasten«. Das ist falsch. Die Mitte kommt im Vertrag nicht vor, und beschenkt wird sie auch nicht.

Aber diese Szene ist typisch für die Bundesrepublik. Die »Mitte« ist ein geradezu sakrales Wort im profanen deutschen Politikbetrieb. Permanent wird die »Mitte« umworben, obwohl gar nicht klar ist, wer zu dieser Gruppe genau zählt. Die bundesdeutsche Geschichte jedenfalls zeigt, dass die »Mitte« häufig dann beschworen wurde, wenn es galt, die Reichen mit Steuergeschenken zu beglücken. FDP-Chef Lindner ist da keine Ausnahme.

Für die WählerInnen lohnt es sich also, wachsam zu sein. Die meisten ökonomischen Kernbegriffe dienen dazu, die Realität zu verschleiern. Ein schönes Beispiel ist auch die »soziale Marktwirtschaft«, die die Ampel zur »ökologisch sozialen Marktwirtschaft« weiter entwickeln will. Dieser Begriff klingt nach Ausgleich und Gerechtigkeit, nach Solidarität und eben nach »Mitte«. Angeblich sind fast alle fast gleich.

Tatsächlich war die Bundesrepublik nie gerecht, sondern ist eine Klassengesellschaft, in der die reichsten zehn Prozent einen großen Teil des Volksvermögens besitzen. Der Begriff der »sozialen Marktwirtschaft« wurde 1949 von der CDU nur erfunden, um eine »Wirtschaftsreform« zu simulieren, die es nie gegeben hat. Man wollte den Eindruck erwecken, als hätten die Unternehmen die NS-Zeit hinter sich gelassen und in der »Stunde Null« neu angefangen. Doch in Wahrheit dominierten auch nach dem Krieg genau jene Konzerne und Manager, die zuvor eng mit Hitler zusammengearbeitet hatten. Der Begriff der »sozialen Marktwirtschaft« wurde kreiert, um diese strukturelle und personelle Kontinuität zu maskieren.

Diese »soziale Marktwirtschaft« soll jetzt also ökologisch werden. Natürlich ist Klimaschutz wichtig. Die deutsche Wirtschaft muss umweltfreundlich werden, denn mit der Natur lässt sich nicht verhandeln. Wenn wir uns jetzt nicht freiwillig anpassen, werden wir durch Katastrophen dazu gezwungen. Aber es befremdet, wenn grüne Staatssekretäre ein ökologisches »Wirtschaftswunder« versprechen und damit auf die Nachkriegszeit anspielen.[1]

Westdeutschland ist von 1950 bis 1973 pro Kopf und Jahr um fünf Prozent gewachsen. Ein derartiges »Wirtschaftswunder« würde die Welt heute gar nicht mehr verkraften. Schon jetzt tun die Deutschen so, als könnten sie drei Planeten verbrauchen. Bekanntlich gibt es aber nur die eine Erde.

Zudem ist der Begriff »Wirtschaftswunder« keineswegs harmlos, sondern es schwingt ein nationaler Unterton mit. Die Bundesbürger sind stolz auf den rasanten Aufschwung ab 1950, weil stets der Eindruck erzeugt wurde, als wäre allein die westdeutsche Industrie wie Phönix aus der Asche auferstanden. Auch das ist ein Irrtum. Nach dem Zweiten Weltkrieg ist ganz Europa stark gewachsen, und den Rekord halten übrigens die Spanier, die sogar ein Plus von 5,8 Prozent pro Jahr und Kopf erzielen konnten.

Die Bundesrepublik fiel vor allem durch eine Besonderheit auf: Ab 1952 verbuchte sie fast immer Exportüberschüsse, was die europäischen Nachbarn damals genauso ärgerte wie heute. Doch diese Wut prallte an den Deutschen ab. Ihr Ehrgeiz ist ungebrochen, unbedingt »Exportweltmeister« zu sein. Nie taucht die naheliegende Frage auf, warum eigentlich andere Länder ebenfalls prosperieren, obwohl sie auf diesen Titel dankend verzichten.

Neu ist allerdings, dass die Grünen erstmals das Wirtschaftsministerium übernommen haben. Robert Habeck hat also einen berühmten Vorgänger – Ludwig Erhard. Kein anderer Minister ist so legendär, denn angeblich soll Erhard 1948 ganz allein die D-Mark eingeführt, die »soziale Marktwirtschaft« erfunden und das »Wirtschaftswunder« begründet haben. In diesem Narrativ ist Erhard ein überragender Ökonom und Staatsmann, der Westdeutschland aus tiefster Not errettet hat. Prompt fragten sich diverse Medien, »wie viel Ludwig Erhard in Robert Habeck steckt«.[2]

Es ist erstaunlich, dass Erhard bis heute als Held verehrt wird. Denn er war ein Opportunist und Lügner. Nach dem Krieg gab er sich als eine Art Widerstandskämpfer aus, obwohl er zu NS-Zeiten bestens verdient hatte, indem er Gauleiter und SS-Behörden mit Gutachten versorgte. Erhards dunkle Vergangenheit ist historisch gut dokumentiert – wird aber tatkräftig verschwiegen.

Zudem war Erhard ein überaus naiver Ökonom. Die D-Mark war nicht seine Erfindung, sondern wurde von den Amerikanern durchgesetzt. Das Konzept stammte sehr wesentlich von zwei jüdischen Volkswirten, die 1933 aus Deutschland fliehen mussten. Es wirft kein gutes Licht auf die deutsche Vergangenheitsbewältigung, dass Erhard noch immer als »Vater der D-Mark« verehrt wird, denn damit werden Gerhard Colm und Raymond Goldsmith um ihr intellektuelles Erbe gebracht.

Erhard las keine Akten, war nie informiert und ließ sich stets von seinen Vorurteilen leiten. Seine Unfähigkeit blieb der Öffentlichkeit nur verborgen, weil er als Wirtschaftsminister sowieso wenig zu sagen hatte. Die Richtlinien wurden vom CDU-Kanzler Konrad Adenauer bestimmt, der die westdeutsche Wirtschaftsordnung bleibend geprägt hat: Er forcierte die Europäische Integration und setzte die Rentenreform von 1957 durch.

Die neue Ampel weckt auch ansonsten alte Erinnerungen. SPD und FDP haben zuletzt von 1969 bis 1982 zusammen regiert, und das Ende war dramatisch. Die Liberalen wechselten abrupt die Seiten und machten Helmut Kohl zum neuen CDU-Kanzler. Kann eine derartige »Wende« wieder passieren? Nein. Diese Geschichte wird sich nicht wiederholen, jedenfalls nicht in dieser Form. Dafür hat ausgerechnet Kohl gesorgt – indem er die Bundesbank entmachtet hat, die für das Ende der sozialliberalen Koalition maßgeblich verantwortlich war.

Bis heute hält sich die Legende, dass die Bundesbank stets für Stabilität gesorgt hätte. Doch tatsächlich hat die Frankfurter Notenbank mehrfach schwere Wirtschaftskrisen ausgelöst, indem sie die Zinsen nach oben trieb und Kredite abstrus verteuerte. Auch 1981/82 waren zwei Millionen Menschen arbeitslos, weil die Bundesbank allzu große Angst hatte, dass eine unkontrollierbare Inflation drohen könnte. An dieser schweren Rezession ist die Regierung Schmidt dann zerbrochen.

Kohl hatte nicht vor, das Schicksal seines Vorgängers zu erleiden. Um die Bundesbank zu entmachten, arbeitete er seit 1986 daran, eine europäische Währungsunion voranzubringen. Bis heute glauben viele Deutsche, sie seien nur im Euro gelandet, weil Frankreich sonst der Wiedervereinigung nicht zugestimmt hätte. Auch das ist verkehrt. Der Euro ist ein Projekt der Regierung Kohl, um die undemokratische Willkür der Bundesbank zu beenden.

Leider wurde der Euro erst 1999 eingeführt, so dass die Bundesbank noch genug Zeit hatte, um die deutsche Einheit zu torpedieren, indem sie erneut die Zinsen nach oben schraubte. Viele Ostdeutsche sind überzeugt, dass die Treuhand schuld gewesen sei, dass so wenig neue Arbeitsplätze entstanden. Dabei war es die Bundesbank, die den »Einheitsboom« beendet und für bundesweite Tristesse gesorgt hat.

Um wieder in die Gegenwart zu springen: Kanzlerkandidat Olaf Scholz hat die Wahl gewonnen, weil er den Bürgern »Respekt« versprochen hat. Man werde Politik für »ganze normale Leute machen«, und seine SPD sei der »richtige Freund der einfachen Leute«. Es ist bemerkenswert, dass ihm so viele Deutsche geglaubt haben. Die SPD regiert seit 1998 fast ununterbrochen, und die Bilanz ist erschütternd. Seit der Jahrtausendwende hat die Wirtschaft um 27 Prozent zugelegt, aber die Reallöhne sind nur um 8,7 Prozent gestiegen.[3] Vom Wachstum haben fast nur die Unternehmer und die reichen Kapitaleigner profitiert. Die »Mitte« hingegen ist leer ausgegangen, obwohl die SPD 1998 mit dem Slogan antrat, sie sei die Partei der »Neuen Mitte«.

Die Ampelkoalition will aus den Fehlern der Vergangenheit lernen. Ob ihr dies gelingt, kann nur überprüfen, wer die deutsche Wirtschaftsgeschichte kennt.

Was von der Nazi-Zeit übrig blieb

Deutschland ist nicht aus Ruinen auferstanden, obwohl es zunächst so aussah. Frankfurt sei »eine Toten-Stadt«, schrieb der amerikanische Journalist Robert Thompson Pell im April 1945. Die Gebäude seien zu 80 bis 90 Prozent zerstört, und »nach der Ausgangssperre um 19 Uhr schallen die Stiefel der GIs wie Schritte in einer Gruft«.[1]

Wie in Frankfurt sah es in vielen Teilen Deutschlands aus: 131 Städte waren bombardiert worden; etwa 560 000 deutsche Zivilisten sowie 40 000 Zwangsarbeiter und Kriegsgefangene waren dabei umgekommen.[2] Doch so groß die Verwüstung war – nicht jeder wurde gleich hart getroffen. US-Journalist Pell stellte fest, dass in Frankfurt vor allem die Armen litten. »Die Reichen leben von all dem ziemlich unberührt in den Vororten oder den umliegenden Städten wie Bad Homburg oder Ursel; sie wohnen dort mit Dienern und haben fast allen Luxus.«[3]

Nach dem Krieg gab es keine Stunde null – zu groß waren die Kontinuitäten. Nicht nur der Unterschied zwischen Arm und Reich setzte sich ungebrochen fort, auch die deutsche Wirtschaft fing keineswegs bei null an. Trotz der immensen Zerstörungen hatten viele Fabriken weitgehend intakt überlebt, wie die Besatzer erstaunt notierten.

Bereits im April 1945 begannen die Alliierten, die Folgen des Bombenkrieges zu erfassen. Der US-Ökonom Moses Abramovitz reiste durch die schon besetzten Gebiete in Westdeutschland und hielt in seinem Bericht fest: »Die drei größten Betriebe der I. G. Farben in Frankfurt, darunter auch das große Werk in Höchst, weisen … fast keine Schäden auf.« Gleiches galt auch für »die Betriebe mit mehr als 250 Beschäftigten im Düsseldorfer Raum«.[4] Die Zechen an der Ruhr hätten ebenfalls fast intakt überlebt.

Die Fabriken hatten den Krieg so unversehrt überstanden, dass sich die bundesdeutsche Wirtschaft nicht verstehen lässt, ohne die NS-Ökonomie zu kennen.

Das Deutsche Reich: Ein Schwellenland

Das Deutsche Reich war kein reiches Land. Bis heute wird gern so getan, als sei Deutschland schon immer – spätestens seit dem 19. Jahrhundert – eine voll entwickelte Industrienation gewesen. Tatsächlich war Deutschland vor dem Zweiten Weltkrieg in weiten Teilen noch ein Schwellenland, wie man es heute nennen würde. Zwar gab es Weltkonzerne wie Siemens, Krupp und I. G. Farben, die große Exporterfolge vorweisen konnten, daneben aber existierten Millionen von Bauern, die häufig noch sehr traditionell wirtschafteten.[5]

Heute wird diese Rückständigkeit gern vergessen und lieber eine Leistungsschau der deutschen Wirtschaft präsentiert. Die Abfolge der Superlative liest sich dann so: »In seiner Roheisenerzeugung hatte Deutschland 1903 England und 1913 sogar die USA überrundet. In der Stahlproduktion wurde Großbritannien schon 1893 eingeholt … Mehr als die Hälfte des Welthandels mit elektrotechnischen Erzeugnissen entfiel 1913 auf deutsche Lieferungen. Die Chemieindustrie hatte 1913 … vor den Vereinigten Staaten … den führenden Platz erreicht.«[6]

Diese industriellen Leistungen waren zweifellos imposant, aber lange Zeit prägten sie nicht die gesamte deutsche Wirtschaft, sondern waren eher Inseln in einem Meer von Kleinstbetrieben und einer oft armseligen Landwirtschaft.

Wie dürftig und hart das Leben auf dem Land war, hat die bayerische Bäuerin Anna Wimschneider 1984 beschrieben. Ihre Autobiographie *Herbstmilch* wurde zu einem Bestseller und mehr als zwei Millionen Mal verkauft, nicht zuletzt weil so viele Leser ihre eigene Kindheit wiedererkannten. Anna Wimschneider stammte von einem Hof, der nur neun Hektar Grund hatte – und dieser Besitz reichte in den 30er-Jahren noch nicht einmal, um die Familie zu ernähren. Das Essen war so knapp, dass die Kinder die Kartoffeln verschlangen, die eigentlich als Futter für die Schweine gedacht waren.[7]

Die Familie der Anna Wimschneider war kein Einzelfall. Wie der britische Wirtschaftshistoriker Adam Tooze berechnet hat, lebten 1933 rund zwölf Millionen Deutsche auf Bauernhöfen, die eigentlich zu klein waren, um einen angemessenen Lebensstandard zu sichern. Das waren 18 Prozent der Gesamtbevölkerung.[8]

Das Deutsche Reich war damals europäisches Mittelmaß – und längst nicht so weit entwickelt wie die USA oder Großbritannien. Diese Tatsache ließ sich auch schon messen. In den 1930er-Jahren entstanden die ersten Versuche, das Nationaleinkommen zu berechnen. Führend war der junge Australier Colin Clark, der 1938 zu dem Ergebnis kam, dass das Pro-Kopf-Einkommen gerade einmal halb so hoch war wie in den USA – und mindestens ein Drittel niedriger anzusetzen war als in Großbritannien. Auch die Schweiz, die Niederlande, Frankreich und Dänemark waren damals pro Kopf reicher als Deutschland. Ärmer waren hingegen unter anderem Österreich, Griechenland und Italien.[9]

Das Pro-Kopf-Einkommen zu Hitlers Zeiten lag etwa so hoch, wie es heute in Südafrika, im Iran oder in Tunesien ist. Allerdings geht es den Menschen dort besser, weil sie von der technologischen Entwicklung im Westen profitieren, die seither stattgefunden hat. Bei Bedarf können die Südafrikaner Computer, Atomkraftwerke oder Flugzeuge importieren, was in Hitler-Deutschland nicht möglich war. Tooze kommt daher zu dem Schluss: Der Vergleich mit Südafrika sei sogar noch »schmeichelhaft für die deutsche Situation« zu Hitlers Zeiten.[10]

Das Deutsche Reich war schlicht zu arm, um einen Weltkrieg zu gewinnen. Dennoch wollte Hitler von Anfang den Krieg, und sofort nach seiner Machtübernahme 1933 begann er aufzurüsten. Umfang und Geschwindigkeit waren einmalig: Nie zuvor waren in einem kapitalistischen Land in Friedenszeiten so große Teile des Nationaleinkommens in das Militär geflossen. In der Weimarer Republik hatten die Rüstungsausgaben weniger als ein Prozent der deutschen Wirtschaftsleistung ausgemacht; unter Hitler stiegen die Militäraufwendungen bis 1939 auf 23 Prozent des Volkseinkommens.[11]

Binnen weniger Jahre wurden daher die Arbeitskräfte knapp. Wo eben noch Arbeitslosigkeit grassiert hatte, herrschte plötzlich Vollbeschäftigung. Im Januar 1933 hatte man noch knapp sechs Millionen Arbeitslose gezählt, 1934 waren es im Jahresdurchschnitt nur noch 2,7 Millionen. Ab 1937 meldeten alle Branchen, dass es an Beschäftigten fehlte – während die Arbeitslosenquote in den USA 1938 immer noch bei 19 Prozent lag. Nicht nur in Deutschland, auch im Ausland sprach man von einem »deutschen Wirtschaftswunder«. Selbst die Begriffe der Nachkriegszeit sind also nicht immer neu, sondern stammen zum Teil aus der NS-Zeit.[12]

Von diesem Wachstum profitierten die Arbeitnehmer allerdings kaum. Bereits 1933 wurden die Löhne eingefroren – und zwar auf dem sehr niedrigen Niveau der Weltwirtschaftskrise. Obwohl Vollbeschäftigung herrschte, ging es den Deutschen schlechter als in der Weimarer Republik: Der Konsum pro Kopf lag zu NS-Zeiten durchweg niedriger als 1928, während sich gleichzeitig die wöchentliche Arbeitszeit verlängerte.[13]

Das Wachstum kam vor allem den Unternehmern zugute: Zu NS-Zeiten explodierten ihre Gewinne, wobei die Jahre 1935 bis 1941 besonders lukrativ waren. Die Eigenkapitalrendite nach Steuern lag damals bei sensationellen 14 Prozent – was in der Bundesrepublik nie wieder verzeichnet wurde.[14]

Protest musste Hitler nicht befürchten: Die Arbeiter verglichen ihre Lage nicht mit den »goldenen Jahren« der Weimarer Republik, sondern mit den Entbehrungen der Weltwirtschaftskrise, als jeder Dritte arbeitslos war. Auch ein schlechter Lohn war besser als gar keiner. Die Vollbeschäftigung vermittelte ein Gefühl der Sicherheit, das viele Deutsche seit dem Ersten Weltkrieg nicht mehr gekannt hatten. Endlich glaubte man, sich keine Sorgen mehr machen zu müssen, ob der eigene Job morgen noch existieren würde.

Allerdings handelte es sich um einen Pseudo-Boom: Schon 1936 geriet die NS-Wirtschaft in einen Teufelskreis, aus dem sie nicht mehr herausfinden sollte. Die Aufrüstung verschlang Devisen, weil viele Rohstoffe importiert werden mussten. Um dieses Geld zu verdienen, hätte Deutschland seine Exporte steigern müssen – doch dann hätten die Industriekapazitäten gefehlt, um weiterhin aufzurüsten und Waffen herzustellen. Also blieb, zumindest aus Hitlers Sicht, nur der Eroberungskrieg, um den permanenten Mangel an Rohstoffen, Devisen und Arbeitskräften zu beheben.

Da alle Ressourcen in die Aufrüstung flossen, wurden selbst banalste Konsumgüter knapp. Bereits im Herbst 1936 bildeten sich »lange Schlangen unzufriedener Menschen vor den Lebensmittelgeschäften«, wie der amerikanische Journalist William Shirer berichtete: »Es gibt Mangelerscheinungen bei Fleisch und Butter, bei Obst und Fett. Schlagsahne ist verboten. Herren- und Damenbekleidung wird zunehmend aus Zellstoff hergestellt.«[15]

Normalerweise hätte es jetzt zu einer Inflation kommen müssen, weil die Nachfrage viel zu groß für das knappe Angebot war. Doch das NS-Regime verhängte 1936 kurzerhand einen generellen Preisstopp und diese Preise galten dann bis zur Währungsreform 1948. Die Inflation war damit aber nicht verschwunden, sondern wurde nur kaschiert.

Die meisten Deutschen befanden sich in einer seltsamen Situation: Sie hatten zwar Arbeit und damit Lohn, konnten ihr Geld aber nicht ausgeben, weil es in den Geschäften fast nichts zu kaufen gab. Also mussten sie sparen. Milliarden Reichsmark flossen jedes Jahr auf die Bankkonten. Hatten die Kundengelder bei den Kreditinstituten Ende 1939 bei nur 51 Milliarden Reichsmark gelegen, waren die Einlagen bis Herbst 1944 schon auf 160 Milliarden Mark angeschwollen.[16]

Die Banken hatten jedoch keine Möglichkeit, diese Geldfluten anzulegen – außer beim Staat. Investiert wurde nur noch in die Rüstung, andere Kreditnehmer gab es kaum. Es setzte eine geräuschlose Kriegsfinanzierung ein: Ahnungslos trugen die Sparer ihr Geld zur Bank, die die gleiche Summe an das Deutsche Reich verlieh, das damit Waffen produzierte. Von Anfang an war klar, dass die deutschen Sparer ihr Geld nur wiedersehen würden, falls Deutschland den Krieg gewann.

Zu Fuß in den Krieg

Doch so fanatisch Hitler den Krieg befahl – ein Sieg war nicht möglich. Deutschland verfügte zu keinem Zeitpunkt über genug Stahl und Rohstoffe wie Kupfer, als dass es gleichzeitig ausreichend Panzer, Schiffe, Flugzeuge und Munition hätte herstellen können.

Anfangs konnte diese strukturelle Schwäche noch durch »Blitzkriege« überdeckt werden: Deutschland begann den Zweiten Weltkrieg, indem es am 1. September 1939 Polen überfiel, das sich schon nach wenigen Wochen ergeben musste. Ähnlich rasant wurden 1940 Dänemark, Norwegen, die Benelux-Staaten und Frankreich unterworfen. Jugoslawien und Griechenland folgten im Frühjahr 1941.

Diese Siege bedeuteten strategisch jedoch nichts. Wie Hitler genau wusste, war der Krieg nur zu gewinnen, wenn es Deutschland gelang, die damalige Weltmacht Großbritannien zu erobern. Im Juli 1940 gab er daher den Befehl zur »Luftschlacht um England«, die zum ersten großen Fehlschlag geriet und schon nach zwei Monaten abgebrochen wurde. Zwar flogen die Deutschen weiterhin Bombenangriffe auf englische Städte, aber die geplante Invasion musste auf unbestimmte Zeit verschoben werden. Hitler hatte eingesehen, dass er Großbritannien nicht einnehmen konnte.

Es war kein Zufall, dass Hitler ausgerechnet an Großbritannien scheiterte. Deutschland fehlte schlicht die Wirtschaftskraft, um die Briten zu besiegen. Deren maritime Übermacht war so erdrückend, dass die britischen Admiräle selbst in den dramatischen Sommermonaten von 1940 nicht die gesamte Flotte mobilisierten: Etwa die Hälfte der Schiffe blieb in Gibraltar, um bei Bedarf im Mittelmeer gegen die Italiener zu kämpfen, die mit Deutschland verbündet waren.[17]

Im Herbst 1940 herrschten die Deutschen zwar von Narvik bis zu den Pyrenäen und von Brest bis Warschau, aber selbst diese riesige Landmasse reichte nicht, um sich zu einer Weltmacht aufzuschwingen und England niederzuringen. Öl war weiterhin verheerend knapp – und es gab noch nicht einmal genug Lebensmittel. Hungern mussten allerdings nicht die Deutschen, die täglich mit 2 570 Kalorien[18] versorgt wurden, sondern es traf die Menschen in den besetzten Gebieten. In Belgien und Frankreich betrugen die Rationen für »normale Konsumenten« ganze 1300 Kalorien pro Tag, in Polen gab es 938 und für Juden nur 369 Kalorien.[19] Mangel und Rassenwahn verquickten sich: Das Massensterben im Osten war gewollt, denn dort führte Hitler einen erbarmungslosen »Vernichtungskrieg«, wie er es ungeschminkt nannte.

Die Lebensmittel wurden unter anderem knapp, weil die Briten eine Seeblockade gegen den europäischen Kontinent verhängt hatten. Doch noch banaler war eine weitere Ursache: Nicht nur Menschen zogen in den Krieg – sondern auch Pferde, die dann auf den Feldern und bei der Ernte fehlten. Die deutschen Streitkräfte waren kaum motorisiert; es mangelte an Autos und Lastfahrzeugen, sodass Pferde die Munition und Waffen transportieren mussten. Allein am deutschen Angriff auf die Sowjetunion im Juni 1941 waren nicht nur drei Millionen Soldaten beteiligt, sondern auch geschätzte 750000 Pferde.[20] Der Zweite Weltkrieg war der größte Pferdekrieg aller Zeiten.

Vollständig motorisiert waren allein die Amerikaner, die 1944 in der Normandie landeten. Die deutschen Soldaten hingegen saßen meist nicht in Panzern oder Autos, sondern gingen schlicht zu Fuß. Es war ein »Einmarsch« im wahrsten Sinne des Wortes.

Der deutsche Angriff auf die Sowjetunion hatte das erklärte Nahziel, die eigene Versorgung mit Rohstoffen und Nahrungsmitteln zu verbessern. Die Idee war so simpel wie grausam: Geschätzte 30 Millionen Russen sollten verhungern, damit die Wehrmacht und die Deutschen in der Heimat ernährt werden konnten. Dieser »Hungerplan« war kein Geheimnis, sondern wurde ab Mai 1941 breit diskutiert: im Kreise der Staatssekretäre und mit den Generälen der Wehrmacht. Per Broschüre wurden auch die nachrangigen Befehlsempfänger informiert, dass die Ernte der Russen zu konfiszieren sei. Einwände hatte niemand: Die Slawen galten als minderwertige Rasse, und die Flächen bis zum Ural waren sowieso schon als deutscher »Lebensraum« eingeplant.[21]

Anfangs war die Wehrmacht optimistisch, dass sie die Sowjets in einem weiteren »Blitzkrieg« besiegen könnte. Generalstabschef Franz Halder war am 3. Juli 1941 sogar so euphorisch, dass er prognostizierte: »Es ist wohl nicht zu viel gesagt …, dass der Krieg im Prinzip bereits innerhalb von 14 Tagen gewonnen werden« könne.[22] Es kam bekanntlich anders. Die deutsche Offensive geriet bereits Anfang August ins Stocken; ab Herbst blieb sie dann im Schlamm stecken, und im Winter erfroren viele Soldaten bei minus 40 Grad. Ende 1941 zählte die Wehrmacht fast eine Million Tote, Verwundete und Vermisste.

Wieder hatte Deutschland die eigene ökonomische Potenz überschätzt; die Sowjetunion war genauso wenig zu besiegen wie England. Der »Hungerplan« konnte daher nicht vollständig umgesetzt werden, dennoch kostete er Millionen von Ukrainern und Russen das Leben. Bereits in den ersten Wochen ihres »Unternehmens Barbarossa« hatten die Deutschen rund 3,3 Millionen Soldaten der Roten Armee gefangen genommen, die dann auf offenem Feld eingesperrt und nicht verpflegt wurden. Die meisten Kriegsgefangenen starben an Seuchen oder einen langsamen, qualvollen Hungertod.

Generalleutnant Friedrich Freiherr von Broich hat später in britischer Gefangenschaft plastisch beschrieben, wie die russischen Soldaten misshandelt und ermordet wurden: »Wir … kamen an einem Lager vorbei, wo 20 000 Gefangene saßen. Die heulten nachts wie die wilden Tiere. Hatten nichts zu fressen … Dann marschierten wir die Straße runter, da ging eine Kolonne von 6 000 völlig wankenden Gestalten, völlig ausgemergelt, sich gegenseitig stützend. Alle 100 bis 200 Meter blieb einer bis drei liegen. Nebenher fuhren Radfahrer, Soldaten von uns, mit der Pistole; jeder, der liegen blieb, kriegte einen Genickschuss und wurde in den Graben geschmissen. Alle 100 Meter war das.«[23]

Oberstleutnant Hans Reimann hatte einen Soldatentransport in der Ukraine miterlebt: »(Da) waren sechzig bis siebzig Mann in einem Viehwagen! Auf jedem Halt haben sie zehn Tote herausgezogen, weil die Leute aus Sauerstoffmangel erstickten … Auf den Stationen schauten die Russen aus diesen schmalen Luken heraus und brüllten wie die Tiere auf Russisch zu diesen russischen Einwohnern, die da standen: ›Brot! Gott wird euch segnen‹ und so weiter und schmissen ihre alten Hemden und ihre letzten Strümpfe und Schuhe heraus, und da kamen Kinder und brachten ihnen Kürbisse zu fressen. Die Kürbisse wurden hereingeworfen, und dann hörte man in dem Wagen nur noch ein Gepolter und ein tierisches Gebrüll, da haben sie sich gegenseitig wahrscheinlich erschlagen. Ich war *fertig*, ich habe mich in eine Ecke gesetzt und mir den Mantel über den Kopf gezogen. Ich fragte den Wachfeldwebel: ›Ja, habt ihr denn *nichts* zu fressen?‹ Er sagte zu mir: ›Herr Oberstleutnant, wo sollen wir was haben? Es war ja nichts vorbereitet!‹«[24]

Bis Februar 1942 waren weit mehr als zwei Millionen russische Soldaten umgekommen; bis zum Kriegsende stieg die Zahl auf 3,3 Millionen Tote – von insgesamt 5,7 Millionen Gefangenen.[25] Hinzu kamen die vielen russischen Zivilisten, die in den besetzten und belagerten Städten starben, weil sie systematisch ausgehungert wurden. Allein in Leningrad kamen mindestens 700 000 Menschen um. Neben dem Massenmord an den Juden war die Hungerpolitik in der Sowjetunion das deutsche Kriegsverbrechen, das die meisten Opfer gekostet hat.

Der Untergang

Strategisch war der Krieg schon seit Sommer 1940 verloren, als es nicht gelang, England zu erobern. Doch erst Anfang 1943 erkannten auch die meisten Deutschen, dass mit einer Niederlage zu rechnen war. Die Schlacht um Stalingrad ist bis heute ins kollektive Gedächtnis eingebrannt und steht für das Ende der deutschen Großraum-Träume. Aus der Offensive wurde der Rückzug.

Im Osten verfolgte die Wehrmacht das Prinzip der »verbrannten Erde«. Tausende von Ortschaften und die gesamte Infrastruktur wurden zerstört, während sich die deutschen Soldaten aus der Sowjetunion zurückzogen. Zudem wurden etwa zwei Millionen Zivilisten verschleppt. SS-Führer Heinrich Himmler hatte im April 1943 die Losung ausgegeben, dass sich für die deutschen Truppen jetzt nur noch eine Frage stellte: »Wie nehmen wir dem Russen am meisten – tot oder lebendig – Menschen weg?« Seine Antwort lautete: »Wir tun das, indem wir sie totschlagen oder indem wir sie in Gefangenschaft bringen und wirklich der Arbeit zuführen.«[26]

Die sowjetischen Truppen marschierten daher auf ihrem Weg nach Westen fast zwei Jahre lang und 1500 Kilometer weit durch Gebiete, die die Deutschen komplett verwüstet zurückgelassen hatten. Dann endlich war Ostpreußen erreicht – und die Russen fanden ein blühendes, unzerstörtes Land vor.[27] Die spontane Rache der Roten Armee war furchtbar. Es kam zu Plünderungen, Massenvergewaltigungen und Brandschatzungen. Millionen Deutsche traten panisch die Flucht an und mussten ihre Heimat für immer verlassen. Doch so barbarisch sich die sowjetischen Soldaten verhielten – anders als Nazi-Deutschland hatten sie niemals einen Völkermord im Sinn.

Während die Wehrmacht im Osten von der Roten Armee zerrieben wurde, setzte im Westen die strategische Bombardierung der deutschen Städte ein. Auf der Konferenz von Casablanca hatten sich die USA und Großbritannien im Januar 1943 darauf verständigt, dass die Amerikaner tagsüber zielgenau Industrie und Infrastruktur attackieren sollten, während die Briten nachts großflächig die Wohngebiete der Deutschen zerstören würden.

Dieses Flächenbombardement war keine alliierte Erfindung. Die deutsche Luftwaffe hatte als Erste angefangen, die Zivilbevölkerung zu terrorisieren. Guernica, Warschau, Rotterdam oder Coventry waren bombardiert worden, obwohl dies militärisch wirkungslos war.

Die amerikanischen und englischen Luftflotten warfen im Zweiten Weltkrieg insgesamt 2,698 Millionen Tonnen an Bomben ab; die Hälfte fiel auf Deutschland.[28] Trotzdem konnte das NS-Regime seine Rüstungsproduktion noch bis Mitte 1944 steigern, denn es erwies sich als schwierig, die deutschen Fabriken zielgenau zu treffen, weil sie durch Flugabwehrkanonen (Flak) meist gut geschützt waren.

Ein lehrreicher Fehlschlag war die Bombardierung von Schweinfurt, dessen Kugellagerindustrie die Alliierten unbedingt ausschalten wollten. Vom ersten Luftangriff am 17. August 1943 kehrten 36 der 200 US-Bomber nicht zurück. Noch desaströser verlief die zweite Attacke am 14. Oktober, in der die US-Luftwaffe 62 von 228 Flugzeugen verlor und weitere 138 Bomber zum Teil irreparabel beschädigt wurden. Das Fazit der Amerikaner war nüchtern: »Wiederholte Verluste in dieser Größenordnung ließen sich nicht durchhalten.« Zudem war es nicht gelungen, die Fabriken dauerhaft stillzulegen: Der Rüstungsausstoß in Schweinfurt sank zwar zwischenzeitlich auf nur noch 35 Prozent, doch 1944 erreichte die Produktion wieder ihr altes Niveau.[29]

Nach diesem Misserfolg setzte die US-Luftwaffe auf eine neue Strategie: Sie bombardierte vor allem die Transportwege, die durch die Flak weniger gut gesichert waren. Ab Ende 1944 standen selbst intakte Fabriken still, weil keine Kohle mehr geliefert werden konnte. Zufrieden konstatierten die Amerikaner: »Der Angriff auf die Transportwege war der entscheidende Schlag, der die deutsche Wirtschaft ins Chaos gestürzt hat.«[30]

Bei Kriegsende waren 1,86 Millionen Wohnungen völlig zerstört, weitere 3,6 Millionen beschädigt. Fast ein Drittel der Deutschen hatte damit seine Bleibe ganz verloren oder musste in einer Ruine hausen. Am schlimmsten traf es einige westdeutsche Mittelstädte wie Hanau, Bocholt, Paderborn oder Düren, die zu 89 oder gar 99 Prozent zerstört worden waren. Von den Großstädten war Köln am stärksten beschädigt worden, das 70 Prozent seiner Wohnungen verloren hatte.[31]

Dennoch machten viele Deutsche einen gesunden Eindruck, wie die alliierten Beobachter erstaunt feststellten, als sie deutschen Boden betraten. Der jüdische Berliner Julius Posener, der seit 1941 freiwillig mit den Briten gekämpft hatte, berichtete: »Die Leute entsprachen der Zerstörung nicht. Sie sahen gut aus, rosig, munter, gepflegt und recht gut gekleidet.«[32]

Die solide Kleidung der Deutschen faszinierte auch andere Beobachter. Der amerikanische Historiker und Geheimdienstoffizier Saul K. Padover meldete im Dezember 1944 aus dem weitgehend zerstörten Aachen: Die Bewohner seien »erstaunlich gut gekleidet, oft besser als die Engländer«.[33] Daniel Lerner, für die US-Regierung im Rheinland unterwegs, schrieb in seinem Bericht: »Die meisten Deutschen … sind anständig gekleidet … und viele tragen eine Aktentasche mit sich – eilen geschäftig hin und her, als ob sie eine Vorstandssitzung aufsuchen wollten.«[34]

Am 8. Mai 1945 kapitulierte das Deutsche Reich. 4,5 Millionen deutsche Soldaten waren tot, weitere 1,71 Millionen Deutsche waren bei Flucht und Vertreibung umgekommen, 540 000 durch Bomben gestorben. Allein der Krieg und seine direkten Folgen hatten mehr als sechs Millionen Reichsbewohner getötet – fast ein Zehntel der Bevölkerung.

Insgesamt starben rund 34 Millionen Menschen während des Zweiten Weltkriegs. Erschreckend viele waren jedoch keine Soldaten oder Opfer von Kämpfen – sondern Zivilisten, die von den Nationalsozialisten vorsätzlich ermordet worden waren. Neben 5,7 Millionen Juden kamen 200 000 Sinti und Roma um; 3,3 Millionen sowjetische Kriegsgefangene verhungerten; eine Millionen nichtjüdische Polen sowie drei bis vier Millionen sowjetische Zivilisten starben ebenfalls an Hunger oder wurden erschossen. Hinzu kamen die Euthanasieopfer, die nicht-jüdischen KZ-Toten sowie die Terroropfer in den von Deutschland kontrollierten Gebieten. Es wird geschätzt, dass zwölf bis 14 Millionen Menschen umgebracht wurden, die mit den Kriegshandlungen nichts zu tun hatten.[35] Das Dritte Reich war eine Orgie der Gewalt. Als Täter betrachtete sich jedoch niemand, wie die Alliierten konstatieren mussten, als sie in Deutschland eintrafen. Die Deutschen hatten zwar Millionen umgebracht – aber fast jeder Deutsche fühlte sich selbst als Opfer. Padover interviewte Hunderte von Reichsbewohnern, vom Bischof bis zur Stenotypistin, um Stimmungsberichte für die US-Armee zu verfassen. Sein Resümee war: »Ich bin nur zwei Deutschen begegnet, die nicht vor Selbstmitleid troffen und die sich nicht als unschuldig und völlig bedeutungslos hinstellten.«[36]

US-Leutnant Daniel Lerner berichtete im Frühjahr 1945: »Jetzt heißt es, man ›musste‹ Nazi sein. Beharrliches Befragen all der ›Muss‹- und ›Zwangs‹-Nazis … ergibt, man habe Nazi ›sein müssen‹, um seine wirtschaftliche Stellung zu verbessern, seine Stelle zu behalten oder um Beziehungen zu haben.«[37] Nicht untypisch war der Bürgermeister von Dudweiler, der Lerner erklärte: »Natürlich war ich Nazi, sonst hätte ich nicht Bürgermeister sein können.«[38]

Wie Padover begegnete auch Lerner keinen Deutschen, die sich für die Geschehnisse zu NS-Zeiten verantwortlich fühlten: »Dieses ausgeklügelte System psychologischer Ausflüchte gründet auf einem tiefsitzenden Schuldgefühl. Fast jeder Deutsche hat etwas von den Gräueln, die in Deutschland und im Ausland begangen wurden, gewusst. Eine überraschend große Zahl gibt zu, von den Gaswagen und deren Verwendungszweck gewusst zu haben.«[39]

Der Hunger erreicht Deutschland

Der Krieg verwüstete ganz Europa, aber für die Deutschen gab es unter Hitler stets genug zu essen. Selbst im Frühjahr 1945 reichten die Rationen noch, wie Lerner von seinen Reisen berichten konnte. Ob in Krefeld, Saarbrücken oder Mainz: »Nirgendwo habe ich Anzeichen akuten Lebensmittelmangels oder weitverbreiteter gesundheitlicher Probleme gefunden«, schrieb er an seine US-Vorgesetzten. »Die meisten Deutschen halten anscheinend einen ausreichenden Lebensmittelvorrat in ihren Kellern versteckt, und in vielen Städten wurden Lager voller noch nicht verteilter Nahrungsmittelbestände gefunden.«

Allerdings wurde schon im Frühjahr deutlich, dass die Deutschen bald hungern würden, wie Lerner notierte: »Die meisten Offiziere der Militärregierung sagten jedoch – und das klang wie einstudiert – sie hätten nur für ›ungefähr zwei Wochen‹ Nahrungsmittelvorräte zur Verfügung.«[40] Abramovitz prognostizierte zeitgleich, dass ab dem 1. Juli »umfangreiche Importe in das Rhein-Ruhr-Gebiet nötig« würden. Denn mit einer vernünftigen Ernte sei nicht zu rechnen: »Die Aussaat im Herbst wurde durch die Kämpfe im Aachener Raum beeinträchtigt, die Aussaat im Frühjahr 1945 durch Kämpfe im gesamten linksrheinischen Gebiet.«[41]

Es kam wie befürchtet: Die Ernten in der britischen und amerikanischen Besatzungszone lagen 1945 nur bei etwa 60 Prozent der normalen Erträge. Zudem waren die nächsten Winter extrem hart, und es fehlte an Düngemitteln, sodass die Ernten erst 1949 wieder ihr Vorkriegsniveau erreichten.

Allerdings hätten selbst Rekordernten die Not in den besetzten Gebieten nicht völlig verhindert: Das Deutsche Reich war noch nie autark gewesen und hatte auch in Friedenszeiten etwa 20 Prozent seiner Lebensmittel importieren müssen. Diese Nahrungslücke wurde nun noch größer, weil durch den Krieg so wichtige Agrargebiete wie Ostpreußen oder Hinterpommern verloren gegangen waren, die bisher die Industrieregionen ernährt hatten. Rund 25 Prozent der einstigen Nutzflächen fehlten.

Am schlimmsten traf es die britische Besatzungszone, die mit Rhein und Ruhr besonders viele Industriegebiete hatte: Die eigene landwirtschaftliche Produktion hätte im Winter 1945/46 nur für 400 Kalorien pro Kopf und Tag gereicht. Die amerikanische und die französische Besatzungszone kamen je auf 940 Kalorien.[42]

Zudem gab es Verteilungsprobleme. Naturgemäß verfügten die ländlichen Regionen über mehr Lebensmittel als die Städte, waren aber nur bereit, sich von ihren Schätzen zu trennen, wenn es dafür Gegenleistungen gab. Aus Stuttgart wurde bereits im Mai 1945 gemeldet: »Kreise mit Nahrungsmittelüberschuss (die oberschwäbischen Kreise) wollen Lebensmittel nur abgeben gegen Benzin, Wasserleitungsrohre, Maschinen, die aber in Stuttgart auch nicht verfügbar sind.« Jedes Dorf dachte nur noch an sich selbst und betrieb seine eigene Autarkiepolitik, wie man in Stuttgart erbittert feststellte: »In Kreisen mit Milchüberschuss wird Milch an Schweine verfüttert.«[43]

Verzweifelte Städter griffen daher zur Selbsthilfe: Nachts stürmten sie auf die Felder und gruben die Saatkartoffeln wieder aus. Den Dieben war es egal, dass es dann keine Ernte geben würde. Sie hatten jetzt Hunger. Allein in der britischen Zone waren bis zum 1. März 1946 etwa 120 000 Tonnen Saatkartoffeln verschwunden, sodass die Kartoffelernte um geschätzte 900 000 Tonnen geringer ausfiel.[44]

Millionen von Menschen wären verhungert, wenn die Alliierten nicht eingegriffen und zusätzliche Nahrungsmittel importiert hätten. Die Besatzungsmächte verzichteten auf Rache und versorgten die Deutschen, obwohl das NS-Regime eine tödliche Hungerpolitik betrieben hatte. Von 1945 bis 1949 schafften Amerikaner und Briten 18,5 Millionen Tonnen Lebensmittel in ihre Besatzungszonen und gaben dafür mehr als 2,5 Milliarden Dollar aus. Diese gigantische Hilfsaktion war historisch beispiellos.[45]

Hinzu kamen die Initiativen von Privatpersonen, Verbänden und Kirchen aus dem westlichen Ausland. Sehr bekannt wurde etwa die »Schwedenspeisung«, die Suppen an Kleinkinder im Ruhrgebiet sowie in Hamburg, Berlin und Wien verteilte. Die schwedischen Bürger spendeten für Deutschland, obwohl auch bei ihnen die Lebensmittel bis 1948 rationiert waren.

Die CARE-Pakete aus den USA[46] wurden ebenfalls zu einem kollektiven Mythos, obwohl nur etwa jeder zehnte Westdeutsche ein Paket erhielt. Psychologisch waren diese privaten Hilfsleistungen jedoch unschätzbar, weil sie den Deutschen zeigten, dass sie trotz der Kriegsverbrechen nicht ganz aus der Weltgemeinschaft ausgeschlossen waren.

Allerdings war der Mangel in Deutschland so groß, dass Importe den Hunger nur lindern, nicht aber verhindern konnten. In der britischen Besatzungszone gab es für jeden Bewohner nicht viel mehr als zwei Scheiben Brot mit etwas Margarine sowie einen Löffel Milchsuppe und zwei kleine Kartoffeln, wie der *Manchester Guardian* seinen Lesern vorrechnete.[47]

Vor allem die Großstädter litten: Zehn Prozent waren »hungerkrank«, weitere 20 bis 30 Prozent waren krankhaft unterernährt, und 50 bis 60 Prozent nicht voll arbeitsfähig. Wie die deutsche Verwaltung den Alliierten pointiert vorrechnete, sei »es vom gesundheitlichen Standpunkt Selbstmord zu arbeiten«, denn die Rationen würden ja »noch nicht einmal den Bedarf eines liegenden Menschen decken«.[48] Biologisch sei der permanente Hunger eine »Art von Kannibalismus«. Die Deutschen würden »leben und arbeiten, indem sie sich selbst verzehren«.[49]

Die »Magenfrage« dominierte das gesamte deutsche Leben. Im Frühjahr war der Mangel stets am größten, wenn die Ernten aufgebraucht und die Frühkartoffeln noch nicht reif waren. Im März 1946 mussten die Briten die Rationen auf 1030 Kalorien pro Tag senken, was die Deutschen enorm empörte. Julius Posener notierte damals, dass die Meinung weitverbreitet sei, »man habe es auf die Ausrottung des deutschen Volkes abgesehen«.[50]

Viele Deutsche wollten einfach nicht zur Kenntnis nehmen, dass Nahrung in ganz Europa knapp und rationiert war. Ende Oktober 1945 erhielten die Niederländer im Durchschnitt 2110 Kalorien pro

Tag, die Belgier 2025 Kalorien, die Norweger 1760 Kalorien, die Franzosen 1600, die Tschechen 1360 Kalorien und die Finnen nur 1250 Kalorien.[51] In Wien lag die Ration bei 800 Kalorien am Tag und in Ungarn bei 556 Kalorien.[52]

Auch die Briten hatten keine Überschüsse, sondern verfügten nur über genügend Nahrungsmittel, um sich selbst zu versorgen. Im Juli 1946 griffen sie daher zu einer Maßnahme, die selbst im Krieg nicht nötig gewesen war: Die Briten dehnten ihre Rationierung nun auch auf Brot, Bier, Mehl und Futtermittel aus – um Getreide für die Deutschen frei zu schaufeln.[53]

Die Briten schränkten sich ein, damit die Deutschen versorgt werden konnten. Diese Großzügigkeit wurde im besetzten Deutschland jedoch kaum zur Kenntnis genommen, wie Posener feststellen musste. Stattdessen blühten die Gerüchte, dass die Briten heimlich deutsche Butter nach England verschiffen würden. »In jeder Stadt nannte man die Meierei in der nächsten Stadt, wo dies ganz bestimmt geschehe.«[54]

Die Realität war schlicht und grausam: Der Weltkrieg hatte viele Agrarflächen zerstört, und zwar nicht nur in Europa, sondern auch in Asien. 1945 lag die Weltweizenproduktion bei nur 69,5 Prozent einer durchschnittlichen Vorkriegsernte, sodass man allein für das erste Halbjahr 1946 mit einem globalen Weizendefizit von mindestens fünf Millionen Tonnen rechnete – und da war Deutschland noch gar nicht berücksichtigt.

Deutschland erwies sich als ein Fass ohne Boden: Selbst magere Rationen von 1550 Kalorien täglich hätten es erfordert, allein im ersten Halbjahr 1946 weit mehr als zwei Millionen Tonnen Weizen nach Westdeutschland zu importieren. Diese Überschüsse gab es nicht, und zwar nirgends auf der Welt.[55]

Die amerikanische Militärregierung ließ 1948 extra einen knapp zwölfminütigen Dokumentarfilm mit dem Titel »Hunger« drehen, um den Deutschen zu erklären, dass auch in Lodz, Neapel, Athen und Paris gedarbt wurde. Dieser Film lief jedoch nicht lange in den westdeutschen Kinos, weil sich schon bei den ersten Aufführungen geballte Wut entlud. Empörte Zuschauer riefen: »Hermann (Göring) hätte uns nicht verhungern lassen!«[56]

Das deutsche Selbstmitleid zerrte an den Nerven der ausländischen Helfer. Der Vorsitzende der Quäker-Organisation *Friends Relief Service* reiste im Herbst 1945 durch Deutschland und berichtete anschließend: »Alle Teams belastet die Gleichgültigkeit der deutschen Bevölkerung gegenüber der Not in Europa.«[57]

US-General Lucius D. Clay war bereits im Juni 1945 überzeugt, dass »ein gewisses Maß an Hunger und Kälte notwendig sein wird, damit das deutsche Volk versteht, welche Folgen der Krieg hatte, den es angezettelt hat.« An Rache dachte er dabei nicht. Niemand solle sterben, betonte Clay: »Das Leiden darf nicht den Punkt erreichen, an dem es zu massenhaftem Hungertod oder zu Epidemien kommt.«[58]

Durch ihre Lebensmittellieferungen ist es den Alliierten tatsächlich gelungen, ein Massensterben zu verhindern. Zwar nahmen die Infektionskrankheiten deutlich zu, aber die Zahlen blieben überschaubar. In der britischen Zone erkrankten 1946 auf 10 000 Einwohner knapp 42 Menschen an Diphtherie, 21 bekamen Tuberkulose und neun steckten sich mit Typhus an.[59] Der Historiker Hans-Ulrich Wehler urteilt, es sei »ein kleines Wunder«, dass es »zu keiner einzigen Epidemie gekommen ist«.[60]

Dieses Wunder ist vor allem den Amerikanern zu verdanken, denn die Briten waren zunehmend damit überfordert, ihre Besatzungszone zu versorgen. Durch den Krieg war die britische Wirtschaft ohnehin geschwächt, und nun musste man auch noch knappe Ressourcen nach Deutschland pumpen. Anfangs hatten sich die Briten noch umfangreiche Reparationen erhofft, doch stattdessen mussten sie verbittert erkennen, dass vor allem das Ruhrgebiet eine extreme Belastung darstellte: »a mill stone round our necks« (ein Mühlstein um unsere Hälse).[61]

Das Ergebnis war die Bizone: Ab dem 1. Januar 1947 wurden die amerikanische und die britische Zone gemeinsam verwaltet, wobei die Amerikaner letztlich das Sagen hatten, weil sie ab November 1947 alle Importe bezahlten, die nicht aus den Sterling-Gebieten stammten. Die Briten waren zu einer Pro-Forma-Besatzungsmacht abgestiegen, weil sie die Kosten für ihre Zone allein nicht mehr tragen konnten.

Gleichzeitig wurden die Westdeutschen stärker einbezogen, weil man hoffte, dass ihre Kenntnisse vielleicht dazu beitragen könnten, die Nachkriegsprobleme zu ordnen. Die Bizone erhielt daher ein rudimentäres Parlament namens »Wirtschaftsrat«, der aus 52 Mitgliedern bestand, die von den Landtagen in der Bizone gewählt wurden. Zudem gab es eine erste Exekutive: Fünf deutsche Direktoren waren für Wirtschaft, Ernährung, Finanzen, Post und Verkehr zuständig. Die Bizone war eigentlich nur als Provisorium gedacht, doch sollte sie sich schon bald zur Vorläuferin der Bundesrepublik entwickeln. An der extremen Not konnte allerdings auch die Bizone zunächst nichts ändern: Der Winter 1946/47 war kalt und lang – im Sommer 1947 folgte eine Dürre. Die Ernte fiel daher nicht nur in Deutschland, sondern in ganz Westeuropa erneut sehr mager aus. Wieder fehlten die Überschüsse, um die hungernden Massen in den Besatzungszonen zu ernähren.

Im Frühjahr 1947 waren die Deutschen so verzweifelt, dass es in fast allen Städten des Ruhrgebiets, aber auch in Kiel, Hannover und Braunschweig zu Hungerstreiks und Massendemonstrationen kam. Rund eine Million Arbeiter beteiligte sich an diesen spontanen Aktionen, die für die Alliierten völlig überraschend kamen. Auf den Transparenten stand überall das gleiche: Die Menschen forderten mehr Brot und mehr Kohle – und »Tod allen Schiebern«. Der Schwarzmarkt war zum Symbol der Not geworden; er stand für Mangel, Chaos und Betrug.

Wenn Geld nichts mehr wert ist: Der Schwarzmarkt

Der Schwarzmarkt war keine Erfindung der Nachkriegszeit, sondern hatte sich bereits während des Krieges entwickelt. Denn in den Geschäften fand sich nur noch das Allernötigste; selbst die Reichskleiderkarte wurde im August 1943 für Erwachsene gesperrt. Neue Bekleidung gab es nur noch, wenn man einen Bombenschaden nachweisen konnte.[62]

Auch dem NS-Regime entging nicht, dass reger Schwarzhandel eingesetzt hatte. Der Sicherheitsdienst (SD) meldete bereits im Mai

1942, dass Schwarzmarktdelikte von der Bevölkerung nicht mehr unbedingt als ehrenrührig angesehen würden. Ein Jahr später hieß es, dass der illegale Handel ständig zunehme: Die »Bereitschaft zahlreicher Volksgenossen, bei jeder sich bietenden Gelegenheit Tauschgeschäfte einzugehen, sei ganz allgemein festzustellen«.[63]

Der Schwarzmarkt wurde nämlich nicht nur genutzt, um Mangelwaren wie Schuhe oder Wintermäntel aufzutreiben. Er stellte auch ein beliebtes Mittel dar, um sich gegen eine kommende Inflation abzusichern. Spätestens seit Anfang 1943, seit Stalingrad, war vielen Deutschen bewusst, dass der Krieg verloren war – und ihre Ersparnisse vernichtet würden.[64] Waren und Dienstleistungen wurden daher lieber nicht mehr gegen Geld, sondern nur noch gegen andere Güter verkauft. Ob Bauern, Handwerker, Firmen oder kleine Ladenbesitzer: Sie alle versuchten, ihre Lagerbestände zu erhöhen, denn diese Waren würden ihren Wert auch nach dem Krieg behalten. Die Preise auf dem Schwarzmarkt stiegen daher kontinuierlich an. Ende 1944 waren sie schon 50-mal höher als die legalen Preise, im April 1945 lagen sie dann 100- bis 200-mal darüber.[65]

Dennoch gelang es dem NS-Regime, eine offene Geldentwertung zu verhindern. Terror und Kontrollen reichten aus, um die allermeisten Betriebe zu zwingen, ihre Waren abzuliefern und zu den vorgeschriebenen Preisen zu verkaufen. Doch kaum war die NS-Herrschaft vorbei, degenerierten die normalen Geschäfte endgültig zu Kuriositätensammlungen. Dort fand sich nur noch, was niemand haben wollte: Lampenschirme, bemalte Holzteller, Aschenbecher oder Rasierklingenschärfer.[66]

Stattdessen wurden Straßen und Plätze zu »schwarzen Börsen«, wo sich nun die wahren Preise zeigten. In der britischen Zone kostete im April 1947 ein Pfund Butter 230 Reichsmark – was dem Monatsverdienst eines Facharbeiters entsprach. Ein Kilogramm Fleisch war für 60 bis 80 Mark zu haben, Zucker für 70 bis 90 Mark, und ein Dreipfundbrot kostete 25 bis 100 Mark.[67] In Hamburg wurden im Mai 1948 acht Reichsmark für ein Ei gezahlt, während der offizielle Preis nur 13 Pfennig betrug.[68]

Oft wurde aber gar nicht in Reichsmark abgerechnet, sondern in Zigaretten. Sie eigneten sich bestens, weil sie handlich, haltbar und international genormt waren.[69] Das Ersatzgeld Zigarette wurde für die alliierten Soldaten zu einem lukrativen Geschäft. Im Militärladen kauften sie die Stange für fünf Dollar ein, die dann auf dem Schwarzmarkt mindestens 1 000 Reichsmark brachte.[70] Die Nachfrage war so groß, dass sie sogar bis nach Übersee reichte. Firmen in den USA spezialisierten sich darauf, Zigarettenstangen an die Besatzungstruppen in Deutschland zu schicken. Der Umsatz blühte: Monatlich gingen Pakete mit einem Gewicht von 1 500 Tonnen aus den USA nach Deutschland ab; mehr als die Hälfte dürften Zigaretten enthalten haben.[71] In Wahrheit war der Schwarzmarkt also gar nicht »schwarz«, sondern die Besatzungsmächte mischten kräftig mit.

Zudem entstand ein »grauer Markt«. Da Geld weitgehend wertlos war, verlangten die Arbeiter, dass ihr Lohn zumindest teilweise in Form von Lebensmitteln oder anderen Gütern ausgezahlt würde. Diese Lohn-Waren wurden dann weiter getauscht – oft während der Arbeitszeit. Durchschnittlich fehlte mehr als ein Viertel der Beschäftigten, weil sie irgendwo Schlange standen, Holz schlugen oder illegalen Geschäften nachgingen.[72] Damals lief der zynische Spruch um: »Ich kann es mir nicht leisten, arbeiten zu gehen; ich muss meine Familie ernähren.«

Der »graue Markt« war zwar offiziell verboten, praktisch aber nicht zu verhindern. Bereits im Sommer 1946 schrieb der SPD-Politiker Viktor Agartz an die britische Militärregierung: »Dieses ganze Tausch- und Kompensationssystem spielt sich in aller Öffentlichkeit ab, sodass es von weiten Kreisen als absolut ordnungsgemäß angesehen wird.« Agartz leitete für die Briten das Verwaltungsamt für Wirtschaft, das in Minden angesiedelt war, und berichtete weiter: »Es gibt einen festen Tauschsatz: 1 Zentner Kartoffeln gegen 15 Zentner Kohle.« Von Strafaktionen riet Agartz ab. Der illegale Tauschhandel habe »einen solchen Umfang angenommen, dass man von der Verfolgung einzelner Fälle keinen Erfolg mehr erwarten kann«.[73]

Parallel bürgerten sich »Hamsterfahrten« in die Dörfer ein. Ausgehungerte Städter reisten aufs Land, um ihren Besitz gegen Lebensmittel einzutauschen. Bei den Landwirten stapelten sich bald

Laken, Silberbestecke und Pelzmäntel, und es ging der böse Spruch um, dass selbst Kühe auf Perserteppichen schlafen würden.

Der Schwarzmarkt wurde Teil des Alltags: In Bremen inserierte ein Friseur seine Preise für Rasur und Haarschnitte gar nicht mehr in Geld, sondern gleich in Eiern.[74] Es wird geschätzt, dass bis zu 30 Prozent aller landwirtschaftlichen Produkte auf den Schwarzmarkt flossen, obwohl die Bauern ihre Ernte eigentlich abliefern sollten.[75]

Der Schwarzmarkt konnte die Not jedoch nicht lindern – sie wurde nur umverteilt. Es profitierte, wer noch tauschbaren Besitz hatte, Lebensmittel anbaute oder in einer Fabrik beschäftigt war, die begehrte Güter herstellte. Es verlor, wer schon alles verloren hatte. Vor allem Flüchtlinge und ihre Kinder waren auf die öffentlichen Rationen angewiesen, die nun noch niedriger ausfielen als eigentlich nötig, weil große Teile der Ernte für den Schwarzmarkt abgezweigt wurden.[76]

Bereits im ersten Nachkriegswinter berichteten auswärtige Beobachter, dass viele ältere Menschen »gelbe, faltige Gesichter« hätten und dass die Kinder »teigig« und »apathisch« aussähen. Diese Not war politisch gefährlich, wie der SPD-Vorsitzende Kurt Schumacher warnte. Er hatte unter Hitler fast zehn Jahre lang in verschiedenen Konzentrationslagern gelitten und wusste genau, dass sich eine Demokratie in Deutschland nur halten würde, wenn sie ökonomisch überzeugte. Die Deutschen dürften nicht noch einmal die Erfahrung machen, wie schon in der Weimarer Republik, »dass Demokratie das ist, was immer dann eintritt, wenn Trümmer, Hunger, Arbeitslosigkeit, Hoffnungslosigkeit« herrschten.[77]

Zum Glück hat sich die Geschichte nicht wiederholt. Schon bald setzte ein Aufschwung ein, der zum Gründungsmythos der neuen Bundesrepublik werden sollte. Die Legende, die sich damals herausbildete, wird noch heute gern erzählt: Westdeutschland habe angeblich ein einzigartiges »Wirtschaftswunder« erlebt, beispiellos in der ganzen Welt, das allein der Währungsreform 1948 zu verdanken sei. Nichts davon stimmt.

Kein Wunder: Das »Wirtschaftswunder«

Es ist kein Wunder, dass die Zeitgenossen glaubten, es müsse sich um ein »Wunder« handeln, dass Nachkriegsdeutschland so schnell wuchs. Die zerbombten Städte sahen deprimierend aus. Im Februar 1947 prognostizierte der berühmte Ökonom Gustav Stolper, dass die meisten Deutschen »noch für viele Jahre in Schutt und Ruinen leben müssen«. Selbst für die Zeit nach 1980 sah er schwarz: Die Jugendlichen würden auswandern, um ihren Lebensunterhalt anderswo zu suchen, sodass die Deutschen in West und Ost auf weniger als 40 Millionen schrumpfen würden. Die einstige Großmacht Deutschland – sie wäre dann »kleiner als Italien«.[1]

Stolper war nicht der einzige Pessimist. Andere Ökonomen hatten ausgerechnet, dass jeder Deutsche fortan nur alle fünf Jahre einen Teller erwerben könnte, alle zwölf Jahre ein Paar Schuhe und alle fünfzig Jahre einen Anzug, und dass nur jeder dritte Deutsche die Chance haben würde, in seinem eigenen Sarg beerdigt zu werden.[2]

Doch die Optik täuschte: Trotz der gewaltigen Bombenschäden gab es 1948 immer noch ungefähr genauso viele Fabriken und Maschinen wie zu Kriegsbeginn 1939.[3] Denn Hitler hatte kräftig aufgerüstet und neue Industrieanlagen aufgebaut; gleichzeitig war es den Alliierten kaum gelungen, die Betriebe zielgenau zu treffen.

Auch die Demontagen fielen kaum ins Gewicht. In Westdeutschland transportierten die Alliierten zwar mehr als 600 Fabriken ab[4], aber dieser Verlust machte nur etwa vier Prozent der Industrieleistung von 1938 aus.[5] Zudem wurden vor allem ehemalige Rüstungsbetriebe verschifft, und Deutschland hatte sowieso zu viele Waffenschmieden, sodass oft nur Überkapazitäten abgebaut wurden. Der

Wirtschaftshistoriker Werner Abelshauser urteilt daher, es sei »wenig wahrscheinlich, dass Demontagen den industriellen Kapitalstock … belastet haben.«[6]

Der Engpass waren die zerstörten Transportwege; allein in der britischen Zone waren im Mai 1945 nur noch rund 1 000 von 13 000 Straßenkilometern befahrbar.[7] Auch Schienen und Wasserwege waren durch Bombentreffer blockiert, sodass es zu einer »Kohlenkrise« kam: Obwohl die Bergwerke eigentlich intakt waren, lagen sie weitgehend brach, weil die Kohle nicht verteilt werden konnte. Ohne Kohle konnte aber auch die Produktion in den Fabriken nicht anlaufen.

Sobald aber die ersten Züge wieder rollten, erholte sich auch die Wirtschaft. Die Betriebe kamen schneller in Gang, als es damals von vielen Zeitgenossen wahrgenommen wurde. Bereits im Herbst 1946 hatte die Produktion in der amerikanischen Zone die Hälfte ihres Vorkriegsstandes erreicht.[8]

Die Wirtschaft wuchs also längst, als am 20. Juni 1948 die Währungsreform stattfand. Trotzdem gehört die Einführung der D-Mark zu den großen Mythen in der Bundesrepublik, die die Wahrnehmung vom sogenannten Wirtschaftswunder bleibend geprägt hat. Denn vorher waren die Läden leer – und am nächsten Tag voll. In den Schaufenstern tauchten Waren auf, die die Normalverbraucher seit Jahren nicht mehr gesehen hatten wie Kochtöpfe, Zahnbürsten oder Bücher. Wirtschaftshistoriker Abelshauser schreibt ironisch: »Selbst Kühe reagierten offenbar positiv auf den Währungsschnitt, denn schon in der ersten DM-Woche wurde wesentlich mehr Butter angeliefert als in der Vorwoche.«[9]

Ein Wunder war das nicht, sondern betriebswirtschaftliches Kalkül. Die Unternehmer hatten ihre Waren bewusst gehortet und zurückgehalten, bis es die neue D-Mark gab, weil sie keine wertlose Reichsmark kassieren wollten. Es handelte sich also um einen »Schaufenstereffekt«, aber die psychologische Wirkung war enorm: Viele Deutsche glauben bis heute, dass es allein der Währungsreform zu verdanken wäre, dass die Wirtschaft wieder funktionierte. Die D-Mark ist daher stets mehr als nur Geld – sie wurde zum nationalen Symbol des Wiederaufstiegs.

Ein Symbol wird geboren: Die D-Mark

Die D-Mark hat ein Gesicht: Ludwig Erhard. Der spätere Wirtschaftsminister und Bundeskanzler gilt als Schöpfer des neuen Geldes. Ganz allein soll er die Währungsreform gestemmt und die »soziale Marktwirtschaft« erfunden haben. In diesem Heldennarrativ ist Erhard ein überragender Ökonom und Staatsmann, der Deutschland aus tiefster Not errettet hat.

Diese Legende wird zwar bis heute gern verbreitet, ist aber trotzdem falsch. Die Deutsche Mark ist keine deutsche Erfindung, sondern wurde von den Amerikanern durchgesetzt. Den zentralen Plan haben drei Männer entwickelt: Gerhard Colm, Joseph Dodge und Raymond Goldsmith. Nach den Initialen ihrer Nachnamen wurde das Konzept fortan nur noch »CDG-Plan« genannt.

Joseph Dodge war ein Bankier aus Detroit, der als Finanzberater des US-Militärgouverneurs Clay fungierte. Er begann bereits im Herbst 1945 zu sondieren, wie eine Währungsreform aussehen könnte, und beriet sich auch mit deutschen Finanzwissenschaftlern und Bankiers. Unter anderem besuchte er Alfred Weber in Heidelberg: Der berühmte Nationalökonom empfahl ihm, 95 Prozent der deutschen Reichsschuld einfach abzuschreiben und damit zu streichen.[10]

Die Währungsreform bediente sich also durchaus deutscher Expertise, war aber dennoch kein deutsches Produkt. Denn in Deutschland kursierten damals knapp 250 Reformvorschläge, die sich oft widersprachen und vielfach nicht durchführbar waren. Es waren die Amerikaner, die diese Ideen sichteten, sortierten und in ein Konzept gossen.

Dodge wurde bald deutlich, dass die Währungsreform zu einem wissenschaftlichen Projekt ausarten würde, das er unmöglich allein stemmen konnte. Anfang 1946 forderte er daher in Washington Unterstützung an, und die US-Regierung schickte ihm ein Expertenteam, das von Gerhard Colm und Ray Goldsmith geleitete wurde. Beide Ökonomen kannten sich in Deutschland bestens aus: Colm hatte in Kiel gelehrt, Goldsmith in Berlin promoviert. Da sie jüdischen Familien entstammten, waren sie 1933 emigriert.[11]

Die Aufgabe war gewaltig, die die amerikanische Expertentruppe zu bewältigen hatte, denn Hitler hatte seinen Krieg vor allem mit der Notenpresse finanziert: Im Frühjahr 1945 saß das Deutsche Reich auf Schulden von mindestens 380 Milliarden Reichsmark; zudem war ungebremst Bargeld gedruckt worden. Hatte es 1939 Geldscheine im Wert von knapp zwölf Milliarden Reichsmark gegeben, liefen im März 1945 schon mehr als 56 Milliarden um.[12] Diese enorme Geldmenge musste nun wieder aus dem Verkehr gezogen werden.[13]

Die drei Ökonomen arbeiteten rund zwei Monate an ihrem Konzept, dann legten sie am 20. Mai 1946 ihren CDG-Plan vor, in dem zum allerersten Mal der Begriff »Deutsche Mark« fiel. Jeder Deutsche sollte ein einmaliges Kopfgeld von maximal 15 Mark erhalten. Zudem sollte der Umtauschkurs für Sparguthaben zehn zu eins betragen, sodass es für zehn Reichsmark nur noch eine D-Mark geben würde.[14] Den drei Ökonomen war bewusst, wie ungerecht ihre Währungsreform war: Die Geldbesitzer würden allesamt enteignet, während Fabrik- und Hausbesitzer ihr Eigentum behalten könnten.

Daher war ein radikaler Lastenausgleich vorgesehen: Sachvermögen sollte mit einer Zwangshypothek von 50 Prozent belastet werden, und mit den Zinsen und Tilgungsraten würden dann die Opfer des Krieges sowie der Währungsreform entschädigt. Zudem sollte eine progressive Kapitalabgabe greifen, die die Vermögenszuwächse aus der Nazi-Zeit wieder abschöpfte. Kriegsgewinner sollten keinen Vorteil haben.[15] Zu dieser gigantischen Umverteilung kam es jedoch nie, denn in der Bundesrepublik wurde der Lastenausgleich später stark abgemildert. Aber ein zentrales CDG-Merkmal blieb: Die Entschädigungen für Bombenopfer, Vertriebene und Sparer waren weiterhin abgekoppelt von der eigentlichen Währungsreform.

Im August 1946 brachten die Amerikaner den CDG-Plan im Kontrollrat ein, doch dort geriet das Projekt fast zwei Jahre lang ins Stocken. Die vier Alliierten konnten sich auf keine gemeinsame Währungsreform einigen.[16] Umso aktiver wurden die Westdeutschen, die vermeiden wollten, dass sie von den alliierten Plänen einfach überrollt wurden: Der Wirtschaftsrat der Bizone beauftragte sieben Fachleute, ein eigenes Reformkonzept auszuarbeiten. Diese »Sonderstelle Geld und Kredit« wurde in Bad Homburg angesiedelt, tagte erstmals im Oktober 1947 – und wählte Erhard zum Vorsitzenden. Im Gremium war er damals der einzige Arbeitslose, während seine Kollegen schon mit anderen Ämtern ausgelastet waren.[17]

Innerhalb weniger Monate entstand ein »Homburger Plan«, den die Amerikaner jedoch weitgehend ignorierten, weil er nicht funktioniert hätte. Der Plan fiel nämlich vor allem durch seine entschiedene Unentschlossenheit auf: Die Westdeutschen wollten zwar einen Währungsschnitt, aber niemandem wehtun – und einen echten Lastenausgleich sollte es auch nicht geben, sondern einen absurden Kreisverkehr mit alten Schuldtiteln.[18] Der Finanzhistoriker Christoph Buchheim urteilte später: Der Homburger Plan sei »keine ausgearbeitete, praktikable Alternative« gewesen.[19]

Während Erhards Experten noch an ihrem Homburger Plan feilten, kam es bei den Alliierten zum Bruch. Das gegenseitige Misstrauen der Besatzungsmächte hatte sich derartig verschärft, dass die Sowjets am 20. März 1948 den gemeinsamen Kontrollrat verließen. Damit stand faktisch fest, dass Deutschland geteilt würde – was den Weg für eine Währungsreform in den Westzonen frei machte. Vorbereitet war sie längst: Bereits Ende 1947 hatte das US-Außenministerium begonnen, neue Geldscheine im Wert von 5,7 Milliarden Mark zu drucken.[20]

500 Tonnen Geld wurden in 23 000 Kisten nach Bremerhaven verschifft und im Keller des alten Reichsbankgebäudes in Frankfurt eingelagert. Diese Operation »Bird Dog« war eigentlich geheim, blieb aber nicht unbeobachtet. Das *Neue Deutschland* titelte bereits am 20. Januar 1948: »Das neue Westgeld ist da.«[21] Alle Deutschen wussten, dass eine Währungsreform anstand. Die Frage war nur noch, wann »Tag X« stattfinden würde.

Die Alliierten hielten weiterhin fast unverändert am CDG-Plan fest[22], wollten die deutschen Experten aber nicht brüskieren, sondern ihren technischen Sachverstand nutzen. Daher kam es zu einer Episode, die in keiner Anekdotensammlung über die deutsche Währungsgeschichte fehlt: das »Konklave von Rothwesten«.[23]

Diese Geheimoperation wurde von den Amerikanern inszeniert wie ein Agentenfilm: Drei Stunden lang wurden zehn deutsche Finanzexperten durch die Lande transportiert – in einem Bus mit Milchglasscheiben, damit sie die Route auch ja nicht erkennen konnten. In Rothwesten, einem einsamen Fliegerhorst nahe Kassel, wurden sie dann im Haus Posen kaserniert. Das Gebäude war eigens mit Stacheldraht gesichert worden, obwohl das Militärgelände ohnehin schon eingezäunt war. »Der erste Eindruck bei der Ankunft war deprimierend«, berichtete später Erwin Hielscher, SPD-Stadtkämmerer aus München, der am Konklave teilnahm. Immerhin lobte er das Essen, denn die hungernden Deutschen wurden plötzlich versorgt wie Besatzungssoldaten: »Dagegen war die Verpflegung, die aus amerikanischen Heeresbeständen erfolgte, für die deutschen Teilnehmer wie ein Märchen aus alten Zeiten.«[24]

Der wahre Vater der D-Mark: Edward A. Tenenbaum

Viel zu sagen hatten die Finanzexperten allerdings nicht in dem Konklave, das vom 21. April bis zum 8. Juni tagte. Die Alliierten gaben die Leitlinien vor, während die Westdeutschen vor allem die 22 Gesetze, Formulare und Merkblätter entwickelten, die bei der Geldumstellung nötig wurden. Schon bald wurde den Westdeutschen deutlich, dass bei den Alliierten ein Mann herausstach: der 26-jährige Amerikaner Edward Tenenbaum. Dieser junge US-Verbindungsoffizier entschied letztlich, wie die westdeutsche Währungsreform aussah. Hielscher schrieb bereits im Juni 1948, dass »es keinem Zweifel unterliegen« könne, »wenn man den vermutlich großen Anteil Tenenbaums hervorhebt«.[25]

Tenenbaum wurde 1921 in New York geboren und stammte von jüdischen Einwanderern aus Polen ab. Beide Eltern hatten promoviert, und auch Tenenbaum schloss bereits mit 15 Jahren eine der besten Highschools in New York ab. Anschließend besuchte er 1937/38 die bilinguale École Internationale in Genf und beendete 1942 das Studium in Yale. Seine Bachelorarbeit trug den Titel »National Socialism vs. International Capitalism« und war so gut, dass sie von der Universität als Buch herausgebracht wurde. Da Tenenbaum sehr kurzsichtig war, konnte er keinen Dienst an der Waffe leisten und verbrachte seinen Kriegsdienst als Geheimdienstoffizier. Mitte 1945 wurde er zur Finanzabteilung der US-Militärregierung in Deutschland versetzt, wo es bald zu seiner Hauptaufgabe wurde, sich mit der anstehenden Währungsreform zu befassen.[26]

In Rothwesten versuchten die Westdeutschen drei Wochen lang, ihren »Homburger Plan« durchzusetzen.[27] Mit wenig Erfolg. Sie konnten nur erreichen, dass die Kopfpauschale auf 50 D-Mark steigen sollte. Am Ende wurden es sogar 60 D-Mark, denn ausnahmsweise leuchtete den Alliierten ein, was die Westdeutschen vortrugen: Ein hoher Kopfbetrag würde vor allem den Armen und Großfamilien zugutekommen, die keine nennenswerten Ersparnisse besaßen.

Viele Familien wären tatsächlich verloren gewesen, wenn es keine hohe Kopfquote gegeben hätte, wie die Kontenstatistik der westdeutschen Sparkassen zeigt: Im Jahr 1946 wiesen 47,1 Prozent der Sparkonten ein Guthaben von weniger als 300 Reichsmark auf.[28] Ein Umtauschkurs von zehn zu eins hätte bedeutet, dass diesen Familien nur maximal 30 D-Mark geblieben wären. Dank der Kopfquote kam ein vierköpfiger Haushalt immerhin auf 240 D-Mark.

Ansonsten aber setzte sich Tenenbaum durch, der für einen radikalen Währungsschnitt sorgte. Für 100 Reichsmark gab es schließlich nur 6,50 D-Mark – wobei die Kopfpauschale angerechnet wurde.[29] Diese Geldvernichtung war weitaus drastischer, als es sich die westdeutschen Sachverständigen jemals vorgestellt hatten. Der Finanzhistoriker Carl-Ludwig Holtfrerich resümiert, dass es zu einer »offenen Inflation« gekommen wäre, wenn die Westdeutschen das Sagen gehabt hätten. »Ohne Tenenbaum wäre Erhard gescheitert.«[30]

Tenenbaum war später nie wieder in Deutschland. Bis 1954 beriet er die griechische Regierung, danach kehrte er in die USA zurück und gründete eine kleine Beratungsfirma, die unter anderem für die Weltbank tätig war. 1975 starb Tenenbaum bei einem Autounfall in Washington und wurde auf dem Militärfriedhof in Arlington beigesetzt. Sein Erbe aber bleibt: Die Einführung der D-Mark gilt als eine der erfolgreichsten Währungsreformen weltweit.

Es ist kein Zufall, dass letztlich ein US-Soldat die D-Mark durchsetzte: Nur eine Militärmacht konnte einen so radikalen Währungsschnitt verordnen, der das Geldvermögen weitgehend vernichtete. Eine westdeutsche Regierung hätte immer Kompromisse suchen müssen, um auf ihre Wähler Rücksicht zu nehmen.[31] Aus Angst vor dem Volkszorn beeilten sich die westdeutschen Finanzexperten in Rothwesten denn auch, jede Verantwortung für das neue Geld abzulehnen. Zum Abschluss des Konklave reichten sie eine schriftliche Erklärung ein, in der es hieß: »Die Ausarbeitung der Entwürfe bedeutet nicht, dass die darin vorgesehenen Maßnahmen inhaltlich in allen wesentlichen Punkten die Zustimmung der deutschen Sachverständigen gefunden hätten.« Und weiter wurde ausgeführt: »Die drei Besatzungsmächte tragen für die Grundsätze und die Methoden der Geldreform in ihren Zonen die alleinige Verantwortung.«

Klarer kann man es nicht ausdrücken: Die Westdeutschen hatten mit der Währungsreform nichts zu tun, wie sie schließlich am 20. Juni 1948 durchgeführt wurde. Besonders unwichtig war dabei übrigens Erhard, denn er hatte an dem Konklave gar nicht teilgenommen, weil er inzwischen zum Wirtschaftsdirektor der Bizone aufgestiegen war (siehe nächstes Kapitel).[32]

Doch obwohl Erhard keinerlei Verantwortung für die Währungsreform trug, heimste er später ungeniert das Lob ein, indem er sich als Schöpfer der D-Mark inszenierte.[33] Zudem erweckte er stets den Eindruck, als habe »seine« Währungsreform ein einzigartiges Wirtschaftswunder ausgelöst.[34] Auch das war falsch.

Das »Wunder« startet – nicht nur in Westdeutschland

Die offiziellen Zahlen wiesen ein Wachstum aus, das schier unglaublich war: Allein in den ersten drei Monaten nach der Währungsreform soll die westdeutsche Wirtschaft um 30 Prozent zugelegt haben, und von Oktober bis Dezember 1948 wurde noch einmal ein Plus von 16,4 Prozent verzeichnet.[35]

Dieses »Wunder« war jedoch zu schön, um wahr zu sein, und entstand durch zwei statistische Effekte. Erstens: Vor der Währungsreform war das offizielle Wachstum scheinbar eingebrochen, weil Fabriken und Bauern ihre Waren lieber horteten, anstatt die Geschäfte zu beliefern.[36] Da die Hersteller keine wertlose Reichsmark kassieren wollten, warteten sie auf die neue D-Mark. Als diese zurückgehaltenen Waren dann in die Läden fluteten, musste es statistisch so aussehen, als sei die Wirtschaft sprunghaft gewachsen.[37]

Zweitens wurde die Statistik durch den »grauen Markt« verzerrt. Vor der Währungsreform wurden viele Transaktionen gar nicht erfasst, weil der Handel ohne Geld lief und über Kompensationsgeschäfte abgewickelt wurde. Firmen verkauften ihre Produkte nur, wenn sie im Gegenzug andere Waren erhielten, die sie gut gebrauchen konnten. Im Sommer 1947 schätzte die Düsseldorfer Handwerkskammer, dass fast die Hälfte aller Handelsgeschäfte jenseits der offiziellen Kanäle getätigt wurde.[38] Wurde die Statistik um diese beiden Effekte bereinigt, fiel das Wachstum nach der Währungsreform deutlich niedriger aus: In den ersten drei Monaten lag es dann nicht bei 30 Prozent, sondern dürfte etwa 14 Prozent betragen haben.[39]

Auch dieser Zuwachs war beachtlich, aber leicht zu erklären: Geld fungierte nun wieder als Schmiermittel der Wirtschaft. Rohstoffe lagerten nicht mehr ungenutzt an der falschen Stelle, sondern flossen mühelos dorthin, wo sie gebraucht wurden. Wie umständlich es war, kein stabiles Geld zu besitzen, hatte eine Untersuchung schon 1947 zutage gefördert. Das hessische Statistikamt hatte damals 14 repräsentative Industrieunternehmen nach ihren Vorräten befragt. Das erstaunliche Ergebnis: Die Lager waren nicht etwa leer, sondern übervoll. Roh- und Betriebsstoffe hätten für eine Produktion von zwölf Monaten gereicht. Doch gleichzeitig gaben die meisten Firmen an, dass sie ihre Kapazitäten nicht ausnutzen konnten, weil ihnen wichtige Vorprodukte fehlten. In der Industrie herrschte also gar kein Mangel, sondern die Rohstoffe waren falsch verteilt, weil man ohne stabiles Geld immer auf schwerfällige bilaterale Tauschgeschäfte ausweichen musste.[40] Die Währungsreform setzte diese Vorräte frei.

Vom Mythos Währungsreform bleibt also wenig übrig: Die D-Mark vereinfachte die Abwicklung von Transaktionen, aber echtes Wachstum hat sie nicht produziert. Der Wirtschaftshistoriker Werner Abelshauser hat errechnet, dass die westdeutsche Wirtschaft schon ab Herbst 1947 stetig wuchs, also bevor das neue Geld eingeführt wurde: »Wesentlich beschleunigt hat die Währungsreform diesen Aufschwung nicht.«[41]

Von 1950 bis 1973 legte die bundesdeutsche Wirtschaft pro Kopf um durchschnittlich fünf Prozent pro Jahr zu. Das war viel, aber kein Rekord. Italien kam ebenfalls auf fünf Prozent und Spanien erreichte sogar 5,8 Prozent pro Jahr und Kopf.[42] Nach dem Zweiten Weltkrieg erlebten fast alle europäischen Staaten ein »Wirtschaftswunder«. Völlig unerheblich war übrigens, ob die Regierungen an die »freie Marktwirtschaft« glaubten oder Schlüsselindustrien verstaatlicht hatten. Der Aufschwung setzte überall ein, ohne dass die jeweilige offizielle Wirtschaftspolitik den Ausschlag geben hätte.

Interessant ist der Vergleich zu Frankreich, das gleich nach dem Krieg einen anderen Weg einschlug als Westdeutschland. Der erzkonservative General Charles de Gaulle war Präsident, aber in seiner Regierung amtierten Kommunisten, Sozialisten und Christdemokraten gemeinsam. Es war breiter Konsens, dass wichtige Industriezweige verstaatlicht werden sollten. Dieser Prozess verlief zwar leicht chaotisch, aber am Ende waren die Renault-Werke, zahlreiche Kohlegruben, die Pariser Verkehrsbetriebe, die Handelsmarine, die Luftfahrtgesellschaften, die Elektrizitätswerke, die Banque de France, die vier größten Depotbanken und diverse Versicherungen im Besitz der öffentlichen Hand. Doch damit begnügte sich die Regierung nicht – die gesamte Wirtschaft, auch der Privatsektor, wurde staatlich gesteuert. Eine Kommission lenkte die Investitionen und gab Entwicklungsziele vor. Nichts wurde dem Zufall des Marktes überlassen, sondern die Losung hieß »Planification«.[43]

Das Ergebnis konnte sich sehen lassen: Alle Branchen legten stürmisch zu. Chemische Industrie, Elektroindustrie, Metallindustrie, Stahlindustrie, Schiffbau, Maschinenbau, Flugzeugbau und Autoindustrie entwickelten sich rasant. Zwischen 1950 und 1973 kam Frankreich auf ein durchschnittliches Wachstum von 4,1 Prozent pro Jahr und Kopf.[44] Westdeutschland erlebte mit fünf Prozent zwar einen etwas stärkeren Aufschwung, aber es wäre irreführend, diese beiden Zahlen kontextfrei nebeneinander zu stellen. Entscheidend war die Ausgangslage nach dem Krieg. Da Westdeutschland in weiten Teilen zerstört war, musste es diese Schäden wieder beheben und wuchs daher stärker. Ein aktiver Staat störte jedenfalls nicht, wie auch die Geschichte Österreichs zeigt, das einen einsamen Rekord in Westeuropa hielt: Von 1950 bis 1966 arbeiteten 31 Prozent aller Erwerbstätigen entweder gleich beim Staat oder in öffentlichen Betrieben. Trotzdem wuchs die Wirtschaft dort pro Kopf genauso schnell wie in Westdeutschland.[45] Aber auch in der Bundesrepublik ließ sich beobachten, dass ausgerechnet staatliche Betriebe florierten. Der VW-Konzern stieg zu nationalem Nimbus auf – war aber im Besitz der öffentlichen Hand.

Generell galt, dass die reichsten Länder am wenigsten wuchsen. Großbritannien erreichte zwischen 1950 und 1973 nur ein Plus von 2,4 Prozent pro Kopf, und in den USA waren es 2,5 Prozent.[46] Doch dieses geringere Wachstum reichte für die USA völlig aus, um ihren weltweiten Spitzenplatz zu behaupten.

Auch die Briten litten keine Not, obwohl ihr Wachstum vergleichsweise niedrig ausfiel. Wieder war der Ausgangspunkt wichtig: Die Bundesrepublik hatte 1949 gerade einmal 64 Prozent ihrer Wirtschaftsleistung von 1938 erreicht. Die britische Wirtschaftsleistung hingegen lag 1948 bereits um 13 Prozent höher als im letzten Vorkriegsjahr.[47] Es dauerte daher noch etwa fünfzehn Jahre, bis die Westdeutschen die Briten eingeholt hatten.

Die Bundesrepublik, Frankreich, Österreich oder Italien wuchsen so stark, weil sie endlich den technischen Rückstand verringern konnten, der sich in zwei Weltkriegen und einer Weltwirtschaftskrise aufgestaut hatte. Diese Operation war denkbar simpel: Man kopierte, was in den USA und in Großbritannien längst Standard war. Mit Erhard hatte dieses »Wunder« nichts zu tun.

Stattdessen traf Erhard als bizonaler Wirtschaftsdirektor eine fundamentale Fehlentscheidung: Im Juni 1948 verfügte er nämlich, fast alle Preise freizugeben.[48] Nach der Währungsreform blieben nur ein paar Lebensmittel und Rohstoffe sowie Mieten, Gas, Strom und Fahrkarten gedeckelt. Prompt kam es zu einer sprunghaften Inflation, die vor allem arme Haushalte traf.

Ein Fehler: Erhard gibt fast alle Preise frei

Erhard glaubte fest an die »Marktwirtschaft« und an die segensreiche Lenkungswirkung der freien Preise. Allein Angebot und Nachfrage sollten bestimmen, was ein Gut kostet. Frohgemut verkündete er nach der Währungsreform: »Der einzige Bezugsschein ist jetzt … die Deutsche Mark.« Dabei übersah Erhard jedoch, dass in Westdeutschland weiterhin gnadenloser Mangel herrschte. Das Angebot war so gering und die Nachfrage so riesig, dass die Preise sofort in ungeahnte Höhen schießen mussten.

Kleider und Schuhe wurden unerschwinglich, Gemüse doppelt so teuer, Obst kostete das Dreifache – und der Preis von Eiern stieg sogar um das Fünffache. Erhard beschwichtigte, die Preise würden sich sehr bald »einpendeln«, und prognostizierte, es wäre geradezu »ein Wunder, wenn die Preise … nicht nachgeben sollten«.

Doch dieser Optimismus blieb reines Wunschdenken, wofür Erhard eine ausgeprägte Neigung zeigte. Viele Bürger sahen sich mit einem unerwarteten Paradox konfrontiert: Die Währungsreform bot ihnen zwar stabiles Geld, aber trotzdem waren sie nicht etwa reicher geworden – sondern ärmer.

Die Währungsreform war erst eine Woche alt, da sahen sich schon viele Eltern gezwungen, ihre Kinder von der Schulspeisung abzumelden, weil sie den wöchentlichen Betrag von einer D-Mark nicht mehr aufbringen konnten. Auch Busse und Straßenbahnen verloren bis zu 90 Prozent ihrer Fahrgäste, weil sich viele Bürger die Tickets nicht mehr leisten konnten.[49]

Das statistische Amt in Hannover ermittelte damals, dass eine vierköpfige Familie mindestens 250 D-Mark im Monat benötigte, um über die Runden zu kommen. Doch das Durchschnittseinkommen eines Arbeiters betrug noch nicht einmal 150 D-Mark im Monat – und durfte auch nicht steigen.[50] Erhard hatte zwar im Juni 1948 die Preise frei gegeben, aber Hitlers Lohnstopp galt noch weitere fünf Monate und wurde erst im November aufgehoben.

Von den steigenden Preisen profitierten allein die Unternehmer und die Bauern, während der Rest der Bevölkerung seine letzten Spargroschen einsetzen musste, um die überteuerten Güter zu erwerben. Die meisten Familien hatten jedoch kaum Rücklagen, weil die Währungsreform fast das gesamte Geldvermögen vernichtet hatte. Viele Bürger waren enttäuscht und fühlten sich geprellt: Im Juli 1948 ermittelte eine amerikanische Umfrage, dass 79 Prozent der Westdeutschen davon überzeugt waren, dass nur die Geschäftsleute und »Kapitalisten« von Erhards Reform profitiert hätten.[51]

Auch der Hunger war keineswegs völlig vorüber: Etwa zwanzig Prozent der Deutschen hatten noch nicht einmal genügend Geld, um ihre karge Lebensmittelration zu kaufen, wie die britische Militärregierung registrierte.[52] Umfragen der Amerikaner ergaben ein ähnliches Bild: Im Juli 1948 sagten 48 Prozent der Bevölkerung, dass ihr Einkommen nicht reichen würde, um den bloßen Lebensunterhalt zu bestreiten. Im August waren es schon 59 Prozent.[53]

Die Not wäre sogar noch größer geworden, wenn die Alliierten nicht vorgesorgt hätten: Sie steigerten ihre Getreidelieferungen um dramatische 50 Prozent. Im Juni 1948 hatte es pro Kopf und Tag nur 1 535 Kalorien gegeben; im Herbst waren es dann schon 2 200 Kalorien. Briten und Amerikaner wussten genau, dass die Währungsreform nur ein Erfolg würde, wenn die meisten Westdeutschen wenigstens halbwegs satt werden konnten.[54] Auf gar keinen Fall durfte wieder der Schwarzmarkt dominieren. Also pumpten die Alliierten ab Sommer 1948 Nahrungsmittel im Wert von 827 Millionen US-Dollar in die Bizone, um eine Mangelwirtschaft zu verhindern.[55] Nicht Erhard hat die Währungsreform gerettet – es waren die Amerikaner und Briten.

Dennoch war die Inflation markant: Allein von Juni bis Dezember 1948 stiegen die Lebensmittelpreise um satte 18 Prozent.[56] Der Zorn der Bürger ließ nicht lange auf sich warten. Ende Juli 1948, also nur sechs Wochen nach der Währungsreform, begannen die ersten Unruhen. Es brach eine Revolte der Hausfrauen aus, die sich spontan auf den Wochenmärkten zusammenschlossen, um Händler tatkräftig zu überzeugen, ihre Wucherpreise wieder zu senken. In Erlangen wurden Händler mit »Äpfeln und Tomaten bombardiert«; in Krefeld kam es zu einer »Kartoffelschlacht«. Auf dem Münchner Viktualienmarkt wurden überteuerte Gänse umverteilt und ein Eierstand »enteignet« – bis das Überfallkommando der Polizei eingriff. Zerbrochene Eier gab es auch in Bielefeld und Bremen.[57]

Im August wurden dann gezielte »Käuferstreiks« organisiert, die per Plakat zum Boykott aufriefen. Zudem wuchs der politische Druck. Am 25. August versammelten sich 100 000 Menschen auf dem Königsplatz in München, um gegen Erhards Preispolitik zu demonstrieren. Bei einer Massenkundgebung in Bremen fragte ein Transparent: »Hat nur der kleine Mann den Krieg verloren?«[58]

Der Höhepunkt des Protests wurde am 12. November 1948 erreicht: Es begann der erste und bislang einzige Generalstreik in der westdeutschen Geschichte. Über neun Millionen Beschäftigte legten für 24 Stunden die Arbeit nieder, obwohl die Gewerkschaften nur viereinhalb Millionen Mitglieder zählten – und obwohl es kein Streikgeld gab. Doch die Not und die Wut waren so groß, dass Millionen Menschen bereit waren, ihren kargen Lohn zu opfern, um gegen Erhards Preispolitik zu protestieren.[59]

In dieser Zeit entstand ein Karnevalslied, das zu einem Massenschlager wurde und noch heute gesungen wird. Der Refrain lautet: »Wer soll das bezahlen, wer hat das bestellt, wer hat so viel Pinkepinke, wer hat so viel Geld?«

Der Druck der Straße ließ den Wirtschaftsdirektor nicht unbeeindruckt: Offiziell blieb Erhard zwar bei seiner Hymne auf den »freien Markt«, doch faktisch vollzog er eine Wende. Seine Verwaltung führte die Bewirtschaftung von Textilien und Schuhen wieder ein, indem sie das sogenannte Jedermann-Programm startete. Kleidung und Schuhe wurden nun – staatlich gelenkt – in standardisierter und billiger Serienproduktion hergestellt. Es gab festgelegte Preise und ein offizielles Siegel. Der Mechanismus war simpel: Unternehmen erhielten begehrte Rohstoffe wie Leder nur, wenn sie bereit waren, Teile ihrer Produktionskapazitäten für das Jedermann-Programm zur Verfügung zu stellen. Bereits im November 1948 wurden 750 000 Paar Jedermann-Schuhe ausgeliefert.[60] Die Politik der freien Preise war gescheitert, doch Erhard ignorierte diese Tatsache nicht nur, sondern sonnte sich unbekümmert im Erfolg der Jedermann-Waren. SPD-Chef Kurt Schumacher nannte ihn abfällig einen »Reklameluftballon«.[61]

In den anderen westeuropäischen Ländern agierten die Regierungen klüger als Erhard: Dort wurde die Rationierung erst aufgegeben, nachdem sich die Wirtschaft erholt hatte und genug Nahrung für alle zur Verfügung stand. Selbst die Siegermacht Großbritannien rationierte verschiedene Lebensmittel noch bis ins Jahr 1954, obwohl die Engländer weitaus besser versorgt waren als die Deutschen. Die Briten waren nicht arm, wollten aber sicherstellen, dass es gerecht zuginge und dass auch die unteren Schichten die Möglichkeit hatten, sich ausreichend mit Milch, Butter und Fleisch zu versorgen.[62]

Die Preiskontrollen waren daher in Großbritannien ungemein populär. Wie die britische Regierung bereits 1941 festgestellt hatte, war das Rationierungsprogramm »einer der größten Erfolge an der Heimatfront«.[63] Die staatlich verordnete Gleichmacherei erwies sich als ein Segen: Ausgerechnet im Krieg waren die unteren Schichten besser versorgt als je zuvor. Zu Friedenszeiten hatte ein Drittel der Briten nicht genug Kalorien erhalten, weitere zwanzig Prozent waren zumindest teilweise mangelernährt.[64] Nun, mitten im Krieg, war die Bevölkerung so gesund wie nie, wobei »die Fitness der Babys und Schulkinder besonders herausstach«.[65]

Wie anders sah es in Erhards Westdeutschland aus: Dort konnten sich nur die obersten Schichten eine ausgewogene Ernährung leisten. Die Preisfreigabe bei Eiern, Geflügel und Süßwasserfischen habe sich »sozialpolitisch gesehen absolut katastrophal« ausgewirkt, hielt das Kieler Weltwirtschaftsinstitut schon im September 1948 fest.[66] 70 Prozent der Westdeutschen wollten daher zu Preiskontrollen zurückkehren, wie eine Umfrage im Dezember 1948 ergab.[67] Selbst unter den Liberalen hatte Erhard nicht nur Fans. Der FDP-Politiker Ralf Dahrendorf urteilte später, die Preisfreigabe sei »unzeitgemäß« gewesen.[68]

Die steigenden Preise bremsten zudem das Wachstum ab, weil die Bank deutscher Länder, der Vorläufer der Bundesbank, nervös wurde. Die Währungshüter fürchteten eine unkontrollierte Inflation und verknappten die Kredite. Ab Januar 1949 stagnierte die Wirtschaft, und die Arbeitslosigkeit zog an.

Wie man es besser machte, zeigte die französische Besatzungszone, die einen anderen Kurs verfolgte als die Bizone: Am 21. Juni 1948 wurde dort zwar auch die D-Mark eingeführt, aber man blieb zunächst bei der Bewirtschaftung von vielen Gütern, bis sich das Warenangebot verbessert hatte. Die Entwicklung verlief daher geruhsamer. Während die Bizone erst einen kurzen Höhenflug und dann eine Stagnation erlebte, ging es in der französischen Zone stabil aufwärts.[69] Erhards Preisfreigabe hat also ökonomisch nichts bewirkt, sondern nur die Besitzenden reicher gemacht.

Im Rückblick ist es erstaunlich, dass Erhard zu einer Ikone wurde. Denn aufmerksamen Zeitgenossen konnte nicht entgehen, dass das »Wirtschaftswunder« in ganz Europa stattfand und keine Erfindung Erhards war. Auch seine restliche Leistungsbilanz fiel mager aus: Die Währungsreform stammte von den Amerikanern, und die Preisfreigabe war überhastet.

Vielleicht wäre Erhard vergessen worden – wenn es nicht die SPD gegeben hätte. Erhard hat seinen Ruhm nicht so sehr sich selbst zu verdanken als vielmehr seinen Gegnern. Er hatte das Glück, dass die SPD auf dem Sozialismus beharrte und Erhard damit die Möglichkeit bot, sich als Verteidiger des »freien Marktes« zu inszenieren, der die Zumutungen einer »Planwirtschaft« abwehrte.

Noch ein Fehler: Die SPD setzt auf Sozialismus

Die SPD hatte eigentlich die besten Voraussetzungen, um den nächsten Kanzler zu stellen. Als einzige Partei hatte sie sich immer zur Demokratie bekannt und sich zu NS-Zeiten nicht kompromittiert. Zudem hatte sie einen überzeugenden Kandidaten zu bieten: Parteichef Schumacher beeindruckte auch Wähler, die nicht zu den Sozialdemokraten zählten. 1948 war er in allen Umfragen der eindeutige Favorit und lag weit vor Adenauer, den er in der Beliebtheitsskala mit 15 zu fünf Punkten deklassierte.[70]

Schumacher überzeugte, weil er seine Überzeugungen niemals verraten hatte. Unter Hitler hatte er fast zehn Jahre in Zuchthäusern und Konzentrationslagern verbracht, und diese Leidenszeit hatte ihn gezeichnet: Sein Körper schien nur noch aus Haut und Knochen zu bestehen. 1948 wurde ihm auch noch ein Bein amputiert, nachdem er im Ersten Weltkrieg schon einen Arm verloren hatte. Schumacher musste zum Rednerpult getragen werden, aber sobald er auf der Bühne war, zog er seine Zuhörer in den Bann. »Die Quelle seines Charismas war das Leid«, fasst es der Politologe Franz Walter zusammen. »Mit seinem geschundenen Körper und seiner kraftvollen Rhetorik versinnbildlichte Schumacher gleichsam das sozialdemokratische Sendungsbewusstsein, das durch Terror und Verfolgung nicht hatte gebrochen werden können.«[71]

Schumachers ganzes Denken kreiste um die Frage, wie sich eine neue Diktatur verhindern ließe. Er war überzeugt, dass eine Demokratie in Westdeutschland nur möglich wäre, wenn die Großkonzerne verstaatlicht würden. Diese Sicht war damals keineswegs ungewöhnlich. Selbst in der CDU gab es viele Stimmen, die dem Kapitalismus »Versagen« bescheinigten. Im Ahlener Programm vom Februar 1947 hieß es sogar: »Das kapitalistische Wirtschaftssystem ist den staatlichen und sozialen Lebensinteressen des deutschen Volkes nicht gerecht geworden.« Die CDU forderte daher eine »gemeinwirtschaftliche Ordnung«, in der »das Genossenschaftswesen … mit aller Kraft auszubauen« sei. Kartelle und Monopole sollten bekämpft werden, um die »Zusammenballung wirtschaftlicher Kräfte in der Hand von Einzelpersonen« zu verhindern. Bergwerke und die »eisenschaffende Großindustrie« sollten gleich ganz verstaatlicht werden.

In Westdeutschland herrschte also anfangs eine ähnliche Stimmung wie in Frankreich, wo sich eine Allparteien-Koalition unter Präsident de Gaulle daran machte, Großkonzerne zu verstaatlichen. Aber anders als in Frankreich hielt die Begeisterung für eine »gemeinwirtschaftliche Ordnung« nicht lange an – zumindest nicht in bürgerlichen Kreisen. Zu abschreckend waren die Ereignisse in der

Ostzone, in der Unternehmen und Güter rigoros enteignet wurden. Viele Westdeutsche glaubten bald, dass Verstaatlichung mit Terror und Zentralismus gleichzusetzen sei.

Auch Schumacher lehnte die SED-Diktatur vehement ab und bezeichnete die ostdeutschen Kommunisten als »rot lackierte Faschisten«. Für ihn konnte ein echter Sozialismus nur demokratisch sein. Er wollte eine Planwirtschaft wie in Frankreich und nicht die Planwirtschaft des Ostens, doch diese Feinheiten waren vielen Wählern nicht zu vermitteln – zumal sich auch die westdeutsche SPD noch immer auf Karl Marx berief.

Unbeirrt erwartete die SPD den baldigen Untergang des Kapitalismus. Selbst das rasante Wachstum konnte die Genossen nicht beeindrucken, stattdessen wurde der Nachkriegsboom geleugnet und eine furchtbare Krise prognostiziert. Das Wahlprogramm von 1949 raunte düster: »Das Volkseinkommen schrumpft zusammen.«

Dieser Hang zur Apokalyptik diskreditierte die Sozialdemokraten. Viele Wähler gewannen den Eindruck, dass die SPD nur klagen, aber nicht gestalten wollte. Zudem blieb die Frage unbeantwortet, wem denn nun der Aufschwung zu verdanken war. Da die Sozialdemokraten das Wachstum negierten, kam als »Vater« des Wirtschaftswunders nur noch Erhard in Betracht. Damit hatte er die Rolle seines Lebens gefunden – dank der SPD.

Schumacher verlor die Wahl, weil er nur seine Stammwähler mobilisieren konnte. Mit 29,2 Prozent erhielt die SPD 1949 ungefähr genauso viele Stimmen wie 1928[72], und in diesem »30-Prozent-Turm« blieben die Sozialdemokraten mehr als ein Jahrzehnt gefangen. Die CDU erreichte 1949 zwar auch nur 31 Prozent, doch schon wenig später verbuchte sie Stimmenrekorde, weil sie zu einer Volkspartei mutierte. Sie zog nicht mehr nur ihr angestammtes Klientel der konservativen Christen an, sondern wurde für breite Schichten attraktiv, die in ihr die Partei des Wirtschaftswunders sahen.

Erhard hat von diesem Nimbus schon deswegen profitiert, weil er wie das personifizierte Wirtschaftswunder aussah. Rundlich und gemütlich, paffte er stets an einer Zigarre, was sorgsam inszeniert war: Sie sollte die Fabrikschlote des Wiederaufbaus symbolisieren.[73]

Diese Selbstdarstellung wirkt bis heute. Noch immer wird Erhard gefeiert, als wäre er ein ökonomischer Meisterdenker gewesen. Es lohnt sich daher, seinen Lebensweg etwas näher darzustellen. Erhards Biographie umspannt die Zeit vom Kaiserreich bis zur Bundesrepublik; er war NS-Profiteur und Bundeskanzler. Der bleibende Kult um seine Person illustriert perfekt, wie sehr das heutige Deutschland noch vom NS-Staat und der Nachkriegszeit geprägt ist.

III Ludwig Erhard: Ein talentierter Selbstdarsteller

Kein deutscher Wirtschaftsminister ist je so geehrt worden wie Ludwig Erhard: 23 Ehrendoktortitel wurden ihm zu Lebzeiten verliehen, viele davon im Ausland.[1] Zudem sind ungezählte deutsche Straßen, Plätze und Alleen nach ihm benannt worden.[2] Auch das Bundeswirtschaftsministerium erinnert groß an ihn: Der Festsaal heißt neuerdings »Ludwig-Erhard-Saal« – und in der Ahnengalerie ist sein Bild prächtig gerahmt, während sich seine Amtsnachfolger mit eher kleinen Fotos bescheiden müssen.

Diese Karriere war Erhard nicht in die Wiege gelegt. Selbst gute Bekannte hielten ihn nicht für übermäßig begabt. Der Politologe Theodor Eschenburg traf ihn öfter während der NS-Zeit und schrieb im Rückblick: »Manchem bedeutenden Mann ist in der Jugend oder zu einem frühen Zeitpunkt vor dessen Aufstieg eine große Zukunft prophezeit worden. Dazu hatten wir keinen Anlass. Was aus Erhard werden würde, darüber machten wir uns kaum Gedanken. Vielleicht ein brauchbarer Professor oder Wirtschaftsprüfer, aber das wäre wohl auch alles gewesen.«[3]

Erhard selbst hielt sich zwar für einen bedeutenden Wissenschaftler, aber die Stars des Faches nahmen ihn nicht ernst. Seine Gedanken waren allzu schlicht und kreisten vor allem um die Segnungen des Wettbewerbs. Vom Nobelpreisträger Friedrich von Hayek stammt das vergiftete Lob, Erhard sei ein »Naturtalent« gewesen: »Unter allen Ökonomen, die ich gekannt habe, von denen viele theoretisch viel feinsinniger und verständnisvoller waren, bin ich keinem anderen Mann begegnet, der einen solchen Instinkt hatte für das, was richtig ist.«[4] Von Hayek insinuierte also, dass Erhard weniger gedacht als gefühlt hätte, und stellte damit freundlich klar, dass Erhard die Ansprüche der akademischen Ökonomie nicht erfüllen konnte.

Verkäufer für Weißwäsche

Ludwig Erhard wurde am 4. Februar 1897 in Fürth geboren und kam aus »gutbürgerlichem Hause«.[5] Die Eltern betrieben ein Fachgeschäft für Weißwäsche und hatten es zu gewissem Wohlstand gebracht: Ihnen gehörte ein Grundstück mit zwei Häusern in guter Lage, ganz in der Nähe des Rathauses. Für den Vater war es selbstverständlich, dass seine Söhne später in das Familiengeschäft einsteigen sollten, daher besuchte Ludwig eine Realschule, die praxisnah auch Handelsthemen unterrichtete.

Erhard war ein unauffälliger Schüler, der keine besonders guten Noten nach Hause brachte. Anschließend absolvierte er eine Lehre bei einer Textilhandlung in Nürnberg, wo das Sortiment etwas breiter ausfiel als im väterlichen Geschäft: Neben Weißwäsche wurden auch Teppiche, Decken und Kleiderstoffe verkauft.

Kaum war 1916 die Lehre beendet, wurde Erhard zum Heer einberufen. Er ist nicht blauäugig in den Krieg gezogen, denn sein ältester Bruder Max war bereits im April 1915 in Frankreich gefallen. Erhard kämpfte erst in den Vogesen, dann in Rumänien und schließlich in Flandern. Im September 1918 wurde er von einer Granate so schwer verletzt, dass sieben Operationen und neun Monate Lazarett folgten.

Zurück blieb eine Kriegsbeschädigung von 45 Prozent, und Erhard war anfangs zu schwach, um stundenlang im väterlichen Geschäft zu stehen und Weißwäsche zu verkaufen. Um die Genesungszeit zu überbrücken, schrieb er sich an der neu gegründeten Handelshochschule in Nürnberg ein, die kein Abitur verlangte, weil sie ebenfalls praktisch ausgerichtet war und Kaufleute mit vertiefter Bildung versehen wollte.

Es war noch selten, dass auch Frauen studierten, doch unter den wenigen Kommilitoninnen war eine alte Bekannte aus frühester Kindheit: Luise war ein paar Jahre älter als Ludwig, inzwischen

Kriegerwitwe und im Haus schräg gegenüber aufgewachsen. 1923 heirateten die beiden. Luise brachte ihre achtjährige Tochter Eleonore mit in die Ehe, und wenig später wurde die gemeinsame Tochter Elisabeth geboren.

Es war eine glückliche Ehe. Beide begeisterten sich für Nationalökonomie, Fußball und Kartenspiele. Die Familie war der Rückzugsort für Erhard, der ansonsten keine engen Freunde hatte und auf seine Umwelt introvertiert wirkte. Eschenburg etwa schrieb, Erhard sei »wortkarg und vielleicht auch kontaktarm« gewesen. »Er redete wenig, rauchte viel und trank gerne, konnte auch allerhand vertragen.«[6]

Nach drei Jahren an der Nürnberger Handelshochschule hatte Erhard nicht nur einen Abschluss, sondern jetzt war es ihm auch möglich, ohne Abitur eine Universität zu besuchen und dort zu promovieren. Er wechselte nach Frankfurt und beendete 1925 eine Dissertation bei dem Nationalökonomen Franz Oppenheimer, der an einer post-marxistischen Arbeitswertlehre forschte.

Oppenheimer hat viele seiner Schüler stark beeindruckt – und auch Erhard gehörte dazu. Ganz im Bann seines Lehrers verfasste er eine Promotion über »Wesen und Inhalt der Werteinheit«. Erhards Arbeit sollte Oppenheimers Theorie weiterentwickeln und kritisch würdigen, doch wurde diese Absicht nur unzureichend eingelöst, wie vor allem Zweitgutachter Fritz Schmidt monierte. Ihm fehlte eigentlich alles: klare Definitionen, eine stringente Argumentation und vollständige Quellenangaben. Zwar hieß die Note am Ende »voll befriedigend«, aber schon in Frankfurt zeigte sich, dass Erhard für die Wissenschaft nicht geeignet war.

Über die nächsten Jahre hat Erhard nie öffentlich geredet, sondern stets im Vagen gelassen, was genau zwischen 1925 und 1928 passiert ist. Es war eine schmerzhafte Zeit. Sein Vater, damals 67 Jahre alt, stand vor dem Konkurs, weil der Erste Weltkrieg das Finanzvermögen der Familie aufgezehrt hatte. Der Staat zahlte die Kriegsanleihen nicht zurück, und dann schlug auch noch die Hyperinflation von 1923 zu. In dieser bedrängten Lage traf der Vater eine folgenreiche Fehlentscheidung: Er setzte auf Expansion, wollte aus der Krise heraus wachsen und eröffnete 1925 eine Filiale in der besten Lage von Fürth. Das neue Geschäft produzierte jedoch nur Verluste; die Kredite konnten nicht getilgt, die Zinsen nicht bedient werden.

Sohn Ludwig war 1925 als kaufmännischer Leiter beim Vater eingestiegen, doch trotz Diplom und Doktortitel konnte auch er die Pleite nicht verhindern. Pfändungen und Zwangsvollstreckungen häuften sich; am 25. Oktober 1927 wurde vor dem Fürther Amtsgericht ein »Vergleichsverfahren zur Abwendung des Konkurses« eingeleitet. Das Gericht legte fest, dass die gesamte Familie Erhard – also die Eltern sowie die Söhne Ludwig und Willi mit ihren Ehefrauen und Kindern – künftig mit nur noch 500 Mark im Monat auszukommen hatten. Damit war die einst stolze Kaufmannsfamilie fast auf das Niveau des Proletariats herabgesunken.

Doch das war nicht die einzige Schmach: Sohn Ludwig wurde zeitgleich wegen Betrugs angeklagt. Noch im September 1927 hatte er telefonisch neue Waren bei einer Firma bestellt und versprochen, ältere Rechnungen zügig zu begleichen. Stattdessen wurde dann am 25. Oktober das Vergleichsverfahren eröffnet – und der Lieferant sah nur Bruchteile seines Geldes wieder.

Immerhin: Erhard wurde freigesprochen. Er konnte glaubhaft nachweisen, dass er die Rechnungen des Lieferanten noch hätte honorieren können, als sie miteinander telefonierten. Dann aber hätte er »nicht vorhersehbare Zahlungen« leisten müssen. Es sei »im Geschäft so durcheinander gegangen, dass ihm die Begleichung der Schuld außer Acht gekommen« sei. Das Gericht glaubte ihm – und fand ihn sympathisch. Vermerkt wurde: »Er hat auch persönlich einen sehr guten und durchaus vertrauenswürdigen Eindruck gemacht.« Diese Episode war typisch für Erhard. Er konnte Menschen für sich einnehmen, aber er verlor schnell den Überblick, wenn es um Details ging. Die Unfähigkeit zu einer geordneten Amtsführung sollte sich erneut zeigen, als er 1945 Wirtschaftsminister in Bayern wurde.

Doch zurück nach Fürth: Trotz des Vergleichs war die Pleite des väterlichen Geschäfts nicht mehr zu verhindern. Am 13. Februar 1929 musste Ludwig Erhard ein Konkursverfahren beantragen, das im Juni 1931 abgeschlossen wurde. Der Vater verlor sein Grundstück mit den beiden Häusern, konnte aber immerhin im zweiten Stock zur Miete wohnen bleiben.[7]

Damals verarmten nicht nur die Erhards, auch die angeheiratete Verwandtschaft verlor ein Teil ihres Vermögens. Ludwig hatte nämlich Geld bei seinen Schwiegereltern geborgt, die eine Lebküchnerei und eine Ziegelei besaßen. Auch diese Darlehen konnten nicht zurückgezahlt werden, was Ludwig Erhard und seine Frau offenbar lebenslang belastet hat.[8] Jedenfalls fällt auf, dass Erhard später geradezu manisch darauf bedacht war, möglichst viele Geldquellen zu erschließen.

Noch während die väterliche Firma endgültig in die Pleite rutschte, tat sich für Erhard eine neue Erwerbsmöglichkeit auf: 1928 wurde er wissenschaftlicher Assistent beim »Institut für Wirtschaftsbeobachtung der deutschen Fertigware« (IWF), das von dem liberalen Politiker, Literaten und Nationalökonomen Wilhelm Vershofen drei Jahre zuvor gegründet worden war. Erhard war tief beeindruckt von seinem neuen Chef. Im Rückblick schrieb er, dass Vershofen ihn »das nüchterne Gebilde der Volkswirtschaft auch in dichterischer Weise zu erschauen lehrte«.[9] Diese Selbsteinschätzung ist insofern richtig, als Erhard dazu neigte, seine ökonomischen Erörterungen sehr weitschweifig und wenig stringent anzulegen.

Vershofen stammte aus der Praxis. Bevor er auf seine Professur in Nürnberg berufen wurde, hatte er den Verband der deutschen Porzellanindustrie geleitet. Dort hatte er erkannt, dass Firmen Marktforschung betreiben müssen, wenn sie ihren Absatz steigern wollen. Dieser Gedanke war damals noch neu in Deutschland – und bald wurde das IWF nicht nur von der Porzellanindustrie finanziert, sondern auch von anderen Konsumbranchen wie den Tabakfirmen.[10] Erhard rückte 1933 in die Geschäftsleitung des Instituts auf und knüpfte Kontakte zu Managern und Unternehmern, die ihm lebenslang nützlich sein sollten.[11]

Profiteur des NS-Regimes

Auch in Nazi-Deutschland liefen die Geschäfte bestens für Erhard. Er kooperierte eng mit dem NS-Regime und profitierte persönlich stark, was er später zu verbergen suchte. Das war nicht ungewöhnlich; viele Deutsche haben über ihre NS-Vergangenheit lieber geschwiegen. Doch Erhard ging weiter und hat seine Taten nicht nur verdrängt – sondern sich eine Biographie als Widerstandskämpfer zugelegt. Erhard hat aktiv und systematisch gelogen.

Wahrscheinlich hat Erhard die meisten seiner Lügen sogar selbst geglaubt, denn sie halfen ihm, schwere persönliche Niederlagen zu verbrämen. Dies begann bereits mit seiner Habilitation. Später hat Erhard mehrfach behauptet, er hätte auf eine »akademische Laufbahn verzichten« müssen, weil er kein Nazi gewesen sei.[12] Diese Legende verbreitete er auch in einem Fernsehgespräch mit dem Journalisten Günter Gaus, das im April 1963 vom ZDF ausgestrahlt wurde.[13] Vor einem Millionenpublikum sagte Erhard wörtlich: »Ich wollte mich habilitieren und wollte Hochschullehrer werden, aber dazu hätte ich zum NS-Dozentenbund gehen müssen. Das ist mir überhaupt nicht in den Sinn gekommen. Ich habe seinerzeit keine Kompromisse geschlossen, keine Kompromisse, die ich nicht vor meinem Gewissen und vor meiner Ehre hätte verantworten können.«[14] Selbst Staatsoberhäupter wurden nicht verschont und mussten sich diese angebliche Leidensgeschichte anhören. Dem italienischen Premier Aldo Moro erzählte Erhard beispielsweise, er sei zu Hitlers Zeiten »verfemt und geächtet« gewesen und habe »seine Professorentätigkeit nicht ausüben dürfen«.[15]

Die Wahrheit ist weniger schmeichelhaft: Erhards Habilitation scheiterte nicht am NS-Regime, sondern an seiner eigenen Unfähigkeit. 141 Seiten brachte er zu Papier und konnte sich zeitlebens nicht von diesem Entwurf trennen, sodass der Text komplett überliefert ist. »Damit hat er sich keinen Gefallen getan«, urteilt Biograph Volker Hentschel. »Die Arbeit weist aus, dass Ludwig Erhard zum wissenschaftlichen Nationalökonomen schlechterdings nicht taugte.«[16]

Die Probleme begannen schon damit, dass Erhard offensichtlich nicht wusste, wie man ein Thema so zuschneidet, dass es sich bearbeiten lässt. Stattdessen wählte er die schwerste Aufgabe, die sich damals denken ließ: Seine Arbeit trug den Titel »Die Überwindung der Wirtschaftskrise durch wirtschaftspolitische Beeinflussung«. Erhard wollte zeigen, wie sich die Konjunktur wieder ankurbeln ließ – was zeitgleich auch so große Ökonomen wie den Briten John Maynard Keynes beschäftigte.[17] Doch anders als Keynes kam Erhard zu keinem brauchbaren Ergebnis. »Die Ursachendeutung war logisch unschlüssig und empirisch unhaltbar, und die politischen Schlussfolgerungen waren tautologisch«, urteilt Biograph Hentschel. Zudem war der Text so weitschweifig wie alle Ergüsse von Erhard: »Das Ganze wäre bei straffer Gedankenführung in knapper Diktion auf fünf Seiten abzutun gewesen.«[18] Erhard muss geahnt haben, dass sein Text wissenschaftlichen Standards nicht genügte, denn ein offizielles Habilitationsverfahren wurde nie eröffnet.[19]

An der NSDAP ist es jedenfalls nicht gescheitert, dass Erhard nicht zum Professor aufrückte. Nürnbergs NS-Bürgermeister Walter Eickemeyer wollte ihn sogar ohne Habilitation mit dem Titel ehren, stieß jedoch auf den Widerstand des standesbewussten bayerischen Kultusministeriums: Es fehle »ein umfangreiches wissenschaftliches Werk«, wurde aus München beschieden.[20]

Aber auch ohne akademische Weihen machte Erhard Karriere, da er sich als ein Meister der Akquisition entpuppte. Er war der große Kommunikator des Instituts, der ständig neue Aufträge heranschaffte. Die Zahl der wissenschaftlichen Mitarbeiter vervielfachte sich, denn indirekt wurden Erhard und seine Kollegen zu Profiteuren der Aufrüstung: Um Kapazitäten für das Militär freizuschaufeln, musste der private Konsum beschnitten und gelenkt werden. Das NS-Regime benötigte daher Informationen über das Verbraucherverhalten – und versah das IWF regelmäßig mit neuen Forschungsaufträgen.[21]

Da die vielen Mitarbeiter irgendwo untergebracht werden mussten, bezog man 1939 drei neue Gebäude, die zuvor jüdischen Eigentümern gehört hatten. Der Nürnberger NS-Bürgermeister Eickemeyer nannte diese Arisierung »einen weiteren wichtigen Schritt auf dem Wege zur Entjudung in der Stadt der Reichsparteitage«.

Ab 1938 tat sich dann ein neues Thema für das IWF auf, weil das Hitler-Reich expandierte und sich besetzte Gebiete einverleibte. Ob Österreich, das »Sudetenland«, das »Protektorat Böhmen und Mähren«, Lothringen oder der »Warthegau«: Es gab kaum ein annektiertes Gebiet, in dem Erhard nicht tätig wurde und über das er keine Studie erstellte. Er war so beschäftigt, dass er die vielen Aufträge gar nicht alle abarbeiten konnte. Also erstellte er nur Vorberichte, während es bis zum eigentlichen Schlussbericht drei bis fünf Jahre dauern konnte.[22]

Besonders eng arbeitete Erhard mit Josef Bürckel zusammen, der erst Gauleiter in Wien und dann in Lothringen war. Dabei erwies sich Erhard als überaus geschäftstüchtig und sorgte auch dafür, dass einige Aufträge direkt an ihn persönlich – und nicht an das Institut – vergeben wurden.[23] Unter den vielen[24] Expertisen stechen zwei Studien heraus: Anfang 1942 sollte Erhard die »Gesichtspunkte« untersuchen, die bei der »Verwertung des volksfeindlichen Vermögens zu beachten« seien. Damit war das Eigentum von Juden und missliebigen französischen Politikern gemeint. Auch die zweite Expertise hatte mit diesem Themenkomplex zu tun: In den enteigneten Betrieben waren NS-Manager eingesetzt worden, die sich oft als extrem korrupt und unfähig erwiesen, sodass Erhard nun die »Problematik der kommissarischen Verwalter« beleuchten durfte.[25] Allein diese beiden Studien zeigen, dass Erhard bestens über die Arisierungen und Judenverfolgung informiert war – und davon zu profitieren gedachte, indem er Gutachten einwarb. Nach dem Krieg verbreitete Erhard die Legende, er habe nur die Glasindustrie untersucht.[26]

»Kriegswichtige« Gutachten

In den letzten Monaten des Jahres 1940 tat Erhard einen weiteren Großkunden auf – die »Haupttreuhandstelle Ost«, die im annektierten Polen tätig war. Mehrfach bereiste Erhard die besetzten Gebiete und sprach dort mit den »verschiedensten und maßgebendsten Stellen«, wie er im Oktober 1941 in einem Brief an den Nürnberger NS-Bürgermeister Eickemeyer herausstrich.[27] Erhard kannte also das Grauen, das sich in Polen abspielte.

Die polnische Elite war bereits im Herbst 1939 ermordet worden, um jeden Widerstand zu brechen: 20 000 Politiker, Priester, Professoren, Lehrer und Adlige wurden als Geiseln erschossen oder bestialisch niedergemetzelt.[28] Diesen Massenmord umschrieb Erhard später in einem Gutachten euphemistisch als »Evakuierung der sogenannten polnischen Intelligenz«.[29]

Die restliche Bevölkerung wurde ausgehungert und teilweise deportiert, weil die annektierten Gebiete möglichst schnell »eingedeutscht« werden sollten – obwohl die »Volksdeutschen« in der Zwischenkriegszeit nur eine kleine Minderheit in Polen gewesen waren. Allein bis Mai 1941 wurden 320 000 Polen aus dem Warthegau und aus Westpreußen in Güterzüge gepfercht und in den Osten Polens abtransportiert, wo es für sie weder Nahrung noch Unterkünfte gab. Gleichzeitig wurden 160 000 Juden in das Ghetto von Lodz gezwängt und später ermordet.[30]

Auf seinen Reisen ist Erhard nicht entgangen, wie ausgemergelt und krank die Polen waren. 1941 verlangte er vom IWF eine einjährige Gehaltsfortzahlung, falls er krank würde, denn er habe »in polnischen Quartieren schlafen oder in Wartesälen zwischen der polnischen Zivilbevölkerung übernachten« müssen, wodurch »ein Schutz vor Infektionskrankheiten nicht gewährleistet« gewesen sei.[31]

Erhards neuer Großkunde, die »Haupttreuhandstelle Ost«, war Teil dieser brutalen Gewaltherrschaft: Sie sollte die konfiszierten polnischen Betriebe verwalten, verwerten und an Deutsche übertragen. Allerdings tauchte bald das Problem auf, dass gar nicht genug qualifizierte »Volksdeutsche« ins Warthegau umzogen, sodass es stets mehr enteignete Firmen als deutsche Interessenten gab. Erhard sollte daher ein wirtschaftspolitisches Gesamtkonzept entwerfen, wie sich der »neue deutsche Ostraum« entwickeln ließe.

Im Sommer 1941 war der Vorbericht fertig, in dem es nicht an rassistischen Klischees fehlte.[32] So schrieb Erhard beispielsweise: »Der polnische Arbeiter hat sich ja als willig und fleißig erwiesen, wenn auch seine Leistung nicht an reichsdeutschen Maßstäben zu messen ist. Dies ist der Ausfluss mangelnder Erziehung und rassisch bedingter Eigenschaften. Unter den östlichen Völkern dürfte ein völlig anderes Glücksempfinden vorherrschen. Nicht wachsender Wohlstand, sondern das innere Ungestörtsein des einzelnen Menschen wie des ganzen Volkes scheinen den östlichen Völkern erstrebenswert.« Erhard stellte daher fest: »Das polnische Volk hat weder die Gestaltungskraft noch den Gestaltungswillen, die es zu so wahrhaft kultureller Leistung befähigt.« Darunter habe natürlich auch die wirtschaftliche Entwicklung gelitten: »Das mangelnde Organisationstalent der Polen hat auf keinem Gebiet Lösungen, sondern immer nur kurzatmige Auswege gefunden.« Erhards implizite Botschaft lautete also: Die Polen konnten froh sein, dass sie von den Deutschen unterworfen und enteignet worden waren, denn nun übernahm der germanische Sachverstand.

Erhard dachte in völkischen Kategorien, daran besteht kein Zweifel. Dennoch lehnte er den mörderischen Vernichtungsrassismus ab, wie ihn etwa SS-Chef Heinrich Himmler verfolgte. Erhard blieb pragmatisch: Es war schlicht ineffizient, die Polen zu ermorden, zu vertreiben oder verhungern zu lassen, wenn sie doch gleichzeitig als Arbeitskräfte und als Kunden gebraucht wurden. Erhard plädierte daher dafür, dass die polnischen Arbeiter nicht viel weniger verdienen sollten als die deutschen: »Eine in materieller Hinsicht allzu starke Differenzierung zwischen Deutschen und Polen muss sich in einer Leistungsminderung niederschlagen und erhöht zudem die sozialen und politischen Spannungen.« Kann jemand Rassist sein, der derart vernünftige Sätze schreibt? Erhards Anhänger glauben jedenfalls, sie könnten ihn exkulpieren: Erhard habe sich »überraschend couragiert für die Belange der einheimischen Bevölkerung eingesetzt«.[33]

Diese Lesart beruht jedoch auf einem Missverständnis: Erhard interessierte sich nicht für die Polen – sondern für die Entwicklung des »neuen deutschen Ostraums«. Die Polen waren nur Mittel zum Zweck, waren geduldet, solange man sie brauchte. Für Erhard war fraglos klar, dass die Polen keine Rechte besaßen und den Deutschen zu dienen hatten. Ihn beschäftigte nur, wie man die Unterjochten möglichst produktiv einsetzen könnte. Erhard argumentierte also wie ein Bauer, der klug genug ist, sein Pferd nicht tot zu prügeln, weil es ja noch den Pflug ziehen soll.

Diese Haltung war nicht couragiert, sondern im NS-Staat weitverbreitet. Auf allen Ebenen und in allen Verwaltungen fanden sich überzeugte Nazis, die höchst unglücklich darüber waren, dass Hitler und Himmler dringend benötigte Arbeitssklaven in die Konzentrationslager schickten oder verhungern ließen. Zu diesen Kritikern zählte beispielsweise auch der Chef der »Haupttreuhandstelle Ost«, Max Winkler, sodass der angeblich couragierte Erhard nicht mehr getan hat, als die Erwartungen seines Auftraggebers in Worte zu fassen.[34]

Winkler war von Erhards Expertise so begeistert, dass er den Vorbericht breit streute. Kein wichtiges NS-Organ wurde ausgelassen – und häufig war die Reaktion sehr positiv. Besonders stolz war Erhard, dass sogar Hermann Göring einen Lobesbrief unterschrieben hatte. Darin hieß es unter anderem: »Für Ihre erfolgreiche Arbeit spreche ich Ihnen meine ganze besondere Anerkennung und meinen Dank aus.«[35]

Himmlers SS-Dienststellen hingegen waren wenig angetan und monierten unter anderem, dass in Erhards Vorbericht jeder Hinweis fehlte, dass die Polen »zu einem bestimmten Zeitpunkt aus dem deutschen Volkskörper und aus der deutschen Wirtschaft ausgemerzt« werden müssten.[36] Diese Vorbehalte hinderten Himmlers Gefolgsleute jedoch nicht daran, im Mai 1943 noch einen »Ergänzungsbericht« bei Erhard zu bestellen. Der »volkspolitische« Anspruch war nun glasklar formuliert und von allen Hauptabteilungen in Himmlers Amt abgesegnet: Erhard sollte darstellen, wie sich das Warthegau wirtschaftlich entwickeln ließe, wenn »von der Forderung ausgegangen wird, dass die Ostgebiete völlig mit deutschen Menschen besiedelt werden«.[37] Das Honorar betrug 6000 Reichsmark, und für diese üppige Summe war Erhard gern bereit, einen Plan zu entwickeln, wie sich Hunderttausende Polen vertreiben ließen, ohne dass hinterher Arbeitskräfte fehlten: »Je mehr ich mir den von Ihnen vorgebrachten Gedanken überlege, desto mehr lockt mich die Aufgabe.«[38]

Eigentlich sollte Erhard bis Ende August liefern, doch Ende Oktober 1943 war noch immer kein Wort zu Papier gebracht. Ein zerknirschter Erhard schrieb an Himmlers Amt, er sei »nahezu die ganze Zeit zwecks Durchführung kriegswichtiger Aufgaben verreist« gewesen, »sodass ich mich der Erstellung dieses Gutachtens noch wenig widmen konnte«. Eilfertig versicherte er aber, dass er sich »nunmehr mit Intensität dem Auftrag … zuwenden« werde.[39] Doch auch im Dezember gab es keinen Text, sodass sich Erhard erneut entschuldigen musste: Er sei »durch anderweitige Untersuchungen im Auftrag des Reichsministers für die Rüstung und Kriegsproduktion außerordentlich überlastet«.[40]

Dieser Briefwechsel war typisch für Erhard: Er war reichsweit so gut vernetzt, dass er ständig neue Gutachten akquirierte, die er gar nicht abarbeiten konnte. IWF-Chef Vershofen störte diese Geschäftigkeit, denn die »geradezu beängstigende Fülle von Forschungsaufgaben« sei mit dem kriegsbedingten »Mangel an Arbeitskräften« nicht zu bewältigen.[41] Zudem passte dem IWF-Chef die ganze Ausrichtung nicht: Vershofen fand es falsch, dass Erhard nur noch »kriegswichtige« Politikberatung betrieb, statt sich theoretischen Themen zu widmen. Auch persönlich eckte Erhard an, der zur penetranten Rechthaberei und zur Selbstüberschätzung neigte. Jedenfalls sorgte Vershofen dafür, dass Erhard nicht sein Nachfolger wurde, als er selbst in Ruhestand ging. Erhard war tief gekränkt.[42]

Auch diesen Streit mit Vershofen nutzte Erhard nach dem Krieg, um sich als NS-Widerstandskämpfer zu inszenieren. Je häufiger Erhard seine Lügen erzählte, desto ergriffener war er von sich selbst. Erhard wirkte absolut ehrlich, als er seine angebliche Leidensgeschichte im Fernsehgespräch mit Gaus schilderte: »Dort (im Institut) musste ich im Jahr 1942 ausscheiden, nachdem ich mich schließlich auch noch geweigert habe, der Deutschen Arbeitsfront überhaupt beizutreten. Ich war konsequent in meiner Haltung.«[43] Später schmückte Erhard diese Legende weiter aus und schrieb davon, dass er »dreimal« und zwar »mit immer kürzerer Terminsetzung« aufgefordert worden sei, sich der »Deutschen Arbeitsfront« anzuschließen. Da habe er »mit sofortiger Wirkung« seinen Dienst quittiert. Ungehemmt erklärte er sich selbst zum NS-Opfer: »So war ich, völlig vermögenslos – gewissermaßen über Nacht – auch noch arbeitslos geworden.«[44]

Pech für Erhard: Seine Personalakte hat den Krieg unbeschadet überstanden und wurde inzwischen ausgewertet. Nirgendwo findet sich der Hinweis, dass irgendjemand verlangt hätte, dass Erhard einer NS-Organisation beitreten solle – oder dass er sich geweigert hätte.[45] Auch fiel Erhard keineswegs ins Nichts, nachdem er im Streit aus dem Institut ausgeschieden war, denn weitsichtig hatte er bereits einige IWF-Aufträge für sich persönlich abgezweigt. Unter anderem blieb Erhard weiterhin der wirtschaftspolitische Berater von Gauleiter Bürckel in Lothringen[46], wofür ihm der »Führer« im Januar 1943 das Kriegsverdienstkreuz 2. Klasse verlieh.[47]

Zudem konnte er seine familiären Bande nutzen: Erhards Schwester war mit Karl Guth[48] verheiratet, der es im NS-Staat bis zum Hauptgeschäftsführer der Reichsgruppe Industrie gebracht hatte und der nun die Mittel organisierte, damit Schwager Ludwig sein eigenes »Institut für Industrieforschung« gründen konnte. Dieses Institut bestand zwar nur aus Erhard und seiner Sekretärin, wurde aber trotzdem üppigst dotiert. Für drei Jahre wurden jährlich 150 000 Reichsmark bewilligt.[49] Ein Arbeiter, nur zum Vergleich, verdiente damals knapp 2 000 Reichsmark im Jahr. Für das großzügige Honorar musste sich Erhard nicht überarbeiten: Soweit man weiß, hat er nur ein paar Erhebungen durchgeführt und eine größere Denkschrift verfasst.[50]

Eine Denkschrift, die auch die SS liest

Erhards Gutachten sollte sich mit der Frage befassen, wie man die gigantischen Staatsschulden abbauen könnte, sobald der Krieg endgültig verloren wäre und wieder Frieden herrschte. Zwar wurde das Wort »Niederlage« in der Denkschrift nirgendwo verwendet, aber zwischen den Zeilen war überdeutlich, dass Erhard und seine Auftraggeber ab Sommer 1943 keinerlei Hoffnungen mehr hegten, dass der Krieg noch zu gewinnen wäre.[51]

Hitler hatte zwar offiziell untersagt, über eine Niederlage nachzudenken, doch daran hielt sich niemand – auch nicht SS-Führer Himmler. Stattdessen waren die Eliten in Wirtschaft und NS-Staat eifrig damit beschäftigt, ihre Bastionen auszubauen und für das unvermeidliche Kriegsende vorzusorgen. Himmler beispielsweise konnte sich mit einem Verlustfrieden schon deswegen anfreunden, weil dann wenigstens die Chance bestand, Rüstungsminister Albert Speer wieder zurückzudrängen, der im »totalen Krieg« unentbehrlich war und immer neue Befugnisse an sich gerissen hatte. Um diesen kommenden Machtkampf mit Speer zu gewinnen, vertraute Himmler auch auf einige Getreue im Reichswirtschaftsministerium. Dazu gehörte Otto Ohlendorf, Chef des Sicherheitsdienstes Inland, der gleichzeitig Unterstaatssekretär im Wirtschaftsministerium war.

Die Reichsgruppe Industrie wusste, dass sie die Rückendeckung von Ohlendorf hatte, als sie mit ihren Nachkriegsplanungen begann.[52] Gemeinsam wollte man verhindern, dass es – wie nach dem Ersten Weltkrieg – zu einer Revolution und einer Hyperinflation kam. Erhards Aufgabe war also durchaus anspruchsvoll: Er sollte eine stabile Finanzordnung für die Nachkriegszeit entwerfen, bei der die Industrie alle ihre Privilegien behalten würde, ohne dass dies auffiel.

Dieses Gutachten blieb die letzte wissenschaftliche Arbeit, die Erhard jemals verfassen sollte, und war ein höchst seltsames Dokument. Erhard benötigte nämlich 268 Seiten, um zu der simplen Erkenntnis zu gelangen, dass man Schulden faktisch annullieren muss, wenn der Staat seine Kredite nicht zurückzahlen kann.[53] Nicht-Ökonomen würden diese Einsicht mit dem Satz zusammenfassen: Wer kein Geld hat, kann nicht zahlen.

Erhards langer Text erinnert an einen Kreisverkehr, bei dem die Ausfahrt fehlt: Am Ende kommt man wieder am Anfang an. Erhard diskutierte nämlich bereits auf Seite 60 die Idee, die Staatsschulden einfach zu streichen. Doch noch war er nicht bereit für diesen naheliegenden Gedanken, sondern ereiferte sich spöttisch über diese angebliche »Scheinlösung«, die andere Ökonomen schon vorgeschlagen hatten. Es mussten noch zweihundert quälende Seiten vergehen, bis auch Erhard erkannte, dass der Staat seine horrenden Kriegsschulden nicht würde zurückzahlen können und dass eine faktische Annullierung der Schulden unausweichlich war.[54]

Erhard selbst hat nie bemerkt, wie tautologisch seine Gedanken waren, und hielt das Gutachten lebenslang für ein Meisterwerk.[55] Die Reichsgruppe Industrie war weniger begeistert. Wieder fand man den Text deutlich zu lang, sodass Erhard eine Kurzfassung »für eilige Leser« anfertigen musste. Zudem wurde eine Art Gegengutachten bestellt.[56]

Diese Materialien wurden den mächtigsten Industriellen und Bankiers zugesandt. Darunter befanden sich: Stahlmagnat Friedrich Flick, Fritz Jessen (Siemens), Carl Goetz (Dresdner Bank), Oswald Rösler (Deutsche Bank), Alfred Olscher (Reichs-Kredit-Gesellschaft), Hermann Schmitz (I. G. Farbenindustrie) und Tabakkönig Philipp F. Reemtsma.[57] Auch die offiziellen NS-Stellen wurden kontaktiert: Am 16. November 1944 traf sich Erhard mit Otto Ohlendorf im Reichswirtschaftsministerium, um seine Kurzfassung zu erläutern.[58]

Ohlendorfs hoher SS-Rang war allgemein bekannt, aber Erhard dürfte nicht gewusst haben, dass er sich mit einem Massenmörder traf: Ohlendorf ist 1951 als Kriegsverbrecher hingerichtet worden, weil er direkt dafür verantwortlich war, dass mehr als 90 000 Menschen »liquidiert« wurden. Ohlendorf hatte bis Sommer 1942 die Einsatzgruppe D in der Ukraine geleitet, die alle Juden und politischen Kommissare der Sowjets vor Ort ermorden sollte.[59]

Erhards Treffen mit Ohlendorf blieb folgenlos. Zu NS-Zeiten spielte die Denkschrift keine Rolle mehr, weil die Reichsgruppe Industrie andere Konzepte bevorzugte. Nützlich wurde die Studie nur für Erhard selbst – nach dem Krieg. Denn ausgerechnet mit dieser Denkschrift wollte er belegen, dass er eine Art Widerstandskämpfer gewesen sei.

Die Lüge vom Widerstand

Erhards Phantasie wurde beflügelt, weil ein echter Widerstandskämpfer ihn tatsächlich einmal lobend erwähnt hatte: Carl Goerdeler. Der ehemalige Leipziger Oberbürgermeister gehörte zu jenem Verschwörerzirkel, der das Attentat auf Hitler am 20. Juli 1944 geplant hatte. Auf seiner Flucht vor der Gestapo hatte Goerdeler noch ein »politisches Testament« verfasst, und darin findet sich ein kurzer Abschnitt, den Erhard für seine Widerstandslegende bestens gebrauchen konnte. Goerdeler schrieb nämlich an seine Mit-Verschwörer: »Doktor Erhard vom Forschungsinstitut der deutschen Industrie in Nürnberg hat über die Behandlung der Schulden eine sehr gute Arbeit geschrieben, der ich im Wesentlichen beistimme. Er wird Euch gut beraten.«[60]

Goerdeler kannte Erhard oberflächlich, weil dessen Nürnberger Institut vor dem Krieg regelmäßig »absatzwirtschaftliche Kurse« organisiert hatte, zu denen wechselnde Referenten eingeladen worden waren. 1935 trat auch Goerdeler dort auf. Soweit man weiß, sind sich die beiden danach nie wieder dienstlich begegnet.[61] Von Erhards Denkschrift dürfte Goerdeler über Umwege erfahren haben: Er gehörte zur reaktionären Elite Deutschlands und war in Wirtschaftskreisen bestens vernetzt, ohne dass er die Großindustriellen in das geplante Hitler-Attentat eingeweiht hätte.[62] Wahrscheinlich gab es also nur eine einzige Begegnung mit und ein einziges Zitat von Goerdeler, aber diese mageren Zutaten reichten Erhard, um eine enge Freundschaft herbeizudichten. Seine Denkschrift sei »in Zusammenarbeit mit Goerdeler« entstanden, versicherte er treuherzig im Fernsehgespräch mit Gaus.[63] Der Journalist fragte erstaunt nach: »Wie kommt es, dass Sie, wenn Sie in Berührung mit ihm waren, nicht in den Kreis der Verhafteten nach dem 20. Juli geraten sind?« Erhard: »Das frage ich mich auch.«

Ergriffen schilderte Erhard die Gefahr, in der er angeblich geschwebt hatte: »Ich bin mit Goerdeler oft zusammengekommen, wir haben auch Briefe gewechselt, wir haben uns in Berlin getroffen, im Hospiz am Askanischen Platz … und ich war zu dem Zeitpunkt, als Goerdeler verhaftet wurde, durchaus darauf gefasst, auch mitgefangen zu werden. Aber ich weiß nicht, welchem Zufall ich es zu verdanken habe, dass ich heil über diese Zeit hinweggekommen bin.«[64]

Doch diese vielen Treffen gab es ebenso wenig wie die angeblichen Briefe.[65] Erhards Lügen zeigen nicht nur, wie rabiat er die Wahrheit zum eigenen Vorteil verdrehen konnte – sie offenbaren auch, wie egozentrisch er war. Erhard sah kein Problem darin, fremdes Leid auszuschlachten. In der NS-Zeit hatte er Gutachten über Arisierungen geschrieben, und nach dem Krieg war eben ein gehenkter Widerstandskämpfer nützlich. Erhard vermochte mühelos auszublenden, dass Goerdeler just in der Zeit von der SS gequält und gefoltert wurde, als er selbst seine Denkschrift mit SS-Brigadeführer Ohlendorf diskutierte.

Dank seiner neuen Widerstandsbiographie konnte sich Erhard auch erste Jobs im zerstörten Nachkriegsdeutschland sichern. Da es keine Gauleiter und keine Reichsgruppe Industrie mehr gab, musste er sich andere Auftraggeber suchen, und wie gewohnt wandte er sich an die Mächtigen. Kaum hatten US-Truppen seine Heimatstadt Fürth besetzt, bot er sich als angeblich unbelasteter Wirtschaftsfachmann an.[66] Dem US-Stadtkommandanten schrieb er am 24. Mai 1945: »Meine Tätigkeit führte mich schon seit vielen Jahren mit dem früheren Oberbürgermeister von Leipzig, Dr. Goerdeler, zusammen, mit dem ich bis zu seiner Verhaftung im Juli 1944 in stetigem Austausch von Gedanken und Schriftsätzen stand. Trotz meiner nie verleugneten politischen Gesinnung wurde ich als von der deutschen Industrie anerkannter Sachkenner von dieser wie auch von amtlichen Stellen fortlaufend zu gutachterlicher Tätigkeit herangezogen.«[67]

Die Amerikaner glaubten Erhards Lüge vom unbelasteten Gutachter, der dem Widerstand nahestand – und machten ihn im Oktober 1945 zum bayerischen Wirtschaftsminister.[68] Nachträglich verwischte Erhard seine Spuren: Den Bewerbungsbrief hat er später nie erwähnt, sondern stets behauptet, er wäre durch »Zufall« eine »amerikanische Entdeckung« gewesen.[69]

Als Minister gescheitert, aber »Professor«

Im Herbst 1945 war es nicht attraktiv, Wirtschaftsminister von Bayern zu sein, denn es gab nur Mangel zu verwalten. Der Minister war eine Art Hilfssheriff, der aufzupassen hatte, dass die rationierten Rohstoffe die Fabriken und den Handel auch erreichten und nicht auf dem Schwarzmarkt landeten. Erhard ist an dieser Aufgabe grandios gescheitert: Während seiner Amtszeit blühte die Korruption, Nazi-Seilschaften machten sich breit, und es verschwanden wichtige Materialien im Wert von mehreren Millionen Reichsmark.

Dieses Chaos währte etwa 14 Monate, bis am 1. Dezember 1946 die ersten Landtagswahlen in Bayern stattfanden und ein neues Kabinett vereidigt wurde. Erhards Nachfolger stellte schnell fest, dass in seinem Amt nur Durcheinander herrschte. Es kam zu einer Premiere: Der erste parlamentarische Untersuchungsausschuss in der westdeutschen Geschichte wurde eingesetzt – um Erhards Amtsführung zu durchleuchten.

Erhard konnte glaubhaft versichern, dass er die Korruption in seinem Amt nicht wahrgenommen hatte. Wie schon beim Konkursverfahren seines Vaters hatte er schlicht den Überblick verloren. Der Untersuchungsausschuss kam daher zum Ergebnis, dass Erhard persönlich nicht verantwortlich sei, sich aber leider als Minister überhaupt nicht eignen würde.[70]

Erhard war nun arbeitslos, besaß aber weiterhin Verbindungen zu allen Wirtschaftsgrößen. Gut bekannt war er auch mit dem Münchner Nationalökonomen Adolf Weber[71], der ihm 1947 eine Honorarprofessur verschaffte. Fortan bestand Erhard penibel darauf, dass er stets mit »Herr Professor« angesprochen wurde. Seiner Hausdame im Kanzlerbungalow erläuterte er später: »Bundeskanzler kann jeder werden, aber Professor nicht!«[72]

An der Münchner Universität war allgemein bekannt, dass Erhard keine wissenschaftlichen Werke vorzuweisen hatte, die für eine Honorarprofessur gereicht hätten. Also würdigte man seine »Praxis«.

Volkswirt Weber erklärte der bayerischen Kultusverwaltung, dass »Dr. Erhard« über ungewöhnliche praktische Erfahrungen »auf allen Gebieten der bayerischen Wirtschaft« verfügen würde. Da die Fakultät »großen Wert auf die Schulung ihrer Studierenden gerade in allen Fragen der bayerischen Wirtschaft« lege, wolle sie »die bewährte Kraft Dr. Erhard enger an die Fakultät binden.«[73] Erhards Aufgaben wurden also beschrieben, als wäre er eine Art gehobener Berufsschullehrer.

Doch Erhard war nicht umsonst Werbefachmann und wusste, dass es völlig gleichgültig sein würde, wie und wofür er seinen Titel erworben hatte. Sobald er sich »Professor Erhard« nennen durfte, würde man in ihm einen bedeutenden Wissenschaftler und Experten sehen. Seine Worte würden automatisch Gewicht erhalten, weil stets vermutet würde, dass sie auf jahrelanger Forschung beruhten. Dieses Kalkül ist aufgegangen. Bis heute hält sich die Legende, dass Erhard ein großer Volkswirt gewesen sei.

Kaum durfte er sich offiziell »Professor« nennen, hatte Erhard allerdings gar keine Zeit mehr für die Lehre in München, denn er wurde zum Vorsitzenden der »Sonderstelle für Geld und Kredit« in Homburg berufen. Wenig später stieg er dann zum Wirtschaftsdirektor der Bizone auf (siehe zweites Kapitel).

Als Wirtschaftsdirektor verdiente er stattliche 1400 D-Mark pro Monat, doch war dies keineswegs Erhards einziges Einkommen, denn er war erneut als gut dotierter Wirtschaftsberater tätig. Viele seiner Geschäftskontakte hatten die NS-Zeit überdauert, und zu seinen Kunden zählte auch die Rosenthal AG, die er seit 1940 beraten hatte und die ihn 1947 wieder anheuerte. Für 12000 D-Mark im Jahr sollte Erhard das Unternehmen beim Export unterstützen.[74]

Die weltbekannte Porzellanfirma gehörte zu den »arisierten« Unternehmen: Firmengründer Philipp Rosenthal war zwar selbst protestantisch gewesen, hatte aber jüdische Vorfahren, sodass er ab 1934 aus dem eigenen Unternehmen hinausgedrängt worden war. Gauleitung, Gestapo und SS ließen nichts unversucht, um die Rosenthals einzuschüchtern: Die Pässe wurden konfisziert und gültige Haftbefehle ausgefertigt, falls die Familie nicht auf ihre Stimmrechte verzichten würde.[75]

Erhard muss diese gewaltsame Arisierung detailliert gekannt haben, denn die Rosenthal AG gehörte zu den wichtigsten Finanziers des IWF – war also indirekt sein Arbeitgeber. Dennoch lag es Erhard fern, den Firmenerben Philip Rosenthal zu unterstützen, als dieser ab 1948 versuchte, das väterliche Unternehmen zurückzuerhalten. Im Gegenteil. Am 20. Juni 1949 schrieb Erhard einen höchst ungewöhnlichen Brief an die US-Militärregierung: Er legte den Amerikanern nahe, »den im Dritten Reich eingesetzten Vorstand der Rosenthal A. G. nicht abzusetzen«.[76] Erhard wollte also genau jene Manager retten, die ab 1934 die Firma gewaltsam arisiert hatten. Sein Brief blieb jedoch folgenlos, weil die US-Militärregierung den lukrativen Beratervertrag kannte – und Erhard für käuflich hielt.[77]

Trotz dieser degoutanten Vorfälle wird bis heute die Legende verbreitet, dass Erhard viele Juden unterstützt hätte: »Wo er helfen konnte, half er«, heißt es bei der Ludwig-Erhard-Stiftung.[78] Hemmungslos wird instrumentalisiert, dass Erhards Doktorvater Jude war: »Obwohl der Umgang mit Juden im Dritten Reich geächtet ist, hält er Kontakt zu seinem Lehrer Franz Oppenheimer und verabschiedet sich 1938 vor dessen Flucht vor der Gestapo persönlich von ihm.«[79] Geschickt wird also insinuiert, dass Erhard sich persönlich in Gefahr gebracht hätte, als er sich mit Oppenheimer ein letztes Mal traf.

Wieder wird die Wahrheit umgebogen: Oppenheimer ist nicht vor der Gestapo geflohen, sondern hatte das Glück, dass er 1938 legal ausreisen konnte. Den Pass hatte ihm ein persönlicher Adjutant von SS-Chef Himmler besorgt.[80] Schon diese Verbindung in die höchsten NS-Etagen garantierte, dass es für Erhard nicht gefährlich war, sich von Oppenheimer zu verabschieden.

Trotz seiner Lügen war Erhard mit sich im Reinen. Es war nicht gespielt, sondern tief empfunden, als er im Fernsehen treuherzig versicherte, dass ihm das Verdrehen von Fakten gänzlich fern läge: »Ich würde glauben, dass für einen richtigen Politiker … die Gesinnung das Maßgebende ist. Die Redlichkeit, die Wahrhaftigkeit, mit der er seine Arbeit anpackt und mit der er auch dem Volke begegnet. Ich weiß, dass … viele glauben, der Politiker, der müsste (mit) Taktiken und Praktiken arbeiten, der müsste in allen Schlichen bewandert sein – das ist nicht mein Stil!«[81]

Schein und Sein verschwammen bei Erhard. Für ihn war wahr, was wahr sein sollte. Nach 1945 war er gefühlter Widerstandskämpfer und konnte sich mit Verve und Wucht seinem neuen Leben als Politiker hingeben. Diese Fähigkeit zur Selbstsuggestion machte ihn zu einem überaus begabten Wahlkampfredner. Er konnte andere überzeugen, weil er so sehr von sich selbst überzeugt war.

Erhards Reden wirken nicht, wenn man sie schriftlich nachliest. Auf Papier muten sie umständlich und oft auch wirr an.[82] Aber als Person konnte Erhard die Massen mitreißen. Mit seinem rollenden »R« und seiner tiefen Stimme wirkte er verlässlich und gemütlich. Er gab den fachkundigen Professor, der über den Parteien stand.

Diese Selbstdarstellung als politikferner Ökonom war nicht ganz falsch: Erhard ist nie in die CDU eingetreten, obwohl er ab 1949 für sie im Bundestag saß und erst Wirtschaftsminister und später sogar Kanzler war.[83] In vertrautem Kreise erläuterte er gelegentlich, dass es nur »der kleine Postbote Meier« nötig habe, einer Partei anzugehören.[84]

Programmatisch passte Erhard sowieso besser zur FDP. Für ein Mandat bei der CDU entschied er sich nur, weil sie die größere Partei war – und ihm damit mehr Einfluss ermöglichte.[85] Im Sommer 1949 glaubte Erhard noch, dass er und Adenauer sich bestens ergänzen würden. Für beide wurde es ein jahrelanges Leiden.

Eine Qual für beide: Erhard und Adenauer

Adenauer war inzwischen 73 Jahre alt und hatte dramatische Zeiten hinter sich: Seit 1917 war er Oberbürgermeister von Köln gewesen und hatte sich von Anfang an gegen die NSDAP gestellt. Als Reichskanzler Hitler im Februar 1933 Köln besuchte, untersagte Adenauer kurzerhand, dass die öffentlichen Gebäude mit Hakenkreuz-Fahnen beflaggt wurden. Im März musste er dann vor der SA fliehen, bekam zunächst Asyl im Kloster Maria Laach, wurde beim Röhm-Putsch 1934 verhaftet, kam wieder frei, zog sich nach Rhöndorf bei Bonn zurück, wurde nach dem Hitler-Attentat 1944 erneut verhaftet, floh, wurde wieder gefasst und saß dann im Gefängnis, bis schließlich die Amerikaner das Rheinland eroberten.[86] Adenauer hatte genau jenen Widerstand geleistet, den sich Erhard nur zurechtgelogen hatte.

Für ihre Wähler wirkten Erhard und Adenauer wie das optimale Paar: Der Wirtschaftsminister war rund und optimistisch, wirkte gemütlich und nahbar – während der Kanzler verehrt, aber auch gefürchtet wurde. Adenauer war intelligent, schlagfertig und strategisch, aber auch schwer durchschaubar, schroff und verletzend.

Ohne Erhard hätten die Wähler Adenauer vielleicht nicht ertragen, umgekehrt wäre Erhard ohne Adenauer früh gescheitert. Denn die Wirtschaftspolitik wurde von Adenauer gemacht, nicht von Erhard. Die großen ökonomischen Projekte waren damals die Europäische Zahlungsunion, die Europäische Wirtschaftsgemeinschaft und die Rentenreform von 1957. Gegen jede dieser Ideen hat Erhard opponiert, meist mit windigen Argumenten, ohne dass er selbst tragfähige Alternativkonzepte anzubieten hatte (siehe Kapitel IV und V). Nur weil Adenauer regierte und seinen Wirtschaftsminister oft ignorierte, wurde Erhard nicht sofort entzaubert.

Erhard und Adenauer haben schwer aneinander gelitten. Der Kanzler war genervt, dass Erhard ständig rauchte und bei Kabinettssitzungen nicht zum Punkt kam, sondern weitschweifige Vorträge hielt. Ihn störte, dass Erhard die Akten nicht las, schlecht informiert war, auf Argumente und politische Entwicklungen nicht reagierte, sondern stur an den eigenen Auffassungen festhielt. Er hielt Erhard für faul, gedanklich träge und unerträglich selbstverliebt. Es machte Adenauer rasend, dass sich Erhard für ein Genie hielt, obwohl er nur pathetische Phrasen drosch.

Doch auch Erhard litt. Er verehrte Adenauer und es quälte ihn maßlos und unerträglich, dass der Kanzler ihn regelmäßig abkanzelte. Schon Ende 1949 schrieb Adenauer streng: »Wie Sie wissen, habe ich nicht den Eindruck, dass Ihr Ministerium organisatorisch so gestaltet und personaliter so besetzt ist, dass eine ruhige und Ihren und den Intentionen der Bundesregierung entsprechende Fortführung der Geschäfte gewährleistet ist.«[87]

Adenauer vertraute lieber einem kleinen Kreis von Beratern, zu denen vor allem die beiden Bankiers Robert Pferdmenges und Hermann Josef Abs zählten.[88] Großen Einfluss hatte auch Fritz Berg, der dem Bundesverband der Deutschen Industrie (BDI) vorstand. Erhard war erbost, dass sein Rat nicht gefragt war, und wollte Adenauer untersagen, sich allein mit seinen Vertrauten zu treffen. Zornig schrieb der Kanzler zurück: »Ich lasse mir keine Vorschriften machen darüber, mit wem ich sprechen kann, weil mir niemand die Verantwortung abnehmen kann, auch nicht der beste Bundesminister.«[89]

Erhard versuchte, so oft als möglich auf Reisen zu sein, um dem herrischen Kanzler zu entgehen. Damit es einen guten Grund gab, ins Ausland zu entschwinden, regte Erhard gern an, dass man ihm doch einen Doktortitel verleihen könnte. Im Dezember 1956 kam er beispielsweise auf die Idee, dass ihm die amerikanische Elite-Universität Columbia diese Würdigung erweisen könnte.[90] Am Ende seines Lebens hatte er dann 23 Ehrendoktortitel beisammen.

Nicht nur Adenauer, auch seine Ministerkollegen hielten Erhard für eine ahnungslose Plaudertasche. Im Kabinett besaß er kaum Einfluss, stattdessen wirkte er vor allem nach außen. Erhard wusste, wie wichtig professionelle Öffentlichkeitsarbeit ist – und darauf richtete er sein Augenmerk, nicht auf das Aktenstudium. Erhard konnte sich auf befreundete und wohlgesonnene Journalisten in fast allen wichtigen Blättern der Republik verlassen. In der *Frankfurter Allgemeinen Zeitung*, der *Welt*, im *Handelsblatt* und in der *Süddeutschen Zeitung* hatte er treue Anhänger.[91] Besonders einfach war der Zugang zum *stern* und zur *Zeit*, denn Verleger Gerd Bucerius war CDU-Mitglied und saß ebenfalls im Bundestag.[92]

Bucerius war unbedingter Erhard-Anhänger, allerdings war selbst er verärgert, dass der Wirtschaftsminister ständig klagte und sich über Adenauer beschwerte. Belehrend schrieb Bucerius an Erhard: »Ein Staatsmann wird nicht schlecht behandelt. Einen Staatsmann erkennt man daran, dass er andere schlecht behandelt.«[93]

Trotzdem stand die »Brigade Erhard«[94] unbeirrt hinter ihrem Idol. Diese Unterstützergruppe umfasste nicht nur einflussreiche Journalisten, sondern auch diverse Industrielle. Die Unternehmer finanzierten einen Verein namens »Die Waage«, der nur den Zweck hatte, Werbung für den Wirtschaftsminister zu machen. Im Laufe der 1950-er Jahre kamen mehr als drei Millionen D-Mark zusammen, die für Kinospots, ganzseitige Zeitungsanzeigen, Plakate und Broschüren ausgegeben wurden.[95] Stets stand Ludwig Erhard im Mittelpunkt, als »Vater« der Währungsreform und als »Erfinder« der sozialen Marktwirtschaft.[96]

Im Jahr 1957 feierte Erhard seinen 60. Geburtstag; außerdem stand wieder ein Wahlkampf an. Seine Entourage befand, dass nun ein Buch fällig wäre, um seitenstark die frohe Botschaft von der sozialen Marktwirtschaft zu verbreiten. Der Titel des Werkes ist zu einem geflügelten Wort geworden: *Wohlstand für alle*. Noch heute wird dieses Buch mit einer Ehrfurcht zitiert, als handele es sich um eine bedeutende theoretische Abhandlung.[97] Dabei ist es »streckenweise dröge und betulich« und wirkt oft »rechthaberisch und besserwisserisch«, wie der Münchner Politologe Werner Bührer zu Recht anmerkt.[98]

Erhard ließ sich gern und häufig mit diesem Buch abbilden, die Stirn in Denkerfalten gelegt und eine qualmende Zigarre in der Hand. Dabei hatte er es noch nicht einmal selbst geschrieben. Stattdessen stammte es aus der Feder des *Handelsblatt*-Journalisten Wolfram Langer, der zum Dank ein Jahr später ins Wirtschaftsministerium wechseln und zum Leiter der Grundsatzabteilung aufsteigen durfte. Allzu viel Arbeit hatte sich allerdings auch Langer nicht mit diesem Werk gemacht: Über weite Strecken wurden nur Erhards Reden aneinandergeklebt.[99]

Der Titel *Wohlstand für alle* klingt, als hätte Erhard eine Art sozialen Ausgleich gefordert. Dies wäre ein krasses Missverständnis. Erhards Botschaft lautete vielmehr: Der Wohlstand stellt sich von selbst ein. Der Staat müsse nur den Wettbewerb schützen; keinesfalls dürfe er umverteilen. Denn der Markt sei bereits sozial, weil er auf dem Prinzip der Konkurrenz beruhe. Erhard ließ fast keine Seite verstreichen, ohne die sozialen Segnungen des Wettbewerbs zu preisen. Um ein paar seiner Sentenzen zu zitieren: »Das erfolgversprechendste Mittel zur Erreichung und Sicherung des Wohlstands ist der Wettbewerb.«[100] »Auf dem Wege über den Wettbewerb wird – im besten Sinne des Wortes – *eine Sozialisierung des Fortschritts und des Gewinns bewirkt.*«[101] »*Wohlstand für alle*‹ *und* ›*Wohlstand durch Wettbewerb*‹ *gehören untrennbar zusammen.*«[102]

Als Autor war Erhard voller kursivierter Inbrunst, doch als Wirtschaftsminister ist er daran gescheitert, den so geliebten und gelobten Wettbewerb zu schützen. Acht Jahre lang bastelte er an einem Kartellgesetz, das 1958 zwar in Kraft trat – aber so viele Ausnahmen enthielt, dass das neue Kartellamt fast nichts zu sagen hatte (siehe Kapitel V in diesem Buch).

Adenauer war schnell überzeugt, dass Erhard als Politiker gänzlich ungeeignet war, und versuchte verbissen, ihn als Nachfolger zu verhindern. Jahrelang zog sich der Machtkampf hin, den Erhard vor allem deswegen gewann, weil die CDU auf ihren obersten Wahlkämpfer nicht verzichten wollte. Am 16. Oktober 1963 wurde Erhard als Kanzler vereidigt. Das größte Opfer musste Tochter Elisabeth bringen, denn sie musste ihren geschiedenen Mann erneut heiraten, damit die Kanzlerfamilie intakt aussah.[103]

Erhard wurde in seinem neuen Amt nicht glücklich. Der internationalen Spitzenpolitik war er nicht gewachsen, und seine auswärtigen Gesprächspartner nahmen ihn nicht ernst, was vor allem der französische Präsident de Gaulle nicht zu verbergen suchte. Daheim in Bonn dauerten die Kabinettssitzungen jetzt fast doppelt so lang wie unter Adenauer, aber entschieden wurde weniger.[104] Erhards Ansehen in der eigenen Partei erodierte, obwohl er 1965 noch einmal einen triumphalen Wahlsieg einfahren konnte: CDU und CSU erreichten stolze 47,6 Prozent.

Doch gerade als es für den neuen Kanzler bestens aussah, begann sein endgültiger Abstieg: Das Wachstum schwächte sich ab und wurde 1967 mit minus 0,3 Prozent sogar negativ. 500 000 Menschen wurden als arbeitslos registriert, und die Westdeutschen waren schockiert, dass mitten im Wirtschaftswunder die Armut zurückzukehren drohte. Erhard war nicht mehr der populärste Politiker der Republik, sondern lag in Umfragen ganz hinten. Nicht einmal ein Drittel der Bundesbürger war noch zufrieden mit ihm.

Die Wähler erwarteten Konjunkturpakete, doch von Erhard kamen nur seltsame Durchhalteparolen. Der Kanzler steigerte sich in eine autoritäre Rage, deren Sprache schon fast an die Nazi-Zeit erinnerte. In einer Rede hieß es: »Wenn das deutsche Volk nicht hören will, dann muss es eben fühlen. Dann wird eben ein Stück Freiheit nach dem anderen verlorengehen.« Oder: »Wir gehen den Weg der Stabilität, auch wenn wir dabei noch einmal durch ein Tal der Nöte für den deutschen Staatsbürger hindurchmüssen.«[105]

Erhard konnte auf die Rezession nicht reagieren, weil sie in seinem übersteigerten Welt- und Selbstbild gar nicht vorgesehen war. Er stellte sich vor, dass er als genialer Ökonom dafür gesorgt hätte, dass Konjunkturkrisen für immer ausgeschlossen seien. Ein Unterkapitel im *Wohlstand für alle* hieß daher programmatisch: »Konjunkturzyklus überwunden«.[106] Erhard verwechselte das »Wirtschaftswunder« mit sich selbst. Er glaubte, dass er ganz persönlich den Aufschwung im Nachkriegsdeutschland ausgelöst hätte. Dem Fernsehpublikum erklärte er daher: »Ich bin Politiker aus der Überzeugung heraus, dass mir die Gabe verliehen ist, das Schicksal eines Volkes doch gnädig zu gestalten.«[107]

Doch der selbsternannte Volkskanzler verlor sein Volk. Der aufgestaute Missmut entlud sich bei den Landtagswahlen in Nordrhein-Westfalen im Juli 1966. Die SPD verfehlte nur knapp die absolute Mehrheit, wurde erstmals stärkste Fraktion – und übernahm schließlich die Regierung, zusammen mit den Liberalen. Dies war eine Weichenstellung für Jahrzehnte: Erst 2005 kam die CDU in Düsseldorf wieder an die Macht.

Allen außer Erhard war nun deutlich, dass auch die nächste Bundestagswahl verloren gehen würde, falls er Kanzler bliebe. Von CDU und CSU wurde Erhard daher so lange drangsaliert, bis er am 1. Dezember 1966 zurücktrat. Adenauer kommentierte hämisch, »Hauptsache, einer is wech!«, und Tochter Elisabeth konnte sich zum zweiten Mal von ihrem Mann scheiden lassen, weil eine intakte Familie jetzt nicht mehr nötig war.

Bis zu seinem Todestag, dem 5. Mai 1977, gehörte Erhard dem Bundestag an, doch seine Stimme erhob er nicht mehr im Parlament. Heimlich hoffte er aber immer noch, dass ihm der Nobelpreis für Ökonomie verliehen werden könnte.[108] Erhards Hybris kannte keine Grenzen.[109]

Seltsamer Nachruhm

Erhard war ein naiver Ökonom, ein Opportunist und ein NS-Profiteur, der sich hinterher eine Widerstandslegende zusammen gedichtet hat. Große Leistungen hat er nicht vollbracht, aber er besaß die Gabe und die Chuzpe, sich selbst in Szene zu setzen. Diese Erkenntnisse sind nicht neu und historisch bestens dokumentiert – doch seltsamerweise dringen sie bis heute kaum an die Öffentlichkeit.

Stattdessen wird ein öffentlicher Hype rund um Erhard inszeniert, als wäre er ein Genie wie Goethe gewesen. In seiner Heimatstadt Fürth wurde 2018 ein »Ludwig Erhard Zentrum« eröffnet, das den Staat etwa 16 Millionen Euro gekostet hat.[110] Hinzu kommen die laufenden Kosten von 900 000 Euro im Jahr sowie ein neuer »Ludwig-Erhard-Stiftungslehrstuhl für Soziale Marktwirtschaft« an der Universität Erlangen-Nürnberg, den das Land Bayern finanziell absichert.

Für diese vielen Steuermillionen dürfen die Bürger erwarten, dass sie im Ludwig Erhard Zentrum historisch richtig und objektiv aufgeklärt werden. Doch weit gefehlt. Ausstellung und Katalog sind Musterbeispiele, wie sich durch weggelassene Fakten, fehlenden Kontext und geschickte Wortwahl ein völlig falsches Bild erzeugen lässt. Besonders deutlich zeigt sich diese Geschichtsklitterung bei den Passagen über die NS-Zeit.

Im einleitenden Überblickstext wird behauptet, dass Erhard die NS-Diktatur »in einer Art ›Nische‹« überstanden hätte. Seine lukrativen Gutachten für Gauleiter Bürckel werden nur mit einem einzigen, relativierenden Halbsatz erwähnt und seine Tätigkeiten im Warthegau und für Himmlers Behörde fehlen ganz.[111] Stattdessen wird geraunt, dass seine Denkschrift für ihn »leicht fatale, ja tödliche Folgen« hätte haben können – obwohl dieser Widerstandsmythos längst widerlegt ist und Erhard genau diesen Text sogar mit einem SS-General diskutierte.[112]

Es ist nicht überraschend, dass Erhard gelogen hat – aber es ist bedenklich, dass es in Deutschland bis heute nicht möglich ist, sich nüchtern mit ihm auseinanderzusetzen. Selbst die SPD hält es für opportun, Erhard als »Vater des deutschen Wirtschaftswunders« zu huldigen.[113]

Die Deutschen sehnen sich offenbar nach einem Helden, den sie verehren können. Dieser Personenkult ist nicht nur deplatziert, sondern implizit nationalistisch: Erhard wird zum »Vater des Wirtschaftswunders« gekürt, um an dem Mythos festzuhalten, die Deutschen hätten ihren Wiederaufstieg völlig allein und nur aus eigener Kraft bewirkt.[114] Es wird verdrängt, wie großzügig die USA und die Westeuropäer waren. Ohne ihre Hilfe hätte das »Wirtschaftswunder« nie stattfinden können.

IV Die Rettung kommt von außen: Europa

Adenauer und Erhard hatten Glück, dass die ersten Bundestagswahlen im August 1949 stattfanden – sonst wären sie vielleicht nicht an die Macht gekommen. Denn das Wachstum geriet ins Stottern, und Anfang 1950 gab es sogar weniger Stellen als vor der Währungsreform 1948.[1] Über zwei Millionen Menschen waren arbeitslos, und bei den Vertriebenen waren enorme 40 Prozent ohne eine Stelle.[2]

Heute ist vergessen, wie arm die Bundesbürger in den frühen 1950er-Jahren noch waren. Die meisten Westdeutschen lebten weiterhin am Existenzminimum. Ein Dreipersonenhaushalt benötigte 1952 mindestens 366 D-Mark im Monat, wie die Gewerkschaften ausgerechnet hatten, aber ein männlicher Industriearbeiter verdiente im Durchschnitt nur 82,90 D-Mark pro Woche.[3]

Für die neue Demokratie war diese Not gefährlich, denn viele Westdeutsche verehrten Hitler noch immer. Im Sommer 1952 hielt ihn ein Drittel der Befragten für einen »großen Staatsmann«, und ein weiteres Viertel besaß eine »gute Meinung« von ihm. Auch 1955 glaubten noch 48 Prozent, dass Hitler als einer »der großen deutschen Staatsmänner« in die Geschichte eingegangen wäre, wenn er nicht den Krieg begonnen hätte. Selbst 1967, als die westdeutsche Wirtschaft schon jahrelang florierte, hielten noch immer 32 Prozent an diesem positiven Urteil fest.[4]

Auf den ersten Blick ist schwer zu verstehen, warum es bereits 1949 schon wieder zu einer Wirtschaftskrise kam. Das Geld war jetzt stabil; die Fabriken waren funktionstüchtig, und potentielles Personal war reichlich vorhanden, suchten doch Millionen von Arbeitslosen nach einer Stelle. Doch diese Komponenten fanden nicht zueinander. Es fehlte der Funken. Es erwies sich als ziemlich schwierig, die Volkswirtschaft in Gang zu setzen.

Vor allem der Konsum schwächelte. Nach der Währungsreform hatten viele Menschen ihre geringen Sparguthaben aufgebraucht – und jetzt waren sie wieder auf ihre kargen Löhne angewiesen, die nur knapp reichten, um Lebensmittel und Miete zu zahlen. Größere Anschaffungen waren schlicht nicht möglich: Selbst 50 Gramm Kaffee konnten sich Arbeiter nur zu Ostern und zu Weihnachten leisten.[5]

Da aber die Nachfrage fehlte, lohnte es sich nicht, in Maschinen zu investieren und die Produktion auszuweiten. Eigentlich wäre ein staatliches Konjunkturprogramm fällig gewesen, um die Wirtschaft anzukurbeln, doch stattdessen häufte die Bundesregierung sogar Überschüsse im Haushalt an.[6] Vor allem Erhard vertraute so sehr auf den »Markt«, dass er gar nicht verstand, wie bedrohlich die Lage war.[7] Zum Glück kam die Rettung von außen: durch den Marshallplan, die Europäische Zahlungsunion – und den Korea-Krieg.

Der Marshallplan: Nicht nur Propaganda

Der Marshallplan war beispiellos: Selten ist mit so wenig Geld so viel erreicht worden. Das US-Projekt hieß offiziell »European Recovery Program« und sollte dazu dienen, wie der Name schon sagt, Europa wiederaufzubauen. Über fünf Jahre, von 1948 bis 1952, gaben die USA dafür rund 14 Milliarden Dollar aus, was weniger als einem Prozent ihrer Wirtschaftsleistung entsprach.[8]

US-Außenminister George C. Marshall hatte den Plan erstmals im Juni 1947 skizziert, und an der Oberfläche wirkte das Vorhaben denkbar simpel: Es schien nicht viel mehr als eine ökonomische Waffe gegen den Kommunismus zu sein. Durch Wirtschaftshilfe und Propaganda sollte den Westeuropäern vermittelt werden, dass sich Demokratie und Kapitalismus lohnten.

Die Öffentlichkeitsarbeit war so aufwändig wie die Hilfszahlungen selbst: Überall hingen Plakate, um für den Marshallplan zu werben – und es wurden mehr als zweihundert Kurzfilme gedreht, die über die segensreichen Wirkungen der Hilfsgelder aufklären sollten. Diese Propaganda hatte durchaus Erfolg. 1948 ergab eine Umfrage, dass 85 Prozent der Westdeutschen überzeugt waren, dass der Marshallplan demnächst ihr Leben verbessern würde.[9]

Bald jedoch setzte Enttäuschung ein: Die Westdeutschen hatten gehofft, dass Maschinen geliefert würden – stattdessen trafen vor allem Rohbaumwolle und Tabak aus den Südstaaten der USA ein. Schnell kursierten Gerüchte, dass die Amerikaner in Wahrheit gar nicht helfen wollten, sondern nur einen Ort suchten, um ihre heimischen Überschüsse abzuladen. Die Klagen der deutschen Importeure rissen nicht mehr ab. Die Marshallplangüter kämen zu spät, seien nicht zu gebrauchen, seien im Vergleich zum Weltmarkt zu teuer oder von schlechter Qualität.[10]

Der Umfang war ebenfalls eher bescheiden, weil Westdeutschland parallel hohe Nahrungsmittellieferungen erhielt. Die Westdeutschen empfingen nur einen Gegenwert von 1,68 Milliarden Dollar aus dem Marshallplan, während die Franzosen 3,1 Milliarden bekamen und die Briten mit 3,2 Milliarden bedacht wurden.[11] Auch die Unterstützung für die Niederländer, Belgier, Dänen, Griechen oder Österreicher fiel pro Kopf weit höher aus als für die Westdeutschen.[12]

Zudem waren die Westdeutschen die Einzigen, die die Hilfen nicht als Geschenk, sondern als Kredit erhielten. So ungerecht diese Sonderbehandlung wirken mochte – die USA bestanden mit Bedacht auf einem Darlehen. Denn dieser Kredit war vorrangig zu bedienen und als erstes zurückzuzahlen, sodass die anderen europäischen Länder keine Chance mehr hatten, Gelder von den Westdeutschen zu verlangen und die deutschen Schulden aus dem Krieg oder aus der Vorkriegszeit einzutreiben. Die USA wollten die Westdeutschen also schützen und nicht ausplündern, als sie den Kredit gewährten. Daher haben die Bundesbürger am Ende auch fast gar nichts bezahlt: Auf der Londoner Schuldenkonferenz 1953 verzichteten die Amerikaner auf große Teile des Darlehens.[13]

Dieser trickreiche Kredit zeigt bereits, dass der Marshallplan weit mehr als bloße Propaganda war: Er sollte Westdeutschland wieder in die europäische Wirtschaft integrieren. Vor allem die Franzosen sollten davon abgehalten werden, Reparationen zu verlangen und sich permanent aus der westdeutschen Produktion zu bedienen. Damit dieser Verzicht nicht so schwerfiel, wurde Frankreich besonders großzügig bedacht.

Der Marshallplan wurde von den USA zudem genutzt, um eine völlig neue Institution zu erzwingen: die »Europäische Zahlungsunion«. Kein Land hat von diesem Mechanismus so sehr profitiert wie die Bundesrepublik.

Genial und effizient: Die Europäische Zahlungsunion

Die Zahlungsunion bestand von 1950 bis 1958 und wurde nötig, weil ganz Westeuropa an einer »Dollarlücke« litt. Durch die Kriegszerstörungen waren alle Länder auf US-Importe angewiesen: Rohstoffe, Nahrungsmittel und Maschinen wurden aufwändig aus Übersee herangeschafft. Umgekehrt hatten die Westeuropäer jedoch fast keine Exportgüter anzubieten, die für die Amerikaner interessant gewesen wären. Die europäischen Produkte waren meist zu schlecht und zu teuer; der technische Rückstand war enorm.[14]

Dollar waren also knapp und heiß begehrt, weswegen jedes Land eifersüchtig über seine Devisen wachte und freien Handel lieber mied. Stattdessen schlossen die europäischen Staaten untereinander mehr als 200 bilaterale Verträge ab, die das Unmögliche möglich machen sollten: Jedes Land wollte viel exportieren, aber möglichst wenig importieren. Die Europäer strangulierten sich gegenseitig.[15]

Die USA nutzten den Marshallplan, um die Europäer zur Kooperation zu zwingen. Wer sich der Europäischen Zahlungsunion nicht anschließen wollte, würde demnächst keine Unterstützung mehr erhalten. Schließlich nahmen alle westeuropäischen Länder teil: Belgien, die Bundesrepublik, Dänemark, Frankreich, Griechenland, Großbritannien, Irland, Island, Italien, Luxemburg, die Niederlande, Norwegen, Österreich, Portugal, Schweden, die Schweiz und die Türkei. Der Geltungsbereich der Zahlungsunion reichte sogar weit über Europa hinaus, weil damals noch viele Kolonien zum

Währungsraum ihrer Mutterländer gehörten und Teile des Commonwealth ihre Währung an das britische Pfund gekoppelt hatten.[16]

Die Zahlungsunion sollte dafür sorgen, dass die knappen Dollar im innereuropäischen Handel optimal genutzt wurden. Zwei Mechanismen wirkten dabei zusammen. Erstens: Defizite und Überschüsse im Außenhandel wurden nicht mehr bilateral zwischen zwei Ländern ausgeglichen, sondern insgesamt saldiert. Mitgliedsstaaten konnten also Exportüberschüsse mit einem Land gegen die Importdefizite mit einem anderen Land verrechnen. Zweitens: Die Mitgliedsstaaten gewährten einander Kredit. Um Dollar zu sparen, mussten Handelsdefizite nicht sofort ausgeglichen, sondern konnten über die Zeit gestreckt werden.[17]

Die Zahlungsunion war ungemein effizient: Zwischen 1950 und 1958 beliefen sich die bilateralen Überschüsse und Defizite der Mitgliedsländer insgesamt auf 46,4 Milliarden Dollar. 43 Prozent dieser Salden verschwanden bereits, indem man sie multilateral gegeneinander verrechnete. Weitere 27 Prozent lösten sich über die Jahre auf, weil aus Defizitländern Überschussländer wurden oder umgekehrt. Am Ende mussten nur 30 Prozent der bilateralen Ungleichgewichte durch Dollarzahlungen kompensiert werden, was zu fast 90 Prozent durch Goldtransfers erfolgte.[18]

Der westdeutsche Außenhandel explodierte. 1950 hatten Exporte nur 8,6 Prozent der Wirtschaftsleistung ausgemacht; 1960 waren es schon 15,8 Prozent.[19] Vor allem aber konnten Waren jetzt wieder frei in Westeuropa zirkulieren, sodass Fertigprodukte, Maschinen, Rohstoffe und Nahrungsmittel mühelos dort eintrafen, wo sie benötigt wurden. Ohne die Europäische Zahlungsunion hätte es das westdeutsche »Wirtschaftswunder« nicht gegeben.

Dieses raffinierte System konnte 1950 jedoch nur starten, weil die USA eine Anschubfinanzierung von 450 Millionen Dollar zusagten, die aus den Mitteln des Marshallplans stammten. Ohne dieses Geld hätten sich die europäischen Staaten nicht darauf eingelassen, ihren Partnerländern Kredite zu gewähren – aus Angst, den Gegenwert nie wiederzusehen.[20]

Die Europäische Zahlungsunion setzte am 1. Juli 1950 ein – und bereits im Oktober wäre die Bundesrepublik fast pleite gewesen, weil sie ungehemmt importierte und ihren Kreditrahmen sprengte.[21] Die Zahlungsunfähigkeit konnte nur vermieden werden, weil die europäischen Partnerländer noch einmal einen Sonderkredit von 120 Millionen Dollar gewährten.[22]

Die westdeutschen Importe nahmen so rasch zu, weil am 25. Juni 1950 der Korea-Krieg ausgebrochen war. Die USA investierten erneut massiv ins Militär und lösten damit einen globalen »Korea-Boom« aus.[23] Für die Bundesrepublik war es ein überaus glücklicher Zufall, dass die Europäische Zahlungsunion just in diesem Moment einsetzte. Ohne die frischen Dollar-Kredite hätten die Westdeutschen keinen Boom erlebt, sondern eine Korea-Krise.[24] Die Bundesrepublik hätte am weltweiten Aufschwung nicht teilnehmen können, weil das Geld gefehlt hätte, um die Rohstoffe und Vorprodukte zu importieren, die für die Herstellung der eigenen Exportgüter nötig waren. Die europäischen Dollar-Kredite füllten diese Lücke: Allein im ersten Kriegsjahr wuchs die westdeutsche Industrieproduktion um satte 28 Prozent, und die Ausfuhren stiegen um 74,3 Prozent.[25]

Die Europäische Zahlungsunion rettete allerdings nicht nur die westdeutsche Konjunktur – sondern auch Erhard. Der Wirtschaftsminister hätte damals beinahe sein Amt verloren: Mehr als zwei Millionen Menschen waren ohne Arbeit, und der Aufschwung schien schon wieder vorbei zu sein, bevor er überhaupt richtig angefangen hatte. Im Mai 1951 hatten nur noch 14 Prozent der Befragten eine »gute Meinung« von Erhard, während satte 49 Prozent mit seiner Leistung unzufrieden waren.[26]

Auch Adenauer war verärgert. In einem Brief vom März 1951 warf er seinem Wirtschaftsminister vor: »Durch Ihre übertrieben optimistischen Reden haben Sie sich und andere über den Ernst der wirtschaftlichen Lage hinweggetäuscht.«[27] Doch des Kanzlers Zorn zeigte keine Wirkung. Erhard lebte auch während der Devisenkrise in seinem eigenen Paralleluniversum: Er vertraute auf die «Kräfte der Marktwirtschaft« und forderte unbekümmert, den Dollarhandel möglichst bald freizugeben.

Im Frühjahr 1951 hätte Adenauer Erhard wahrscheinlich entlassen – wenn nicht schon die SPD lautstark im Bundestag gefordert hätte, den Wirtschaftsminister abzulösen. Der Kanzler wollte nicht den Eindruck erzeugen, als hätte er sich der Opposition gebeugt. Erhard blieb daher im Amt und konnte wenig später die Erfolge der Europäischen Zahlungsunion als seine eigene Weitsicht ausgeben.

Im Sommer 1951 war die westdeutsche Devisenkrise endgültig vorbei. Die Bundesrepublik wurde jetzt vom Importeur zum Exporteur: Sie stieg erneut zu einem begehrten Lieferanten von Maschinen, Chemikalien und optischen Geräten auf. Vor dem Krieg hatte das Deutsche Reich 43 Prozent aller weltweit verkauften Werkzeugmaschinen, 38 Prozent der Rohre und die Hälfte der feinmechanischen Produkte hergestellt.[28] An diese Tradition knüpfte die Bundesrepublik nun erfolgreich an.

Vom westdeutschen Wachstum profitierten auch die Nachbarländer, die jetzt knappe Dollar sparen konnten: Sie mussten nicht mehr alle Maschinen aus den fernen USA importieren, sondern konnten sich – wie vor dem Krieg – bei den nahen Deutschen versorgen. Die Dollarlücke schrumpfte merklich.[29]

Allerdings irritierte die Europäer bald, dass die Bundesrepublik enorme Überschüsse im Außenhandel einfuhr. Bereits im August 1956 fragte die britische Zeitschrift *The Economist* recht fassungslos: »Wie hat Deutschland die Exportsteigerung erreicht?«[30]

»Exportstar« Deutschland: Die ewigen Überschüsse

Auch die Westdeutschen konnten anfangs kaum glauben, dass sie keine Defizite mehr anhäuften, sondern regelmäßig Exportüberschüsse verbuchten. Damit hatte sogar die Notenbank nicht gerechnet: »Wir waren von diesem Umschwung selbst etwas überrascht«, erinnerte sich der spätere Bundesbankpräsident Otmar Emminger.[31] Anfangs fürchteten viele Westdeutsche, dass es sich nur um eine kurze Glückssträhne handeln könnte und bald wieder Milliarden Dollar fehlen würden.[32]

Die plötzlichen Exportüberschüsse wirkten so merkwürdig, weil die Bundesrepublik 1952 noch immer ein kriegszerstörtes und verarmtes Land war. Millionen Menschen lebten weiterhin in Behelfswohnungen, und auch die Ernährung war schlechter als vor dem Krieg: Rind- und Schweinefleisch waren weiterhin ein Luxus und kamen nur selten auf den Tisch.[33] Doch obwohl es beim Essen gerade reichte, sprudelten bereits die Dollareinnahmen aus dem Ausland. Wie passte das zusammen?

Die Armut der Bundesbürger und ihre Exporterfolge stellten keinen Gegensatz dar, sondern bedingten einander. Die westdeutschen Güter waren relativ billig, weil auch die Produktionskosten vergleichsweise niedrig lagen. Die Bundesrepublik hatte nämlich anfangs mit einem Problem zu kämpfen, das anderswo unbekannt war: Es herrschte Massenarbeitslosigkeit. Millionen von Vertriebenen und Flüchtlingen strömten nach Westdeutschland und benötigten dringend Arbeit, sodass die Gewerkschaften nur mäßige Löhne verlangten – in der Hoffnung, dass Arbeitsplätze entstehen würden.[34]

1939 hatten auf dem Gebiet der späteren Bundesrepublik 39,4 Millionen Menschen gelebt, 1950 waren es schon 47,7 Millionen.[35] Zudem hörte der Zuzug gar nicht auf: Bis zum Mauerbau 1961 verließen weitere 2,6 Millionen Übersiedler die DDR; hinzu kamen etwa 440 000 Aussiedler aus Polen und der Sowjetunion. Dieser permanente Nachschub von hochmotivierten Arbeitskräften drückte auf die Löhne.

Zwar stiegen auch in der Bundesrepublik die Gehälter, aber der technische Fortschritt war schneller. Die Löhne blieben hinter der Produktivität zurück, sodass die Inflation in Westdeutschland wesentlich niedriger lag als in den meisten Nachbarländern. Von 1950 bis 1960 legten die Preise in der Bundesrepublik kumuliert um 22 Prozent zu, während es in Österreich 68,5[36], in Frankreich 72 und in Großbritannien 49 Prozent waren.[37] Nur die Schweiz verzeichnete eine sehr mäßige Geldentwertung von 15,2 Prozent.[38]

Für die westdeutschen Exporteure brach eine wunderbare Zeit an: Zuhause zahlte man relativ niedrige Löhne, kassierte aber die hohen Preise, die auf dem Weltmarkt üblich waren. Die Gewinnspannen waren enorm.[39] Für die Industriellen begann das »Wirtschaftswunder«, lange bevor ihre Beschäftigten davon profitierten.

Allerdings sollte man den westdeutschen Exporterfolg nicht überbewerten: Die Ausfuhren wuchsen zwar rasant, starteten aber von einem extrem niedrigen Niveau, weil die Weltwirtschaftskrise und der Zweite Weltkrieg den Außenhandel fast vollständig ruiniert hatten. Erst 1970 sollte die Bundesrepublik wieder jene globale Verflechtung erreichen, die sechzig Jahre früher, vor dem Ersten Weltkrieg, schon normal gewesen war.[40]

Die westdeutschen Exporte waren ohnehin nicht das eigentliche Problem. Die europäischen Nachbarn hatten nichts dagegen, dass die Bundesrepublik Maschinen, Autos oder Chemikalien ins Ausland verkaufte. Für Empörung sorgten die Exportüberschüsse – also die Tatsache, dass die Westdeutschen ständig mehr exportierten, als sie umgekehrt importierten. In nur wenigen Jahren nahm diese Differenz extreme Ausmaße an: Von 1951 bis 1958 summierten sich die bundesdeutschen Überschüsse auf insgesamt rund 20 Milliarden D-Mark.[41]

Diese Überschüsse waren nur möglich, weil die Wechselkurse damals nicht frei schwankten, sondern alle westlichen Währungen an den Dollar gekoppelt waren. Für die Mark galt beispielsweise, dass 4,20 D-Mark einem Dollar entsprachen. Hätte es flexible Wechselkurse gegeben, hätten sich die deutschen Exportüberschüsse wahrscheinlich schnell erledigt: Der Wert der D-Mark wäre gestiegen, weil ein so großes Interesse an westdeutschen Waren bestand. Durch den höheren D-Mark-Kurs wären die westdeutschen Exportgüter auf den Weltmärkten aber teurer geworden und die Nachfrage wäre abgeflaut. Die relativ niedrigen Löhne in Westdeutschland wären also durch den hohen D-Mark-Kurs ausgeglichen worden.

Der Außenhandel ist ein Nullsummenspiel: Ein Plus kann es nur geben, wenn andere Länder ein Minus machen. Entsprechend entrüstet waren die europäischen Nachbarn über den »deutschen Fall«. In immer neuen Arbeitsgruppen wurden die Westdeutschen gedrängt, ihre Importe doch bitte zu steigern. Die Bundesrepublik sollte die Zölle senken und die Mengenkontingente abschaffen, die damals noch bei vielen Gütern üblich waren. Es war ein mühsames Ringen, und es wurde um jede einzelne Schuhsohle gekämpft.

Noch 1952 hatten die zuständigen Referenten im Bonner Wirtschaftsministerium »gewisse Bedenken«, folgende Waren für den ungehinderten Import freizugeben: automatische Webstühle, Registrier- und Kontrollkassen, Personenkraftwagen, Stickstoffdünger, Parfüms und Kosmetika, Sohlenkrepp, Keilriemen, Korkwaren, Oberbekleidung aus Wolle, Lederartikel, Keramikwaren, Spiegel und Fieberthermometer.[42] Freihandel, heute Standard, gab es damals noch nicht.

Bis zum 1. April 1953 hatten die Westdeutschen immerhin genau 90,1 Prozent ihres Handels liberalisiert.[43] Diese neue Handelsfreiheit brachte jedoch gar nichts, wie die Nachbarn verärgert feststellen mussten. Die Überschüsse stiegen weiter. An der eigentlichen Ursache hatte sich ja nichts geändert; die westdeutschen Löhne und damit Preise waren relativ niedrig im Vergleich zu den meisten anderen Ländern.

In Wahrheit handelte es sich auch gar nicht um einen Exportüberschuss, sondern vielmehr um ein Importdefizit: Da die Inflation in den anderen Ländern höher lag, waren vergleichbare Güter aus dem Ausland oft zu teuer – jedenfalls aus der Perspektive der Bundesbürger. Also verzichtete man lieber auf die Waren der Nachbarn und kaufte heimische Produkte.[44]

Für viele Westdeutsche war der Exportüberschuss keine bloße Zahl, sondern ein nationales Symbol. Stolz wurde registriert, dass die D-Mark zur »stärksten Währung Europas« aufstieg.[45] Zu Nazi-Zeiten hatte man sich zwar hoffnungslos kompromittiert, aber nun wähnte man sich wieder auf der richtigen Seite. Man war Gläubiger, während viele Nachbarländer Schulden hatten – woraus im Kurzschluss gefolgert wurde, dass diese Staaten offenbar nicht wirtschaften konnten.

Von dieser westdeutschen Selbstgerechtigkeit war auch Erhard durchdrungen, der 1954 einem amerikanischen Diplomaten in Bonn erklärte: Die Europäische Zahlungsunion sei »sehr gut für alle Staaten, die nicht willens (seien) …, in ihrer eigenen Wirtschaft Ordnung zu schaffen.«[46] Erhard wollte die Europäische Zahlungsunion am liebsten liquidieren: »Für meine Person jedenfalls vermag ich in der EZU keine absolute Lösung zu erblicken.«[47] Stattdessen hieß sein Zauberwort Konvertierbarkeit; die Währungen sollten also frei handelbar sein.

Mit diesem Thema wurde jeder Gesprächspartner belästigt; selbst, wenn er gar nicht aus Europa stammte oder nicht zuständig war. Auch ein südamerikanischer Wirtschaftsminister und der junge belgische König Baudouin mussten sich über die Vorteile der »Konvertibilität« belehren lassen. Erhards Stamm-Dolmetscherin hatte schnell ihren Spitznamen weg und wurde süffisant »Miss Convertibility« genannt.[48] Diese Besserwisserei kam im Ausland gar nicht gut an. Die britische Zeitschrift *The Economist* mokierte sich über den »selbstgerechten Herrn Doktor«[49], und die niederländische Wirtschaftszeitung *Het Financieele Dagblad* schrieb empört, Erhard schwinge »eine deutsche politische Peitsche über Europa«.[50]

Von dieser Kritik ließ sich Erhard jedoch nicht beirren. Selbst vor absurden Superlativen schreckte er nicht zurück, um für seine Mission zu werben: Die Konvertierbarkeit werde »die Weltgeschichte beeinflussen«, ließ er die Amerikaner im Januar 1954 wissen.[51]

Erhard setzte sich zwar überall in Szene, doch wirklichen Einfluss hatte er keinen. Für die USA, die Bank deutscher Länder und auch für Adenauer war offensichtlich, dass er in einem persönlichen Traumschloss residierte. Erhard verwechselte Ursache und Wirkung, wenn er die schrankenlose Konvertierbarkeit propagierte. Die europäischen Währungen waren nur miteinander handelbar, weil es die Zahlungsunion gab, die Defizite und Überschüsse saldierte und Kredite gewährte. Ohne die Zahlungsunion hätten einige Defizitländer ihre Währungen wieder bewirtschaften und Importkontingente einführen müssen.

Vor allem aber war kein europäisches Land so weit, dass es sich dem freien Dollarhandel hätte aussetzen können – auch die Bundesrepublik nicht. Die Europäische Zahlungsunion war ja eigens gegründet worden, um die Dollarlücke zu schließen, und von diesem Mechanismus profitierte niemand so sehr wie die Westdeutschen.

Die USA wären damals eigentlich der Hauptkonkurrent der Westdeutschen gewesen. Schließlich produzierten auch die Amerikaner Maschinen, Chemikalien oder optische Geräte – sogar billiger und besser. Hätten die anderen Europäer die Wahl gehabt, dann hätten sie in den USA eingekauft und nicht in der Bundesrepublik. Aber ihnen fehlten ja die Dollar. Die Westdeutschen waren zwar teurer, aber Teil der Zahlungsunion, weswegen die Europäer ihre Defizite im Handel mit der Bundesrepublik gegen das Plus mit anderen Ländern verrechnen konnten.[52]

Ohne die europäische Zahlungsunion hätten die Westdeutschen kaum exportieren können, und Dollar hätten sie auch keine gehabt. Anders als Erhard glaubte, war es keine Zumutung, dass die Westdeutschen Kredite gewähren mussten, weil sie Exportüberschüsse verbuchten – sondern genau diese Darlehen waren die Voraussetzung dafür, dass es das Plus im Außenhandel überhaupt gab und Dollar in die Kassen spülten. Der Präsident der Bank deutscher Länder, Vocke, schrieb eigens einen Brief an Erhard, um ihm die Zusammenhänge zu erläutern. Vocke wurde sehr direkt. Er warnte den Wirtschaftsminister davor, ständig den europaweiten Oberlehrer zu geben: Die Deutschen wären »sehr übel beraten«, wenn sie »hier wieder den praeceptor Europae, noch dazu mit sehr bedenklichen Lehren, spielen wollten«.[53]

Erhard musste noch jahrelang mit der ungeliebten Zahlungsunion leben. Erst Ende 1958 wurde sie aufgelöst, als alle Westeuropäer genug Dollar gebunkert hatten. Allerdings hatten die Europäer diese Devisen nicht im Handel verdient, denn an den europäischen Gütern waren die Amerikaner noch immer relativ desinteressiert. Der neue Dollar-Reichtum war Phänomenen zu verdanken, die in Erhards zahlreichen Vorträgen nie ein Rolle gespielt hatten: nämlich dem Marshallplan, den amerikanischen Direktinvestitionen – und vor allem den GIs. Im Kalten Krieg unterhielten die USA Militärstützpunkte in ganz Westeuropa, was den Gastländern üppige Einnahmen bescherte (siehe auch Kapitel VI).[54]

Nur weil die USA Dollars nach Europa pumpten, konnte die Bundesrepublik ihre gigantischen Exportüberschüsse anhäufen. Andernfalls hätten die Defizitländer gar nicht die Devisen gehabt, um ihre Schulden in Westdeutschland auszugleichen.

Gold – ein schlechtes Geschäft

Die Europäische Zahlungsunion war so konstruiert, dass die Defizitländer einen Teil ihrer Schulden in Gold oder Dollar ausgleichen mussten.[55] Ende 1958, als die Europäische Zahlungsunion aufgelöst wurde, besaß die Bundesbank daher die enorme Menge von 2345 Tonnen Gold. Später kam noch weiteres Gold hinzu, sodass die Bundesbank momentan 3362 Tonnen ausweist.[56] Damit verfügt Deutschland über den zweitgrößten Goldschatz der Welt und wird nur von den USA mit ihren 8133 Tonnen übertroffen.[57]

Die Bundesbank hielt dieses viele Edelmetall damals für ein glänzendes Geschäft[58], doch auch eine Bundesbank kann irren. Die deutschen Goldbarren waren und sind eine eher dürftige Anlage, weil sie weder Zinsen noch Dividenden abwerfen, sondern nur im Tresor verstauben. Ende 1958 waren die angehäuften 2345 Tonnen Gold zwölf Milliarden D-Mark wert, was damals 5,18 Prozent der westdeutschen Wirtschaftsleistung entsprach. Inzwischen sind diese 2345 Tonnen zwar 116,4 Milliarden Euro wert[59], kommen jedoch nur noch auf 3,4 Prozent der Wirtschaftsleistung. Lohnend war das Gold nicht.

Vor allem aber ist der Bilanzwert noch geschönt: Auf dem Papier würden die Reserven zwar Milliarden bringen, doch faktisch ist das Gold unverkäuflich. Sobald die Bundesbank anfinge, ihre Bestände aufzulösen, gäbe es ein Überangebot, und der Goldpreis würde in die Tiefe rauschen. Daher haben sich zwanzig europäische Notenbanken in einem »Goldabkommen« verpflichtet, zusammen genommen höchstens 400 Tonnen Gold pro Jahr zu veräußern.[60]

Früher lagerte das deutsche Gold vor allem im Ausland, in New York, Paris und London, auch weil man während des Kalten Krieges fürchtete, dass Frankfurt für die Sowjets zu leicht zu erreichen wäre. Zudem ist London der größte Goldmarkt, und es war praktisch, das Gold nicht bewegen zu müssen, wenn es offiziell zwischen den Zentralbanken verschoben wurde.

Trotzdem wurde es 2012 zum Politikum, dass das deutsche Gold auswärts und nicht in Deutschland verstaubte. Die *Bild*-Zeitung hatte nämlich einen »unglaublichen Gold-Skandal« entdeckt, was sich dann so las: »Es ist der wertvollste Schatz, den wir Deutschen besitzen: 3401 Tonnen pures Gold – rund 1800 Euro für jeden … Und die Bundesbank kümmert sich nicht darum!«[61] Wie die *Bild* nämlich ermittelt hatte, fuhren die deutschen Notenbanker nicht regelmäßig nach New York, um ihre Goldbarren nachzuzählen.

Also reiste ein *Bild*-Redakteur eigens in die USA. Bei der US-Notenbank Fed blieb ihm jedoch ein Blick auf die deutschen Goldbarren verwehrt, und er bekam nicht mehr zu sehen als »blanke Fußböden, summende Lüftung, gigantische Stahltüren«. *Bild* schwante Schlimmstes: »Was will die Bundesbank verheimlichen?«

Die Verschwörungstheoretiker fühlten sich endgültig bestätigt, als der Bundesrechnungshof im Oktober 2012 monierte, dass die Bundesbank ihre auswärtigen Goldbarren noch nie »körperlich aufgenommen und auf Echtheit und Gewicht« geprüft hatte. Im Internet multiplizierten sich die Gerüchte, dass das deutsche Gold bestimmt längst verschwunden oder im Dschungel der Finanzmärkte unterwegs sei. Um die Barren zu retten, wurde die Kampagne »Holt unser Gold heim« gestartet.

Gegen diese Hysterie konnte die Bundesbank nicht gewinnen, also gab sie nach: Bis 2017 wurde die Hälfte des Goldes nach Deutschland zurückgeholt, was rund sieben Millionen Euro kostete. Außerdem wurde eine »Transparenzinitiative« gestartet. Goldfetischisten können jetzt online eine Liste einsehen, in der jeder einzelne Goldbarren mit Nummer verzeichnet ist: Es sind monotone 2394 Seiten.[62]

Trotz dieser neuen Sorgfalt bleibt der reale Nutzen der Goldbarren aber gering. Pro Jahr verkauft die Bundesbank etwa vier Tonnen Gold an die Bundesregierung, die dann Gedenkmünzen prägt und veräußert. 184 Millionen Euro spülte dies 2020 in die Kassen.[63] Oder wie *Bild* rechnen würde: Das waren rund 2,17 Euro für jeden Deutschen! Also fast nichts.

Nicht die Exportüberschüsse und das Gold haben die Westdeutschen reich gemacht – sondern die Europäische Integration. Sie hat überhaupt erst jenen Markt geschaffen, den die Industrie benötigte, um zu produzieren und zu exportieren.

Europa vereinigt sich – wider Willen

Im Rückblick erscheint es wie selbstverständlich, dass sich die Westeuropäer zusammenschließen mussten. Doch von einer »europäischen Idee«, heute so oft beschworen, war anfangs wenig zu sehen. Die heutige EU hat bescheiden angefangen und war zunächst die Antwort auf ein militärisches Problem. Die Franzosen wollten sicherstellen, dass nicht noch einmal deutsche Soldaten in ihr Land einmarschierten. Drei Kriege in nur 70 Jahren hatten ein Trauma hinterlassen: 1871 waren die Preußen bis Paris vorgedrungen, im Ersten Weltkrieg verlief die Westfront an der Marne, und 1940 hatte Hitler das Land binnen Wochen unterworfen.

In ihrer Angst vor den Deutschen waren die Franzosen anfangs maßlos: 1945 hätten sie am liebsten gleich das ganze Rheinland und das Saarland annektiert, während das Ruhrgebiet einem internationalen Regime unterstellt werden sollte. Die Westdeutschen sollten Stahl und Kohle komplett verlieren, damit sie garantiert keine neuen Waffen schmieden konnten.[64]

Auf diese weitreichenden Pläne ließen sich die USA gar nicht erst ein: Den Franzosen wurde 1946 allein das Saarland überlassen, das sie bereits nach dem Ersten Weltkrieg, von 1920 bis 1935, verwaltet hatten. Ansonsten aber blieb Westdeutschland intakt – und damit potentiell gefährlich.

Die »Ruhrfrage« wurde virulent, als 1949 die Gründung der Bundesrepublik anstand. Die Westdeutschen konnten nur ihre Selbstständigkeit zurückgewinnen, sofern die Nachbarn keinen erneuten Angriff fürchten mussten. Die drei westlichen Siegermächte und die Benelux-Staaten einigten sich daher auf das »Ruhrstatut«: Die Kohle- und Stahlindustrie blieb zwar in deutschem Besitz, wurde aber international beaufsichtigt. Nicht die Firmen, sondern die neue Ruhrbehörde legte fest, wer Stahl und Kohle zu welchem Preis erhielt.

Etwa 40 Prozent der westdeutschen Industrie waren damit westdeutscher Kontrolle entzogen. Diese Beschränkung der Souveränität war so drakonisch, dass selbst den Franzosen dämmerte, dass das Ruhrstatut nicht mehr zur Weltlage passte: Die neuen Feinde waren die Sowjets, gegen die im Zweifel auch die Westdeutschen kämpfen sollten. Es war nur noch eine Frage der Zeit, bis die Bundesrepublik wieder aufrüsten würde.

Gebraucht wurde also ein Konzept, wie die Franzosen die westdeutsche Montanindustrie kontrollieren konnten, ohne dass diese fremde Aufsicht für die Westdeutschen allzu demütigend aussähe. Die Lösung war so naheliegend wie sensationell: Die Franzosen boten an, eine »Montanunion« zu gründen, um die Stahlwerke und Kohlegruben aller Mitgliedsländer gemeinsam zu verwalten. In dieser neuen supranationalen Behörde sollten sich Franzosen und Westdeutsche auf Augenhöhe begegnen.

Auch symbolisch unterstrichen die Franzosen, dass eine neue Epoche der gleichberechtigten Zusammenarbeit beginnen sollte: Am 9. Mai 1950, also genau fünf Jahre nach Kriegsende, machten sie ihren Vorschlag öffentlich bekannt. Als »Schuman-Plan« ist er in die europäische Geschichte eingegangen, benannt nach dem damaligen Außenminister Frankreichs.

Adenauer war begeistert, eröffnete sich doch endlich die Chance, dass die Bundesrepublik zu einem gleichberechtigten Partner in Europa aufstieg. Wie immer, wenn es wichtig wurde, umging der Kanzler sein Kabinett und führte die Verhandlungen selbst. Wirtschaftsminister Erhard war nicht weiter gefragt.

Auch die Briten unterstützten den Schumann-Plan – solange sie selbst nicht Mitglied werden mussten. 1951 war Adenauer auf Staatsbesuch in London und konferierte mit seinem Amtskollegen Winston Churchill in der Downing Street. Dabei entspann sich ein Dialog, der bis heute gern zitiert wird. Churchill: »Sie können beruhigt sein, Herr Bundeskanzler, Großbritannien wird immer an der Seite Europas stehen.« Daraufhin Adenauer: »Herr Premierminister, da bin ich ein wenig enttäuscht, England ist ein Teil Europas.«

Für die Briten war es durchaus rational, nicht an der Montanunion teilzunehmen. Sie konnten nichts gewinnen, sondern nur Kontrolle verlieren: In den nordenglischen Revieren gab es ausreichend Kohle, und mit 16,6 Millionen Tonnen Rohstahl pro Jahr war die britische Schwerindustrie damals die größte in Westeuropa. Zudem hatte der Krieg gezeigt, dass die Deutschen England nicht erobern konnten. Für die Briten gab es daher keinen Grund, sich einer supranationalen Behörde anzuschließen, die primär für die Sicherheitsbedürfnisse Frankreichs konzipiert war.[65]

Trotzdem waren es nicht allein nüchterne Erwägungen, die die Briten von der Montanunion fernhielten. Schon damals zeigte sich ein vehementer Stolz auf die eigene koloniale Rolle und die insulare Unabhängigkeit. Die oppositionelle Labour Party schrieb etwa zeitgleich in einer Europa-Broschüre: »In jeder Hinsicht, von der Entfernung abgesehen, sind wir Briten unseren Landsleuten in Australien und Neuseeland am anderen Ende der Welt näher als den Europäern.«[66]

Am 23. Juli 1952 trat die Montanunion in Kraft, an der neben Frankreich und Westdeutschland auch die Benelux-Staaten und Italien teilnahmen. Sie wurde ein enormer Erfolg – gerade weil die neue »Hohe Behörde« anfangs untätig bleiben konnte. Die Schwerindustrie wuchs in allen Ländern recht ordentlich, sodass keine schwierigen Verteilungsfragen anstanden.[67] Da ökonomische Spannungen ausblieben, konnte die Montanunion ihre politische Wucht voll entfalten: Es kam zu keiner deutsch-französischen Krise, als die Saarländer 1955 per Volksabstimmung beschlossen, dass sie zur Bundesrepublik gehören wollten. Die Franzosen blieben gelassen, weil die saarländischen Hütten und Gruben sowieso der Hohen Behörde unterstanden und kein Sicherheitsrisiko mehr darstellten. Seit dem Ersten Weltkrieg hatte die »Saarfrage« das Verhältnis zwischen Franzosen und Deutschen vergiftet, doch mit der Montanunion verlor die Saar ihre Bedeutung für die französische Außenpolitik.[68]

Kaum war die Montanunion installiert, drängten die Beneluxländer bereits, dass man doch einen »Gemeinsamen Markt« für alle Produkte gründen könnte. Aus dieser Idee ist später die EU entstanden. Es ist kein Zufall, dass die Initiative von kleinen Industrieländern ausging – denn ihre Großunternehmen waren schon damals im wahrsten Sinne des Wortes an die Grenzen gestoßen und benötigten dringend Märkte im Ausland. Die Benelux-Firmen wollten expandieren, weil Güter umso billiger werden, je mehr Stück man herstellt. Ihre Heimatländer sind jedoch zu klein, als dass sie diese

Massenproduktion absorbieren könnten. Also musste der heimische Markt erweitert werden.

Doch so sehr die Benelux-Länder insistierten, der Gemeinsame Markt kam zunächst nicht voran. Frankreich und Großbritannien waren damals noch groß genug für ihre heimischen Industrien, zumal sie auch die eigenen Kolonialreiche beliefern konnten. Der britische Premier Harold Macmillan war zudem überzeugt, dass der Gemeinsame Markt nur ein Mittel sei, »um die Vorherrschaft Deutschlands wiederherzustellen«. Den Deutschen würde damit »auf einem Teller serviert, wofür wir in zwei Kriegen gekämpft haben, um es zu verhindern.«[69]

Erst die Suez-Krise 1956 brachte eine Wende. Dieser Konflikt ist schon deswegen bemerkenswert, weil eine militärische Auseinandersetzung mit rein ökonomischen Mitteln entschieden und beendet wurde. Die Krise begann im Juli, als der ägyptische Machthaber Gamal Abdel Nasser den Suez-Kanal verstaatlichte, der bis dahin mehrheitlich britischen und französischen Aktionären gehört hatte. Im Herbst folgte der Gegenschlag, die »Operation Musketeer«. Gemeinsam mit Israel besiegten Briten und Franzosen die Ägypter innerhalb von wenigen Tagen, waren aber dennoch die politischen Verlierer. Die Welt und auch die USA lehnten dieses koloniale Abenteuer ab, und zur Strafe begann die US-Regierung, ihre britischen Anleihen abzustoßen, um das Pfund zu schwächen. Der Kursverfall wirkte sofort: Die Briten zogen lieber ihre Armee aus Ägypten zurück, als eine Währungskrise zu riskieren.[70]

Die Franzosen fühlten sich von den USA und vor allem von den Briten verraten, die die Suez-Zone geräumt hatten, ohne Paris zu informieren. Den Franzosen wurde deutlich, dass sie sich auf ihre alten Alliierten nicht mehr verlassen konnten und neue Bündnispartner benötigten. Ab 1957 begannen die Franzosen, zielstrebig über eine »Europäische Wirtschaftsgemeinschaft« (EWG) zu verhandeln.

Die Briten hingegen waren selbst durch die Suez-Krise nicht zu erschüttern. Sie blieben dem Gemeinsamen Markt fern, weil diese neue Gemeinschaft nicht zum britischen Selbstbild passte. Man war Siegermacht, und im geplanten Europa versammelten sich ansonsten nur Nationen, die im Zweiten Weltkrieg besetzt oder besiegt worden waren. Diesem Club der Verlierer wollte man nicht angehören, wie sich beim britischen Diplomaten Paul Lever pointiert nachlesen lässt: »Alle sechs Gründerstaaten hatten Besetzung und Zerstörung in der Zeit von 1939 bis 1945 erlebt. In allen diesen Ländern herrschte das Gefühl vor, dass ihre Regierungen versagt hatten und dass eine neue politische Ordnung nötig ist.« Die Briten hingegen würden sich an den Krieg schon fast mit Nostalgie erinnern: »Unsere demokratischen Institutionen hatten nicht versagt, unsere politischen Führer hatten uns nicht verraten, unser Selbstwertgefühl war nicht zerstört. Im Gegenteil: Wir waren stolz auf unser Durchhaltevermögen und empfanden unseren Sieg als verdient. Es war tatsächlich unsere beste Zeit.«[71] Brendan Simms, Historiker in Cambridge, formuliert es ähnlich: »Da Großbritannien nicht besiegt und besetzt worden war, wirkte eine politische Vereinigung Europas auf die britische Öffentlichkeit wie der Versuch, etwas zu reparieren, was gar nicht kaputt war.«[72]

Zudem favorisierten die Briten eher einen globalen Freihandel und fanden in Westdeutschland immerhin einen Verbündeten für diese Idee: Ludwig Erhard. Auch er fürchtete, dass der Gemeinsame Markt nur ein Codewort für Planwirtschaft sei. Im April 1956 schrieb er an Adenauer und beschwerte sich über »jene monomane Haltung …, die alles das gutheißt, was nur überhaupt ›europäisch‹ verbrämt werden kann«. Der Gemeinsame Markt würde »im Effekt nicht zu einer echten Integration, sondern nur zu einer Aufsplitterung und Zerfransung der Volkswirtschaften führen«. Adenauer antwortete knapp und schroff: »Ihre Ausführungen liegen neben der Sache. Die Europäische Integration war das notwendige Sprungbrett für uns, um überhaupt wieder in die Außenpolitik zu kommen …. Ich bin der Auffassung, dass wir einen ›gemeinsamen Markt‹ haben müssen. Er wird in Etappen und stückweise kommen. Aber die Erreichung dieses Ziels muss uns immer vor Augen bleiben.«[73]

Wie schon diese wenigen Zeilen deutlich machen, interessierte sich Adenauer nicht primär für die Ökonomie, sondern er wollte seine strategischen Optionen erweitern. Der Kanzler lebte in ständiger Sorge, dass sich die Supermächte auf Kosten Deutschlands einigen könnten. Da traf es sich bestens, dass die Franzosen ebenfalls auf der Suche nach neuen Bündnispartnern waren.

Der Gemeinsame Markt war daher ein seltsames Konstrukt: Er ist aus politischen Gründen entstanden, verfolgte aber ökonomische Ziele. Diese verwirrte und verwirrende Entstehungsgeschichte erklärt, warum die Europäische Integration bis heute als »Friedensprojekt« durchgeht, obwohl sich das Alltagsgeschäft um endlose Waren-Normierungen und technische Vorschriften dreht.

Die »Europäische Wirtschaftsgemeinschaft« wurde von den sechs Ländern gegründet, die auch schon in der Montanunion vertreten waren. Trotzdem wurden diesmal keine supranationalen Behörden geschaffen, sondern die Macht blieb bei den einzelnen Regierungen. Alle sechs Länder mussten sich einigen, wenn es zu Fortschritten kommen sollte. Es galt das Prinzip der Einstimmigkeit.

Am 25. März 1957 wurden die Verträge in Rom feierlich unterzeichnet, doch ein europäischer Geist wehte nirgends. Die meisten Bürger interessierten sich überhaupt nicht für die neue Gemeinschaft. Die Westdeutschen waren noch immer mit dem Wiederaufbau beschäftigt, und die Aufmerksamkeit der Franzosen war von dem Unabhängigkeitskrieg in ihrer Kolonie Algerien absorbiert. Leidenschaftslos und ohne große Debatten wurden die römischen Verträge in den Parlamenten ratifiziert. In Bonn votierte auch die oppositionelle SPD dafür, während die FDP, damals noch dezidiert national eingestellt, das europäische Projekt ablehnte.[74]

Erhard stimmte zwar für den Gemeinsamen Markt, weil der Kanzler es so wollte, aber seinen inneren Frieden hat er mit den römischen Verträgen nie geschlossen. Im Bundestag wetterte er gegen die »europäische Inzucht«[75] und später lancierte er Anzeigenkampagnen, in denen er für einen gemeinsamen Freihandel mit den Briten warb.[76]

Aus Erhards Sicht sollte die Bundesrepublik ungebunden bleiben, damit sie die Weltmärkte erobern konnte. Der Wirtschaftsminister stellte sich Westdeutschland also wie ein Schiff vor, das von Hafen zu Hafen fährt und dort andockt, wo es am lukrativsten ist. Der Gemeinsame Markt erschien ihm wie ein lästiges Beiboot, das das Manövrieren nur unnötig behindert.

Auf den ersten Blick mag es bestechend wirken, gänzlich unabhängig zu sein. Aber Erhard irrte, wenn er davon ausging, dass der Gemeinsame Markt den intensiven Handel mit der restlichen Welt erschweren würde. Richtig war das Gegenteil: Dank ihrer Wirtschaftsmacht konnten die Sechs gemeinsam besonders günstige Handelsabkommen abschließen, die ihnen einzeln niemals möglich gewesen wären. Die Souveränität der Westdeutschen wurde nicht geschmälert, sondern gesteigert, indem sie der EWG angehörten.

Vor allem aber war der Gemeinsame Markt überaus erfolgreich und übertraf alle Erwartungen, denn der Austausch zwischen den sechs EWG-Mitgliedern explodierte geradezu. 1957 flossen rund 27 Prozent der westdeutschen Exporte in die anderen EWG-Staaten; 1971 waren es schon 40 Prozent.[77] Der westdeutsche Handel mit Großbritannien oder Schweden nahm absolut zwar auch zu, aber er intensivierte sich nicht, sondern spiegelte nur das allgemeine Wachstum wider.[78]

Der Gemeinsame Markt bot eben den Vorteil, dass die Binnenzölle sukzessive abgeschafft wurden und dass es nur noch einen einheitlichen Außenzoll gab. Exporte in die anderen EWG-Länder wurden einfacher, sodass sich die Massenproduktion lohnte und die sogenannten Skaleneffekte voll ausgereizt werden konnten. Das Grundprinzip ist schnell erklärt: Für vier Autos rentiert sich kein Fließband, aber bei 10 000 Autos sind die Maschinen nicht nur profitabel, sondern machen jedes einzelne Auto günstiger.

Deutschland kann dankbar sein, dass Erhards Fundamentalopposition gegen den Gemeinsamen Markt damals gescheitert ist. Wenn sich der angebliche Vater des Wirtschaftswunders durchgesetzt hätte, wäre dieses Wunder früh beendet gewesen.

Adenauer wiederum dachte zwar vor allem politisch und nicht ökonomisch, aber sei es Zufall, Instinkt oder der Einfluss der Beneluxländer: Der Kanzler optierte wieder für das richtige Wirtschaftsmodell. Der Gemeinsame Markt war so erfolgreich, dass er bald wie ein Magnet auf die restlichen Europäer wirkte.

Auch die Briten wollten schon nach wenigen Jahren dazugehören und ihre »splendid isolation« aufgeben: Die EWG-Länder wurden als Handelspartner immer wichtiger, während die Ausfuhren in den Commonwealth relativ abnahmen.[79] Bereits 1961 stellten die Briten ihren ersten Beitrittsantrag und waren tief verletzt, als de Gaulle einfach sein Veto einlegte. Der französische Präsident glaubte, die Briten seien eine Art trojanisches Pferd der USA. Wenn Großbritannien eintreten würde, wäre der Gemeinsame Markt kein europäisches Projekt mehr, behauptete de Gaulle auf einer eigens anberaumten Pressekonferenz. »Es würde eine gigantische Atlantische Gemeinschaft unter der Abhängigkeit und Führung der Amerikaner entstehen«.[80] Das war zwar Unsinn, offenbarte aber, dass der Ex-General noch immer in den Kategorien des Krieges dachte. De Gaulle sah die EWG als ein Instrument, um französische Hegemonialpolitik alter Schule zu betreiben.

Der französische Präsident blieb daher stur, als die Briten 1967 einen zweiten Antrag stellten: Wieder kam ein Veto aus Paris. Erst nachdem de Gaulle 1969 zurückgetreten war, konnten die Briten ihren dritten, erfolgreichen Anlauf starten. Gemeinsam mit Irland und Dänemark wurden sie am 1. Januar 1973 in die EWG aufgenommen. Aber der Schaden war geschehen. Die Briten hatten sich zweimal als ohnmächtige Bittsteller erlebt und mussten den Eindruck gewinnen, dass Europa von einer deutsch-französischen Allianz regiert würde, die ihnen prinzipiell feindlich gesonnen sei.[81] Dieser Eindruck war zwar verständlich, aber trotzdem falsch: In Wahrheit kam es zu einem Macht-Dreieck, denn dank der Briten waren die Westdeutschen nun weniger abhängig von den Zielen der französischen Außenpolitik.

Ohne seine europäischen Nachbarn und die USA hätten die Westdeutschen kein »Wirtschaftswunder« erlebt. Der starke Aufschwung war nur durch den Marshallplan, die Europäische Zahlungsunion und den gemeinsamen Markt möglich. Doch diese Realität wurde in der Bundesrepublik nicht anerkannt, sondern es setzte sich die Legende durch, der eigene Wohlstand sei allein der »sozialen Marktwirtschaft« zu verdanken. Diese Sicht war so wirkmächtig wie falsch. Erhards »soziale Marktwirtschaft« war nicht sozial und auch keine Marktwirtschaft. Die deutsche Wirtschaftsordnung war nicht einzigartig in Europa – und neu war sie auch nicht. In den Großkonzernen dominierten weiterhin die alten Eliten.

V Die »soziale Marktwirtschaft« war nicht sozial

Der Slogan »soziale Marktwirtschaft« fand sich erstmals 1949 im CDU-Wahlprogramm und sollte angeblich einen dritten Weg zwischen Kapitalismus und Sozialismus weisen. Das klang nach Ausgleich und nach Mitte und wirkte sympathisch auf ein erschöpftes Volk, das von politischen Extremen genug hatte.

Den meisten Wählern fiel gar nicht auf, wie missverständlich das Konzept war. Die »soziale Marktwirtschaft« strebte nämlich mitnichten eine ausgebaute Sozialpolitik an, sondern behauptete im Gegenteil, dass der freie Markt an sich schon sozial sei. Man müsste nur für ungehinderten Wettbewerb sorgen und schon sei der »Wohlstand für alle« garantiert.

Die Idee war: Der Markt hat immer Recht. Das Prinzip der Konkurrenz würde faire und niedrige Preise erzwingen, von denen auch der kleine Mann profitiert. Sozialpolitik wäre daher überflüssig und sogar schädlich, weil sie die postulierte Harmonie der Marktkräfte nur stören würde.

Doch diese Botschaft kam bei den Wählern nicht an. Im Herbst 1952 führte das konservative Allensbach-Institut eine Umfrage durch, die Erhards Unterstützer alarmierte. 90 Prozent der Westdeutschen konnten mit dem Begriff »soziale Marktwirtschaft« nichts anfangen – oder ordneten ihn gar der SPD zu, weil sie irrtümlich glaubten, es ginge um Sozialpolitik.

Allensbach hatte aber schon einen Vorschlag, wie man die »soziale Marktwirtschaft« doch noch zu einem Markenzeichen für die CDU machen könnte: Man sollte das Konzept personalisieren und künftig immer von »Erhards sozialer Marktwirtschaft« sprechen.[1] Mehr als drei Millionen D-Mark stellten Unternehmer dem Erhard-

Werbeverein *Die Waage* zur Verfügung, und dieses Geld ist nicht verpufft. Es gelang tatsächlich, die Wörter »Erhard« und »soziale Marktwirtschaft« unauflöslich miteinander zu verknüpfen.

Der Reklame-Feldzug allein hätte aber nicht ausgereicht, um Erhard zum »Vater« der sozialen Marktwirtschaft zu küren. Das PR-Projekt profitierte vor allem davon, dass zeitgleich eine Boomphase in ganz Europa und auch in Westdeutschland einsetzte. Die Arbeitslosigkeit ging zurück, und die Gehälter stiegen. Im Jahr 1953 war es schließlich soweit: Pro Kopf war wieder das Konsumniveau der Vorkriegszeit erreicht[2], und die Mehrheit der Westdeutschen gab in den Umfragen erstmals an, dass es ihnen deutlich besser gehe. Allensbach sprach von einem »Durchbruch« und konstatierte ein neues »gefühlsmäßiges Urteil, dass das System freier Wirtschaft sich offenbar zum persönlichen Vorteil ausgewirkt habe«.[3]

Da alle vom Wachstum zu profitieren schienen, wurde übersehen, dass die Unternehmer weitaus mehr erhielten als ihre Beschäftigten. Obwohl sich die Ungleichheit verschärfte, verbreitete sich die Illusion, man würde in einer »nivellierten Mittelstandsgesellschaft« leben.[4]

Das große Missverständnis: Um Gerechtigkeit ging es nicht

Für die Zeitgenossen war es erstaunlich, wie schnell die Gehälter stiegen. Bis 1962 verdoppelten sich die Reallöhne der Industriearbeiter, und gleichzeitig sank ihre Arbeitszeit. Mussten sie 1955 im Durchschnitt noch 48,6 Stunden pro Woche schuften, waren es 1962 erstmals weniger als 45 Stunden. Auch der Urlaub nahm zu: 1950 wurden im Durchschnitt zwölf Tage im Jahr gewährt, Mitte der 1960er-Jahre waren es 20 Tage.[5]

Die steigenden Löhne und Urlaubszeiten konnten die Firmen mühelos finanzieren, denn die Wirtschaftsleistung wuchs sogar noch schneller: Zwischen 1950 und 1960 erhöhte sie sich pro Kopf um 157 Prozent.[6] Ein großer Teil des Wachstums erreichte also gar nicht die Angestellten, sondern kam allein den Unternehmern zugute.[7]

Der rasche Aufstieg der Reichen war so offensichtlich, dass auch Erhard-Anhänger Bucerius zugeben musste, dass »zu viel des neuen Vermögens in die Taschen der Unternehmer« floss.[8] Selbst Erhard und sein Ghostwriter räumten in *Wohlstand für alle* ein, dass die »beträchtlichen Unternehmergewinne ... zu einer unerfreulichen sozialen Optik« führten.[9]

Erhards Steuerpolitik folgte dem Motto: Erst müssen die Firmen Profite machen und Rücklagen bilden, dann können sie Maschinen kaufen.[10] Also sorgte er dafür, dass die Gewinne der Betriebe so hoch ausfielen, dass sie einen Großteil ihrer Investitionen eigenhändig finanzieren konnten, ohne überhaupt Kredite aufnehmen zu müssen.[11]

Der *Spiegel* giftete: »Nicht einmal Adolf Hitlers Drittes Reich (hat) der kleinen Gruppe von Unternehmern derart viele Steuervorteile und Privilegien zugeschoben wie die Bundesrepublik.«[12] Der historische Vergleich mit der NS-Zeit war zwar nicht ganz fair, aber es ließ sich nicht leugnen, dass die Kombination von hohen Gewinnen, relativ niedrigen Löhnen und vielen Steuernachlässen die Reichen schnell noch reicher machte.[13] Bereits 1955 klagte der Präsident des Statistischen Landesamtes von Baden-Württemberg, dass »die Vermögensverteilung in der Bundesrepublik nur als ein Skandal bezeichnet werden« könne.[14]

Der Reichtum ballte sich bei wenigen Familien, wie Ökonom Wilhelm Krelle ermittelte: 1960 verfügten 1,7 Prozent der privaten Haushalte über 35 Prozent des Gesamtvermögens. Vor allem aber kontrollierten sie 70 Prozent des sogenannten Produktivvermögens, also der Firmen, Geschäftsimmobilien und Ländereien.[15] Die Bundesrepublik war eine ausgeprägte Klassengesellschaft, obwohl sie offiziell als »soziale Marktwirtschaft« firmierte.

Allerdings war es gar nicht einfach, die Verteilung des Vermögens exakt zu ermitteln, denn genaue Daten standen nicht zur Verfügung. Der *Spiegel* witzelte: Das Statistische Bundesamt dürfe nur »ausgewählte Obstkulturen, abgemagerte Schlachttiere und die Freunde des deutschen Männersangs akribisch aufzählen«. Der CDU-dominierte Bundesrat hatte nämlich verhindert, dass die Vermögenden ihren Besitz detailliert an die Steuerbehörden melden mussten.[16] An dieser miesen Datenlage hat sich bis heute nichts geändert: Inzwischen verschwindet mindestens eine Billion Euro aus der Statistik, ohne dass man wüsste, wer sie besitzt (siehe Kapitel IX).[17]

Das Eigentum hatte immer Vorrang, wie sich damals auch bei einem weiteren Thema zeigte: dem Lastenausgleich. Die Opfer der Bombardierungen, der Vertreibung und der Währungsreform sollten für ihre Verluste entschädigt werden. Die Idee stammte zwar von den Alliierten[18], war aber auch unter den Westdeutschen allgemein akzeptiert.[19] Umstritten war nur, wie der Lastenausgleich aussehen sollte. Die SPD forderte, dass der einstige Besitz keine Rolle spielen und nur die Bedürftigkeit zählen sollte. Die CDU hingegen wollte das frühere Eigentum berücksichtigen und orientierte sich am erlittenen Schaden: »Wer sein eigenes Haus, sein eigenes Geschäft gehabt hat, soll wieder auf eigenen Füßen stehen können, damit er wieder eine neue Existenz hat.«[20] Adenauers Koalition beschloss daher 1952 einen Lastenausgleich, der die alten Vermögensverhältnisse restaurieren sollte.[21]

Die nötigen Milliarden sollten jene Bundesbürger aufbringen, die ihren Besitz im Krieg behalten hatten. Daher wurden alle Vermögen über 5 000 D-Mark mit einer Abgabe von 50 Prozent belegt.[22] Diese Abgabe mag zunächst radikal erscheinen, doch wurden die Vermögensbesitzer kaum belastet: Die Zahlungen wurden über dreißig Jahre gestreckt, sodass allein schon die Inflation dafür sorgte, dass die Raten immer leichter aufzubringen und am Ende fast bedeutungslos waren. Zudem wurden Immobilien nach dem Einheitswert angesetzt – und nicht etwa nach dem Verkehrswert, der wesentlich höher lag.[23]

Bis zum Ende des Projekts wurden etwa 150 Milliarden D-Mark aufgebracht[24], und damit war der Lastenausgleich zweifellos die »größte Vermögensabgabe der Geschichte« in Deutschland. Aber verändert hat sich dadurch nichts, wie Historiker Christoph Kleßmann betont: Der Lastenausgleich habe »weder zu einer deutlichen Vermögensumschichtung noch zur Änderung der Sozialstruktur geführt«.[25]

Wäre es nach Erhard gegangen, wäre der Lastenausgleich das einzige soziale Großprojekt geblieben. Doch zu seinem Ärger entschied Adenauer, eine große Rentenreform durch den Bundestag zu bringen. Wieder dachte der Kanzler politisch, nicht ökonomisch: Er wollte die Bundestagswahl von 1957 gewinnen und witterte sehr richtig, dass eine verbesserte Alterssicherung die nötigen Stimmen mobilisieren würde. Adenauers Rentenreform wird daher gern als »Wahlgeschenk« tituliert.[26] Doch dieser Spott wird der Reform nicht gerecht. Sie war ein ganz großer Wurf – und vor allem kein Geschenk, denn die höheren Renten wurden allein von den Arbeitnehmern finanziert.

Kein Wahlgeschenk: Die Rentenreform von 1957

Nach dem Krieg war die Armut der Rentner, Invaliden, Waisen und Hinterbliebenen drückend: 1953 gab es für Bedürftige im Durchschnitt 62,40 D-Mark netto pro Monat, doch davon konnte man in einer Großstadt nicht leben.[27] Die Rente funktionierte noch immer wie im Kaiserreich; sie war nur als Zuschuss gedacht und sollte das Einkommen der Großfamilie ergänzen. Die Alten blieben von ihren Kindern abhängig.

Der Bundestag hatte zwar ab 1949 mehrfach versucht, die schlimmste Not zu lindern, doch die vielen Einzelgesetze hatten ein Chaos geschaffen. Nach nur einer Legislaturperiode existierten mindestens 46 Grundlagen für den Rentenbezug, die zudem kombinierbar waren: Es ließen sich theoretische Beispiele konstruieren, wonach eine invalide Witwe zehn verschiedene Rentenleistungen hätte beanspruchen können.[28]

Dieses Paragraphengestrüpp sollte vereinfacht und vereinheitlicht werden. Allerdings war die bundesdeutsche Debatte so chaotisch wie das Durcheinander der Sozialleistungen: Allein zwischen 1946 und 1954 waren mehr als 2000 Bücher und Aufsätze erschienen, die sich mit einer »sozialen Reform« beschäftigten.[29] Auch die zuständigen Minister konnten sich nicht einigen, sodass es am Ende Adenauer war, der die Rentenreform durchsetzte. Der Kanzler gab die wesentlichen Neuerungen vor, und er brachte das Gesetz durch das Parlament, obwohl seine eigene Fraktion gegen die

Reform opponierte. Die Rentenreform war eine strategische Meisterleistung.

Auch diesmal verließ sich Adenauer nicht auf sein Kabinett, sondern auf externe Berater. Er begeisterte sich für das Konzept des Ökonomen Wilfrid Schreiber, der im Hauptberuf den Bund katholischer Unternehmen leitete und nebenher als Privatdozent an der Universität Bonn lehrte. Schreiber hatte sich nämlich 1955 in einer Broschüre mit der Frage beschäftigt, die damals viele Menschen umtrieb: Wie ließen sich die sowieso schon mageren Renten vor der Geldentwertung schützen?[30]

Schreibers Lösung war revolutionär: Die Renten sollten einfach an die jährlichen Lohnsteigerungen gekoppelt werden. Durch diese »dynamische Rente« wären die Ruheständler automatisch vor der Inflation geschützt und könnten gleichzeitig am steigenden Wohlstand teilhaben. Die Renten wären also kein karges Almosen mehr, sondern würden den einstigen Lebensstandard auch im Alter sichern.

Die Finanzierung war so genial wie schlicht: Schreiber schlug vor, konsequent auf das Umlageverfahren umzustellen. Die Arbeitnehmer sollten wie bisher in die Rentenkassen einzahlen – aber diese Beiträge würden nicht mehr gespart, sondern direkt an die Ruheständler weitergeleitet. Es sollte also ein Generationenvertrag gelten: Die Jungen zahlen für die Alten. Fertig.

Schreiber verabschiedete sich damit vom Kapitaldeckungsverfahren, das seit Bismarcks Zeiten gegolten hatte. Die staatlichen Rentenkassen waren seit 1889 wie Lebensversicherungen aufgebaut: Die Beiträge der Arbeitnehmer wurden zu einem großen Teil angespart – und aus den Erträgen des Kapitals sollten dann die Renten finanziert werden. So sah es jedenfalls die Theorie vor.

In der Wirklichkeit hatte die Kapitaldeckung noch nie funktioniert, weil das Vermögen der Rentenkassen durch die beiden Weltkriege und die anschließenden Inflationen vernichtet worden war. Schon 1924 hatte man daher faktisch eine Umlagefinanzierung eingeführt, und auch in der frühen Bundesrepublik praktizierte man ein Mischsystem.[31]

Trotzdem beharrte man zunächst auf dem Ziel, wieder einen Kapitalstock aufzubauen. Die Beiträge der Beschäftigten wurden nicht komplett an die Rentner ausgeschüttet, sondern zum Teil einbehalten. Die Konsequenzen waren abstrus: Bis 1953 hatten die Rentenkassen der Angestellten bereits ein Vermögen von 3,8 Milliarden D-Mark angesammelt[32] – während gleichzeitig die Armut unter den Alten grassierte. Man sorgte für eine ferne Zukunft vor und vergaß die Gegenwart.

Die Kapitaldeckung basierte auf einem Denkfehler, wie Schreiber zeigen konnte: Betriebs- und Volkswirtschaft wurden verwechselt. Der Einzelne kann sparen, aber diese Idee lässt sich nicht sinnvoll auf die ganze Wirtschaft übertragen. Für die Gesamtnation gilt, dass sich nur verteilen lässt, was aktuell erwirtschaftet wird. Interessant ist allein die Höhe des Volkseinkommens. Diese Wirtschaftsleistung wird aber von den Erwerbstätigen erarbeitet, nicht von den Rentnern, die ihre Berufstätigkeit bereits hinter sich gelassen haben. Die Jungen sorgen also immer für die Alten – egal wie man es organisiert.

Sparen hat in Deutschland einen guten Ruf, und instinktiv glauben viele Menschen, sie müssten wie Eichhörnchen agieren. Die Nager vergraben bekanntlich im Sommer Nüsse, um sie im Winter wieder auszubuddeln. Eichhörnchen verschieben also ihren Konsum, um für die mageren Zeiten vorzusorgen. Ähnlich stellen sich viele Deutsche ihr Vermögen vor: Was ich mir heute vom Munde abspare, das wartet dann im Alter auf mich. Doch leider sind Sparguthaben oder Lebensversicherungen keine realen Nüsse, sondern virtuelle Rechtstitel. Sie regeln, wie in Zukunft *künftige* Güter verteilt werden. Die Nuss des Eichhörnchens existiert jetzt, aber was sich für eine Kapitalanlage in dreißig Jahren erwerben lässt – das wird sich erst in dreißig Jahren zeigen.

Das Prinzip der Kapitaldeckung ist also riskant und zudem unnötig teuer, da die Beiträge der Beschäftigten ja nicht nur die Renten der Ruheständler finanzieren müssen – sondern parallel auch noch Vermögen aufbauen sollen. Die Umlagefinanzierung hingegen ist effizient und krisenfest, weil die Beiträge der Angestellten direkt an die Rentner fließen. Da wird nicht gespart, investiert oder Geld angelegt, um in fernen Jahrzehnten auf Zinsen zu hoffen.

Am effizientesten wäre es, wenn alle Erwerbstätigen in die gleiche Kasse einzahlten – egal ob es sich um Angestellte, Beamte oder

Selbstständige handelt. Schreibers Plan sah eine solche Einheitsversicherung auch vor, doch Adenauer verzichtete lieber darauf, den deutschen Ständestaat anzutasten. Er hatte das abschreckende Vorbild der Alliierten vor Augen: Direkt nach dem Krieg hatten die Militärregierungen ebenfalls eine Einheitsversicherung angestrebt und waren am vehementen Protest der Selbstständigen gescheitert.[33]

Adenauer vermied jeden unnötigen Kampf, da seine Rentenreform ohnehin extrem umstritten war. Banken und Versicherungen liefen Sturm, weil es für sie bisher ein einträgliches Geschäft gewesen war, den angesparten Kapitalstock der Rentenkassen zu verwalten.[34] Die Arbeitgeber murrten, weil sie zusätzliche Kosten fürchteten. Vor allem aber verstanden viele CDU-Abgeordnete ihren Kanzler nicht mehr: Die Rentenreform wirkte wie eine Idee der Sozialdemokraten; ein dezidiert konservatives Element war nirgends zu erkennen.

Erhard schrieb einen empörten Brief an Adenauer, in dem er düster das Ende des Wohlstandes vorhersagte, falls es zur geplanten Rentenreform kommen sollte. Diese »staatliche Zwangsbürgerversorgung« wäre »der Untergang des Volkes«, das sich »in der fragwürdigen Harmonie wachsender Armut« wiederfinden würde.[35]

Wieder zeigte sich, dass Erhard in einem eigenen Paralleluniversum lebte: Er prognostizierte Armut in der Zukunft, war aber nicht imstande, das Elend in der Gegenwart wahrzunehmen. 4,5 Millionen Rentner und Invalide hatten kaum genug zum Leben, doch dafür hatte Erhard keine konkrete Lösung zu bieten. Stattdessen versprühte er seinen dogmatischen Optimismus. In *Wohlstand für Alle* hieß es: »Das mir vorschwebende Ideal beruht auf der Stärke, dass der Einzelne sagen kann: ›Ich will mich aus eigener Kraft bewähren, ich will das Risiko des Lebens selbst tragen, will für mein Schicksal selbst verantwortlich sein.‹«[36] Es blieb dem Leser überlassen zu rätseln, wie sich verarmte Rentner »aus eigener Kraft bewähren« sollten.

Adenauer arbeitete nicht mit Erhard zusammen – sondern mit den Sozialdemokraten. Heimlich ließ er die Opposition sogar mit regierungsamtlichen Materialien und Statistiken versorgen, damit auch die SPD eine sauber gerechnete Gesetzesinitiative in den Bundestag einbringen konnte.[37] Adenauers Kalkül war ebenso schlicht wie effektiv: Wenn die SPD ebenfalls mit einer umfassenden Rentenreform aufwarten konnte, dann musste die Union in der Lage sein, ein Modell anzubieten, das mindestens genauso attraktiv war. Der Kanzler machte seine widerspenstigen CDU-Abgeordneten gefügig, indem er sich mit der Opposition verständigte.

Die Rentenreform wurde daher im Januar 1957 fast einstimmig verabschiedet: Es gab 398 Ja-Stimmen, 32 Nein-Stimmen und zehn Enthaltungen. Union und SPD stimmten geschlossen dafür, während die FDP ebenso geschlossen dagegen war. Die Enthaltungen stammten von der rechts-nationalen Deutschen Partei (DP), die damals ebenfalls in der Regierung saß. Es kam also punktuell zu einer »Großen Koalition« von Union und SPD, obwohl die Sozialdemokraten eigentlich in der Opposition waren. Dieses Muster hat seither Tradition: Die großen Sozialreformen sind immer von Union und SPD gemeinsam beschlossen worden, selbst wenn sie nicht zusammen regierten.[38]

Die Rentenreform war für die meisten Alten eine Befreiung, denn nun entkamen sie der Armut: Rückwirkend zum 1. Januar 1957 erhöhten sich die Renten um durchschnittlich 65 Prozent.[39] Ein auskömmliches Leben war nun möglich, zumal die Renten fortan leicht zeitversetzt mit den Löhnen stiegen. Von 1957 bis 1969 nahmen die Nettolöhne um 115,7 Prozent zu, die Renten um 110,5 Prozent.[40]

Die Westdeutschen waren begeistert und bescherten der Union die einzige absolute Mehrheit, die es jemals im Bundestag für eine bundesdeutsche Partei gegeben hat: Im September 1957 erhielten CDU und CSU 50,2 Prozent der Stimmen. Eine Allensbach-Umfrage ermittelte, dass »kein Beispiel dafür bekannt ist, dass irgendein Gesetz, eine Institution oder sogar Verfassung und Symbole des Staates eine auch nur annähernd so positive Resonanz gehabt haben wie die Rentenreform«.[41]

Es besteht kein Zweifel, dass Adenauer die Rentenreform forciert hat, um die Wahlen zu gewinnen. Dennoch stellte die Reform kein simples »Wahlgeschenk« dar. Diese Wortwahl impliziert, dass Adenauer Klientelpolitik betrieben und die Arbeitnehmer einseitig begünstigt hätte. Es schwingt die Unterstellung mit, dass die Rentenreform eine gigantische Umverteilung gewesen wäre.

Es gab jedoch keinen Transfer von den Wohlhabenden zu den Bedürftigen. Es wurde nicht umverteilt, sondern die Arbeitnehmer haben die Reform allein bezahlt: Der Beitrag für die Rentenkassen stieg von 11 auf 14 Prozent. Die Unternehmer hingegen hatten keine Nachteile. Ihre Gewinne wurden durch die Rentenreform nicht belastet, wie die Statistik ausweist.[42]

Die zusätzlichen Beitragsmittel reichten, um die Rentner besserzustellen.[43] Zwar gab es auch einen Bundeszuschuss – aber damit wurden vor allem die Renten der Invaliden finanziert, die versehrt aus dem Zweiten Weltkrieg zurückgekehrt waren.[44] Für die Kriegsopfer zu sorgen war eine gesamtstaatliche Aufgabe, und es wäre ungerecht gewesen, diese Last allein den Angestellten und Arbeitern aufzubürden. Adenauer hat die Wähler also nicht beschenkt, sondern den Mehrheitswillen umgesetzt, was der Normalfall in einer Demokratie sein sollte.

Doch obwohl sich die Rentenreform mühelos finanzieren ließ[45], war schon damals die Sorge groß, dass alsbald die Demographie zur Falle werden könnte: Man fürchtete einen »Rentenberg«, der sich spätestens ab 1980 bemerkbar machen sollte. Wie das Statistische Bundesamt nämlich ausgerechnet hatte, würde der Anteil der Rentner an der Gesamtbevölkerung deutlich steigen: 1955 machten die über 65-Jährigen 9,5 Prozent aus, 1982 würden es 14,5 Prozent sein.[46]

Doch das Jahr 1980 kam und ging, ohne dass die Bundesrepublik an ihren Rentenlasten zusammengebrochen wäre. Die Beiträge zur Rentenversicherung stiegen zwar, aber nicht weil es zu wenig Kinder gegeben hätte. Nicht die Demographie erwies sich als Problem – sondern die Massenarbeitslosigkeit. Wer keine Stelle hatte, konnte auch nicht in die Rentenkassen einzahlen (siehe Kapitel VII).

Die dynamische Rente war damals völlig neu, aber auch die anderen europäischen Staaten weiteten ihre Sozialleistungen deutlich aus. Oft waren die Zuwendungen sogar großzügiger als in der Bundesrepublik, was aber von den Westdeutschen nicht wahrgenommen wurde.[47] Der Begriff »soziale Marktwirtschaft« verleitete viele Bundesbürger zu glauben, dass ihr Land besonders sozial sei. Der

Spiegel ätzte 1969 durchaus zutreffend: »Es zählt zu den bemerkenswertesten demagogischen Leistungen der christdemokratischen Regierungsmehrheit, den Bundesbürgern, die überwiegend vermögenslos sind, das Gefühl vermittelt zu haben, Besitzbürger zu sein.«[48]

Der Begriff »soziale Marktwirtschaft« sollte zudem den Eindruck erzeugen, dass Ludwig Erhard eine völlig neue Wirtschaftsordnung geschaffen habe, die sich deutlich von der »liberalistischen« Wirtschaft unter Hitler und in der Weimarer Republik abhob. In Westdeutschland sollten nicht mehr Kartelle und Trusts herrschen, sondern freie Konkurrenz. Der Kunde sollte König sein und von billigen Waren profitieren, weil jede Preisabsprache verboten würde. Wettbewerb sei »der tragende Pfeiler der sozialen Marktwirtschaft«, versprach Erhard immer wieder.[49] Während er Rede um Rede hielt, geschah jedoch das Gegenteil: Die bundesdeutschen Großkonzerne wuchsen weiter und konsolidierten ihre Macht.

Nirgendwo ist »Marktwirtschaft«: Die ungebrochene Macht der Großkonzerne

Kein Thema konnte Ludwig Erhard so sehr erregen wie die Neigung der deutschen Firmen, den Wettbewerb auszuhebeln, indem sie Kartelle bildeten und Preisabsprachen trafen. Da sei der Sozialismus nicht mehr weit: »Zwischen *staatlicher und unternehmerischer Planwirtschaft besteht weder prinzipiell noch funktionell ein Unterschied*«.[50] Auch vor religiösen Metaphern schreckte der Protestant Erhard nicht zurück, um die Kartelle zu geißeln: Die Absprachen seien »*eine Sünde wider den heiligen Geist* des Lebens«.[51]

Also kämpfte Erhard fast zehn Jahre lang für ein Kartellgesetz, das schließlich am 1. Januar 1958 in Kraft trat. Unbescheiden wie immer lobte sich Erhard in höchsten Tönen: Dieses Gesetz werde einen »Markstein in der Geschichte des deutschen Wiederaufbaus« bedeuten.[52] Die Wirtschaftshistoriker sind deutlich weniger beeindruckt: Das Kartellgesetz sei eine »Niederlage Erhards« gewesen, denn es ließ so viele Ausnahmen zu, dass es weitgehend wirkungslos war.[53]

Kartelle waren zu Erhards Zeiten keine neue Erscheinung, sondern erstmals im Kaiserreich massenhaft vereinbart worden. Denn 1873 brach die Gründerkrise aus, und es drohte ein ruinöser Konkurrenzkampf, bei dem sich die Firmen gegenseitig unterboten und in den Konkurs trieben. Um diesen gefährlichen Preisverfall zu stoppen, teilten die Unternehmen den Markt untereinander auf. Berühmt wurde etwa das »Rheinisch-Westfälische Kohlesyndikat«, das 90 Prozent der gesamten Ruhrkohle zu einheitlichen Preisen in Deutschland und auf den Weltmärkten absetzte. Diese Absprachen geschahen keineswegs heimlich und wurden 1897 vom Reichsgericht sogar unter rechtlichen Schutz gestellt.

Bald gab es in Deutschland weltweit die meisten Kartelle; 1933 waren es geschätzt 3 000.[54] Zudem hatten die Unternehmen schon vor dem Ersten Weltkrieg eine weitere Strategie entdeckt, wie sie ihre Marktmacht steigern konnten: Sie fusionierten einfach und schlossen sich zu gewaltigen Konglomeraten zusammen.[55] Berühmt-berüchtigt war der Chemie-Riese I. G. Farben; 1925 hatten sich acht deutsche Firmen vereint, um den größten Chemiekonzern der Welt zu bilden.

Nach dem Krieg waren sich die Alliierten einig, dass die deutschen Großkonzerne zu zerschlagen und Kartelle zu verbieten seien. Doch in der Praxis geschah eher wenig. Viele Branchen wurden ganz in Ruhe gelassen, weil sich Amerikaner und Briten vor allem auf die kriegswichtigen Bereiche konzentrierten – also auf die Schwerindustrie, die Banken und die I. G. Farben.

Aber auch in diesen Branchen gelang es am Ende nicht, die Betriebe deutlich zu verkleinern. Die Tücke lag im Detail: Die Amerikaner stellten sich eine Anti-Trust-Gesetzgebung vor, wie sie in den USA galt. Die deutschen Unternehmen sollten also in Privatbesitz bleiben, aber in mehrere selbstständige Einheiten zerlegt werden. Briten und Franzosen hingegen hätten die Schlüsselindustrien am liebsten verstaatlicht, denn dieses Modell verfolgten sie nach dem Krieg auch in ihren Heimatländern.

Wie immer setzten sich die USA durch. Dieser Sieg warf aber prompt ein unlösbares Problem auf: Wie sollte man die privaten Unternehmen entflechten und zugleich die Rechte der Aktionäre wahren? Als etwas skurrile Lösung blieb nur, dass die alten Anteilseigner die neuen entflochtenen Betriebe besitzen sollten. Beispiel Mannesmann: Der Stahl- und Röhrenkonzern wurde nach dem Krieg in drei Unternehmen zerlegt, sodass die Alt-Eigentümer nun Aktien an drei Firmen hielten – und zwar genau in jenem Verhältnis, das zuvor beim Mannesmann-Konzern gegolten hatte. Angesichts dieser unveränderten Eigentümer-Identität war es nicht weiter schwierig, die Entflechtung alsbald rückgängig zu machen. Bereits 1955 entschieden die Aktionäre, den Mannesmann-Konzern wieder in ungeteilter Pracht auferstehen zu lassen.[56]

Wie bei Mannesmann lief es in der gesamten Schwerindustrie: Nach der Entflechtung waren die Betriebe vielleicht etwas verkleinert worden, blieben aber im Kern unbeschadet.[57] Einzig die Vereinigten Stahlwerke wurden tatsächlich zerschlagen. Ein Großteil ging an die Thyssen AG, die anschließend zum drittgrößten Unternehmen der Bundesrepublik, zum drittgrößten Stahlproduzenten in Europa und zum viertgrößten Rohstahlerzeuger der Welt aufstieg.[58]

Ähnlich verhielt es sich bei den drei Großbanken: Deutsche Bank, Dresdner Bank und Commerzbank wurden in 30 kleine Regionalinstitute aufgeteilt, arbeiteten jedoch faktisch in ihrer alten Struktur weiter und vereinigten sich jeweils 1957 schon wieder.

Die westdeutsche Politik bremste diesen Drang zur alten Größe nicht, sondern unterstützte ihn nach Kräften. Auch Ludwig Erhard hatte nichts dagegen einzuwenden, dass die Konzerne ihre Macht zurückerlangten, obwohl er gleichzeitig missionarisch durch die Lande zog und den »freien Wettbewerb« pries.[59] Doch im Zweifel war das nationale Interesse wichtiger: Im globalen Wettbewerb konnten die deutschen Unternehmen nur bestehen, wenn sie groß genug waren, um die Skaleneffekte zu nutzen. Es war nun einmal eine technische Tatsache, dass die Produktion umso billiger wurde, je mehr Waren eine Firma herstellte.

Die Bundesregierung überließ es den Großkonzerne daher weitgehend selbst, wie sie ihre »Entflechtung« gestalten wollten. So wurde I. G. Farben in die drei Firmen BASF, Bayer und Hoechst zerlegt – auf eigenen Wunsch. Der einstige Mammutkonzern hatte sich als zu unbeweglich erwiesen, und die drei neuen Betriebe waren auch einzeln immer noch groß genug, um ihr jeweiliges Segment zu beherrschen.[60]

Die Chemieindustrie hatte schon im Vorfeld sichergestellt, dass sie die Entflechtung politisch kontrollieren würde – indem sie zeitweilig das zuständige Ressort im Wirtschaftsministerium kaperte. Beide Abteilungsleiter stammten aus der Chemieindustrie und kehrten dorthin zurück, nachdem die I. G. Farben erfolgreich abgewickelt worden war.[61]

Erhard hingegen konnte schon deswegen keinen Einfluss nehmen, weil er völlig uninformiert war, wie man auch in der Chemieindustrie ebenso amüsiert wie erfreut feststellte. Im September 1950 befasste sich Adenauers Kabinett mit dem Thema I. G. Farben, und ein Branchenlobbyist wusste anschließend zu berichten: »Als der Kanzler zur Stellungnahme aufforderte, ergab sich, dass der Minister (Erhard) keinen eigenen Plan hatte und auch keine Vorarbeiten für eine solche Meinungsbildung vorlagen.« Ein Vertreter der Chemieindustrie habe daher »in seiner Gutmütigkeit … den gewünschten Bericht diktiert«.[62]

Das Ausland spielte mit und erhob keine Einwände gegen diese neue Macht der alten Großkonzerne. Es herrschte der Kalte Krieg, und die westdeutsche Wirtschaft sollte nicht unnötig geschwächt werden. Bis 1962 genehmigte die Montanunion 34 Fusionen, die bundesdeutsche Firmen betrafen; 14 davon machten alliierte Entflechtungen wieder rückgängig.[63]

Doch obwohl die Konzerne mächtig waren, hatten sie alsbald das Gefühl, dass ihre Größe nicht ausreichte, um auf den Weltmärkten zu bestehen. Also schlossen sie sich zusätzlich zu Kartellen zusammen. Bis 1964 genehmigte die Montanunion 32 Kartelle, wovon mehr als die Hälfte bundesdeutsche Firmen betrafen. Nebenher gab es auch noch verdeckte Preisabsprachen, was die Montanunion ebenfalls tolerierte.[64]

Westdeutsche Firmen waren also längst intensiv damit beschäftigt, zu fusionieren und sich international zu vernetzen, als Erhard sein anachronistisches »Gesetz gegen Wettbewerbsbeschränkungen« präsentierte.[65]

Das neue Bundeskartellamt entfaltete niemals politische Bedeutung, obwohl es ab 1973 nicht nur Kartelle, sondern auch Fusionen kontrollieren durfte. Trotzdem wurden Zusammenschlüsse nur selten verhindert, wie der VW-Konzern zeigt, der inzwischen zwölf Tochterfirmen unter seinem Dach vereinigt. Die Eigentümerfamilien Porsche und Piëch kontrollieren – in alphabetischer Reihenfolge – Audi, Bentley, Bugatti, Ducati, Lamborghini, MAN, Porsche, Scania, Seat, Skoda, VW und VW Nutzfahrzeuge. Den Fusionen stimmte das Kartellamt zu, weil es genau wusste, dass die Firma den internationalen Verdrängungswettbewerb sonst nicht überlebt hätte.

Die bundesdeutsche Wirtschaft ist inzwischen extrem konzentriert, wie sich an einer einzigen trockenen Zahl erkennen lässt, die sich im *Statistischen Jahrbuch* findet: Die Großkonzerne machen nur 0,7 Prozent aller Firmen in Deutschland aus – aber sie kontrollieren 66,7 Prozent des Umsatzes.[66]

Erhards Version der Marktwirtschaft blieb also reine Fiktion, denn der von ihm postulierte Wettbewerb stellte sich nirgends ein. Stattdessen setzte sich in der Bundesrepublik ein Trend fort, der schon im Kaiserreich begonnen hatte: Die Firmen wurden immer größer und versuchten, Konkurrenz möglichst zu vermeiden.[67] Erhards Kartellgesetz hat keine Wirtschaftsreform angestoßen, sondern höchstens das Bestehende verwaltet.

Zur Ironie der Geschichte gehört, dass die einzig echte Wirtschaftsreform gegen seinen Willen geschah: Erstmals zogen die Arbeitnehmer in die Aufsichtsräte der Großkonzerne ein. Erhard war entsetzt, denn in seiner »sozialen Marktwirtschaft« war nicht vorgesehen, dass ein »anonymes Kollektiv« mitbestimmte.[68]

Erneut stimmte die ökonomische Wirklichkeit nicht mit Erhards Theorie überein: Gleich nach dem Krieg hatten die Unternehmer im Ruhrgebiet nämlich entdeckt, dass sie ihre Beschäftigten als Bündnispartner benötigten, um die alliierten Demontagen und Entflechtungen abzuwehren. Bereits im März 1947 waren daher Arbeitnehmervertreter in die Aufsichtsräte der Stahlkonzerne eingezogen.[69] Als die Bundesrepublik gegründet wurde, wollten die Gewerkschaften diesen neuen Einfluss nicht kampflos aufgeben – und drohten mit Streik, falls die Mitbestimmung in der Montanindustrie nicht gesetzlich verankert würde.

Streiks wollte Adenauer jedoch unbedingt verhindern. Stahl und Kohle waren im Korea-Boom sowieso dramatisch knapp, und zeitgleich wurde über den Schumannplan und die deutsche Wiederbewaffnung verhandelt. Der Kanzler fädelte daher einen Deal ein: Die Gewerkschaften bekamen im Mai 1951 die paritätische Mitbestimmung im Montanbereich – und akzeptierten dafür Adenauers Außenpolitik.

Gern hätten die Gewerkschaften die paritätische Mitbestimmung auf alle Branchen ausgedehnt, doch damit scheiterten sie auf ganzer Linie, als 1952 das Betriebsverfassungsgesetz im Bundestag verhandelt wurde. Streikdrohungen verpufften, weil viele Gewerkschafter einen Arbeitskampf nicht wirklich riskieren wollten. In der Montanindustrie hatte man erworbenes Recht verteidigt, aber in allen anderen Branchen gab es keine ähnliche Mitbestimmung. Es wäre also ein politischer Streik gewesen, der in die Rechte des Parlaments eingegriffen hätte. Die Gewerkschafter wollten die junge Demokratie jedoch nicht beschädigen, und so nahmen sie es hin, dass es im Vergleich zur Weimarer Republik nur zu kleinen Verbesserungen kam: In den Aufsichtsräten der großen Kapitalgesellschaften mussten nun zu einem Drittel Arbeitnehmer sitzen, und auch die Informationsrechte der Betriebsräte wurden ausgedehnt.[70]

Aber an den eigentlichen Machtverhältnissen änderte sich nichts: Die westdeutschen Unternehmen wurden weiterhin von jenen Managern geführt, die bereits zu NS-Zeiten das Sagen gehabt hatten.

Die Kontinuität der Eliten

Das Beharrungsvermögen in den Chefetagen erwies sich als außerordentlich. 1965 waren nur 16 Prozent der Spitzenmanager jünger als 60 Jahre[71], und die meisten Führungskräfte hatten willig mit Hitler zusammengearbeitet. Die *Zeit*-Journalistin Nina Grunenberg hat die Kohorte der Nachkriegs-Chefs untersucht, und ihr Fazit lautet: »Sie dachten meist patriarchalisch, ständestaatlich, antikommunistisch; politisch waren sie rechts bis rechts außen angesiedelt. Den Nationalsozialismus hatten die meisten von ihnen anfangs begrüßt … Hinterher hakten sie die zwölf Hitlerjahre ungerührt als ›accident de parcours‹ ab und machten weiter, sobald ihre Entnazifizierung abgeschlossen war … Ihr geistiger Bezugspunkt blieb die Vorkriegszeit.«[72]

Einige Industrielle waren NSDAP-Mitglieder gewesen, andere der Partei ferngeblieben. Im Alltag machte es allerdings kaum einen Unterschied, ob sich Unternehmer formal zum Nationalsozialismus bekannt hatten oder nicht. Die Zusammenarbeit mit den NS-Stellen hatte fast immer reibungslos funktioniert.[73] Gerade weil die Firmen so verlässlich kooperierten, intervenierte das Regime nur selten. Auch unter Hitler konnten die Konzerne selbst bestimmen, wer in die Chefetage einziehen sollte. Nur Juden durften es nicht sein.[74]

Die Unternehmen beteiligten sich intensiv am Krieg, an der Ausplünderung der besetzen Gebiete sowie an der Ausbeutung von Zwangsarbeitern und KZ-Häftlingen. Erst gen Kriegsende gingen die Manager wieder auf Abstand: Anders als Hitler wollten sie nicht kämpfen, bis nur noch der Selbstmord blieb.[75] Sobald die Niederlage unausweichlich schien, begannen sie mit ihren Nachkriegsplanungen.

Dabei kam den Firmen zu Hilfe, dass sie selbst zu Kriegszeiten international vernetzt geblieben waren. Siemens beispielsweise hatte eine Tochter im neutralen Schweden und erfuhr von dort schon im Februar 1945, wie die alliierten Besatzungszonen aussehen würden. Danach war endgültig klar, dass man die Siemens-Zentrale von Berlin nach Westdeutschland verlegen musste. Der Stahlmagnat Friedrich Flick wiederum verfügte über eine Informationsabteilung, die wie ein Geheimdienst arbeitete und die schon 1944 eine Karte entdeckt hatte, auf der die künftigen Besatzungszonen eingezeichnet waren. Also verließ auch Flick die Reichshauptstand Berlin und verlegte seine Schaltzentrale nach Düsseldorf.[76]

Nach dem Krieg waren sich die Industriellen keiner Schuld bewusst. Sie fühlten sich nicht als Täter, sondern als Opfer, und traten den Alliierten »arrogant« entgegen, wie US-Journalist Pell notierte.

Für das US-Militär erstellte er ein kurzes Psychogramm dieser Manager: »Die Direktoren ...brannten darauf, mir zu sagen, das deutsche Volk sei das Opfer einer weltweiten Verschwörung gewesen, die beabsichtigt habe, dieses wunderschöne Land unbekannten Mächten auszuliefern; Deutschland habe einen Verteidigungskrieg geführt ... Sie seien die wahren Verteidiger der westlichen Zivilisation gegen ›die asiatischen Horden‹ ... Der Gesamteindruck war, kurz gesagt, beunruhigend. Soweit ich feststellen konnte, war die Einstellung des durchschnittlichen Managers von Selbstmitleid, kriecherischer Rechtfertigung und einem gekränkten Unschuldsgefühl geprägt, das mit einem Jammern um Mitleid und um Hilfe beim Aufbau seines zerstörten Landes verbunden war. Viele von ihnen, wenn nicht die meisten, erwarteten zuversichtlich, das amerikanische Kapital werde sich unverzüglich bei der Aufbauarbeit engagieren, und sie erklärten sich bereit, ihre Arbeitskraft und ihren Verstand in den Dienst dieser vorübergehenden Herren zu stellen. Davon erhofften sie sich unverhohlen, Deutschland mächtiger und größer wiederaufzubauen, als es in der Vergangenheit war ... Dafür, was ihr Land in seine bejammernswerte Lage gebracht hatte und wer dafür verantwortlich war, interessierten sie sich kaum, genauer gesagt gar nicht. Der ›Herrenklub‹ der Wirtschaftsleute war offensichtlich fest entschlossen, möglichst schnell und mit allen Mitteln die Kontrolle zurückzugewinnen.«[77]

Anfangs hatten die Alliierten wenig Geduld mit den westdeutschen Managern. Die führenden Industriellen wurden in Etappen interniert. Als Ersten traf es den 38-jährigen Alfried Krupp von Bohlen und Halbach, der schon im April 1945 von den Amerikanern festgesetzt und in ein Lager bei Recklinghausen gebracht wurde. In einer Septembernacht umstellten dann britische Soldaten die Villen von 44 Managern des Rheinisch-Westfälischen Kohlesyndikats. Die Männer wurden aus den Betten geholt und gefangen genommen. Drei Tage später wurden die Krupp-Direktoren festgesetzt und Anfang Dezember die Spitzen der eisenschaffenden Industrie einkassiert.

Am 4. Dezember 1945 wurde die ganze Gruppe verlegt, zu zweit aneinander gekettet. Die Fahrt endete im Lager Bad Nenndorf bei

Hannover, wo die Industriellen in Sträflingskleidung gesteckt und zu viert in gekachelte Badezellen gesperrt wurden. Im Frühjahr 1946 gesellten sich auch die Herren der Hochfinanz hinzu: Über 30 Vorstands- und Aufsichtsratsmitglieder der deutschen Großbanken mussten ebenfalls in Bad Nenndorf einsitzen. Ein weiteres Internierungslager befand sich im Schloss Kransberg im Taunus, wo sich unter anderem die Chefs der I. G. Farben und auch der betagte Ferdinand Porsche wiederfanden.[78]

Unter den Lagerinsassen gab es niemanden, der seine Haft als gerechte Strafe empfand. Der Generaldirektor von Mannesmann, Wilhelm Zangen, vermerkte in seinen Aufzeichnungen, die er in der »Zelle 103« des Düsseldorfer Polizeigefängnisses zu Papier brachte: »Den Arrest trage ich, wie so mancher Unschuldige ihn tragen musste und muss.«[79]

Zangen hatte seit 1937 der NSDAP angehört und seit 1938 als Präsident der Reichsgruppe Industrie fungiert. Aus britischer Haft wurde er dennoch bald entlassen und im Entnazifizierungsverfahren sogar als »Nichtschuldiger« eingestuft, obwohl er ein Vertrauter Görings gewesen war und intensiv mit dem NS-Regime kooperiert hatte.[80] Nach diesem Freispruch war eine Nachkriegskarriere bruchlos möglich: Zangen leitete Mannesmann erneut bis 1957, um dann den Aufsichtsrat bis 1966 zu führen.

Zangens Beispiel ist typisch: Für die meisten Industriellen währte die alliierte Haft nur kurz, und bei der Entnazifizierung wurden sie höchstens als »Mitläufer« eingestuft. Dies galt selbst für Walter Rohland, dem Chef der Vereinigten Stahlwerke, der seit 1933 der NSDAP angehört hatte und in der Organisation Speer für die Panzerproduktion verantwortlich gewesen war.[81]

Nur drei Konzerne mussten sich für ihre Kriegsverbrechen verantworten: 1947 klagten die Amerikaner 36 Direktoren und Firmenleiter von Krupp, Flick und I. G. Farben an. Diese Auswahl wirkte etwas willkürlich, aber die Amerikaner hatten gar nicht vor, flächendeckend alle NS-Untaten zu verfolgen. Vielmehr wollten sie wichtige Repräsentanten stellvertretend aburteilen, um der Weltöffentlichkeit und den Deutschen zu demonstrieren, wie willig die Eliten an den Verbrechen des NS-Regimes mitgewirkt hatten.[82]

Friedrich Flick wurde zu sieben Jahren Haft verurteilt, kam aber 1950 vorzeitig frei, weil er vom amerikanischen Hohen Kommissar McCloy begnadigt wurde. Auch Alfried Krupp, der eigentlich zwölf Jahre verbüßen und sein Vermögen verlieren sollte, wurde 1951 entlassen und durfte seinen Konzern behalten. Von den I. G. Farben-Managern wurden 13 verurteilt und zehn freigesprochen. Viele von ihnen bekleideten anschließend wieder hohe Posten in der Chemieindustrie, obwohl I. G. Farben unter anderem das Giftgas für Auschwitz produziert hatte.

Auch in den anderen Branchen nahmen die alten Führungskräfte wieder in den Chefsesseln Platz: Im Jahr 1942 hatten die 50 größten Industrieunternehmen 1020 Vorstände und Aufsichtsräte beschäftigt. 1953 waren 39 Prozent dieser Herren erneut in Amt und Würden. Die Kontinuität war sogar noch größer, als es zunächst erscheint, denn zu NS-Zeiten waren die Chefetagen oft aufgebläht worden, sodass die Gremien nach dem Krieg kräftig schrumpften. Zudem waren auch die Nachrücker keineswegs unbelastet, sondern hatten zu NS-Zeiten im mittleren Management gedient.[83]

Die Industriellen-Elite war eine verschworene Gruppe. Selbst Berthold Beitz, ab 1952 oberster Manager bei Krupp, war anfangs überrascht, wie eng der Zirkel der Einflussreichen war: »Manchmal habe ich schon gestaunt. Ich erinnere mich an eine Jagd Anfang der fünfziger Jahre auf einem Schloss. Da saßen die Herren am Kamin und unterhielten sich. Sie verteilten die Aufsichtsratsposten unter sich. Die Rekonstruktion der Stahl- und Kohleindustrie – das machten die alles bei der Jagd.«[84]

Viele Fäden liefen beim Bankier und Adenauer-Berater Hermann Josef Abs zusammen, der bei Kriegsende mehr als 50 Mandate in Aufsichtsräten innegehabt hatte. Nach einer kurzen Haft im Lager von Bad Nenndorf blieben zwar nur noch 13 Mandate übrig, doch bis 1955 vermehrten sich die Aufsichtsratsposten wieder auf über 30. Wie sein Biograph Lothar Gall feststellt, knüpfte Abs »bruchlos an die Zeit vor 1945 an«.[85]

Selbst hochrangige Nazis konnten neue Karrieren in der Wirtschaft starten. So kam der Gauleiter von Hamburg, Karl Kaufmann, als Juniorchef in einem Versicherungsunternehmen unter und fungierte zudem als Teilhaber einer chemischen Fabrik, sodass er es noch einmal zu beträchtlichem Wohlstand brachte. Bernhard Baatz, SS-Kommandeur in Estland und später in Schlesien, wurde 1953 Geschäftsführer der Mannesmann-Wohnungsbaugesellschaft in Duisburg. Werner Best, Vize der Gestapo und ab 1942 Statthalter im besetzten Dänemark, trat 1953 als Justiziar bei der Mülheimer Firma Stinnes ein. Ludwig Losacker, Gouverneur im Distrikt Galizien und direkt an der Ermordung der Juden beteiligt, war später Hauptgeschäftsführer des Arbeitgeberverbandes der chemischen Industrie.[86]

Die Wirtschaft war kein Einzelfall. Auch in den meisten anderen Sphären der Gesellschaft rückten Ex-Nazis wieder ein und auf: ob in Wissenschaft, Verwaltung, Justiz oder in den Ministerien. Nur allzu sichtbar durften sie nicht sein, sodass die obersten Ränge der Politik weitgehend tabu für die einstigen NS-Funktionäre waren. Im Kabinett dominierte daher das Personal der Weimarer Republik, mit Adenauer an der Spitze.

Aber weiter unten in der Hierarchie war alles möglich: Selbst die Führungskader von Gestapo, SD und den Einsatztruppen, allesamt verantwortlich für millionenfachen Massenmord, fanden in der westdeutschen Gesellschaft einträgliche Posten. Man schätzt, dass etwa 300 000 Deutsche direkt an der Judenvernichtung beteiligt gewesen waren. Nicht einmal 500 dieser Täter wurden in der Bundesrepublik verurteilt.[87]

Gerade weil die personelle Kontinuität so groß war, musste dringend der Eindruck erzeugt werden, als hätte es eine Wirtschaftsreform gegeben und als hätte sich die Bundesrepublik in eine »soziale Marktwirtschaft« transformiert. In Wahrheit gab es diese neuartige Marktwirtschaft nicht, sondern es dominierten die alten Konzerne und die alten Eliten.

Die Bundesrepublik war anfangs eine »Demokratie ohne Demokraten« – und trotzdem erstaunlich stabil. Dieser innere Friede war nicht zuletzt dem enormen Wirtschaftswachstum zu verdanken, das ganz Westeuropa erfasst hatte. Doch ab 1958 zeigten sich erste Risse: Die Krisen kehrten zurück.

VI Die Krisen kehren zurück

Die Wirtschaft wuchs zwar weiterhin stürmisch, aber es wurde schwieriger, sie zu steuern. Irritierende Probleme tauchten auf: Der Bergbau verschwand, das Weltwährungssystem kollabierte, die Spekulation grassierte, die ersten Banken gingen pleite, und die Zeit der billigen Rohstoffe war vorüber. Gleich zwei CDU-Kanzler scheiterten, weil sie die ökonomische Entwicklung falsch eingeschätzt hatten. Ludwig Erhard musste erleben, wie er von Kohlekumpeln im Ruhrgebiet niedergebrüllt wurde, und Kurt Georg Kiesinger verlor eine »Wahlschlacht um die Mark«. Oft wirkten die einzelnen politischen Entscheidungen nicht spektakulär – aber in der Summe bedeuteten sie eine Zäsur. Die Nachkriegszeit ging zu Ende, und es entstanden jene globalen Finanzmärkte, die die Wirtschaft heute dominieren.

Eine Schlüsselindustrie verschwindet: Die Kohle

Im Oktober 1957 war die Welt im Ruhrgebiet noch in Ordnung: Die Zechen erhöhten ebenso selbstsicher wie selbstherrlich die Kohlepreise, weil sie meinten, auf begehrtem Grubengold zu sitzen.[1] So knapp war die Kohle, dass die Ruhrkonzerne sogar umfangreiche Importverträge mit amerikanischen Lieferanten abgeschlossen hatten, weil sie Förderengpässe befürchteten.[2] Nur wenige Monate später entpuppten sich diese Einfuhren als teurer Irrtum, denn plötzlich gab es westdeutsche Steinkohle im Überfluss. Schon 1958 sammelten sich auf den Halden 12,3 Millionen Tonnen, die keine Abnehmer mehr fanden. Dies entsprach etwa zehn Prozent der Fördermenge. Bergleute mussten erste »Feierschichten« einlegen, wie die Kurzarbeit damals euphemistisch genannt wurde.

Die Kohle wurde rasant vom Öl verdrängt. 1957 wurden erst acht Millionen Tonnen Rohöl importiert, 1959 waren es schon 17 Millionen und 1969 mehr als 90 Millionen Tonnen.[3] Öl war plötzlich überall zu finden: Es befeuerte nicht nur Heizungen und Dieselloks, sondern wurde auch zur Basis der organischen Chemie. Aus Öl ließ sich fast alles herstellen, Medikamente genauso wie Plastiktüten.[4]

Nur zwei Branchen blieben der Kohle noch treu: Die Stahlindustrie benötigte weiterhin Koks, und die Kraftwerke bauten ihre Kapazitäten sogar deutlich aus, um den steigenden Strombedarf zu bedienen. Denn immer mehr Bahnstrecken wurden elektrifiziert und Fabriken automatisiert, während sich die privaten Haushalte mit Kühlschränken, Waschmaschinen, Radios und Fernsehern eindeckten. Ohne Strom, der überwiegend durch Kohle erzeugt wurde, lief gar nichts mehr.

Diese neue Nachfrage war allerdings kein großer Trost für das Ruhrgebiet, denn erstmals drängte billige Importkohle aus Übersee auf den Markt. Die USA, Südafrika, Australien und Kolumbien konnten Kohle weitaus kostengünstiger schürfen, da ihre Flöze oft nur knapp unterhalb der Erdoberfläche lagen. Die Ruhrkohle hingegen war konkurrenzlos teuer, weil sie aus Tiefen von bis zu 1 700 Metern gefördert werden musste. Bisher war der Preisunterschied kaum aufgefallen, da die nötigen Frachtschiffe fehlten, um die Kohle rund um den Globus zu transportieren. Doch ab 1957 gab es erstmals Überkapazitäten im Seeverkehr.[5]

Ludwig Erhard nahm die Kohlekrise gelassen: Für ihn war sie »organischer« Natur und gehörte zum permanenten Wandel in der Industriegeschichte. Eine Petroleumlampe benutzte ja auch niemand mehr, seitdem es Strom gab – nun musste eben die Ruhrkohle weichen.[6] Mit dieser nüchternen Betrachtung hatte Erhard eigentlich Recht; im Rückblick hat es sich als schwerer Fehler erwiesen, die Steinkohle jahrzehntelang zu subventionieren.

Allerdings reichte es nicht aus, wie Erhard einfach nur auf den »Markt« zu vertrauen. An der Ruhr und im Saarland arbeiteten 1957 rund 607 000 Menschen im Bergbau. Ohne die Zechen wären nicht nur Arbeitsplätze verschwunden; es bestand die Gefahr, dass das ganze Ruhrgebiet verödete. Ein rasches Ende des Bergbaus hätte sich nur verkraften lassen, wenn die Bundesregierung den Strukturwandel systematisch gesteuert hätte. Wie die Franzosen hätte sie »Planification« betreiben und neue Branchen ansiedeln müssen. Doch derartige Staatsaktivitäten waren für Erhard undenkbar.

Adenauer wiederum war nicht bereit, eine Wählerrevolte in Nordrhein-Westfalen zu riskieren. Das Ruhrgebiet musste stabilisiert werden. Da aber Erhard keine konstruktiven Konzepte zu bieten hatte, setzte die Bundesregierung auf das Prinzip Hoffnung: Vielleicht könnten die westdeutschen Bergwerke ja rentabel werden, wenn die besonders unproduktiven Zechen schlossen?

Viele Schächte arbeiteten noch immer wie in den 1920er-Jahren, weil man in der Weltwirtschaftskrise und zu Nazi-Zeiten nicht mehr in die Bergwerke investiert hatte. Die Stollen waren so niedrig, dass die Hauer nicht stehen konnten, sondern hocken mussten, während sie das Flöz zertrümmerten. Das einzig halbwegs moderne Gerät war der Abbauhammer, der mit Druckluft betrieben wurde. Angenehmer wurde die Arbeit dadurch aber auch nicht, denn sie blieb schmutzig, laut und extrem anstrengend.[7]

Investitionen waren also nötig, wenn die deutsche Steinkohle gegen die Konkurrenz von Öl, Gas und Importkohle eine Chance haben sollte. Allerdings ließen sich viele Zechen überhaupt nicht technisieren, weil sie zu klein waren oder das Flöz ungünstig lag. Diese Bergwerke wurden nun geschlossen, wobei der Staat mit einer »Stilllegungsprämie« nachhalf.[8] Von 1957 bis 1970 sank die Zahl der Zechen von 173 auf 69; von den einst 607 000 Beschäftigten blieben nur 258 000 Mitarbeiter übrig.[9]

Gleichzeitig setzte im Bergbau eine Modernisierungswelle ein, die in den nächsten Jahrzehnten Milliarden an staatlichen Geldern verschlingen würde. Die Strategie war aberwitzig: Eine sterbende Industrie sollte künstlich am Leben erhalten werden, indem sie auf High-Tech umgerüstet wurde. Am Ende frästen sich gigantische Maschinen durch die Flöze, während zahllose Sensoren jeden einzelnen Arbeitsschritt kontrollierten – und die Daten an eine Leitstelle schickten, die kilometerweit entfernt über Tage lag und an ein Kontrollzentrum in der Raumfahrt erinnerte.[10]

Die Effizienz nahm entsprechend zu: 1957 waren pro Mann und Schicht unter Tage nur 1,6 Tonnen Steinkohle gefördert worden. 1980 lag die Leistung bei 3,9 Tonnen, und bis zum Jahr 2000 stieg sie auf 6,6 Tonnen. Doch obwohl die Produktivität stark stieg[11], blieb die deutsche Steinkohle immer noch viel teurer als Importkohle.

Also wurde wieder staatlich nachgeholfen: Stahlindustrie und Kraftwerke mussten zusichern, dass sie nur noch deutsche Steinkohle verfeuern würden. Im Gegenzug erhielten sie Subventionen, die die Preisdifferenz zur Importkohle weitgehend ausglich. Die westdeutschen Unternehmen sollten auf dem Weltmarkt bestehen können und nicht durch die überteuerte heimische Steinkohle belastet werden.

Die staatlichen Subventionen überstiegen schon bald die Lohnkosten für die Bergleute. 1989 beliefen sich die direkten und indirekten Zahlungen auf etwa 17,5 Milliarden D-Mark.[12] Im Bergbau arbeiteten aber nur noch 139 000 Personen – sodass jede einzelne Stelle mit 125 900 D-Mark pro Jahr bezuschusst wurde. Dies war weit mehr, als ein Bergmann nach Hause trug.

Spätestens jetzt hätte es sich angeboten, den letzten Bergleuten eine lebenslange Rente zu zahlen – und die gesparten Gelder in zukunftsträchtige Branchen zu investieren. Doch nach dreißig Jahren Dauersubvention hatten sich Gewerkschaft, Montanindustrie und Politik an den Status quo gewöhnt. Das Ende wurde schließlich von außen erzwungen.

1994 entschied das Bundesverfassungsgericht, dass sich der »Kohlepfennig« nicht mit dem Grundgesetz vereinbaren ließe.[13] 2002 lief dann die Montanunion aus, sodass Kohle und Stahl nicht mehr geschützt waren, sondern zu ganz normalen Branchen im europäischen Binnenmarkt wurden. Prompt stellte die EU-Kommission fest, dass die permanenten Subventionen eine »Wettbewerbsverzerrung« darstellten und zu beenden seien. 2018 wurden die beiden letzten Zechen geschlossen: Prosper-Haniel in Bottrop und das Bergwerk Ibbenbüren.

Die Steinkohle hat mindestens 200 Milliarden Euro an Subventionen verschlungen, vielleicht waren es sogar 300 Milliarden.[14] Inzwischen ist zwar »Schicht im Schacht«, aber Kosten werden auch weiterhin durch die »Ewigkeitslasten« anfallen. Der Bergbau hat immense Umweltschäden hinterlassen, die permanent kontrolliert und korrigiert werden müssen. Der Ruhrpott erinnert an einen Schweizer Käse, so löchrig ist der Untergrund, weil überall Schächte und Stollen betrieben wurden. Etwa zehntausend Kilometer sind diese unterirdischen Gänge lang. In einigen Gegenden ist die Oberfläche schon um bis zu 30 Metern abgesackt, und die Flüsse würden längst rückwärts fließen, wenn nicht ununterbrochen Pumpen laufen würden, um das Grundwasser abzutransportieren.

Gefährlich ist jedoch nicht nur das Wasser an der Oberfläche, genauso tückisch ist das Wasser in der Tiefe: Ständig sickert Regen in die verlassenen Bergwerke ein und vermischt sich dort mit Salz und Giftstoffen. Dieses kontaminierte Grubenwasser darf sich nicht mit dem Trinkwasser vermischen – und muss ebenfalls abgepumpt werden.

220 Millionen Euro pro Jahr kostet es derzeit, die »Ewigkeitslasten« in Schach zu halten. Finanziell sind diese Ausgaben tragbar, aber es irritiert, dass die Gesellschaft zu glauben scheint, dass die Pumpen tatsächlich »ewig« laufen werden. Kriege und Katastrophen sind nicht eingeplant, sondern es wird darauf vertraut, dass die bundesdeutsche Stabilität bruchlos in den nächsten zehntausend Jahren anhält. Dies ist extrem unwahrscheinlich. Irgendwann wird das Ruhrgebiet in einem giftigen See versinken.

Während sich ab 1958 alle Augen auf den Bergbau richteten, verschwand weitgehend unbemerkt eine weitere Branche: die Textilindustrie, die einst sogar noch wichtiger gewesen war als die Zechen. 1950 trug die Produktion von Kleidern und Schuhen 10,2 Prozent zur Wirtschaftsleistung bei, während die Kohle nur auf 6,5 Prozent kam.[15] Trotzdem interessierte es fast niemanden, dass in den nächsten zwanzig Jahren die allermeisten Textilbetriebe aufgeben mussten, weil sie gegen die Konkurrenz aus den Niedriglohnländern nicht bestehen konnten.

Der Niedergang der Textilindustrie fiel weniger auf, weil sie sich nicht in einigen Regionen ballte, sondern über die ganze Bundesrepublik verstreut war. Schuhe wurden vor allem im pfälzischen Pirmasens hergestellt, Krawatten in Krefeld. Zudem waren die meisten Angestellten weiblich und blieben daher unbeachtet, denn als prädestinierter Hauptenährer galt weiterhin der Mann. Von den Textilarbeiterinnen wurde erwartet, dass sie sich eine andere Beschäftigung suchten. Sehr häufig fanden sie auch neue Stellen, denn den meisten Branchen ging es noch blendend.

Die westdeutsche Wirtschaft wuchs damals noch ungebrochen. Allerdings sah sich die Bundesregierung auf internationaler Ebene mit einem Problem konfrontiert, mit dem niemand gerechnet hatte: Es gab zu wenig Gold, um den amerikanischen Dollar zu decken. Das gesamte Weltwährungssystem, das man nach dem Krieg so mühsam errichtet hatte, drohte zusammenzubrechen.

Goldkrise: Die Tücken der Leitwährung Dollar

Das Weltwährungssystem war im Juli 1944 im US-amerikanischen Kurort Bretton Woods unterzeichnet worden – und hatte den Dollar als globale Leitwährung etabliert. Die Währungen aller 44 Mitgliedsländer waren an den Dollar gekoppelt, der wiederum durch Gold gedeckt sein sollte. Banknoten im Wert von 35 Dollar konnten gegen eine Feinunze Gold getauscht werden, sodass ein Dollar 0,89 Gramm Gold wert war.[16]

Das Weltwährungssystem war weit mehr als nur ein technisches Hilfsmittel, um den Devisenhandel zu steuern. Bretton Woods war als globales Friedensprojekt gedacht. Die westlichen Staaten wollten aus ihren Fehlern lernen, die ab 1929 die Weltwirtschaftskrise verschärft und Hitler an die Macht getragen hatten. Nie wieder sollte es Protektionismus und Währungschaos geben, stattdessen setzte man auf Freihandel und stabile Wechselkurse.

Im Rückblick ist erstaunlich, wie lange Bretton Woods bestanden hat. Schon früh gab es Krisen, doch Regierungen und Zentralbanken haben entschieden und verbissen um dieses Weltwährungssystem gekämpft. Egoismus war in allen Ländern ausgeprägt, aber lange Zeit war die Angst noch größer, dass freie Wechselkurse gefährliches Chaos bedeuten könnten.

Auch die Westeuropäer gehörten von Anfang an zu diesem Weltwährungssystem, doch faktisch waren sie zunächst durch ihre Zahlungsunion abgeschirmt, weil der Dollar nicht frei handelbar war. Erst 1958, mit dem Ende der Zahlungsunion, wurden auch die Europäer zu normalen Mitgliedern von Bretton Woods.

Sofort sahen sie sich mit einem Problem konfrontiert, das sie nicht vorhergesehen hatten: In Europa gab es zwar keine Dollarlücke mehr, dafür war aber in den USA eine Goldlücke entstanden. Denn das Weltwährungssystem litt an einem Paradox, das später auch »Triffin-Dilemma« genannt wurde, weil es der belgische Geldtheoretiker und Yale-Professor Robert Triffin 1959 als Erster beschrieb. Dieses Dilemma war so schlicht wie tückisch: In einer wachsenden Weltwirtschaft wurden ständig mehr Dollar benötigt, um den internationalen Handel abzuwickeln. Dollar konnten jedoch nur in den USA entstehen. Die Amerikaner mussten also ständig Dollar ins Ausland exportieren – sei es durch Militärausgaben, Entwicklungshilfe oder Investitionen. Irgendwann würde es im Ausland jedoch mehr Dollar geben, als die US-Goldreserven decken konnten. Das Weltwährungssystem von Bretton Woods wäre am Ende.[17]

Das Triffin-Dilemma war unausweichlich, wurde aber noch verschärft, weil die Bundesrepublik und Japan hohe Überschüsse im Außenhandel aufhäuften – was zusätzliche Dollar nötig machte. 1960 war es so weit: Im Ausland hatten sich so viele Dollar angesammelt, dass die amerikanischen Goldreserven nicht mehr ausreichten, um sie bei Bedarf einzulösen.[18] Der neue Goldmangel blieb den Spekulanten natürlich nicht verborgen, sodass es im Herbst zur ersten Goldkrise kam. In London kostete eine Feinunze Gold plötzlich 40,60 Dolla, was deutlich über dem offiziellen Kurs von 35 Dollar lag.[19]

Die Zentralbanken hatten die Kontrolle über die Finanzmärkte verloren, wie diese Goldkrise zeigte. Damit war auch das Weltwährungssystem in Gefahr, denn es konnte nur funktionieren, wenn nicht permanent mit Devisen oder Rohstoffen spekuliert wurde. Kapitalverkehrskontrollen sollten eigentlich verhindern, dass Gelder verdeckt ins Ausland abflossen. Trotzdem gab es für Firmen und Banken zahlreiche Schleichwege, um Gelder auf dem sogenannten Eurodollarmarkt in London zu parken.[20]

Mit dem heutigen Euro hatte dieser Eurodollarmarkt nichts gemein, sondern als Eurodollar wurden Dollar bezeichnet, die außerhalb der USA angelegt wurden. In London war ein frei flottierender Geldmarkt entstanden, der von niemandem kontrolliert wurde – und wo sich nach Belieben mit Gold und verschiedenen Währungen spekulieren ließ.[21] Der Eurodollarmarkt war wie eine Insel, auf der eigene oder keine Regeln galten, weswegen sich der Ausdruck »offshore« einbürgerte.[22]

Dieser Eurodollarmarkt war keineswegs geheim, sondern dort tummelten sich die großen Banken des Westens, die nun auch Niederlassungen in London gründeten. Wenig später gab es auch Offshore-Devisenmärkte in Luxemburg, Zürich, Brüssel, Paris, Frankfurt oder Singapur, die allerdings niemals so wichtig wie die City of London wurden. Da bald nicht nur Dollar gehandelt wurden, sondern auch D-Mark, französische Francs oder Schweizer Franken, bürgerte es sich ein, kurz von »Euromärkten« zu sprechen.

1961 konnte die Goldkrise noch einmal eingedämmt werden – indem die Zentralbanken zu Mitspielern auf dem Londoner Goldmarkt wurden und dort gezielt intervenierten. Die Schweiz, die Bundesrepublik, die USA, die Niederlande, Italien, Frankreich, Belgien und Großbritannien bildeten einen gemeinsamen Goldpool: Die Notenbanken dieser Länder stellten ihr Gold der Bank of England zur Verfügung, die dann bei Bedarf so viel Gold auf den Markt warf, dass der Preis der Feinunze auf etwa 35 Dollar gedrückt wurde. Dieses Arrangement hielt immerhin bis 1968 und funktionierte sogar so gut, dass der Goldkurs zwischenzeitlich unter den offiziellen Preis rutschte und der Goldpool weiteres Gold zukaufen konnte.

Trotzdem war der Goldpool nur ein technisches Vehikel, das am eigentlichen Triffin-Dilemma nichts änderte: Es gab mehr Dollar, als die amerikanischen Goldbestände decken konnten. Nicht nur die Spekulanten wurden unruhig, sondern auch der französische Präsident de Gaulle. Der Ex-General dachte stets in militärischen Kategorien, und der Dollar war für ihn keine Währung – sondern eine ökonomische Waffe der Amerikaner.

De Gaulle witterte einen perfiden Trick: Erst würden die USA wertlose Dollar ausgeben, um dann mit ihrer Ramschwährung die französische Wirtschaft aufzukaufen. Frankreich würde »von Monstern wie General Motors oder IBM überwältigt«. De Gaulle war fassungslos, dass die anderen Europäer die Gefahr nicht sahen, die durch das Weltwährungssystem drohte: »Wir bezahlen die USA, damit sie uns kaufen!« Im Februar 1965 kündigte de Gaulle daher öffentlich an, dass er die französischen Dollarguthaben in Gold eintauschen würde.[23]

De Gaulle wusste genau, was er tat: Er wollte das Weltwährungssystem zum Einsturz bringen. Bretton Woods hat diese Attacke nur überstanden, weil die Franzosen gar nicht besonders viele Dollar hatten und ihnen bald das Geld ausging, um das begehrte Gold zu kaufen.[24] Bedrohlich wäre es nur geworden, wenn auch die großen Überschussländer, also die Bundesrepublik und Japan, plötzlich angefangen hätten, ihre Dollarmengen in Gold umzuwandeln. Doch diese Gefahr war längst abgewehrt. Die USA hatten bereits 1961 keinen Zweifel daran gelassen, dass sie ihre Truppen aus Westdeutschland sofort abziehen würden, falls die Bundesbank Gold für ihre Dollar verlangen würde.

Die D-Mark war damals ein Dauerthema in den USA. Es ärgerte die amerikanische Regierung maßlos und anhaltend, dass die Bundesrepublik ständig Exportüberschüsse anhäufte. Das westdeutsche Plus im Außenhandel war daher weit mehr als nur eine ökonomische Kennziffer: Der Überschuss sorgte für diplomatische Krisen und beeinflusste militärpolitische Fehlentscheidungen, die das deutsch-amerikanische Verhältnis jahrelang belasten sollten.

»Truppendollar«: Ständiger Streit mit den USA

Die USA befanden sich damals in einer seltsamen Situation: Die staatlichen Goldbestände schrumpften – obwohl sich das Land nicht in einer Wirtschaftskrise befand. Im Gegenteil. Amerikanische Güter waren technisch überlegen und weltweit gefragt, sodass auch die USA beachtliche Exportüberschüsse verzeichneten.[25]

Aber das Plus im US-Außenhandel reichte nicht aus, um die diplomatischen und militärischen Ausgaben im Ausland zu decken. Das Jahr 1960 war typisch für diese Misere: Allein die weltweit stationierten US-Truppen kosteten drei Milliarden Dollar pro Jahr. Hinzu kam die Wirtschaftshilfe für verbündete Entwicklungs- und Schwellenländer, was mit etwa 2,5 Milliarden Dollar zu Buche schlug. Zudem war nicht nur der Staat im Ausland aktiv; auch Unternehmen und private Anleger investierten gern in fremden Ländern, sodass weitere 2,5 Milliarden Dollar die USA verließen. Insgesamt summierte sich das Minus auf 3,9 Milliarden Dollar, wovon etwa 1,7 Milliarden als Gold abflossen.[26]

Es war offensichtlich, dass die USA bald kein Gold mehr haben würden, wenn sich dieser permanente Verlust nicht irgendwie bremsen ließe. Für die US-Präsidenten Eisenhower und Kennedy hatte daher das Thema »Gold« höchste Priorität. Nur der Rüstungswettlauf mit den Sowjets war ähnlich wichtig. Von Kennedy ist der Satz überliefert, dass nur zwei Dinge ihn wirklich schrecken würden, nämlich »die Nuklearwaffen und das Defizit in der Zahlungsbilanz«.[27]

Die Amerikaner hatten schnell einen Hauptschuldigen für die permanenten Verluste ausgemacht: die Bundesrepublik. Denn die Westdeutschen häuften nicht nur ungeniert Exportüberschüsse an – sie bunkerten diese Dollar auch noch, statt sich an den Lasten des Kalten Krieges zu beteiligen. Im Jahr 1960 gaben die USA 8,9 Prozent ihrer Wirtschaftsleistung fürs Militär aus, während die Bundesrepublik nur auf vier Prozent kam.[28]

Besonders bitter stieß den US-Präsidenten auf, dass die Westdeutschen gleichzeitig die größten Profiteure der amerikanischen Militärausgaben im Ausland waren: 1960 unterhielten die USA sechs Divisionen mit 233 000 Soldaten in der Bundesrepublik, um die Sowjets davon abzuhalten, nach Westeuropa einzumarschieren.[29] Die Westdeutschen ließen sich also von den Amerikanern verteidigen – und kassierten dafür auch noch Dollar!

Akribisch hatte man nämlich in Washington nachgerechnet, wie viele Dollar pro Jahr in der Bundesrepublik hängen blieben, weil die US-Kasernen westdeutsche Zivilangestellte beschäftigten und sich die GIs in den Bars der Umgebung vergnügten. Ergebnis: 1956 hatte die Bundesrepublik dank der US-Army 316 Millionen Dollar zusätzlich eingenommen, 1959 waren es schon 686 Millionen.[30] Diese westdeutschen »Truppendollar« wollten erst Eisenhower und dann Kennedy wieder nach Hause holen.

Im Oktober 1960 verfasste Eisenhower einen Brief an Adenauer, um einen Devisenausgleich zu verlangen. Doch weit kam er damit nicht: Der Kanzler behauptete einfach, er würde von Wirtschaft nichts verstehen.[31] Im November reiste daher eigens US-Finanzminister Robert Anderson nach Bonn, um auf Adenauer einzuwirken und 600 Millionen Dollar zu fordern. Auch er erhielt eine Abfuhr. Fassungslos telegraphierte Anderson nach Washington, der Kanzler habe kategorisch erklärt, dass ein Devisenausgleich »eine politische Unmöglichkeit« sei.[32] Im Herbst 1961 standen nämlich die nächsten Bundestagswahlen an, und Adenauer wollte den Wahlkampf nicht mit der Frage belasten, wie man umgerechnet etwa 2,5 Milliarden D-Mark im Haushalt auftreiben könnte, um sie an die USA zu überweisen.

Doch auch der nächste US-Präsident ließ nicht locker. Kennedy bestand ebenfalls darauf, dass die Bundesrepublik endlich ihre Exportüberschüsse abbauen und mehr Geld in die Verteidigung investieren sollte. Diese Forderungen klingen noch heute überaus vertraut: Mehr als fünfzig Jahre später beschwert sich US-Präsident Donald Trump, dass die Deutschen die Welt mit ihren Waren überschwemmen und fast nichts zur NATO beitragen würden.

Adenauer konnte es sich damals nicht leisten, die Amerikaner ständig zu verärgern, denn der Kalte Krieg war kaum noch »kalt«, sondern erhitzte sich wieder: Der sowjetische Parteichef Chruschtschow forderte, dass West-Berlin zu einer »freien Stadt« werden und die Westalliierten dort abziehen sollten. Wenig später, am 13. August 1961, wurde die Berliner Mauer gebaut.

Der Mauerbau veränderte alles: Die USA schickten weitere 45000 Soldaten nach Westdeutschland, und die Bundesregierung erhöhte ihren Verteidigungsetat von 12,9 auf 17,2 Milliarden D-Mark.[33] Jetzt war das nötige Geld vorhanden, um Kennedy entgegenzukommen. Nur zehn Wochen nach dem Mauerbau wurde der Devisenausgleich unterzeichnet, der auf Englisch »Offset« hieß. Die Bundesrepublik erklärte sich bereit, Waffen im Wert von etwa 650 Millionen Dollar pro Jahr zu bestellen.[34] CSU-Verteidigungsminister Franz-Josef Strauß wusste auch schon genau, was er gern hätte: nicht nur die modernsten Trägerraketen, sondern auch die dazu gehörigen Nuklearsprengköpfe.

Der US-Verteidigungsminister Robert McNamara war zuvor Ford-Manager gewesen und betrieb auch das Militär nach kommerziellen Kriterien. Innerhalb von wenigen Jahren gelang es ihm, die amerikanischen Waffenverkäufe beträchtlich zu erhöhen: Zwischen 1961 und 1966 stiegen die US-Militärexporte von 630 Millionen auf 1,9 Milliarden Dollar jährlich; fast ein Drittel dieser Waffen nahmen die Westdeutschen ab. Nur die begehrten Nuklearsprengköpfe bekamen sie nicht, weil die USA diese gefährliche Technik allein kontrollieren wollten.[35]

Schon ab 1962 gerieten die Offset-Abkommen in eine Dauerkrise, denn die Westdeutschen konnten weitere Waffen nicht gebrauchen. Die Bundeswehr war damals eine hochmoderne Armee, der es nicht an Ausrüstung fehlte – sondern an qualifiziertem Personal, das diese Waffen bedienen konnte. Zudem wurden die Lagerhallen knapp, sodass etwas ältere Modelle schon wieder ausrangiert und an NATO-Partner wie Griechenland oder die Türkei weitergereicht werden mussten.[36] In ihrer Not ging die Bundesrepublik dazu über, im Voraus zu bezahlen und das Militärgerät erst Jahre später zu bestellen. 1967 summierten sich diese westdeutschen Vorauszahlungen bereits auf fast eine Milliarde Dollar.[37] Die Bundesregierung hatte also umgerechnet vier Milliarden D-Mark für Waffen ausgegeben, die niemand brauchte.

Die USA bestanden dennoch unbeirrt auf den Offset-Zahlungen. Wichtig war allein, dass die »Truppendollar« wieder in die Heimat flossen und das Defizit in der amerikanischen Zahlungsbilanz reduzierten. Erst 1976 liefen die Offset-Abkommen aus, und bis dahin hatten die Westdeutschen insgesamt rund elf Milliarden D-Mark nach Washington überwiesen.[38]

Exportüberschüsse waren kein Segen, wie sich zeigte, denn sie weckten Begehrlichkeiten im Ausland. Die USA und die europäischen Nachbarn hielten die Westdeutschen für reich, weil sie ständig Devisen oder gar Gold kassierten. Doch diese Offset-Debatten beruhten auf einem Irrtum: Im Bundeshaushalt landete keine einzige Steuermark mehr, nur weil es Exportüberschüsse gab. Im Gegenteil. Das permanente Plus im Außenhandel signalisierte, dass die meisten Westdeutschen ärmer waren, als sie es hätten sein müssen. Das Plus kam nur zustande, weil die Gehälter in der Bundesrepublik weniger stark stiegen als in anderen Industrieländern.

Bundesbank und Bundesregierung waren es jedenfalls zunehmend leid, dass sie ständig am internationalen Pranger standen und Offset-Forderungen abwehren mussten. Zudem schwappte unerwünschtes Geld nach Westdeutschland, weil Spekulanten daraufsetzten, dass die D-Mark aufgewertet würde.[39] Da blieb nur die Flucht nach vorn. Die Bundesregierung wertete die D-Mark im März 1961 tatsächlich auf, um den Außenhandel endlich ins Gleichgewicht zu bringen.

Die D-Mark notierte damals immer noch bei 4,20 für einen Dollar und erinnerte damit an die gute alte Zeit, denn die gleiche Parität hatte im Kaiserreich von 1873 bis 1914 und in der Weimarer Republik von 1924 bis 1931 gegolten. Jetzt stellte sich die Frage, wie stark man aufwerten sollte. Erhard schlug vor, dass der neue Kurs bei 3,90 D-Mark liegen sollte. Doch damit konnte er sich nicht durchsetzen, weil Adenauer intervenierte: »Warum so kompliziert, mit vier Mark für den Dollar rechnet es sich doch viel leichter!«[40] Im Ergebnis wurde die D-Mark also nur um ganze 4,76 Prozent aufgewertet. Im Ausland war man sich einig, dass diese Kurskorrektur »zu spät kam und zu gering ausfiel«.[41]

Die westdeutsche Industrie hingegen war empört, dass der D-Mark-Kurs überhaupt verändert wurde. BDI-Chef Berg strich umgehend die Parteispende von 100000 D-Mark, die man bis dahin jeden Monat an die CDU überwiesen hatte. Allerdings war der Zeitpunkt schlecht, um Rache zu nehmen: Der Wahlkampf für den nächsten Bundestag lief, und auf den CDU-Listen fürs Parlament standen auch einige BDI-Mitglieder. Daher wurden die verdeckten Zuwendungen bald wieder ausgezahlt, die über verschleierte Geheimkonten liefen.[42] Faktisch verkaufte die Union damals Parlamentsmandate an die Industrie, was aber alle Beteiligten völlig normal und keinesfalls korrupt fanden: Man war doch sowieso meist einer Meinung!

Die schnelle Aussöhnung zwischen CDU und Industrie fiel umso leichter, als sich bald herausstellte, dass die Unternehmen unnötig um ihren Export gebangt hatten: Die Ausfuhren stiegen fast ungebremst weiter, als hätte es die Mini-Aufwertung nie gegeben.[43]

Neu war allerdings, dass nun auch die Importe markant zulegten. Ab 1962 war die westdeutsche Leistungsbilanz endlich wieder ausgeglichen und tendierte sogar ins Minus.[44] Dieser Umschwung hatte allerdings weniger mit der D-Mark zu tun, sondern war vor allem den Gewerkschaften zu verdanken: Die westdeutschen Löhne stiegen neuerdings rasant.[45]

In der Bundesrepublik herrschte damals absolute Vollbeschäftigung, und auch aus der DDR siedelten keine Arbeitskräfte mehr über, seitdem die Berliner Mauer stand. Die Gewerkschaften nutzten diese neue Verhandlungsmacht, um Lohnsteigerungen von mehr als zehn Prozent pro Jahr durchzusetzen.[46] Die Portemonnaies der Arbeitnehmer waren also gut gefüllt, was sich auch auf die Importe auswirkte, denn die Bundesdeutschen kauften nicht nur heimische Produkte. Zudem wurden Ferien im Ausland stets beliebter: 1962 reisten zwei Millionen Westdeutsche in die Fremde, 1966 waren es bereits 4,3 Millionen.[47] Diese Ferntouristen trugen D-Mark ins Ausland und reduzierten die westdeutschen Überschüsse, indem sie an der Adria Gelato schleckten oder die Tiroler Alpen erkundeten.

Die westdeutsche Inflation nahm allerdings auch leicht zu und stieg 1965 auf 3,3 Prozent, weil einige Unternehmer ihre Preise erhöhten, um die Lohnkosten wieder einzuspielen.[48] Trotzdem fiel diese Geldentwertung vergleichsweise gering aus, denn die Löhne waren ja um mehr als zehn Prozent pro Jahr gestiegen. Offenbar waren die meisten Firmen mühelos in der Lage, bessere Gehälter zu zahlen, ohne dass sie ihre Preise erhöhen mussten – was nur zeigte, wie exorbitant die Gewinne vorher gewesen waren.

Erhard muss gehen: Die Bundesbank stürzt einen Kanzler

Die Bundesbank hätte gelassen bleiben können, doch hektisch machte sie einen groben Fehler: Sie wollte die »überhitzte« Wirtschaft unbedingt drosseln und setzte die Zinsen hoch, um Kredite zu verteuern. Diese Vollbremsung gelang nur allzu gut. Das Wachstum halbierte sich – und war 1967 mit minus 0,3 Prozent sogar negativ. Bundesweit gab es plötzlich 500 000 Arbeitslose, und am schlimmsten traf es die Reviere im Ruhrgebiet und im Saarland. Die Kohlenkrise wurde nun existenzbedrohend, weil die Ex-Bergleute aus den stillgelegten Zechen keine neuen Stellen mehr fanden.

Die Bundesbürger waren schockiert. Viele hatten die Weltwirtschaftskrise ab 1929 noch persönlich miterlebt und glaubten nun, dass sich dieses Desaster wiederholen könnte. Doch von einer globalen Krise konnte keine Rede sein, denn im Ausland wuchs die Wirtschaft weiter.[49] Die westdeutsche Flaute war hausgemacht. Die Bundesbank hatte willkürlich und unnötig die erste Rezession der Nachkriegszeit erzeugt.

Im Ausland staunte man fassungslos, wie die Bundesbank das heimische Wachstum abwürgte. Die Londoner *Financial Times* verglich die sturen Alleingänge der westdeutschen Notenbanker mit dem »Gefreiten Schmidt, der als einziger aus dem Gleichschritt der Kompanie fällt, aber hartnäckig darauf besteht, sein Tritt sei der richtige.«[50] Doch in Westdeutschland war die Bundesbank sakrosankt. Nicht die Notenbanker wurden kritisiert, stattdessen musste Kanzler Erhard büßen. Eben noch war er der verehrte »Vater des Wirtschaftswunders« gewesen, jetzt wurde er brutal von seinem Sockel gestoßen.

Im Juli 1966 wurde der Landtag in Nordrhein-Westfalen neu gewählt, und für Erhard verlief der Wahlkampf sehr unerfreulich. Die

Bergleute erschienen mit schwarzen Fahnen und pfiffen den Kanzler aus, während er die eigenen Leistungen preisen wollte. Erhard war gekränkt, ratlos, wütend. Beleidigt beschimpfte er seine Zuhörer: »Bevor ich gehe, möchte ich Ihnen sagen, Sie Lümmel, Sie würden in Ihren Windeln verkommen sein, wenn ich nicht gewesen wäre und meine Politik.«[51]

Bundesweit fielen die Umfragen für die Unionsparteien katastrophal aus. In der CDU-Zentrale rechnete man bereits damit, dass man bei der Bundestagswahl 1969 weniger als 25 Prozent der Stimmen gewinnen würde. Fraktionschef Rainer Barzel war sogar noch pessimistischer: »Wenn das so weitergeht, werden wir wohl alle Wählerstimmen verlieren.«[52] Es schien nur noch eine Rettung zu geben: Erhard musste gehen. Der Kanzler wurde von den eigenen Parteigenossen zum Rücktritt gezwungen, nachdem er 17 Jahre lang als verlässliche Wahlkampfmaschine gedient hatte.

Am 1. Dezember 1966 verließ Erhard das Kanzleramt. Dieser Sturz war ein epochales Ereignis, denn nun begann das sozialdemokratische Zeitalter. Erstmals kam die SPD an die Regierung, indem sie eine Große Koalition mit der Union einging. Doch diesen politischen Wechsel hatten nicht etwa demokratische Wahlen eingeleitet, sondern die Bundesbanker in Frankfurt.

Die Wucht der Ereignisse war der Bundesbank hinterher selbst peinlich, wie sich an den Memoiren von Otmar Emminger ablesen lässt. Minutiös beschreibt der Notenbanker seine Amtszeit von 1950 bis 1980. Kein Detail wird ausgelassen und sei es noch so nebensächlich. Aber mittendrin klafft eine Lücke. Die Jahre von 1965 bis 1967 werden völlig ausgespart und mit nur einem einzigen Absatz abgehandelt, der wolkig eine »Gewinnkompression« bei den Unternehmen erwähnt.[53] Über den gestürzten Kanzler heißt es abfällig: »Dass Erhard kein Organisationstalent besaß und im Herbst 1966 ohne Rückhalt in seiner eigenen Partei dastand, war seine persönliche Tragik.«[54]

Der neue CDU-Kanzler Kurt Georg Kiesinger[55] hatte nicht die Absicht, diese »persönliche Tragik« ebenfalls zu erleben, und machte daher schon in seiner Regierungserklärung deutlich, was er von der Bundesbank erwartete. Sein Technokratendeutsch war unmissverständlich: »Die Bundesregierung hält nunmehr eine entscheidende

Lockerung der Kreditrestriktionen durch die Deutsche Bundesbank für sachlich geboten. Die Bundesregierung würde eine fühlbare Senkung des Diskontsatzes und entsprechende Erleichterungen für den Geld- und Kapitalmarkt begrüßen.« Die Bundesbank war eigentlich unabhängig und nicht an die Weisungen der Bundesregierung gebunden, aber diesmal lenkte sie widerwillig ein. Ab Januar 1967 senkte sie die Zinsen wieder.[56]

Mit Erhards Abgang hatte nicht nur das Personal gewechselt, auch das Konzept der »sozialen Marktwirtschaft« wurde neu definiert. Erhard war vor allem dadurch aufgefallen, dass er nichts tat und die »Kräfte des Marktes« walten ließ. Die Große Koalition hingegen wollte nichts dem Zufall überlassen, betrieb aktive Wirtschaftspolitik und glaubte an die Globalsteuerung. Das »magische Viereck« war nun das Ziel; man wollte gleichzeitig Wachstum, Preisstabilität, einen ausgeglichenen Außenhandel und Vollbeschäftigung anpeilen.

Nicht nur die SPD war damals überzeugt, dass sich die Wirtschaft umfassend lenken ließe. Auch die Union verließ die Erhard-Linie und verschrieb sich der Konjunkturpolitik. CSU-Finanzminister Franz-Josef Strauß und SPD-Wirtschaftsminister Karl Schiller arbeiteten so harmonisch zusammen, dass sie »das doppelte Lottchen« oder »Plisch und Plum« hießen.

Selbst die FDP, die nun die einzige Oppositionsfraktion im Bundestag stellte, opponierte nicht wirklich gegen den neuen Kurs. Stattdessen waren die Liberalen vor allem damit beschäftigt, ihre Bündnisoptionen zu erweitern. Sie hatten es satt, vollständig von der CDU abhängig zu sein, und wollten potentiell auch mit der SPD regieren können. Das neue Konzept hieß »Äquidistanz«: Union und SPD waren als Koalitionspartner gleichermaßen willkommen, solange es für die Mehrheit reichte. Diese »Äquidistanz« war jedoch nur möglich, wenn man sich nicht auf eine neoliberale Wirtschaftspolitik versteifte. Die Parteienforscher Peter Lösche und Franz Walter urteilten später über führende FDP-Politiker wie Hans-Dietrich Genscher und Walter Scheel: »Sie waren illusionslose, unsentimentale Menschen, die sich von Traditionen kühl trennten, wenn diese sich als Ballast für die Partei erwiesen.«[57]

Alle Parteien hatten also erspürt oder gelernt, dass sich die meisten Wähler nach ökonomischer Führung sehnten, um die Rezession schnell hinter sich zu lassen. Vor allem Wirtschaftsminister Schiller füllte diese Rolle gekonnt aus. Er besaß die seltene Gabe, komplexe Zusammenhänge in einfache Bilder zu kleiden. Plötzlich verstanden auch Laien, dass man sich auf der »Talsohle der Konjunktur« befand – und brauchten nicht viel Phantasie, um sich auszumalen, dass es wie im Gebirge demnächst wieder bergauf gehen würde.[58]

Die Große Koalition setzte auf einen moderaten Keynesianismus und betrieb »deficit spending«: Mit Krediten wurden die Haushaltslöcher gestopft und Investitionsprogramme für Bahn und Post, Bildung und Forschung, Kohlereviere und Zonenränder aufgelegt. Diese »antizyklische Konjunkturpolitik« funktionierte, und 1968 wuchs die westdeutsche Wirtschaft wieder um 5,5 Prozent.

Allerdings war es nicht besonders schwer, diese erste Rezession der Nachkriegszeit zu überwinden, denn das Ausland boomte und befand sich im Aufschwung. Die westdeutsche Krise hätte es nie gegeben, wenn die Bundesbank nicht die Kredite verknappt hätte. Sobald die Notenbanker umsteuerten und ihre Zinsen senkten, ging es auch in der Bundesrepublik wieder bergauf. Die Rezession blieb eine Episode, war aber trotzdem nicht harmlos gewesen: Erstmals hatte die Bundesbank einen schweren Fehler begangen und sinnlos eine halbe Million Menschen in die Arbeitslosigkeit geschickt.[59]

Zudem hatte die Krise unerfreuliche Nachwirkungen: Schon wieder liefen gigantische Überschüsse im Außenhandel auf, die sich allein im Jahr 1968 auf 9,4 Milliarden D-Mark summierten. Denn in der Rezession waren die westdeutschen Löhne und Preise kaum noch gestiegen, sodass die Inflationsrate erneut deutlich niedriger lag als in den anderen Industrieländern. Im Mai 1969 schätzte die Bundesbank, dass der D-Mark-Kurs um etwa neun Prozent steigen müsste, um die Preisdifferenz zum Ausland auszugleichen.[60]

Mit dieser Ansicht waren die Notenbanker nicht allein: Auch Spekulanten hatten längst entdeckt, dass die D-Mark wahrscheinlich aufgewertet würde. Also schwappte ständig Kapital nach Westdeutschland, weil die Anleger auf eine schnelle Rendite hofften, sobald der D-Mark-Kurs stieg. Allein zwischen dem 28. April und dem

9. Mai 1969 flossen Devisen im Wert von 17 Milliarden D-Mark zu. Es war die größte Spekulationswelle, die die Bundesbank bis dahin erlebt hatte.[61]

Nun wurde es hektisch: Es gab ein Streitgespräch im Kanzleramt, eine Sondersitzung des Kabinetts und eine Plenardebatte im Bundestag, um diese »Maikrise« zu bewältigen.[62] Dennoch konnte sich die Regierung nicht auf einen gemeinsamen Kurs einigen, denn Schiller wollte die D-Mark aufwerten, während Strauß ebenso vehement dagegen war.

Die SPD triumphiert: »Wahlschlacht um die Mark«

Die Wähler konnten dieses Drama bequem vom Sofa aus verfolgen, da inzwischen fast alle Haushalte einen Fernseher besaßen. Strauß und Schiller gaben mehrere Pressekonferenzen, und Kiesinger hatte bereits 1968 vor der Kamera geschworen: »Solange ich dieser Bundesregierung als Kanzler vorstehe, wird es eine Aufwertung der D-Mark nicht geben.«[63]

In der Vergangenheit war es stets eine reine Fachdebatte gewesen, ob man die D-Mark aufwertet oder nicht. Doch plötzlich beschränkte sich diese Diskussion nicht mehr auf Expertenzirkel und diplomatische Kreise – sondern bewegte die Gemüter der Bürger und bestimmte den Bundestagswahlkampf 1969.

Für die SPD erwies sich dieser Währungsstreit als Segen: Bisher hatte ein innenpolitisches Wahlkampfthema gefehlt, weil »Plisch und Plum« so reibungslos kooperiert hatten. Doch jetzt konnte sich Schiller zum Gegenspieler von Strauß aufschwingen, konnte wacker für eine Aufwertung und für eine »starke Mark« kämpfen. Der Wirtschaftsminister inszenierte sich als Anwalt der deutschen Sparer, die bald »mehr« für ihr Geld bekommen würden. Es kam zu einer »Wahlschlacht um die Mark«, wie der *Spiegel* titelte.[64]

Die meisten Wähler dürften nicht verstanden haben, worum es eigentlich ging. Wie Allensbach zutage förderte, waren nur 17 Prozent der Befragten über das Aufwertungsproblem »gut unterrichtet«; weitere 40 Prozent glaubten, »etwas Bescheid« zu wissen. Unkenntnis war also weitverbreitet, trübte aber nicht das eigene Nationalgefühl: 73 Prozent gaben an, dass bei ihnen »ein gewisser Stolz über die international anerkannte Position der D-Mark eine Rolle spiele«.[65]

Dieser Stolz wurde nun in Wählerstimmen umgemünzt. Plötzlich herrschte verkehrte Welt. Jetzt war es die SPD, die mit einem allseits beliebten Wirtschaftsminister in den Wahlkampf ziehen konnte. Es wurde Schiller persönlich angerechnet, dass die westdeutsche Konjunktur wieder so schnell angesprungen war. Fast erschien es wie ein zweites »Wirtschaftswunder«: Kurz nach seinem Amtsantritt hatte man 734 000 Arbeitslose gezählt; nur zwei Jahre später herrschte Vollbeschäftigung. Schiller war der neue Erhard.[66]

Der Hamburger Wirtschaftsprofessor verkörperte bereits optisch, dass eine neue Zeit angebrochen war: Schiller war so schlank und elegant, wie Erhard rund und behäbig gewesen war. Mit seinen modischen Anzügen signalisierte Schiller den Westdeutschen, dass wirtschaftspolitisches Expertenwissen sogar Spaß machen konnte, auch wenn die meisten Wähler nicht verstanden, was die permanente Rede von »Mifrifi« genau bedeuten sollte. Die »mittelfristige Finanzplanung« blieb ihnen ein Rätsel.

Einen Star konnte die SPD jedenfalls gut gebrauchen, denn Parteichef Willy Brandt trat bereits zum dritten Mal als Kanzlerkandidat an, und es war nicht zu erkennen, wie er die entscheidenden Stimmen mobilisieren sollte. 1965 hatte Brandt zwar 39,3 Prozent geholt, aber für eine Regierungsmehrheit musste die SPD deutlich über die 40-Prozent-Marke springen. Schiller sollte nun Wähler aus der »Mitte« gewinnen, die sich als moderne Leistungsträger und selbstbewusste Eigentümer sahen. Bei ihnen kam das Thema »starke Mark« bestens an.

Allerdings blieb auch im Ausland nicht unbemerkt, dass die Bundestagswahl als Showdown zum Thema Aufwertung inszeniert wurde. Die Spekulanten hätten blind sein müssen, um nicht zu erkennen, dass der D-Mark-Kurs demnächst steigen würde. Also flutete noch mehr internationales Kapital in die Bundesrepublik. Am Ende waren es über 200 Millionen Dollar pro Tag, die die Bundesbank in D-Mark umtauschen musste.[67]

Die Notenbanker waren der Spekulation hilflos ausgeliefert, sodass sie schließlich kapitulierten und sich vom Devisenmarkt verabschiedeten. Die Bundesbank weigerte sich, weiter Dollar in D-Mark umzutauschen. Diese Entscheidung konnten die Notenbanker allerdings nicht allein treffen, sondern mussten das Einverständnis der Bundesregierung einholen.

In der allerletzten Kabinettssitzung vor der Bundestagswahl 1969 kam es daher zu einer Premiere: Die Große Koalition beschloss, den D-Mark-Kurs vorerst freizugeben.[68] Die Bundesbank würde nicht mehr intervenieren, stattdessen sollten allein Angebot und Nachfrage den Wert der D-Mark bestimmen. Die Bundesrepublik verließ damit zeitweise das Weltwährungssystem von Bretton Woods, sodass jetzt nur noch die Devisenmärkte das Sagen hatten. Prompt rauschte der D-Mark-Kurs in die Höhe.

Fünf Tage später folgte die politische Zäsur: Bei der Bundestagswahl konnte die SPD 42,7 Prozent der Stimmen gewinnen, sodass es für eine Koalition mit den Liberalen reichte. Ausgerechnet eine »Wahlschlacht um die Mark« hatte den ersten SPD-Kanzler ins Amt gehoben. Die Union benötigte Jahre, um sich von diesem Schock zu erholen und die Rolle der Opposition zu akzeptieren. Reumütig gab Kiesinger nach der Wahl zu: »In der Aufwertungsfrage haben wir unseren größten politischen Fehler gemacht.«[69]

Aber das eigentliche Problem war damit nicht erledigt: Wie sollte der D-Mark-Kurs künftig aussehen? Bundesbank und Bundesregierung wollten ins Weltwährungssystem zurückkehren, sobald die Wahl vorüber war und sich die Spekulation beruhigt hatte. Das neue Kabinett entschied sich für den schmerzfreien Weg: Man übernahm weitgehend den Kurs, der sich inzwischen auf den Devisenmärkten herausgebildet hatte. Die D-Mark wurde auf 3,66 zum Dollar fixiert.[70]

Dennoch blieb das Weltwährungssystem fortan geschwächt, weil die Finanzanleger erlebt hatten, wie lukrativ es war, auf eine starke D-Mark und einen schwachen Dollar zu wetten. Es folgte ein jahrelanges zähes Ringen zwischen Spekulanten und Zentralbanken, das am Ende die Finanzanleger gewannen. Dieser Kampf ging in immer neue Runden, und es lohnt sich, die einzelnen Etappen nachzuzeichnen, denn mit dem Sieg der Spekulanten hat sich die Finanzwelt für immer verändert.

Die Spekulanten siegen: Das Weltwährungssystem zerfällt

Als erstes kollabierte der Goldpool, den die Zentralbanken eingerichtet hatten, um den Goldpreis zu steuern. Denn die USA brachten permanent neue Dollar in Umlauf, um den Vietnamkrieg zu finanzieren und zuhause ein neues Sozialprogramm namens »Great Society« aufzulegen. Eine Dollarschwemme ergoss sich über die Welt, aber offiziell galt noch immer: Eine Feinunze Gold war 35 Dollar wert.

Dieser Kurs bildete jedoch die Realität nicht mehr ab. Gold war knapp, während es Dollar im Überfluss gab. Für die Spekulanten war es daher eine leichte Übung, Gold zu kaufen und darauf zu setzen, dass das Edelmetall demnächst deutlich teurer würde.

Zeitweise musste der Goldpool pro Tag Gold im Wert von 179 Millionen Dollar verkaufen, um den Goldpreis nach unten zu drücken.[71] Bald würden die Goldreserven erschöpft sein, warnte ein Memorandum für den US-Präsidenten: »Es ist eine politische Tatsache, dass wir nicht unbegrenzt Gold an Spekulanten und Horter verkaufen können.«[72]

Im März 1968 gaben die Zentralbanken endgültig auf und veräußerten seither kein Gold mehr an Normalbürger. Das Resultat war kurios: Plötzlich existierten zwei Goldpreise. Auf den Finanzmärkten schwankte der Kurs frei, während die Zentralbanken untereinander daran festhielten, dass eine Feinunze 35 Dollar wert war.[73]

Diese seltsame Konstruktion hatte zwar den Charme, die Goldreserven zu schonen, konnte aber die Spekulation nicht unterbinden. Im Frühjahr 1971 waren die Anleger erneut überzeugt, dass die D-Mark demnächst aufwerten würde, sodass sie wieder massenhaft Dollar in D-Mark umtauschen wollten, um vom erwarteten Kursgewinn zu profitieren.

Am 5. Mai 1971 zogen Bundesbank und Bundesregierung die Notbremse: Die Devisenbörsen wurden geschlossen und erst am 10.

Mai wieder geöffnet. Anschließend verzichtete das Kabinett Brandt darauf, einen neuen Wechselkurs festzusetzen. Stattdessen flottierte die D-Mark frei, und die Bundesbank musste nicht mehr intervenieren. Zum zweiten Mal in nur zwei Jahren waren die Westdeutschen aus dem Weltwährungssystem ausgestiegen.[74]

Auch in anderen Ländern kamen Zweifel auf, ob es noch sinnvoll sei, den überhöhten Dollarkurs zu stützen und ständig amerikanisches Geld aufzukaufen. Um die Verluste zu begrenzen, stellte die Bank of England am 13. August 1971 ein Ultimatum: Die US-Notenbank Fed sollte einen Teil der Dollar im Wert »garantieren«, was nichts anderes bedeutete, als dass die Briten Gold sehen wollten.[75]

Genug Gold gab es aber nicht. Die ausländischen Zentralbanken hatten inzwischen rund 60 Milliarden Dollar in ihren Büchern, doch die USA besaßen nur noch Gold im Wert von 10,2 Milliarden Dollar.[76] Gold-Garantien kamen also nicht in Frage, stattdessen leistete US-Präsident Richard Nixon eine Art Offenbarungseid: Am 15. August 1971 schloss er das »Goldfenster« für immer. Auch Zentralbanken konnten jetzt keine Dollar mehr in Gold eintauschen, was so überraschend kam, dass seither vom »Nixon-Schock« die Rede ist.

Nixon hatte ein entspanntes Verhältnis zum Thema Gold. Anders als seine Vorgänger Eisenhower, Kennedy und Johnson war er nicht von der Angst beseelt, dass die USA in eine Pleite rutschen könnten. Erstmals wurde in Washington richtig erkannt, dass die anderen Länder keine Alternative zum Dollar hatten. Sie waren abhängig von dieser Leitwährung, um den internationalen Handel abzuwickeln und ihre Vermögen anzulegen. Die Macht des Dollars beruhte gar nicht auf dem Gold – sondern auf der schieren Größe der amerikanischen Volkswirtschaft. Nixons Finanzminister John Connally prägte die hämische, aber zutreffende Formel: »Der Dollar mag unsere Währung sein, aber er ist Euer Problem.«

Nixon praktizierte daher eine Strategie des »benign neglect«, womit eine wohlwollende Nichtbeachtung der US-Defizite gemeint war. Devisenströme interessierten Nixon nicht, sondern er wollte 1972 wiedergewählt werden. Sein Wahlsieg war jedoch in Gefahr, weil die Konjunktur schwächelte und die Arbeitslosigkeit auf sechs Prozent angestiegen war. Um die amerikanische Wirtschaft anzukurbeln, nahm Nixon ungerührt in Kauf, dass die staatlichen Defizite weiter anschwollen – und die Golddeckung endgültig zur Farce wurde.

Nixon verfolgte zwar eigennützige Ziele, dennoch war es keine Tragödie, dass sich das Thema Gold endlich erledigt hatte: Die Weltwirtschaft wuchs und benötigte ständig mehr Dollar, während die Goldbestände kaum zunahmen. Selbst wenn sich die USA mustergültig verhalten hätten, wäre irgendwann nicht mehr genug Gold vorhanden gewesen, um den Dollar abzusichern. Dieses Dilemma hatte der belgische Ökonom Robert Triffin früh beschrieben, und nun war seine Prognose Wirklichkeit geworden.

Auch die Zentralbanken erkannten, dass das Weltwährungssystem ohne Gold stabiler war, und versuchten daher ein letztes Mal, Bretton Woods zu retten: Im Dezember 1971 wurde erstmals der Dollar abgewertet. Seit dem Zweiten Weltkrieg hatten die USA darauf bestanden, dass ihre Währung stabil blieb; nun sank der Dollar-Kurs um 7,9 Prozent. Nixon bemühte sogleich einen albernen Superlativ: Es handele sich um das »bedeutendste Währungsabkommen in der Weltgeschichte nach dem Zweiten Weltkrieg«.[77]

Auf den »Offshore«-Euromärkten kehrte tatsächlich kurz Ruhe ein.[78] Noch im Januar 1973 wurden D-Mark und Dollar zu ihren offiziellen Kursen gehandelt.[79] Doch dann, aus dem Nichts, brach eine gigantische Spekulationswelle los, die das Weltwährungssystem wenig später zerstören sollte. Auf den Euromärkten hatten sich inzwischen etwa 160 Milliarden Dollar angesammelt[80], und diese Geldmassen setzten sich jetzt in Bewegung, weil die Anleger glaubten, dass der Dollar erneut abwerten und die D-Mark aufwerten könnte. Einen sachlichen Grund gab es dafür nicht, denn ausgerechnet im Frühjahr 1973 war der westdeutsche Außenhandel weitgehend ausgeglichen.[81] Aber der Herdentrieb war stärker: Die Spekulanten tauschten massenhaft Dollar in D-Mark um.

Diese Flucht aus dem Dollar war zwar objektiv irrational, aber für den einzelnen Anleger lohnte es sich, der Herde zu folgen, obwohl sie in die falsche Richtung stürmte. Sobald viele Spekulanten darauf setzten, dass der Kurs der D-Mark stieg, wurde die Mark garantiert teurer, eben weil die Nachfrage so groß geworden war. Die Finanzmärkte hatten inzwischen genug Macht, um Devisenkurse in die gewünschte Richtung zu lenken.

Die Bundesbank versuchte erneut, die Kurse zu stabilisieren, indem sie Dollar aufkaufte. Dieses gewohnte Spiel währte bis zum 1. März 1973, dem Tag, der die Finanzwelt für immer verändern sollte. Denn an diesem einen Donnerstag musste die Bundesbank 2,7 Milliarden Dollar umtauschen, also fast acht Milliarden D-Mark neu ausgeben. »Das war fast so viel wie die damalige Zunahme an Zentralbankgeld für ein ganzes Jahr!«, erinnerte sich Notenbanker Emminger schaudernd in seinen Memoiren. »Da zogen wir die Notbremse. Das war die Totenglocke für das Paritätensystem von Bretton Woods.«[82]

Die Bundesbank trat in einen Streik und weigerte sich, noch weitere Dollar aufzukaufen. Es folgten dramatische Stunden, denn die Bundesbank durfte nicht allein über die Währungspolitik entscheiden. Doch SPD-Finanzminister Helmut Schmidt lag mit einer Schilddrüsenerkrankung im Krankenhaus, sein Staatssekretär Karl Otto Pöhl war unerreichbar im Ski-Urlaub, und auch das restliche Bonn war lahmgelegt, weil ausgerechnet an diesem 1. März Weiberfastnacht gefeiert wurde.

Schließlich suchten die Notenbanker nachmittags den Kanzler in seiner Privatvilla auf; im Schlepptau hatten sie nur FDP-Wirtschaftsminister Hans Friderichs. Brandt verstand nichts von Ökonomie, wie er freimütig zugab, und sagte nur: »Wenn das Wirtschaftsministerium und die Bundesbank einer Meinung sind, dann wird es wohl so richtig sein.«[83]

Die Ära der festen Wechselkurse war endgültig vorüber. Seither schwanken die Kurse, und die Spekulanten auf den Finanzmärkten entscheiden, wie viel eine Währung wert ist. Der Dollar rauschte in die Tiefe und war im Sommer 1973 nur noch 2,58 D-Mark wert. Viele Bundesbürger sahen mit Stolz, wie ihre Währung plötzlich erstarkte. »Zu Hause in Bonn wurde dies alles als großer Prestigegewinn gefeiert«, erinnerte sich Schmidt später. »Ich musste mich der wohlmeinenden Glückwünsche von Laien erwehren.«[84]

Auch in der Fachwelt wurde der Absturz des Dollars zunächst nur achselzuckend beobachtet. Fast niemand erkannte die Gefahren, die ein freier Währungsmarkt barg. Stattdessen waren die meisten europäischen Politiker und Notenbanken froh, endlich der Zwangsjacke von Bretton Woods zu entkommen. Naiv erwartete man, dass sich die Devisenkurse auf einem stabilen Niveau einpendeln würden, sobald der Dollarkurs einmal korrigiert wäre. Neoliberale Vordenker wie Milton Friedman gingen sogar noch weiter und versprachen ein immenses Wirtschaftswachstum: »Eine freie Marktwirtschaft für Wechselkurse wird auch ein ›Wirtschaftswunder‹ hervorbringen.«[85]

Diese Prognose erwies sich als folgenschwerer Irrtum: Die Industrieländer stürzten in eine tiefe Rezession, die der Wirtschaftshistoriker Werner Abelshauser eine »kleine Weltwirtschaftskrise« genannt hat. Zudem übernahmen nun die Spekulanten die Macht, und schon ein Jahr später gingen die ersten Finanzinstitute Pleite. Zu ihnen gehörte auch die Herstatt-Bank in Köln.

Herstatt: Eine Kölner Pleite hat weltweite Folgen

Die Herstatt-Pleite erschien zunächst wie ein kurioser Einzelfall, denn in der Bank war es wie im Kasino zugegangen. Von der Putzfrau bis zum Chef hatte dort jeder mit Millionenbeträgen spekuliert, um auf eigene Rechnung schnell reich zu werden. Selbst eine minderjährige Bürokraft handelte mit Devisen im sechsstelligen Bereich. Herstatt war eine Zockerbude wie im Klischee: Es gab Strohmänner und Nummernkonten in Luxemburg, um diese Privatgeschäfte zu verschleiern.[86]

Nebenher kümmerten sich sieben Devisenhändler auch um die offiziellen Geschäfte der Bank. Herstatt spekulierte damals exzessiv mit Währungen, weil sich im klassischen Kreditgeschäft kaum noch Geld verdienen ließ. Im Rechnungsjahr 1973 hatte das Institut in den traditionellen Sparten einen Verlust von 14 Millionen D-Mark eingefahren. Nur der Devisenhandel sorgte für exorbitante Renditen und steuerte einen Gewinn von 48 Millionen D-Mark bei.

Die Herstatt-Bank war 1956 gegründet worden und hatte schon immer mit ausländischen Währungen gehandelt. Doch zunächst agierte man nicht auf eigene Rechnung, sondern war im Dienst von Kunden tätig – wenn etwa ein Autohändler französische Wagen importierte und deshalb Francs benötigte. Dieses an sich solide Geschäftsmodell wurde jedoch an den Rand gedrängt, als ab 1971 das Weltwährungssystem von Bretton Woods sukzessive zusammenbrach und die Währungen plötzlich frei schwankten. Jetzt war es auf einmal möglich, auf Devisenkurse zu wetten, und die Herstatt-Bank stieg in großem Stil in dieses neue Spekulationsgeschäft ein.

Die Herstatt-Bank handelte aber nicht etwa mit echten Dollar, Pfund, Gulden oder Schweizer Franken, denn dies hätte viele Milliarden gebunden, die die Bank im Übrigen auch gar nicht hatte. Stattdessen nutzten die Kölner Spekulanten ein Instrument, das die Finanzmärkte bis heute dominiert: das Derivat.

Derivate gibt es schon seit der Antike, und ihr eigentlicher Sinn ist raffiniert: Sie dienen dazu, sich gegen Preisschwankungen abzusichern. Bauern können vorab den Preis ihrer Ernten festlegen, oder Fluglinien können weit im Voraus kalkulieren, zu welchem Preis sie später Kerosin einkaufen werden. Die Zukunft wird in die Gegenwart verlagert und damit berechenbar gemacht.[87]

Allerdings sind Derivate auch für Spekulanten höchst attraktiv, weil der Hebel enorm ist: Mit wenig Geld lässt sich das ganz große Rad drehen. Man muss nur eine kleine Gebühr fürs Derivat zahlen – und schon lässt sich auf die Kursentwicklung von Aktien, Devisen, Zinsen und Rohstoffen wetten. Der Finanzjournalist Michael Lewis vergleicht Derivate daher mit »einem Superchip in einem Kasino, der 1 000 Dollar wert ist, aber nur 3 Dollar kostet«.[88] In einem echten Kasino gibt es derartige Superchips jedoch nicht, weil das Risiko für die Betreiber viel zu hoch wäre.

Herstatt wickelte seine Wetten damals »offshore« auf dem Euromarkt ab. Die Geschäfte liefen bestens, bis die Kölner Händler eine fatale Fehleinschätzung trafen: Anfang 1974 gingen sie davon aus, dass der Dollar weiter steigen würde. Stattdessen fiel die amerikanische Währung, und die D-Mark wurde teurer, weil die Bundesbank plötzlich die Zinsen anhob (siehe nächstes Kapitel). Die Herstatt-Händler wurden kalt erwischt und häuften gigantische Verluste auf, die sich am Ende auf 1,2 Milliarden D-Mark beliefen.

Herstatt besaß aber nur ein Eigenkapital von ganzen 77 Millionen Mark, sodass die Bank am 26. Juni 1974 geschlossen wurde. Eigentlich war die Kölner Bank unbedeutend und belegte nur Platz 35 auf der Rangliste der westdeutschen Institute, trotzdem löste ihre Pleite einen weltweiten Schock aus. Denn der Bankrott hatte nicht nur drastisch vorgeführt, wie gefährlich Derivate sein konnten – vor allem stand zu befürchten, dass sich auch andere Devisenhändler verspekuliert haben könnten.

Die Händler auf den Euromärkten gerieten in Panik. Jeder misstraute jedem, sodass das muntere Geschäft mit den Derivaten fast kollabierte: In der zweiten Jahreshälfte 1974 schrumpfte die Devisenspekulation um mehr als die Hälfte.[89] Es stellte sich heraus, dass der Offshore-Traum nicht funktionierte: Die völlige Freiheit war unattraktiv, wenn niemand garantieren konnte, dass bei den bilateralen Geschäften zwischen den Banken keine Verluste drohten.[90]

Die Offshore-Märkte wären damals wahrscheinlich für immer verschwunden – wenn die Zentralbanken der großen Industrieländer nicht eingegriffen hätten. Am 9. September 1974 fassten sie einen historischen Beschluss: Sie gaben gemeinsam die Garantie ab, dass sie die Offshore-Töchter ihrer heimischen Banken retten würden, falls es wieder zu Turbulenzen auf den Euromärkten kommen sollte.[91] Jetzt hatten die Banken also eine Art Vollkasko-Versicherung. Spekulationsgewinne blieben privat, aber wenn es zu einer Systemkrise käme, würden gravierende Verluste vom Staat getragen.[92] Prompt blühten die Offshore-Aktivitäten wieder.

Der Begriff »Offshore« war also irreführend: Es handelte sich nicht um unabhängige Inseln in einer eigenständigen Bankenwelt. Die Euromärkte waren zwar unreguliert – aber nicht staatsfern. Die Euromärkte konnten nur funktionieren, weil sie von den Zentralbanken geduldet und aktiv unterstützt wurden.[93]

Die Herstatt-Krise war daher der Wendepunkt; seither können Banken völlig risikolos spekulieren. Der Umsatz mit Derivaten explodierte, wobei selbst »explodiert« ein zu schwaches Wort ist, um das Wachstum dieses Marktes zu beschreiben. Um kurz in die Gegenwart zu springen: 2021 wurden außerbörsliche Derivate im Nominalwert von etwa 610 Billionen Dollar gehandelt – die globale Wirtschaftsleistung betrug aber nur 94 Billionen Dollar.[94] Die allermeisten Derivate können also gar keinen realen Gegenwert haben, sondern dienen nur der Spekulation (siehe auch Kapitel X).

Doch zurück ins Jahr 1974: Damals kam es nicht nur zur Herstatt-Pleite – auch der Ölpreis stieg plötzlich rasant. Für die Finanzanleger tat sich damit ein weiteres Betätigungsfeld auf, denn nun konnten sie auch noch auf die Rohstoffpreise wetten.

Der Ölpreis explodiert – und Autos bleiben stehen

Das Jahr 1973 wird für immer durch ein markantes Bild in Erinnerung bleiben: leere Autobahnen. An vier Sonntagen vor Weihnachten galt ein generelles Fahrverbot, um Öl einzusparen. In einer Fernsehansprache hatte Kanzler Brandt die Nation auf diese drastische Maßnahme eingestimmt: »Zum ersten Mal seit dem Ende des Krieges wird sich … unser Land in eine Fußgängerzone verwandeln … Die junge Generation erlebt zum ersten Mal, was ein gewisser Mangel bedeuten kann.«[95]

Nicht nur in Westdeutschland standen die Autos still; auch in Belgien, Dänemark, Italien, den Niederlanden und Norwegen wurden generelle Fahrverbote verhängt.[96] Eine »Ölkrise« erschütterte die gesamte Welt. Wo eben noch Überfluss war, drohte nun Mangel. In den Medien wurde alarmiert gefragt: »Gehen in Europa die Lichter aus?«

Die Ölkrise traf den Westen völlig unvorbereitet[97], obwohl eigentlich absehbar war, dass das Öl irgendwann teurer werden musste, denn das »schwarze Gold« war lächerlich billig. Im Sommer 1973 kostete ein Barrel Öl, also 159 Liter, nur ganze drei Dollar. Zwar hatten die Förderländer seit Jahren versucht, den Ölpreis nach oben zu treiben, aber bisher waren sie stets gescheitert, weil es schlicht zu viel Öl auf den Weltmärkten gab.

Doch 1973 zeichnete sich eine Wende ab: Die Lücke zwischen Angebot und Nachfrage schrumpfte auf nur noch eine Million Barrel pro Tag, weil die Weltwirtschaft und damit der Ölverbrauch stürmisch zugelegt hatten.[98] Zusätzliche Förderkapazitäten existierten aber nur noch in den arabischen Ländern, während die USA und Venezuela bereits am Limit produzierten. Die arabischen Herrscher verstanden sofort, wie diese neue Lage strategisch zu deuten war: Wenn sie ihr Ölangebot reduzierten, konnten sie weltweit für Chaos sorgen – und die Barrelpreise nach oben treiben. Erstmals war Öl eine wirksame Waffe.

Ein geeigneter Anlass war bald gefunden: Am 6. Oktober 1973 brach der Jom-Kippur-Krieg aus. Ägypten und Syrien überfielen Israel, wurden aber bald wieder über ihre Grenzen zurückgedrängt. Der Konflikt war eigentlich schon entschieden und steuerte auf einen Waffenstillstand zu, als die arabischen Ölländer am 17. Oktober verkündeten, sie würden ihre Förderung um fünf Prozent drosseln, um die westlichen Länder zu zwingen, ihre »israelfreundliche« Politik aufzugeben. Prompt schossen die Ölpreise nach oben und vervierfachten sich in den nächsten Monaten.

Diese Preisexplosion hatte allerdings nichts mit dem Ölembargo zu tun, wie sich bald herausstellen sollte, denn in Wahrheit reduzierten die arabischen Länder ihr Angebot gar nicht. Stattdessen hatten sie ihre Öllieferungen sogar erhöht! Während in Westeuropa die Autos sonntags in den Garagen bleiben mussten, wurden in den arabischen Häfen bis zu 44 Prozent mehr Rohöl verschifft als noch im Vorjahr.[99] Das Embargo war nur Propaganda, wirkte aber glaubhaft, weil der westliche Ölbedarf so rasch gestiegen war, dass er kaum noch gedeckt werden konnte. Nicht die Araber hatten das Öl verknappt – sondern die Industrieländer hatten den Engpass selbst verursacht, da ihr Öldurst unersättlich war.

Bis zur Ölkrise war Öl bedenkenlos verschwendet worden. Diese Wegwerfmentalität zeigte sich etwa beim VW-Käfer, der aerodynamisch so ungünstig gestaltet war, dass er 15 Liter Benzin pro hundert Kilometer verbrauchte.[100] Der Ölpreisschock war also heilsam, denn erstmals wurde Energie sparsamer eingesetzt: Die Bundesrepublik führte 1974 sechs Prozent weniger Öl als im Vorjahr ein. Trotzdem mussten die Westdeutschen nun 17 Milliarden D-Mark mehr für den Rohstoff bezahlen, weil der Preis so stark gestiegen war.[101]

Viele Bundesbürger blieben dennoch gelassen: Wie Allensbach Ende 1973 ermittelte, hatten 57 Prozent der Befragten keinerlei Maßnahmen ergriffen, um Energie einzusparen. Vor allem das eigene Auto blieb heilig. In keinem einzigen Bundesland konnte festgestellt werden, dass das Verkehrsaufkommen gesunken wäre, und auch der Umsatz an den Tankstellen nahm nicht ab. Umgekehrt konnten Busse und Bahnen kaum zusätzliche Fahrgäste verbuchen.[102]

Auch die Fahrverbote am Sonntag erwiesen sich als wenig effektiv, um Energie zu sparen. Zwar wurde weniger Benzin benötigt, dafür stieg der Stromverbrauch: Viele Familien nutzten die autofreie Zeit, um sich ausgiebig dem Fernsehen zu widmen, obwohl das Programm »von gepflegter Langeweile« war, wie die *Frankfurter Rundschau* hinterher kritisierte.[103] Die Bundesregierung hatte auch nie ernsthaft erwartet, dass die Fahrverbote den Energieverbrauch senken würden. Es ging um den psychologischen Effekt, wie Helmut Schmidt später erklärte: »Wir mussten den Menschen bewusst machen, dass die Kacke am Dampfen war.«[104]

Dieser Bewusstseinswandel stellte sich tatsächlich ein: »Grenzen des Wachstums« wurde zu einem geflügelten Wort, und der gleichnamige Bestseller verkaufte sich millionenfach.[105] Erstmals nahmen viele Menschen wahr, dass Rohstoffe und Umwelt knapp sind. Allerdings zeigten sich die Grenzen des Wachstums auch ganz real. 1975 schrumpfte die Wirtschaft um 0,9 Prozent, und im Jahresdurchschnitt wurden mehr als eine Million Arbeitslose gezählt. Das »Wirtschaftswunder« der Nachkriegszeit war vorbei.

Die Kausalität erschien einfach: Öl wurde knapp und teuer, also musste es zu einer Wirtschaftskrise kommen. Doch so simpel war es nicht. Gerade die Petrodollars wurden für die Bundesrepublik zu einem glänzenden Geschäft, weil die Ölländer ihre Zusatzeinnahmen nutzten, um im großen Stil westdeutsche Autos und Maschinen zu erwerben. Auch ansonsten brummte der Außenhandel: Der Exportüberschuss betrug 1974 satte 25,9 Milliarden D-Mark – und hatte damit einen neuen Rekord erreicht.

Die westdeutsche Wirtschaft brach nicht ein, weil das Öl unerschwinglich geworden wäre. Es war banaler: Die Bundesbank hatte die Zinsen hoch gesetzt und damit das Wachstum abgewürgt. Die Bundesbank ist bis heute hoch anerkannt in Deutschland, doch dieser Ruhm ist nicht immer verdient, denn die Notenbanker haben mehrmals falsch entschieden und schwere Schäden angerichtet.[106] Es lohnt ein Rückblick.

VII Staat im Staat: Die Bundesbank

Deutschland ist eine Demokratie, doch eine Institution ist dem Zugriff des Parlaments entzogen: die Bundesbank. Sie ist »eine Art Staat im Staat«, wie ihr Chef Karl Otto Pöhl es einst formulierte.[1]

Die Bundesbank hatte eine enorme Macht: Sie hat mehrere Kanzler direkt oder indirekt gestürzt, Ludwig Erhard genauso wie Helmut Schmidt. Durch ihre Zinsentscheidungen hat die Bundesbank nicht nur mehrmals die Wirtschaftskrisen in Deutschland verschärft und Millionen Menschen in die Arbeitslosigkeit geschickt, sondern auch Nachbarländern geschadet – seien es Frankreich, England oder Italien.

Der britische Finanzjournalist David Marsh urteilte provokant: »Die Bundesbank hat die Wehrmacht als Deutschlands bekannteste und gefürchtetste Institution ersetzt«. Denn sie kontrolliere »einen größeren Teil Europas als je ein deutsches Reich in der Geschichte«.[2]

Die Macht der Unabhängigkeit

Die eigentliche Bundesbank entstand erst 1957, doch gab es bereits ab März 1948 einen Vorläufer: die »Bank deutscher Länder«. Diese neue Institution wurde gebraucht, weil damals die Währungsreform anstand und die neue Notenbank als Hüterin der D-Mark fungieren sollte.

Die Briten hätten die Bank deutscher Länder gern in Hamburg gesehen, das in der britischen Besatzungszone lag. Doch die USA setzten sich durch und erreichten, dass die neue Notenbank in Frankfurt und damit in der amerikanischen Zone angesiedelt wurde.

Diese Entscheidung prägt die Eurozone bis heute, denn in Frankfurt sitzt jetzt auch noch die Europäische Zentralbank.

Von Anfang an wurde heftig debattiert, ob die neue Notenbank unabhängig sein sollte. Die Amerikaner ließen keinen Zweifel daran, dass sie eine autonome Zentralbank favorisierten. Doch die westdeutschen Finanzexperten fürchteten, dass dann eine gefährliche Machtverschiebung stattfinden könnte: Es würde eine »unverantwortliche Nebenregierung« entstehen, weil die Notenbank jederzeit die Politik der gewählten Regierung »durchkreuzen« könne.[3]

Da es 1948 noch keine westdeutsche Regierung gab, setzten sich zunächst die USA durch: Die Bank deutscher Länder wurde autonom. Allerdings war diese neue Institution nur als Zwischenlösung gedacht, bis eine westdeutsche Regierung endgültige Regelungen traf, wie das Grundgesetz von 1949 deutlich machte: »Der Bund errichtet eine Währungs- und Notenbank als Bundesbank.« Kaum hatte sich der Bundestag konstituiert, begannen auch schon die Beratungen im Finanzausschuss, und wieder waren sich die Experten aller Parteien einig, dass die neue Bundesbank kein unkontrolliertes Eigenleben entfalten dürfe.[4]

Adenauer fand es ohnehin abwegig, dass Notenbanker mächtiger sein sollten als er selbst. Seinem Finanzminister Fritz Schäffer schrieb er 1950: »Der Bundeskanzler ist nach dem Grundgesetz verantwortlich für die Richtlinien der Politik. … Im Rahmen der Wirtschaftspolitik ist wiederum heute und noch für unabsehbare Zeit die Währungs- und Geldpolitik der maßgebliche Faktor.« Daher müsse »eine Lösung gefunden werden, die der Bundesregierung die Möglichkeit gibt, die Notenbank mit Weisungen zu versehen.«[5]

Allerdings musste die westdeutsche Politik bald feststellen, dass es im Volk »durchaus unpopulär« war, dass die Regierung die Notenbank kontrollieren wollte. Auch die Journalisten standen »geschlossen« hinter der Bank deutscher Länder, wie man in Frankfurt befriedigt konstatierte.[6] Denn die Notenbank schien sich als »Hüterin der D-Mark« fulminant zu bewähren, war doch die deutsche Mark ab 1952 zur stärksten Währung in Europa aufgestiegen. Niemand schien zu verstehen, dass die Erfolge des deutschen Außenhandels nicht etwa den Notenbankern zu verdanken waren – sondern der europäischen Zahlungsunion.

Die Westdeutschen misstrauten damals dem Finanzverstand ihrer Regierungen zutiefst, weil die beiden Weltkriege jeweils das gesamte Geldvermögen vernichtet hatten. Eine unabhängige Notenbank sollte nun dafür sorgen, dass es nie wieder zu Hyperinflationen kommen konnte. Die Bundesbürger waren panisch um ihr Erspartes besorgt, obwohl kein neuer Krieg drohte und es in Friedenszeiten noch nie zu Hyperinflationen gekommen war.

Bis heute ist es für viele Deutsche selbstverständlich, dass eine Zentralbank absolut unabhängig sein muss. In den meisten anderen Industrieländern wäre es jedoch undenkbar, dass eine Notenbank gänzlich autonom agiert. Die Federal Reserve in den USA muss regelmäßig im Kongress erscheinen und Auskunft über ihre Geldpolitik geben; auch die Bank of England muss auf das Schatzamt hören. Dies war in Frankreich und Italien nicht anders, als die beiden Länder noch eigenständige Währungen hatten und nicht dem Euro angehörten. In Frankreich operierte die Banque de France faktisch als eine Abteilung des Pariser Finanzministeriums, und auch die Banca d'Italia musste die Vorgaben ihrer Regierung umsetzen.

Die Geldpolitik von Zentralbanken ist nämlich tückisch: Inflationen lassen sich nur bekämpfen, indem man die Zinsen anhebt und Kredite verknappt. Doch sobald Darlehen teurer werden, gehen Investitionen zurück. Das Wirtschaftswachstum bricht ein, und die Zahl der Arbeitslosen steigt. Zwischen den beiden Zielen Vollbeschäftigung und Geldwertstabilität herrscht ein permanenter struktureller Konflikt – der politisch austariert werden muss. In den meisten Ländern wird die Zentralbank daher demokratisch kontrolliert.

Die Bank deutscher Länder hingegen war nicht nur unabhängig, sondern hatte zudem nur ein einziges Thema: Sie sollte die Geldstabilität sichern und Inflationen vermeiden. Ihre Statuten sahen nirgends vor, dass sie auch Arbeitslosigkeit zu verhindern hätte. Für die meisten Deutschen ist es bis heute fraglos richtig, dass eine Zentralbank allein die Inflation bekämpfen soll – und ansonsten keine weitere Verantwortung trägt. Doch diese Einseitigkeit ist ebenfalls höchst ungewöhnlich. In anderen Staaten haben die Zentralbanken eine breite Palette von Aufgaben. Für die US-Notenbank Fed ist es mindestens genauso wichtig, das Wachstum zu fördern und Vollbeschäftigung zu erreichen. Die Inflationsbekämpfung ist nur ein Ziel unter vielen – und oft nachrangig.

Adenauer muss nachgeben

Adenauer hat nur wenige Auseinandersetzungen in seinem Leben verloren, aber gegen die westdeutschen Notenbanker unterlag sogar dieser so überaus strategisch denkende Kanzler. Am 14. März 1956 kam es zu einer denkwürdigen Grundsatzdebatte im Kabinett, weil die Bank deutscher Länder plötzlich die Zinsen hochgeschraubt hatte. Adenauer pochte auf die Pflicht der Zentralbank, seine Wirtschaftspolitik zu unterstützen, doch die Notenbanker blieben gänzlich unbeeindruckt. Daraufhin fragte Adenauer: »Sind Sie denn der Auffassung, dass Sie gleichberechtigt neben der Bundesregierung stehen?« Antwort der Notenbanker: »Ja«. Adenauer: »Das ist nicht meine Ansicht.«[7]

Adenauers Zorn entlud sich wenig später in einer Rede, die als »Fallbeil-Rede« in die Geschichte der Notenbanken eingegangen ist. Im Kölner Festsaal Gürzenich fand die BDI-Jahrestagung statt, und Gastredner Adenauer ließ seiner Empörung freien Lauf: »Es ist der deutschen Konjunktur ein schwerer Schlag versetzt worden; und auf der Strecke bleiben werden die Kleinen; und zwar gilt das sowohl für die kleineren Industrien wie für die kleineren Landwirte, wie für die kleineren Handwerker. Kurz und gut, das Fallbeil trifft die kleinen Leute und deswegen bin ich sehr betrübt.«[8]

Notenbankchef Vocke mokierte sich zwar gern, dass der Kanzler »in Währungssachen ein Laie war«.[9] Doch Adenauer behielt Recht: Es entpuppte sich als Fehler, dass die Notenbank zwischen 1955 und 1956 die Zinsen fast verdoppelt hatte. Kredite wurden zu teuer, und das Wirtschaftswachstum halbierte sich.[10]

Auch das Timing stimmte nicht. Just als die westdeutsche Notenbank die heimische Wirtschaft abbremste, begann in den USA das

Wachstum zu schwächeln, was auch die westdeutschen Exporte traf. Zwar korrigierte die Bank deutscher Länder schnell ihren Kurs, sodass sich die Konjunktur wieder erholte. Doch das Grundproblem hatte Adenauer richtig erkannt: Im Zweifel nahm die Notenbank bereitwillig in Kauf, dass die Wirtschaft lahmte – solange nur die D-Mark stabil blieb.

Trotzdem musste Adenauer schließlich nachgeben: Als die Bundesbank 1957 entstand, wurde ihre Unabhängigkeit gesetzlich verankert. Bürger und Journalisten glaubten so unbeirrt an die »Hüterin der D-Mark«, dass Adenauer seine Wiederwahl riskiert hätte, wenn er die Autonomie der Bundesbank angetastet hätte. Der Kanzler konnte nur durchsetzen, dass die Regierung das Direktorium ernennt.

Die Politik hat stets versucht, ihr genehme Bundesbanker auszuwählen, doch selbst treue Parteimitglieder entfalteten sofort ein Eigenleben, sobald sie im Zentralbankrat Platz genommen hatten. Denn sie waren auf acht Jahre bestellt, faktisch unkündbar und erhielten ihr stattliches Gehalt ein Leben lang.

In der Bundesbank herrschte elitärer Dünkel, und für die Politik hatte man nur Verachtung übrig. Eine prägende Gestalt war Otmar Emminger, der ab 1953 im Direktorium der Bank deutscher Länder saß und von 1977 bis 1979 Präsident der Bundesbank war.[11] Seine Memoiren sind eine einzigartige Quelle, um das Innenleben der frühen Bundesbank zu verstehen. Autoritär heißt es dort: »Eine pluralistische Massengesellschaft ist immer in Versuchung, in eine ›Gefälligkeits-Demokratie‹ abzugleiten.«[12] Emminger hat offenbar nie verstanden, dass auch die »Massen« ein Recht auf Einkommen haben und Arbeitsplätze benötigen – und dass eine Demokratie dazu dient, unterschiedliche Interessen auszugleichen.

Emmingers Memoiren sind sehr ausführlich, aber ein signifikantes Detail fehlt: Er erwähnte nicht, dass er ab 1937 der NSDAP angehört hatte.[13] Emminger war kein Einzelfall. Von 1948 bis 1980 setzte sich die Führungsebene der Landeszentralbanken und der Bundesbank zu 39 Prozent aus ehemaligen Nationalsozialisten zusammen.[14]

Die Bundesbank war mächtig – doch konnte sie ihre Macht nur eingeschränkt nutzen, solange Bretton Woods noch existierte. Denn das Weltwährungssystem verlangte, dass die Bundesbank auf den Finanzmärkten intervenierte, sobald der Kurs der D-Mark zu stark stieg. In der Bundesbank empfand man es daher »geradezu als Befreiung«, als Bretton Woods 1973 endgültig zusammenbrach.[15] Diese neue Freiheit nutzte die Bundesbank sofort, um die Zinsen nach oben zu treiben und die Inflation zu bekämpfen. Auch Emminger gab später zu, dass diese Kreditpolitik »fast brutal« gewesen sei.[16]

Alarm: Inflation!

Im April 1973 war die Bundesbank beunruhigt, weil die Inflation bei extremen 7,5 Prozent lag.[17] Diese rasante Geldentwertung hatte mit den Ölpreisen noch nichts zu tun, denn die Rohstoffe wurden erst im Herbst markant teurer. Stattdessen waren die westdeutschen Löhne stark gestiegen, und diese Zusatzkosten hatten die Unternehmen dann auf ihre Preise aufgeschlagen. Die Bundesrepublik saß in einer Lohn-Preis-Spirale fest.

Damals herrschte Vollbeschäftigung, und die Gewerkschaften befanden sich im Modus des Klassenkampfes: Sie wollten endlich gerechte Löhne für ihre Mitglieder erreichen. Wie die Gewerkschaften nämlich verbittert ausgerechnet hatten, waren die Unternehmensgewinne seit 1967 überproportional gestiegen, während die Löhne hinterherhinkten. Diesen »Nachholbedarf« wollten die Gewerkschaften nun korrigieren – notfalls per Streik.

Lange Zeit war es in der Bundesrepublik unüblich gewesen, dass die Gewerkschaften zum Streik aufriefen. Stattdessen hatte man lieber versucht, sich mit den Arbeitgebern gütlich zu einigen. In der Wirtschaftskrise 1967 war es gar zu einer »konzertierten Aktion« gekommen: Die Gewerkschaften hatten auf höhere Löhne verzichtet, um Arbeitsplätze zu retten. Im Gegenzug hatte SPD-Wirtschaftsminister Karl Schiller »soziale Symmetrie« versprochen. Sobald die Konjunktur wieder lief, sollten Löhne und Gewinne im Gleichklang steigen.

Bald mussten die Gewerkschaften jedoch feststellen, dass die »soziale Symmetrie« ausblieb. Die Konjunkturprognosen waren viel zu pessimistisch gewesen, und die Firmengewinne explodierten geradezu. Die Profite der Unternehmer stiegen 1968 um satte 17,5 Prozent, während sich die Beschäftigten mit einem mageren Plus von sechs Prozent bescheiden mussten.[18]

Die Arbeitnehmer fühlten sich betrogen, auch von ihren eigenen Gewerkschaften, und griffen zur Selbsthilfe: Im September 1969 kam es bundesweit zu wilden Streiks. Die Beschäftigten machten sich nicht einmal die Mühe, ihre Gewerkschaften vorab zu informieren, dass ein Ausstand geplant war, sodass die hauptamtlichen Funktionäre genauso überrascht wurden wie die Firmenchefs. Die Gewerkschaften waren schockiert, dass sie so plötzlich den Einfluss auf ihre Mitglieder verloren hatten. »Das geht uns an die Nieren«, räumte DGB-Chef Heinz Oskar Vetter wenig später ein, »dass das explosive Aufbegehren der Arbeitnehmer von uns nicht vorausgesehen worden ist.«[19]

Die wilden Streiks lohnten sich, denn die betroffenen Betriebe gewährten durchweg ein zweistelliges Lohnplus. Um die Rebellion einzudämmen, wurde schließlich ein allgemeiner Tarifvertrag abgeschlossen, bei dem die IG Metall eine Gehaltserhöhung von elf Prozent aushandelte. Doch ihren angestammten Einfluss konnten die Gewerkschaften trotzdem nicht mehr zurückgewinnen, weil viele Beschäftigte ihre Funktionäre für allzu zahm hielten. 1970 kam es in Baden-Württemberg erneut zu spontanen Arbeitsniederlegungen, was eine Lohnsteigerung von weiteren 15 Prozent einbrachte.[20]

Im Durchschnitt stiegen die Löhne und Gehälter zwischen 1969 und 1974 um 11,8 Prozent pro Jahr.[21] Dem Wachstum hat es nicht geschadet: Bis 1973 legte die Wirtschaft um fünf Prozent pro Jahr zu. Auch der Außenhandel war vorübergehend ausgeglichen, weil die hohen Löhne dafür sorgten, dass die Westdeutschen häufiger in fremde Länder reisten und mehr Güter aus dem Ausland kauften.[22]

Es hätte also keinen Grund zur Sorge gegeben – wenn die Inflation nicht gewesen wäre. Gerade weil die Wirtschaft brummte und die Betriebe komplett ausgelastet waren, lag es für die Firmenchefs nahe, die hohen Lohnkosten auf die Kunden abzuwälzen.

Die Lohn-Preis-Spirale drehte sich also längst, als sich ab Oktober 1973 auch noch die Ölpreise vervierfachten und die Inflation zusätzlich anheizten. Die Geldentwertung lag bereits bei mehr als sieben Prozent, als erneut Tarifverhandlungen anstanden und die Gewerkschaften ein Plus von 15 Prozent forderten. Die Speerspitze bildete der öffentliche Dienst, der unverhohlen drohte, die Städte im Müll versinken zu lassen. ÖTV-Chef Heinz Kluncker beeindruckte zudem durch eine enorme Leibesfülle, sodass ihm damals der Spruch angedichtet wurde: »Alle Räder stehen still, wenn mein starker Arm es will.«[23]

Kanzler Brandt machte den strategischen Fehler, die Tarifverhandlungen zur Chefsache zu erklären. Öffentlich gab er die Losung aus, dass die Lohnabschlüsse unter zehn Prozent liegen müssten. Im Bundestag schob Brandt hinterher: »Unmissverständlich gesagt: Das Jahr 1974 kann kein Jahr wesentlicher realer Einkommensverbesserungen sein.« Vor allem vom öffentlichen Dienst erwartete der Kanzler Bescheidenheit, denn schließlich sei es »eine Zeit, in der sich die Arbeitnehmer in Industrie und Handel um ihre Arbeitsplätze sorgen«.[24] Mit diesen Ansagen hatte Brandt die Tarifverhandlungen in einen Machtkampf verwandelt, denn jetzt interessierte nur noch, wer in diesem Ringen siegen würde: der Kanzler oder ÖTV-Chef Kluncker?

Nur drei kurze Streiktage im Februar lieferten die Antwort. Der Kanzler wurde düpiert, und Kluncker konnte triumphieren. Für seine ÖTV holte er 11,5 Prozent heraus. Brandt war bitter enttäuscht über die Gewerkschaften, die doch zugleich meist Sozialdemokraten waren: »Ihr lasst mich alle allein.« Schon oft hatten die Minister ihren Kanzler missgelaunt und amtsmüde erlebt, doch so deprimiert sei Brandt noch nie gewesen. »Ein falscher Zungenschlag«, berichteten Vertraute, »und er tritt zurück.«[25] Am 6. Mai 1974 hat Brandt sein Amt dann tatsächlich aufgegeben, weil der enttarnte DDR-Spion Günter Guillaume einer seiner engsten Mitarbeiter gewesen war. Aber das Ende der Ära Brandt hatte spätestens mit dem Tarifstreit begonnen, weswegen der *Spiegel* den brachialen ÖTV-Chef als »Kanzler-Killer Kluncker« titulierte.[26]

In der Öffentlichkeit setzte sich der Eindruck fest, als hätten sich nur die Staatsdiener freigiebig bedient, indem sie übertriebene Löhne durchsetzten. Doch diese Schuldzuweisung war einseitig, denn in der Privatwirtschaft ging es noch üppiger zu. So konnte die IG Metall Bayern 1974 sogar 11,8 Prozent mehr Lohn erzielen; zudem wurde der Jahresurlaub um zwei Tage verlängert und das Urlaubsgeld angehoben.[27]

Es ist tragisch, dass die Gewerkschaften damals auf hohen Löhnen beharrten, weil sie damit ihren eigenen Untergang provozierten. Eine galoppierende Inflation lässt sich nicht ignorieren, und es war abzusehen, dass die Bundesbank die Zinsen energisch nach oben treiben würde. Die Folgen waren ebenso klar: Die Wirtschaft würde schrumpfen, die Arbeitslosigkeit stark steigen – und die Macht der Gewerkschaften schwinden.

Die »Schocktherapie« der Bundesbank ließ nicht lange auf sich warten[28], und die Kreditzinsen erreichten ein bis dato unbekanntes Niveau: Wer ein Haus baute, musste für eine Hypothek plötzlich über zehn Prozent Zinsen zahlen, und wer sein Konto überzog, musste sogar 14 Prozent aufbringen.

Da Kredite unerschwinglich wurden, brach die Konjunktur massiv ein. 1974 rutschten mehr als 8 000 Firmen in die Pleite, und 1975 kam es zur schwersten Krise in der alten Bundesrepublik. Die Wirtschaft schrumpfte um minus 0,9 Prozent. Plötzlich waren über eine Million Menschen arbeitslos, und weitere 900 000 Angestellte mussten kurzarbeiten.

Trotzdem konzedieren selbst keynesianische Ökonomen wie Heiner Flassbeck, dass es damals keine Alternative gab und die Bundesbank die Zinsen hochsetzen musste: »Der erste Anstieg der Arbeitslosigkeit war unvermeidbar, weil sonst die Gewerkschaften … in Deutschland niemals begriffen hätten, dass es Zeit war, zur Vernunft zurückzukehren.«[29]

Die Gewerkschaften lernten sofort: Nie wieder haben sie reale Lohnerhöhungen durchgesetzt, die jenseits der Wachstumsraten lagen und zu einer unerwünschten Inflation hätten führen können.[30] Dennoch hat die Bundesbank immer wieder die Zinsen nach oben geschraubt, bei der zweiten Ölpreiskrise 1979 genauso wie nach der Wiedervereinigung 1990.

Die Ölmärkte wurden ab 1979 erneut erschüttert, weil die Ayatollahs im Iran den Schah vertrieben und die Macht übernommen hatten. Wenig später marschierte auch noch der Irak ins Nachbarland ein, sodass ein Barrel Öl plötzlich mehr als 30 Dollar kostete. Nie wieder ist Öl so teuer gewesen, wenn die Geldentwertung eingerechnet wird: Ende 2021 lagen die Preise real um mehr als die Hälfte niedriger als zu Zeiten dieser »zweiten Ölpreiskrise«.

Jetzt sahen sich auch die USA gezwungen, ihre Inflation einzudämmen. Fed-Chef Paul Volcker[31] trieb die Zinsen zeitweise auf über zwanzig Prozent hoch, was weltweite Folgeschäden verursachte, weil nun auch der Dollarkurs rasant stieg.[32] Die amerikanische Währung war plötzlich heiß begehrt, da Spekulanten aus allen Ländern von den hohen Zinsen profitieren wollten. Die Bundesrepublik musste also einen Doppelschock verkraften: Durch den Iran-Konflikt wurde das Öl ohnehin schon teurer, und nun stieg auch noch der Dollar, in dem alle Rohstoffe abgerechnet wurden. Von diesem neuen Phänomen war die Bundesbank völlig überfordert und leistete sich eine Reihe schwerer Fehler.

»Hysterie in Frankfurt«

Eigentlich hätte die Bundesbank gelassen bleiben können: Die Importpreise legten bis 1981 zwar um 12 bis 15 Prozent pro Jahr zu, weil das Öl und andere Rohstoffe teurer wurden. Aber ansonsten gab es überhaupt keinen Inflationsdruck, da die Gewerkschaften keine überhöhten Lohnforderungen mehr stellten.[33] Selbst Emminger musste später zugeben, dass damals keine gefährliche Geldentwertung zu beobachten war. »Erstaunlich«, kommentierte er in seinen Memoiren.[34] Trotzdem schaltete die Bundesbank auf rabiate Prophylaxe und schraubte die Zinsen in astronomische Höhen. Die Bundesbank war der Meinung, dass man »Inflationen, ebenso wie Diktaturen, bekämpfen muss, bevor sie sich etabliert haben.«[35] Bereits dieser martialische Vergleich zeigt, dass die Bundesbank den Bezug zur Realität verloren hatte und ein Phantom bekämpfte.

Die Folgen waren desaströs. War die westdeutsche Wirtschaft 1979 noch um vier Prozent gewachsen, setzte bald darauf der Abschwung ein. 1983 waren schon mehr als zwei Millionen Menschen arbeitslos – und so sollte es bis zur Wiedervereinigung auch bleiben. Selbst Akademiker mussten erstmals erfahren, dass sie nach ihrem Studium keine Stelle finden konnten und sich stattdessen als Taxifahrer verdingen mussten. Unter den Babyboomern machte sich deprimierte Ratlosigkeit breit, und dieses gedämpfte Lebensgefühl brachte eine eigene Literatur hervor. Ein Roman-Bestseller trug den passenden Titel *Von der Nutzlosigkeit, erwachsen zu werden.*[36]

Die Arbeitslosigkeit stieg, weil es sich für Unternehmen nicht mehr lohnte zu investieren. Für Firmen war es deutlich rentabler, ihr Geld bei den Banken zu parken, die selbst für kurzfristige Einlagen von nur drei Monaten bis zu 12 Prozent Zinsen zahlten.[37] Nichtstun wurde prämiert: Die Betriebe mutierten zu Finanzunternehmen und kassierten hohe Zinsrenditen bei null Risiko.

Bundeskanzler Helmut Schmidt versuchte mehrfach, auf die Bundesbank einzuwirken. Genüsslich erinnerte sich Emminger später, wie der Kanzler »fast bei jedem Treffen mit Nachdruck sagte: »Sie werden doch nicht schon wieder die Zinsen erhöhen!« Doch die Bundesbank zelebrierte ungerührt ihre Unabhängigkeit: »Wir blieben bei unserem Kurs.«[38]

Schmidt war keineswegs der Einzige, der sich bei der Bundesbank beschwerte. Selbst konservative Ökonomen waren frappiert und sprachen von »Zinsterror«, »Hysterie in Frankfurt«, »Überreaktion« und »übertriebener Schocktherapie«.[39] Doch die Bundesbank ließ nicht mit sich reden, stattdessen sah es Emminger als seine Aufgabe an, »auf den Tisch (zu) hauen, damit die Ohren gespitzt werden.«[40] Dieses Bild sagte alles: Für den Bundesbanker waren sogar gewählte Kanzler nur Schuljungen, die Oberlehrer Emminger nach Belieben maßregeln durfte.

Durch die Wirtschaftskrise sanken die Steuereinnahmen, während gleichzeitig die Ausgaben stiegen, weil nun unter anderem zwei Millionen Arbeitslose zu versorgen waren. Der Staat musste sich verschulden, doch diese Darlehen wurden immer teurer, weil die Bundesbank die Zinsen nach oben trieb. Also rutschte der Staat noch stärker ins Minus. Viele Deutsche glauben, dass Politiker nicht wirtschaften könnten und das Steuergeld zum Fenster hinauswerfen würden. Tatsächlich war es vor allem die Zinspolitik der Bundesbank, die die Staatsschulden vergrößerte.

Da im Bundeshaushalt immer neue Löcher auftauchten, brach die sozialliberale Koalition auseinander, weil sich das Kabinett nicht einigen konnte, ob und wo zu sparen war. Die FDP lief zur Union über, und am 1. Oktober 1982 kam es zur »Wende«, wie es damals hieß: Helmut Schmidt wurde durch ein konstruktives Misstrauensvotum gestürzt und Helmut Kohl zum neuen Kanzler gewählt. Auch diesen politischen Neuanfang hatten nicht etwa die Bürger in einer demokratischen Wahl herbeigeführt, sondern er wurde durch die Bundesbank provoziert.

Später hat sich Schmidt häufig beschwert, dass die Bundesbank ihn indirekt gestürzt habe. Doch solange er Kanzler war, wagte er es nicht, die allmächtigen Frankfurter publikumswirksam zu kritisieren. Bereits 1974 analysierte Schmidt in einem internen SPD-Papier: »Im Übrigen können wir keinen öffentlichen Konflikt mit der Bundesbank gebrauchen; die öffentliche Meinung würde nicht auf unserer Seite stehen.«[41]

Nachfolger Kohl erging es kaum besser: Die Zinsen der Bundesbank blieben zu hoch, sodass die Wirtschaft nicht richtig in Fahrt kam. Für die Kalkulation der Unternehmer ist der sogenannte Realzins wichtig – also der Zins minus Inflationsrate. Von 1980 bis 1989 lag dieser Realzins im Durchschnitt 1,8 Prozentpunkte über der Wachstumsrate. Die Firmen konnten also mühelos ausrechnen, dass sich zusätzliche Investitionen gar nicht lohnten, weil die Gewinne geringer ausfallen würden als die Zinskosten.

Nach dem Krieg hätte das »Wirtschaftswunder« niemals stattgefunden, wenn die Bundesbank schon damals eine derart rigide Zinspolitik betrieben hätte. Aber solange Westdeutschland zum Weltwährungssystem von Bretton Woods gehörte, musste sich die Bundesbank am Ausland orientieren. Von 1950 bis 1973 lag der westdeutsche Realzins daher im Durchschnitt drei Prozentpunkte unter der Wachstumsrate. Investitionen rentierten sich, und das »Wirtschaftswunder« wurde möglich.[42]

Doch obwohl die Bundesbank ab 1981 mehr als zwei Millionen Westdeutsche in die Arbeitslosigkeit schickte, wurden die Notenbanker nur selten öffentlich kritisiert. Stattdessen setzte sich die Theorie durch, die Arbeitslosigkeit sei »strukturell«.[43] Hinter diesem Gummiwort verbarg sich die Unterstellung, dass die Arbeitslosen selbst schuld seien, wenn sie keine Stellen fanden. In immer neuen Varianten wurden die Opfer zu Tätern erklärt: Die Arbeitslosen seien zu schlecht ausgebildet, ihre Löhne zu hoch oder die Kündigungsfristen zu lang.[44]

Die Bundesbank hingegen galt als unfehlbar, sodass sie stur an ihrem Kurs festhalten konnte und 1990 erneut große Schäden anrichtete, als es galt, die deutsche Einheit zu finanzieren.

Die Bundesbank torpediert die deutsche Einheit

Die Ostdeutschen erwarteten völlig zu Recht, dass sie nun ebenfalls am Reichtum der Bundesrepublik teilnehmen würden. Ganz Deutschland hatte die Katastrophe des Zweiten Weltkriegs verursacht – aber hinterher hatten vor allem die östlichen Gebiete ökonomisch gelitten. Die DDR-Bürger skandierten daher: »Kommt die D-Mark, bleiben wir – kommt sie nicht, gehen wir zu ihr.«

Die Bundesregierung entschied das Unvermeidliche: Am Tag der Währungsunion, am 1. Juli 1990, wurden die ostdeutschen Löhne und Renten 1:1 auf die Westmark umgestellt; für Sparguthaben gab es die Hälfte. Dieser großzügige Umtauschkurs war nötig, weil die allermeisten Ostdeutschen sonst in Armut versunken wären oder ihre Heimat gen Westen verlassen hätten (siehe nächstes Kapitel).

Die Geldmenge vergrößerte sich schlagartig um 140 Milliarden D-Mark[45], und natürlich wurde dieses Geld nicht nur gespart, sondern endlich konnten sich die Ostdeutschen lang gehegte Wünsche erfüllen – von einer modernen Küche bis zum neuesten Fernseher. Zudem stiegen auch die ostdeutschen Löhne anfangs deutlich an, um das Gefälle zu Westdeutschland wenigstens ein bisschen auszugleichen. Die Inflation schnellte daher auf fünf Prozent.

Diese Einmal-Effekte wären aber bald verpufft.[46] Die Bundesbank hätte nur gelassen abwarten müssen, doch stattdessen setzte sie die

Zinsen erneut drakonisch nach oben und würgte die Wirtschaft ab. Am Ende waren die Kredite sogar noch teurer als 1974, obwohl die Inflation diesmal deutlich niedriger lag. Die Bundesregierung war fassungslos: Finanzstaatssekretär Horst Köhler, später Bundespräsident, »vermisste« bei der Bundesbank die »Teamarbeit«.

Das erste Opfer war der Staatshaushalt. Die Bundesregierung musste jährlich etwa 150 Milliarden Mark in den Osten investieren, um marode Straßen und Häuser zu sanieren, um Industrieanlagen zu modernisieren, um Arbeitslose und Rentner zu versorgen. Zwangsweise stiegen also die Staatsschulden, die nun aber doppelt so teuer wurden, weil die Bundesbank die Zinsen nach oben trieb. Bissig kommentierte Altkanzler Helmut Schmidt: »Ein derartiges Gegeneinander von Geldpolitik und Fiskalpolitik hat es bei uns seit 1949 noch nie gegeben.«[47]

Zudem war erneut das Timing schlecht. Just als die Bundesbank die Zinsen anhob, begann die Weltkonjunktur zu schwächeln. Von Tokio bis Washington brach das Wachstum ein. Auch die deutschen Unternehmen hatten zu kämpfen, mussten aber noch eine zusätzliche Last schultern: Der Kurs der D-Mark stieg abrupt, weil Finanzanleger aus der ganzen Welt nach Deutschland drängten, um von den hohen Zinsen zu profitieren. US-Investmentbanken rechneten damals aus, dass der hohe D-Mark-Kurs einen ganzen Prozentpunkt Wachstum gekostet hätte, was umgerechnet 30 Milliarden D-Mark pro Jahr entsprach.[48] Dieses Geld hätten die Deutschen in Ost und West gut gebrauchen können, um die Wiedervereinigung zu finanzieren.

Auch im Ausland sorgte die deutsche Zinspolitik für extreme Turbulenzen: Alle europäischen Währungen mussten starke Kursverluste hinnehmen – ob britisches und irisches Pfund, französischer Franc, italienische Lira, spanische Peseten, portugiesischer Escudo, dänische oder schwedische Krone. Denn in all diesen Ländern lagen die Realzinsen niedriger als in Deutschland, sodass die Spekulanten nun ihr Geld dort abzogen und nach Deutschland schoben.

Europa ist empört: »Tyrannei der D-Mark«

Schweden traf es besonders hart: Um die eigene Krone zu stützen, wurden Zinsen von 500 Prozent geboten.[49] Aber auch in Italien stiegen die Zinsen auf 18 Prozent, in Frankreich und Großbritannien waren es zehn Prozent. Mitten in einer Rezession mussten die Europäer ihre Kredite verteuern und die Wirtschaft abwürgen – nur weil die Bundesbank ihre Zinsen erhöht hatte. Bitter kommentierte die italienische Regierung: »Europa muss die Zeche für die deutsche Einheit zahlen.«[50] Ein französischer Ex-Verteidigungsminister sah die D-Mark gar als Waffe; die Deutschen würden versuchen, »eine Strategie der wirtschaftlichen Kolonialisierung zu verfolgen«.[51]

Auch die Briten haben diese Episode nie vergessen, die sie als freche Demütigung empfanden. »Die Brutalität, mit der die Bundesregierung und die Bundesbank auf die flehenden Bitten des britischen Premiers John Major reagierten, war frappierend«, erinnert sich der britische Ex-Diplomat Paul Lever. »Kanzler Kohl war nicht bereit einzuschreiten, und der Präsident der Bundesbank, Helmut Schlesinger, weigerte sich knallhart, entweder britische Pfund zu kaufen oder die Zinsen um mehr als 0,25 Prozent zu senken ... Als der britische Premier bei ihm anrief, ließ er sich sogar am Telefon verleugnen.«[52]

Nur die deutsche Bevölkerung hat nie verstanden, was sich damals abspielte. Voller Nationalstolz meldeten die ARD-Tagesthemen: »Die D-Mark hat sich durchgesetzt.«[53] Der französische EU-Kommissionspräsident Jacques Delors kommentierte: »Nicht alle Deutschen glauben an Gott. Aber alle glauben an die Bundesbank.«

Die deutschen Notenbanker mühten sich nach Kräften, eine Aura des Priestertums zu verbreiten, und als besonders eloquent erwies sich Hans Tietmeyer, der ab 1990 im Direktorium der Bundesbank saß. Der *Spiegel* taufte ihn den »Erzbischof aus Frankfurt«, denn »wo Tietmeyer öffentlich auftritt, redet er nicht, er predigt. Die Bühne weitet sich zum Altarraum, das Rednerpult wird zur Kanzel. Seine Vorträge folgen einer schlichten Dramaturgie: Der Teufel erscheint in Gestalt der Inflation, die Erlösung aus den Fängen des großen Geldvernichters verspricht allein eine unabhängige Notenbank. Und natürlich darf auch die mythologische Höllenfahrt nicht fehlen: das deutsche Trauma von 1923, die Erinnerung an eine Zeit, als eine Schachtel Zigaretten so viel kostete wie zuvor ganze Industriegelände«.[54]

Doch war es nicht nur panische Angst vor Inflation, die viele Deutsche zu treuen Verehrern der Bundesbank machte. Dahinter verbarg sich auch ein handfester Interessenskonflikt: Geldbesitzer profitieren, wenn die Geldentwertung gering bleibt – und die Zinsen hoch sind. Vermögende sind gern bereit, Arbeitslose in Kauf zu nehmen, wenn dies ihre eigenen Konten füllt. Genau diese Konstellation war in Deutschland zu beobachten: Die Realzinsen lagen konstant über der Wachstumsrate, sodass die Zahl der Arbeitslosen stetig weiter stieg und 1997 einen neuen Rekord erreichte, als 4,4 Millionen Menschen in West und Ost keine Stelle fanden.

Gesamtgesellschaft und Vermögende trennt ein Gegensatz, der nicht auflösbar ist: Für Arbeitnehmer sind niedrige Zinsen gut, weil dies die Wirtschaft ankurbelt. Geldbesitzer hingegen schätzen hohe Zinsen und wollen die Inflationsraten möglichst niedrig halten. Da es keinen optimalen Kompromiss gibt, muss dieser Konflikt demokratisch ausgetragen und ausgehandelt werden. Alle großen Notenbanken haben daher mehr als ein Ziel: Sie sollen nicht nur auf die Inflation achten, sondern auch auf Vollbeschäftigung. Zudem sind sie alle verpflichtet, sich mit ihren Regierungen und Parlamenten zu verständigen.

Allein die Bundesbank war jeglicher demokratischer Kontrolle entzogen. Sie vertrat daher stets und einseitig die Interessen der Geldbesitzer. Wie Adenauer schon 1956 richtig erkannt hatte, schadete sie den »kleinen Leuten« – also der Mehrheit der Bürger.

Die europäischen Nachbarländer waren nicht bereit, sich dieser »Tyrannei aus Frankfurt« noch länger zu beugen. Bereits ab 1986 wurde an Plänen gearbeitet, um die Bundesbank zu entmachten, indem man eine einheitliche europäische Währung einführte.[55] Damals hoffte Emminger allerdings noch, dass es »sicher noch einige Jahrzehnte dauern« würde, bis die D-Mark verschwinden würde.[56]

Diese »Jahrzehnte« schrumpften zu nur 13 Jahren. Ab 1999 galt der Euro, denn mit der Wiedervereinigung wandelten sich auch die europäischen Koordinaten (siehe Kapitel XI). Die deutsche Einheit hat nicht nur Ostdeutschland verändert – auch die alte Bundesrepublik ist untergegangen. Denn ihre mächtigste Institution, die Bundesbank, wurde schließlich entmachtet.

VIII Ein historisches Geschenk: Die Wiedervereinigung

Der Westen war vollkommen überrascht, als sich am 9. November 1989 die Mauer öffnete und wenig später die DDR zusammenbrach. Man hatte den Osten für ein stabiles Land gehalten – und ebenso erstaunlich wirkte, dass sich das einst allmächtige SED-Politbüro zu keinerlei Gegenwehr aufraffen konnte. Es fiel kein einziger Schuss.

Die merkwürdige Resignation der Parteispitze hatte einen guten Grund: Es gab nichts mehr zu verteidigen. Die Herren des Politbüros wussten, dass die DDR pleite war. Man konnte die West-Kredite nicht mehr bedienen, und somit war es nur noch eine Frage der Zeit, bis der Internationale Währungsfonds einrücken und die Privatisierung der Staatsbetriebe erzwingen würde. Da konnte man auch gleich aufgeben.

Im Rückblick ist nicht erstaunlich, dass die DDR zusammengebrochen ist. Bemerkenswert ist eher, dass der Kommunismus bis 1989 durchgehalten hat. Spätestens ab 1976 war nämlich die Verschuldung beim »nichtsozialistischen Wirtschaftsgebiet« so drückend, dass jederzeit die Zahlungsunfähigkeit drohen konnte.[1]

Dabei hatte es bei Kriegsende noch vergleichsweise gut ausgesehen: Sachsen, Thüringen, Sachsen-Anhalt und der Großraum Berlin besaßen wichtige Industriegebiete, die zudem nicht so stark bombardiert worden waren wie die Anlagen im Westen. Warum ist es der DDR nicht gelungen, eine dauerhafte Alternative zum Kapitalismus aufzubauen?

Die DDR: Ein Vasallenstaat der Sowjets

Der Abstieg begann gleich nach Kriegsende: Während die Amerikaner früh dafür sorgten, dass in Westdeutschland kaum demontiert wurde, bedienten sich die Sowjets ungehemmt in ihrer Zone. Die UdSSR war im Krieg schwer zerstört worden, und Millionen Menschen mussten daheim hungern. Den sowjetischen Soldaten erschien es daher naheliegend, den Wiederaufbau ihres Landes zu beschleunigen, indem sie ostdeutsche Fabriken zerlegten und in die Heimat schickten. Anfangs verliefen diese Aktionen völlig chaotisch: Bereits im Spätsommer 1945 stauten sich die Demontage-Züge auf einer Länge von mehr als hundert Kilometern vor dem sowjetischen Grenzbahnhof Brest. Zudem waren viele Anlagen abgebaut worden, ohne die Einzelteile zu beschriften, sodass sie anschließend in der Sowjetunion nutzlos verrotteten.

Im Juni 1946 entwickelten die Sowjets daher ein neues Konzept: 200 große Industriebetriebe wurden nicht mehr demontiert, sondern zu »Sowjetischen Aktiengesellschaften« umgewandelt. Auf ostdeutschem Boden produzierten sie ausschließlich für den Bedarf der UdSSR. Trotzdem liefen parallel auch die Demontagen weiter, die jetzt allerdings besser organisiert wurden.

Bis zum Frühjahr 1948 wurden insgesamt etwa 3 400 Betriebe in Ostdeutschland abgebaut. Unter anderem gingen 80 Prozent der Fahrzeugindustrie, 75 Prozent des Maschinenbaus sowie 66 Prozent der Elektro- und der optischen Industrie verloren. Zudem wurde etwa die Hälfte der Eisenbahnschienen entfernt. Selbst Hauptstrecken waren danach nur noch eingleisig, was den Verkehr auf Jahre behindern sollte.

Das Gesamtergebnis war katastrophal: 1948 waren in der Ostzone nur noch 74,3 Prozent der Industriekapazität von 1936 übrig. Im Westen hingegen hatte man bereits 111 Prozent der Vorkriegsleistung erreicht.[2] Zudem profitierten die Westdeutschen von den Milliardenhilfen der Briten und vor allem der Amerikaner, während die Sowjetunion so zerstört war, dass sie ihre Besatzungszone nicht unterstützen konnte. Im Gegenteil. Ostdeutschland sollte die UdSSR kostenlos mit Waren versorgen.

Richtige Exportmärkte gab es hingegen kaum noch. Bis zum Krieg hatte das Deutsche Reich vor allem Westeuropa beliefert, aber diese traditionellen Kunden hatte die DDR nun verloren. In Osteuropa wiederum gab es kaum Abnehmer, weil die Länder dort noch ärmer waren als die DDR.

Hinzu kam der Kalte Krieg, sodass die DDR keine Hochtechnologie importieren konnte, weil der Westen ein umfangreiches Embargo verhängt hatte. Die SED betrieb zwar Industriespionage, aber es war trotzdem mühsam und extrem kostspielig, die westliche Technik zu kopieren. Während die Bundesrepublik die gewünschten Maschinen aus den USA einführen konnte, musste die DDR fast jedes technische Gerät selbst entwickeln. Die Ostdeutschen hatten keine Chance, den Wohlstand der Westdeutschen zu erreichen, weil sie nicht an der internationalen Arbeitsteilung teilnehmen konnten.

Trotzdem ist die DDR nicht an den Demontagen oder den Handelshürden gescheitert. Stattdessen zeigte sich früh, dass eine zentrale Planwirtschaft nicht funktionieren kann.

Die Macken der Planwirtschaft

Die Sowjets verloren keine Zeit: Bereits 1945 begannen sie, Unternehmen, Banken sowie große Güter zu enteignen. Kleine Handwerker und Betriebe blieben zunächst privat, wurden aber zu DDR-Zeiten ebenfalls sukzessive verstaatlicht. Am Ende gab es fast keine privaten Nischen mehr; selbst Imbissbuden waren in Staatsbesitz.

Die DDR sollte die zentrale Planwirtschaft sowjetischen Typs übernehmen – war aber mit der Sowjetunion gar nicht zu vergleichen. Als die Kommunisten 1917 in Moskau die Macht übernommen hatten, war Russland noch ein rückständiges Agrarland gewesen. Stalin setzte anschließend eine mörderische Industrialisierung durch, bei der Millionen von Menschen verhungerten. Das Gebiet der DDR hingegen war längst industrialisiert, als das Land zum Kommunismus wechseln sollte. Für dieses Experiment gab es weltweit kein Vorbild.

In den ersten Jahrzehnten nach dem Krieg wuchs die ostdeutsche Wirtschaft zwar, aber es blieb ein permanenter Kampf gegen den Mangel. 1953 war die Wirtschaftskrise so bedrohlich, dass die SED-Spitze keinen anderen Ausweg sah, als die Löhne faktisch zu kürzen: Rationierte Lebensmittel sollten teurer werden und zugleich die Arbeitsnormen steigen.

Der selbsternannte »Arbeiter- und Bauernstaat« wollte also ausgerechnet bei seinen Arbeitern sparen, obwohl das Leben sowieso schon karg war. Am 16. Juni traten die Bauarbeiter auf der Ostberliner Stalinallee daher in den Streik, was symbolisch höchst passend war: Die Straße wurde gerade zu einer sozialistischen Prachtmeile umgestaltet und mit »Arbeiterpalästen« in sowjetischer Monumentalarchitektur dekoriert.

Die Bauarbeiter marschierten in die Innenstadt, um vor dem Gebäude der DDR-Regierung zu demonstrieren, und unterwegs schlossen sich immer mehr Passanten diesem Protestzug an. Die Strecke war nur drei Kilometer lang, aber bereits auf diesem kurzen Weg radikalisierten sich die Forderungen: Anfangs ging es nur darum, dass sich der Lebensstandard verbessern sollte, doch beim »Haus der Ministerien« angekommen, skandierten die Bauarbeiter bereits, dass sie freie Wahlen wollten. Es ging also um die Machtfrage, um die Existenz der DDR.

Eine Abordnung der Bauleute zog gleich weiter – nach Westberlin, zum amerikanischen Radiosender Rias, der in fast allen Teilen der DDR zu empfangen war. Der Sender verbreitete schließlich die Forderungen der Bauarbeiter, sodass nun ganz Ostdeutschland über den Streik in Berlin informiert war.[3]

Der nächste Tag, der 17. Juni 1953, sollte in die deutsche Geschichte eingehen: In mehr als 500 Orten in der DDR kam es zu Protesten; mehr als eine Million Menschen blieben der Arbeit fern oder demonstrierten. Es wurden Parteibüros gestürmt und Häftlinge befreit. Viele Bauern machten sich wieder selbstständig, indem sie aus ihren Zwangskollektiven austraten.

Ohne den Rias hätte es diese landesweite Revolte in der DDR wahrscheinlich nicht gegeben. Egon Bahr war damals Chefredakteur und bilanzierte später in seinen Memoiren: »Der Rias war, ohne es zu wissen und ohne es zu wollen, zum Katalysator des Aufstandes geworden.«[4] Die Freiheit währte allerdings nur kurz, denn die sowjetische Besatzungsmacht ließ ihre Panzer auffahren, und schon am 18. Juni war der Massenprotest niedergeschlagen. 34 Demonstranten und Zuschauer starben.

Seither gab es keinen Zweifel mehr: Die SED konnte sich nur durch Gewalt an der Macht halten – und diese Macht war zudem von den Sowjets geborgt. Das Trauma des 17. Juni verfolgte das Politbüro bis zu seinem Ende. Man verstand sich als eine »Diktatur des Proletariats« und als einen »Staat der Werktätigen«, aber jetzt hatten sich ausgerechnet die Arbeiter erhoben.[5]

Auch die Sowjets waren so schockiert, dass sie nun umsteuerten. Fortan musste die DDR keine Reparationen mehr zahlen, und auch die Besatzungskosten wurden auf fünf Prozent der ostdeutschen Staatsausgaben begrenzt. Stattdessen begann nun die Ära der direkten und indirekten Subventionen für die DDR: Die Sowjetunion räumte einen Sonderkredit von fast einer halben Milliarde Rubel ein, der zum Teil in westliche Devisen konvertierbar war.[6]

Doch die Tristesse blieb, was auch gelegentliche Erfolge nicht verdecken konnten: 1957 beflügelte der »Sputnik-Schock« vorübergehend die Träume, dass man den Westen vielleicht doch noch »einholen und überholen« könnte. Der Sowjetunion war es nämlich früher als den USA gelungen, einen Satelliten ins All zu schießen. Die Versorgungsnöte im Alltag blieben davon jedoch unberührt, wie SED-Funktionär Fritz Selbmann unfreiwillig komisch zugab: »Wer als erster den Erdtrabanten in die Welt schicken kann, dem wird es auch möglich sein, die ökonomische Hausaufgabe zu lösen, nämlich den Kapitalismus in der Produktion von Fleisch und Fett zu überholen.«[7]

Viele DDR-Bürger gaben die Hoffnung auf, dass sich ihr Alltag wesentlich bessern könnte, und traten die Flucht in den Westen an. Diese »Abstimmung mit den Füßen« war meist nicht politisch motiviert, wie Umfragen ergaben, sondern die Ostdeutschen waren zermürbt von dem Chaos in den Betrieben und dem ewigen Schlangestehen vor den Geschäften. Viele wollten einfach nur »geordnet arbeiten« und den »wirtschaftlichen Schwierigkeiten und Engpässen« entkommen.[8]

Zwischen 1949 und 1961 verließen insgesamt zwei Millionen Menschen die DDR, was 13,4 Prozent der Erwerbstätigen entsprach. Dieser Verlust war kaum zu verkraften, zumal vor allem die Jungen, die Leistungsstarken und die Qualifizierten in den Westen übersiedelten. Am Ende wusste sich die SED nicht anders zu helfen, als ihre Bürger einzusperren: Am 13. August 1961 ließ sie die Berliner Mauer errichten. Dieser Tag wurde, zynisch gesprochen, zum »heimlichen Gründungstag der DDR«. Die Ostdeutschen hatten nun keine Alternative mehr; sie mussten bleiben und sich anpassen. Die SED konnte sich jetzt ungestört der Aufgabe widmen, eine zentrale Planwirtschaft sowjetischen Typs aufzubauen.

Von Anfang an erwies es sich als schwierig bis unmöglich, den Fluss von Rohstoffen, Vorprodukten und Ersatzteilen störungsfrei zu organisieren. Die Warnowwerft in Rostock stellte damals einen Vergleich mit der Hamburger Werft Blohm & Voß an: Die Hamburger benötigten nur sechs Einkäufer und drei Bürokräfte, um Zulieferungen zu sichern. In Rostock waren damit 95 Arbeitskräfte beschäftigt.[9] Die Planwirtschaft entwickelte sich zu einem bürokratischen Monstrum.

Dennoch gab es eine kurze Phase, in der viele Ostdeutsche verhalten zuversichtlich waren: 1969 meinte ein Drittel, dass die »allgemeinen Lebensverhältnisse« »gut« seien, weitere 53 Prozent fanden sie »so einigermaßen«. Nur 14 Prozent waren dezidiert unzufrieden und werteten ihren Alltag als »schlecht«. Zudem waren 64 Prozent optimistisch und glaubten, die »wirtschaftliche Lage« würde »sich verbessern«. Nur zwanzig Prozent fürchteten, man werde künftig »auf der Stelle treten«.[10]

Völlig zufrieden waren aber nie mehr als drei Prozent der Ostdeutschen, wie geheime Umfragen ergaben.[11] Die DDR-Bürger verglichen ihr Leben mit den Bildern aus der Bundesrepublik, deren bunte Warenwelt im Westfernsehen zur Schau gestellt wurde. Vor allem Obst, Südfrüchte, Kaffee und Schokolade waren in der DDR chronisch knapp und oft von schlechter Qualität. Für permanenten Ärger sorgte auch das Thema Kleidung, denn es gelang der zentralen Planwirtschaft nur selten, das Angebot an die Saison anzupassen: Im Winter gab es endlich die Tennisschuhe, die man im Sommer gebraucht hätte, dafür fehlten Anoraks.

Zudem blieb der größte Wunsch vieler DDR-Bürger lange unerfüllt: ein Auto. Die Wartezeit für einen Trabant betrug bis zu zwölf Jahre, und wenn man endlich eine »Rennpappe« besaß, war es oft schwierig, die nötigen Ersatzteile aufzutreiben. Trotz dieser Engpässe im Alltag meinten 1969 mehr als die Hälfte der DDR-Bürger, dass die ostdeutschen Produkte mindestens ebenso gut, wenn nicht gar besser als westdeutsche Artikel seien. Viele waren stolz auf die gemeinsame Aufbauleistung.[12]

Die DDR konnte halbwegs mithalten, solange sie bewährte Technik aus dem Westen kopieren und dann auf den Weltmärkten billiger anbieten konnte. Doch ab den frühen 1970er-Jahren setzte der Siegeszug des Computers ein, und diese beschleunigte Automatisierung hat die schwerfällige Planwirtschaft endgültig überfordert. Die DDR investierte zwar Milliarden, um eine eigene Mikrochip-Industrie aufzubauen, aber die Resultate blieben kümmerlich: Die Produktionskosten für einen 256-Kilobit-Chip beliefen sich 1989 auf 534 Ost-Mark, während das gleiche Bauteil auf dem Weltmarkt für vier bis fünf D-Mark zu haben war.[13]

Die DDR verlor daher wichtige Exportmärkte: Noch in den 1960er-Jahren hatte man ostdeutsche Kameras mit Gewinn im Westen verkauft. Aber als die automatische Belichtung oder der Autofokus weltweit zum Standard wurden, konnten die ostdeutschen Fotoapparate nicht mehr konkurrieren und wurden zu Ladenhütern.[14]

Die DDR-Wirtschaft versagte jedoch nicht nur bei der Hochtechnologie. Selbst normale Produkte waren bald zu teuer für den Weltmarkt, sodass die DDR ihren Export in den Westen stark subventionieren musste. Zum Beispiel Möbel: Am Ende wendete die DDR eine Ost-Mark auf, um hinterher 19 West-Pfennige mit ihren Betten zu verdienen.[15] Auf Dauer war dieses Verlustgeschäft nicht zu finanzieren.

Die DDR behauptete zwar bis zum Schluss, dass ihre Wirtschaft jährlich um etwa vier Prozent zulegte, und in den internationalen Statistiken rangierte sie sogar auf dem 13. Platz der Industrienationen.[16] Doch in Wahrheit war es mit dem Wachstum ab Mitte der siebziger Jahre vorbei. Die SED kaschierte diese Stagnation, indem sie kaum noch investierte und alle Mittel in den Konsum lenkte – also von der Substanz lebte. Zudem verschuldete man sich im Ausland.

Viele SED-Spitzenfunktionäre verdrängten, wie gefährlich es war, Kredite im Westen aufzunehmen. Die ostdeutschen Machthaber begriffen sich noch immer »als kommende Sieger der Geschichte«. Günter Schabowski, Mitglied im Politbüro, argumentierte daher pseudo-marxistisch, dass »sich die Überlegenheit unseres Gesellschaftssystems ohnehin erweisen« würde. »Was sollte so schlecht daran sein, sich bis dahin von den Kapitalisten finanzieren zu lassen?«[17]

Theoretisch klang der SED-Ansatz schlüssig: Mit den Krediten würde man Maschinen im Westen kaufen, um die heimische Produktion zu steigern – und mit den Exporterlösen dann die Auslandsschulden wieder tilgen. Doch faktisch wurden mit dem Westgeld kaum Maschinen angeschafft, sondern vor allem Rohstoffe, Lebensmittel und begehrte Konsumgüter erworben.[18]

Vor dem Krieg war Ostdeutschland ein landwirtschaftliches Überschussgebiet gewesen, doch in der DDR kam es immer wieder zu Engpässen, seitdem es keine selbstständigen Bauern mehr gab. Allein zwischen 1971 und 1978 musste die DDR Getreide im Wert von 3,8 Milliarden »Valutamark« aus dem Westen importieren.[19]

Die ostdeutschen Auslandsschulden stiegen rasant: 1971 hatten sie zwei Milliarden Valutamark betragen, 1980 waren es schon 22 Milliarden. Als in diesem Moment die Zinsen weltweit in die Höhe schossen, stand die DDR vor dem Bankrott, weil die Devisen fehlten, um die Westkredite zu bedienen. Auch die Hilfen aus der Bundesrepublik reichten nicht mehr aus: Die Westdeutschen überwiesen fast zwei Milliarden D-Mark jährlich, um unter anderem für den Transitverkehr nach West-Berlin zu zahlen, Postgebühren zu begleichen oder die ostdeutschen Kirchen zu unterstützen.[20]

Selbst SED-Kader resignieren

Die DDR war damals nicht das einzige Ostblockland, das faktisch pleite war. Auch Polen und Rumänien waren überschuldet und mussten 1981 ihre Zahlungsunfähigkeit erklären. Die Banken im Westen waren schockiert, denn sie hatten angenommen, dass der »große Bruder« in Moskau seine Satellitenstaaten retten würde. Doch die Sowjetunion stand ebenfalls kurz vor dem Zusammenbruch und hatte sich zudem ab 1979 mit der Invasion in Afghanistan übernommen.

Im ersten Halbjahr 1982 zogen die westlichen Banken daher 40 Prozent ihrer kurzfristigen Einlagen aus der DDR ab. Die SED-Herrschaft wäre schon damals ins Schwanken geraten, wenn nicht die Bundesregierung in Bonn eingesprungen wäre: 1983 und 1984 bürgte sie für zwei Kredite westdeutscher Banken, die sich insgesamt auf knapp zwei Milliarden D-Mark beliefen. Dieses Geld hat die DDR dann bei westlichen Banken geparkt, damit sie »Sicherheiten« vortäuschen konnte, um die restlichen Kredite umzuschulden und die Zinslast wieder zu senken.[21]

In Bonn war man also frühzeitig informiert, dass die DDR kurz vor dem Bankrott stand. Doch kam keine hämische Freude auf, denn die Bundesregierung fürchtete, dass die SED mit aller Gewalt um ihre Macht kämpfen würde, falls das Volk rebellierte. Ein abschreckendes Beispiel gab es schon: die Militärdiktatur in Polen, die 1981 das Kriegsrecht verhängt hatte. Um eine ähnliche Eskalation in Ost-Berlin zu verhindern, war die Bundesregierung bereit, die DDR finanziell zu stabilisieren.[22]

Mit den Bonner Bürgschaften war die ostdeutsche Kreditkrise jedoch nicht behoben, sondern nur verschoben.[23] Zudem gab es keine zusätzlichen Darlehen mehr, sodass nun fühlbar wurde, dass die DDR-Wirtschaft nicht mehr wuchs und von der Substanz zehrte. Selbst bei gläubigen SED-Kadern machte sich Resignation breit: 1983 meinten nur noch zehn Prozent der DDR-Bürger, dass ihre Lebensverhältnisse »gut« seien, 35 Prozent hingegen nannten sie »schlecht«.[24]

Die Bürger wurden nun zunehmend aufsässig, wie die SED verstört feststellen musste. Im thüringischen Barchfeld wollte der örtliche Parteisekretär im Herbst 1986 einen jungen Ingenieur für die Jugendorganisation FDJ gewinnen. Also beorderte er den Mann in sein Büro: »Du gehst hier nicht eher wieder raus, bevor du dich bereit erklärt hast, FDJ-Sekretär zu machen!« Doch der Ingenieur antwortete nur: »Dann lass man schon ein Feldbett holen und meine Frau benachrichtigen!«[25]

Viele DDR-Bürger waren frustriert, weil ihre Betriebe leerliefen: Vorprodukte wurden nicht rechtzeitig geliefert, Maschinen waren überaltert, und die nötigen Ersatzteile fehlten. Man hatte zwar einen Arbeitsplatz – aber nichts zu tun.

So erging es auch dem Diplomchemiker Hubert Biebl, der im Chemiefaserwerk »Friedrich Engels« im brandenburgischen Premnitz angestellt war. Biebl führte zwischen 1982 und 1984 ein geheimes Tagebuch, bis ihn seine Frau bat, damit wieder aufzuhören, weil sie Angst vor der Stasi hatte. Biebls Aufzeichnungen sind eine einzigartige Quelle über das Alltagsleben in der DDR und kreisen um die Qual, das eigene Wissen nicht einsetzen zu können und zur Untätigkeit verdammt zu sein. Am 17. Januar 1983 notierte der Diplomchemiker: »Eine neue Arbeitswoche beginnt. Vier Tage des Terminkalenders sind ohne jeden Vermerk. Nur für Dienstag ist eingetragen: 14.30 Uhr Schule der sozialistischen Arbeit. Es scheint mir das typische Wochenprogramm eines bezahlten Arbeitslosen zu sein.«[26]

Eine Woche später schrieb Biebl auf: »Potz Blitz, heute wollte man etwas von mir in der Fabrik. Ich war ganz erschrocken! Es war nämlich das erste Mal in diesem Jahr, dass man etwas von mir verlangte. Zum Glück war es nichts Weltbewegendes. Man wollte nur eine Unterschrift unter eine Grußadresse.«[27]

Biebl amüsierte sich damit, in seinem Tagebuch die Witze festzuhalten, die damals in den Betrieben kursierten: »Frage an den Sender Jerewan: Ist es möglich, in der Wüste den Sozialismus aufzubauen? Antwort: Im Prinzip ja. Fünf Jahre passiert nichts, aber dann wird der Sand knapp.«[28]

Während in den Fabriken schon weitgehend Stillstand herrschte, verbreitete die SED-Spitze noch immer hektische Betriebsamkeit. Die zentrale Planungskommission erstellte jährlich 2136 Bilanzen für Materialien und Halbfertigwaren, die etwa 76 Prozent des Industrie-Inputs erfassten. 133 Kombinate erarbeiteten dann noch einmal 2400 Bilanzen.[29]

Doch trotz dieser Akribie gelang es nie, die Komplexität des Systems abzubilden. Es musste nur irgendwo ein einziges Vorprodukt fehlen, um alle Pläne zu torpedieren. Ein beliebiges Beispiel: Das Aluminiumwerk Fischbach in Thüringen sollte 1986 laut Plan 50000 Frittiertöpfe herstellen, die in der ganzen DDR heiß begehrt waren und auch in den Export gehen sollten. Aber leider gab es nicht genug Draht für die Frittiersiebe. Also wurden am Ende nur 20000 Frittiertöpfe produziert.[30]

Diese Probleme an der Basis waren der SED keineswegs unbekannt, denn sobald der Produktionsablauf stockte, wandten sich die verzweifelten Fabrikdirektoren an die örtliche Parteileitung: Es lag ja nahe zu hoffen, dass die Mächtigen vielleicht geheime Vorräte aufspüren könnten. Auch in Fischbach durfte sich der lokale SED-Parteisekretär wochenlang mit dem Problem herumschlagen, dass Bauteile für eben jene Frittiertöpfe fehlten, die die Zahlungsbilanz der DDR aufhübschen sollten.

Der allgemeine Mangel war so groß, dass Fabriken selbst dann noch produzierten, wenn es lebensgefährlich wurde. Das Chemiewerk in Premnitz arbeitete mit giftigem Schwefelkohlenstoff, der aber in alten, verrosteten Kesseln gelagert wurde. »Man befürchtet eine Trinkwasserkatastrophe mit unübersehbaren Folgen für die Stadt Premnitz«, notierte Biebl am 14. Mai 1984. Ein neues Schwefelkohlenstofflager war daher seit zehn Jahren geplant – aber es fehlte das Geld, um diese Investition in die Sicherheit zu tätigen.[31]

Überall in der DDR tickten chemische Zeitbomben. Sogar die Fleischerzeugung konnte zur Bedrohung werden: Der Schlachthof in Halle arbeitete mit einer Kühlanlage, die noch aus der Nazi-Zeit stammte, inzwischen 53 Jahre alt und verrostet war. Zehn Tonnen Ammoniak konnten jederzeit auslaufen und Beschäftigte sowie Anwohner vergiften. Alle Experten waren sich einig, dass man den Betrieb so schnell wie möglich abreißen musste. Doch die SED-Spitze legte ein Veto ein: In Ost-Berlin fürchtete man, dass die Fleischversorgung in Teilen der DDR zusammenbrechen würde, falls der Schlachthof in Halle ausfiel.[32]

Die zentrale Planwirtschaft stand jedoch nicht nur in der DDR vor dem Kollaps, sondern auch in der Sowjetunion. In Moskau entschied man sich daher ab 1985 für eine Radikalreform: Der neue Parteichef Gorbatschow führte die Konzepte »Glasnost« (Offenheit) und »Perestroika« (Umbau) ein. Wenig später gaben die Sowjets auch ihr europäisches Vorfeld auf, weil die Mittel nicht mehr reichten, um die Vasallenstaaten ökonomisch und militärisch zu unterstützen. Ende 1988 machte Gorbatschow dann öffentlich deutlich, dass man sich nicht mehr in die inneren Angelegenheit der Bruderstaaten einmischen würde.[33] Für die Osteuropäer war der Weg frei, sich vom Kommunismus zu verabschieden.

Die SED war entsetzt über die sowjetische Kurskorrektur, denn für die DDR konnte es keine Zukunft geben, sobald der Staatssozialismus Vergangenheit wäre. Länder wie Ungarn oder Polen würden fortbestehen, wenn sie kapitalistische Reformen durchführten, und die dortigen Kader konnten berechtigt hoffen, auch weiterhin zur Elite des Landes zu gehören. Die DDR hingegen wäre völlig überflüssig, sobald sie sich vom Kommunismus verabschiedete, denn zwei kapitalistische Staaten auf deutschem Boden konnte sich niemand vorstellen. Die SED sah daher völlig richtig voraus, dass ökonomische Reformen zwingend auf eine Wiedervereinigung hinauslaufen würden. Die SED wehrte sich daher bis zuletzt gegen eine »Perestroika«.

Im Herbst 1989 waren die 21 Herren im SED-Politbüro im Durchschnitt 65 Jahre alt, und sie hofften immer noch, dass der Kommunismus zumindest länger leben würde als sie selbst. Den 40. Jahrestag der DDR, den 7. Oktober 1989, zelebrierte die SED, als ob nichts gewesen sei. Gast Gorbatschow verärgerte die SED-Gerontokratie allerdings mit dem Satz: »Wer zu spät kommt, den bestraft das Leben.«[34]

Nur wenige Wochen später war es mit der SED-Herrschaft vorbei. Ohne großen Widerstand ließen sich die Genossen von den Massenprotesten aus dem Amt fegen, denn niemand wusste besser als das Politbüro, dass die DDR nur noch eine Ruine war.[35] Planungschef

Gerhard Schürer hatte in einem Geheimpapier eine »ungeschminkte« Bilanz vorgelegt. Die Zahlen waren desaströs: In der Industrie betrug der »Verschleißgrad« 53,8 Prozent, im Bauwesen 67 Prozent, im Verkehrswesen 52,1 Prozent und in der Landwirtschaft 61,3 Prozent. Überall bröckelte es, und in den Innenstädten waren die Altbauten vielerorts nicht mehr bewohnbar.

Zudem war absehbar, dass der Internationale Währungsfonds demnächst einschreiten würde, weil die DDR in die Pleite rutschte. Schürer ging damals davon aus, dass sich die Westkredite auf 49 Milliarden Valutamark summierten und dass diese Schulden noch weiter steigen würden, weil man selbst die Zinsen nicht mehr aufbringen konnte. Düster prognostizierte Schürer: »Allein das Stoppen der Verschuldung würde im Jahre 1990 eine Senkung des Lebensstandards um 25 bis 30 Prozent erfordern und die DDR unregierbar machen.«

Ganz so hoch waren die Kredite aber doch nicht, wie die Bundesbank später nachgerechnet hat: Die Nettoverschuldung im westlichen Ausland belief sich 1989 nur auf 19,9 Milliarden Valutamark.[36] Denn es gab noch Geheimkonten in der DDR, die besser gefüllt waren, als Schürer ahnte. Dieser Geschäftsbereich namens »Kommerzielle Koordinierung« war ausschließlich damit beschäftigt gewesen, Westdevisen zu erwirtschaften, die in den offiziellen Plänen nirgends auftauchten. Die Kreativität hatte keine Grenzen gekannt: Es wurden Pflastersteine, Antiquitäten und Häftlinge verkauft, aber auch eigens Deponien angelegt, wo der Westen gebührenpflichtig seinen Abfall lagern durfte.[37]

Trotzdem nutzte es der SED 1989 nichts, dass die Westschulden eigentlich überschaubar waren. Es fehlten schlicht die Devisen, um die fälligen Zinsen zu zahlen: Ostdeutsche Güter waren auf dem Weltmarkt kaum noch gefragt, und der technologische Rückstand wurde jährlich größer. Die DDR war ausgelaugt und bankrott.[38]

Die meisten Ostdeutschen erkannten völlig richtig, dass es nur eine ökonomisch sinnvolle Lösung gab: die Wiedervereinigung. Anfangs hatten die Demonstranten noch »Wir sind das Volk« gerufen, um sich gegen die SED-Diktatur aufzulehnen. Doch schon bald verwandelte sich der Slogan in »Wir sind *ein* Volk«.

Die Westdeutschen waren durchaus offen für die Idee, aus zwei Staaten ein Deutschland zu machen, aber konkrete Vorstellungen hatten sie nicht. Die Bundesbürger hatten sich in ihrem Westteil eingerichtet und identifizierten sich zunehmend mit diesem Rumpfstaat. Ein größeres Deutschland war aus dem Fokus verschwunden, und stattdessen hatte sich eingebürgert, »Deutschland« zu sagen, wenn nur die Bundesrepublik gemeint war. Umfragen ergaben 1986/87, dass für ein Drittel der Bundesbürger die DDR längst normales Ausland war. Bei den unter 30-jährigen fand sogar die Hälfte, dass die DDR ein fremder Staat sei. Drei Viertel der Befragten bejahten zwar eine Wiedervereinigung – aber nur ganze neun Prozent gingen davon aus, dass diese Wiedervereinigung zu ihren Lebzeiten stattfinden würde.[39] Entsprechend überrascht waren die Westdeutschen, als plötzlich die Mauer fiel.

In Bonn gab es keinen Plan, wie eine Wiedervereinigung aussehen könnte, denn es wäre eine politische Unmöglichkeit gewesen, an einem Konzept zu arbeiten, solange die DDR noch existierte. Eventuelle Pläne wären niemals geheim geblieben, da die Stasi stets bestens informiert war, was in den westdeutschen Ministerien so passierte. Überall hatte die DDR ihre Spione platziert. Die Bundesregierung hätte also ihre eigene Entspannungspolitik torpediert, wenn sie offensiv über ein Ende der SED-Herrschaft nachgedacht hätte. Zudem hätten auch die Alliierten gegen Bonner Alleingänge protestiert, denn ein gesamtdeutscher Friedensvertrag stand noch immer aus.

Deutschland stand also planlos vor einer Aufgabe, die historisch einmalig war: Wie verwandelt man eine kommunistische Industrienation in ein kapitalistisches Land? Dafür gab es weltweit kein Beispiel. 1990 wiederholte sich damit unter umgekehrten Vorzeichen die Situation von 1945: Nach dem Krieg hatten die Sowjets das einzigartige Experiment gestartet, ein kapitalistisches Industrieland kommunistisch umzubauen. Nun wurde dieser Versuch wieder abgewickelt, aber auch dafür existierte nirgendwo ein Vorbild.

Auch von den westdeutschen Ökonomen kam wenig Hilfe. Ein Gesamtkonzept haben sie damals nicht entwickelt, sondern sich höchstens zu Einzelfragen geäußert.[40] Besonders vehement wurde die Frage diskutiert, ob es eine Währungsunion geben sollte. Viele Ökonomen waren strikt dagegen, die D-Mark im Osten einzuführen, denn sie sahen eine Katastrophe voraus: Die DDR-Waren wären dann plötzlich so teuer wie Westprodukte, sodass niemand mehr ostdeutsche Güter kaufen und die Industrie sofort zusammenbrechen würde. Die D-Mark würde nicht Reichtum, sondern Armut bringen.

Doch die Ostdeutschen ließen sich nicht beirren: »Ohne 1 : 1 werden wir nicht eins«, lautete eine beliebte Parole. Für jede Ost-Mark sollte es eine West-Mark geben, und mit diesem Wunsch haben sich die DDR-Bürger weitgehend durchgesetzt. Zum Glück. Die Währungsunion war ein großer Erfolg, obwohl sie zunächst wie ein Desaster wirkte.

Teuer und trotzdem kostenlos: Die Wiedervereinigung

Helmut Kohl handelte durchaus eigennützig, als er eine West-Mark für eine Ost-Mark versprach. Am 18. März 1990 fanden die ersten freien Wahlen in der DDR statt, und der Kanzler wollte sicherstellen, dass die Ost-CDU möglichst gut abschnitt.

Kohl war allerdings in der glücklichen Lage, dass er das Nützliche mit dem Richtigen verbinden konnte. Es gab gar keine andere Möglichkeit, als mit der West-Mark zu winken. Denn erneut fand eine »Abstimmung mit den Füßen« statt: Allein zwischen November 1989 und Januar 1990 hatten rund 300 000 DDR-Bürger ihr Land verlassen und waren in den Westen umgezogen.[41] Wieder waren es vor allem die Jungen und Leistungsstarken, die dieses Wagnis eingingen. Es war abzusehen, dass noch Millionen folgen würden, falls die D-Mark nicht auch im Osten gelten würde.

Zudem war unsicher, wie lange sich Gorbatschow noch an der Macht würde halten können. In der Sowjetunion war die wirtschaftliche Lage katastrophal, selbst Fleisch und Milch wurden knapp, und erste Teilrepubliken wie die baltischen Länder spalteten sich ab. Im sowjetischen Militär und unter den konservativen Kommunisten brodelte es; ein Putsch war jederzeit möglich. Es herrschte also Zeitdruck. Eine deutsche Wiedervereinigung, so schien es, konnte nur gelingen, wenn sie möglichst rasch durchgezogen wurde.

Die Währungsunion war daher alternativlos, sodass nur die Frage blieb, welcher Umtauschkurs gelten sollte. Viele Ökonomen orientierten sich an den ostdeutschen Realitäten: Die DDR musste im Inland eine Mark aufwenden, um im Westexport 0,25 Valutamark zu erzielen.[42] Daraus ließ sich ziemlich sicher schließen, dass die ostdeutsche Produktivität nur bei einem Viertel des westdeutschen Standards lag. Es schien sich daher anzubieten, den Umtauschkurs bei 4 : 1 anzusetzen. Für vier Ostmark sollte es also eine D-Mark geben.

Dieser Umtauschkurs hätte jedoch bedeutet, dass ganz Ostdeutschland verarmt wäre. Die Nettolöhne in der DDR lagen im Juni 1990 bei durchschnittlich 1 224 Mark.[43] Ein Viertel wären also 306 D-Mark gewesen, und von diesem kümmerlichen Betrag hätte niemand leben können. Die Bundesbank schlug daher als Kompromiss vor, die Ostmark 2 zu 1 umzutauschen.

Kaum wurde diese vertrauliche Idee publik, strömten die DDR-Bürger wieder auf die Straßen: 100 000 wütende Ost-Berliner versammelten sich vor dem Roten Rathaus, in Dresden protestierten 70 000. »Ein Neubeginn mit Wahlbetrug – mit uns nicht«, stand auf den Transparenten. Die DDR-Bürger hatten nicht vergessen, dass Kohl überall versprochen hatte, dass es für jede Ostmark eine Westmark geben würde. »Ihr wolltet den totalen Kohl – jetzt habt ihr den Salat«, dichteten Ostdeutsche empört.[44]

Auch der Bundesregierung fiel bald auf, dass halbierte Löhne keine Lösung waren, denn sie hätten einen neuen Exodus gen Westen provoziert: Ostdeutsche hätten mit einem vollen Job weniger verdient, als Sozialhilfeempfänger im Westen bekamen.

Zudem wollte Kohl nicht als »Wahlbetrüger« und »Verräter« in die Geschichte eingehen. Am Ende blieben die ostdeutschen Löhne auch in Westmark unverändert, und dieser Umtauschkurs von 1 : 1 galt für alle laufenden Posten – also auch für Renten, Mieten und Preise. Die Spareinlagen hingegen wurden tatsächlich halbiert und zu einem Kurs von 2 : 1 in D-Mark gutgeschrieben.[45]

Die Währungsunion wurde bereits am 1. Juli vollzogen, während der »Tag der Einheit« erst am 3. Oktober 1990 stattfand. Mit dieser Reihenfolge wiederholte sich die Nachkriegsgeschichte, denn auch 1948 waren zunächst neue Währungen in West und Ost eingeführt worden, bevor dann die Bundesrepublik und die DDR als getrennte Staaten entstanden. Die alten Mythen und Metaphern schienen daher erneut bestens zu passen: Wieder war von einer »Stunde null« die Rede[46], und nicht wenige Politiker glaubten, dass sich in Ostdeutschland ein weiteres »Wirtschaftswunder« ereignen würde, weil dort nun ebenfalls die »soziale Marktwirtschaft« eingeführt wurde.

Auch der damalige CSU-Finanzminister Theo Waigel machte sich diese windigen Analogien zu eigen. In seinen Memoiren schreibt er: »Ich vertraute auf die Kräfte der Marktwirtschaft und erwartete einen Leistungsschub in der DDR, vergleichbar dem Wirtschaftswunder Ludwig Erhards in den Fünfzigerjahren. Die wirksamste Wirtschaftshilfe für die DDR, so dachte und formulierte ich auch später im Bundestag, sei der Export unseres Konzepts der Sozialen Marktwirtschaft.«[47]

Die Bundesregierung erwartete, dass die Wiedervereinigung weitgehend kostenlos zu haben sei. Der Staatsvertrag zur Währungsunion sah vor, dass man 1990 lediglich 25 Milliarden D-Mark an die ostdeutschen Länder überweisen würde. 1991 sollten noch einmal 40 Milliarden folgen.[48] Ansonsten aber sollte sich die Modernisierung der DDR selbst finanzieren, denn anfangs hatte man große Hoffnungen, dass sich die ostdeutschen Staatsbetriebe lukrativ verkaufen ließen. Manche Schätzungen gingen gar davon aus, dass das DDR-Vermögen etwa 600 Milliarden D-Mark wert sei.[49]

Diese Luftbuchungen fielen jedoch schnell in sich zusammen. Es gab kein Vermögen, sondern nur Kosten, wie die Treuhand bald feststellten musste, die den staatlichen DDR-Besitz privatisieren sollte. Es gelang zwar, rund 10000 ostdeutsche Betriebe zu retten. Aber es mussten auch 3700 Firmen geschlossen werden. Als die Treuhand Ende 1994 aufgelöst wurde, beliefen sich ihre Verluste auf 204 Milliarden D-Mark.[50]

Es schien kaum zu glauben, dass die ostdeutschen Firmen und Grundstücke weniger als nichts wert gewesen sein sollten. Hartnäckig hielt sich der Verdacht, dass die Treuhand wertvolles DDR-Vermögen zu Ramschpreisen verscherbelt haben könnte. Der Bundestag setzte zwei Untersuchungsausschüsse ein, um die Arbeit der Treuhand zu durchleuchten.[51]

Auch der Bundesrechnungshof widmete sich der Treuhand und kritisierte unter anderem, dass man die DDR-Banken zu Schleuderpreisen an westdeutsche Kreditinstitute verkauft hatte. So erwarb die Deutsche Bank einen Teil der ehemaligen Deutschen Kreditbank für nur 310 Millionen D-Mark – und bekam dafür 112 Niederlassungen. »Ein unangemessen niedriger Kaufpreis«, wie der Bundesrechnungshof beanstandete.[52]

Betrug, Korruption und Insidergeschäfte waren in der Treuhand kaum zu verhindern, weil niemand wirklich überwachte, was die 4000 Mitarbeiter tagtäglich so entschieden. Es herrschte ein enormer Zeitdruck, da die ostdeutschen Betriebe ihre Zukunft erst solide planen konnten, wenn die Privatisierung abgeschlossen war. Wie der Bundestag 1998 bilanzierte, dürften insgesamt drei bis zehn Milliarden D-Mark veruntreut worden sein.[53] Das war viel Geld, machte aber trotzdem nur maximal fünf Prozent der Treuhand-Verluste aus.[54]

Der endgültige Bankrott der ostdeutschen Wirtschaft wurde nicht durch die Treuhand besiegelt – sondern durch die Währungsunion. Die D-Mark bedeutete den Todesstoß, weil sich die DDR-Bürger kaum noch für heimische Produkte entschieden, sobald sie die westliche Währung in Händen hielten. Der Trabant beispielsweise entwickelte sich zum Ladenhüter, obwohl der »Sachsenporsche« sogar mit einem VW-Viertakt-Motor ausgestattet wurde. Aber 9110 D-Mark für einen neuen Trabant war den Ostdeutschen zu viel, da kauften sie lieber einen gebrauchten VW-Golf.[55]

Ähnlich dachten die Osteuropäer: Auch sie verlangten Westqualität, wenn sie mit D-Mark zahlen sollten. Die ostdeutschen Betriebe verloren daher ihre angestammten Exportmärkte in den östlichen Nachbarländern.

Noch zu DDR-Zeiten begann ein beispiellos rasanter Verfall: Im Sommer 1990 sank die Industrieproduktion innerhalb weniger Wochen um die Hälfte.[56] Wie stark der Einbruch war, hing allerdings auch von der jeweiligen Branche ab, denn nicht jeder Sektor war dem überregionalen Wettbewerb gleichermaßen ausgesetzt. Elektrizitätswerke, Wasserversorger, Gaststätten, Krankenhäuser, Kinos, Taxifahrer und Handwerker hatten weiterhin gut zu tun. Zudem drängten Westfirmen in den Osten, die neue Mitarbeiter benötigten: Dazu gehörten vor allem Banken, Versicherungen, Lebensmittelketten und Autohändler.[57]

Dennoch verloren Millionen Menschen ihre Stellen: 1991 waren etwa eine Million offiziell als arbeitslos gemeldet, weitere 700 000 versahen Kurzarbeit, 800 000 bekamen eine Fortbildung oder Umschulung, und rund 100 000 befanden sich in einer ABM-Maßnahme. 850 000 Ältere wurden frühverrentet.[58]

Viele Menschen verließen den ostdeutschen Arbeitsmarkt für immer: 1,7 Millionen siedelten nach Westdeutschland über, und etwa eine halbe Million arbeitete als Pendler im Westen. Fast jeder DDR-Bürger musste sich neu orientieren. Nur 30 Prozent aller ostdeutschen Beschäftigten besaßen 1993 noch den gleichen Arbeitsplatz wie vor der Wiedervereinigung.

Ältere und Frauen waren von der Arbeitslosigkeit besonders betroffen: 80 Prozent der Generation 50-Plus verloren ihre Stellen, und zwei Drittel aller Arbeitslosen waren weiblich. Wer einmal arbeitslos war, fand so schnell keine neue Tätigkeit mehr. 1993 war fast die Hälfte aller Erwerbslosen schon mindestens ein Jahr ohne Arbeit.[59]

Die Treuhand versuchte, zumindest einige »industrielle Kerne« zu retten, damit nicht ganze Landstriche verödeten. Mit Milliarden wurden Carl Zeiss Jena, die Werften an der Ostsee, das Stahlwerk in Eisenhüttenstadt und die Chemiekonzerne bei Merseburg gestützt. Allein für die ostdeutsche Leuna-Raffinerie und das DDR-Tankstellennetz Minol stellte die Treuhand fast 2,3 Milliarden D-Mark zur Verfügung – um am Ende ganze 5 000 Arbeitsplätze zu sichern.[60] Im Durchschnitt hat also jede einzelne Stelle etwa 460 000 D-Mark gekostet.

Schon diese enormen Ausgaben zeigen, dass es unmöglich gewesen wäre, alle industriellen Arbeitsplätze der DDR zu retten – zumal viele Betriebe hoffnungslos veraltet waren. Vor allem moderne, innovative Branchen fehlten, da die SED viele Jahre lang kaum noch in die Wirtschaft investiert hatte. Stattdessen dominierten noch immer jene Sektoren, die in Westdeutschland schon in den 1970er-Jahren weitgehend verschwunden waren, weil sie gegen die Billigkonkurrenz aus den Schwellenländern nicht bestehen konnten: also Textilbetriebe, Werften, Stahlerzeuger und die Hersteller einfacher Konsumgüter. Diese Unternehmen brachen nun auch in Ostdeutschland zusammen, weil sie dem internationalen Wettbewerb nicht mehr standhalten konnten.

Trotzdem war die Sanierung der Firmen langfristig ein Erfolg. Heute produziert die ostdeutsche Industrie weit mehr Waren als zu DDR-Zeiten – allerdings mit viel weniger Beschäftigten.[61] Wie im Westen erledigen nun vor allem Maschinen und Computer die Arbeit in den Werkhallen.

Der Osten hat aufgeholt, aber die Spuren der Geschichte sind noch immer tief. Auch 30 Jahre nach der Einheit verdienen ostdeutsche Vollzeitbeschäftigte 21 Prozent weniger als die Westdeutschen. Zudem sind die regionalen Unterschiede enorm: In Görlitz beträgt der Lohnabstand zum Westen 35 Prozent, während es in Jena nur acht Prozent sind.[62]

Diese Differenzen sind allerdings nicht ganz so dramatisch, sofern auch die Preise berücksichtigt werden, die im Westen meist deutlich höher liegen als im Osten. In Görlitz sind 48 Quadratmeter im Altbau derzeit für eine Miete von 250 Euro zu haben. In Stuttgart kostet eine ähnliche Wohnung bis zu 1 500 Euro.[63]

Die materiellen Unterschiede sind jedoch nicht das einzige Problem, das Ost und West noch immer trennt. Viele Ostdeutsche kränkt bis heute, dass ihre Lebensleistung nicht gewürdigt wird. Nicht nur die DDR verschwand, auch die eigene Biographie schien plötzlich wie ausradiert. Zudem benahmen sich viele Westdeutsche, als hätten sie ganz persönlich das »Wirtschaftswunder« erfunden und als wären sie nun die Sieger der Geschichte. Für diesen ignoranten Dünkel prägten die Ostdeutschen bald den Begriff »Besserwessi«, der es zum »Wort des Jahres« 1991 brachte.

Viele Westdeutsche wiederum waren empört, dass sich die »Jammerossis« ständig beschwerten, obwohl Milliarden nach Ostdeutschland gepumpt wurden. Es wurde nicht wahrgenommen, dass die Belastungen durch die Wiedervereinigung längst nicht so groß waren wie gedacht.

Bis heute ist unklar, wie viel die Einheit genau gekostet hat. Denn die Zahlungsströme von West nach Ost waren komplex: Es gab die Treuhand, den Fonds Deutscher Einheit, den Solidarpakt, den Länderfinanzausgleich, EU-Fördermittel sowie Aufwendungen der Rentenkasse, der Kranken- und der Arbeitslosenversicherung. Ex-Finanzminister Theo Waigel schätzt, dass in den vergangenen 30 Jahren etwa 2,5 Billionen Euro vom Westen in den Osten geflossen sind.[64]

2 500 Milliarden sind sehr viel Geld – und dennoch war die Einheit letztlich gratis. Vor Corona lag die Staatsverschuldung in Deutschland bei 59,8 Prozent der Wirtschaftsleistung, während Frankreich auf 97,5 Prozent und Großbritannien auf 83,9 Prozent kamen, obwohl beide Länder keine teure Wiedervereinigung zu stemmen hatten. Auch die Steuer- und Abgabenlast ist in Deutschland nicht höher als in anderen europäischen Staaten und liegt im »oberen Mittelfeld«.[65] Die deutsche Einheit hat sich weitgehend selbst finanziert, weil der Umbruch im Osten einen Wachstumsschub ausgelöst hat, von dem die gesamte deutsche Wirtschaft profitiert hat.[66]

Die deutsche Einheit war sogar so mühelos zu bewältigen, dass 1996 schon wieder Steuergeschenke verteilt wurden und die Vermögenssteuer faktisch entfiel. Der deutsche Staat hatte also genug Geld, um die Wohlhabenden zu entlasten. Sonnig bekennt Waigel in seinen Memoiren: »Nur größere Unternehmen und der sehr gehobene Mittelstand profitierten davon.«[67]

Die Vermögenssteuer ist nur ein Detail, symbolisierte aber bestens die soziale Unwucht, die die Politik im neuen Einheitsdeutschland kennzeichnete. Es profitierten vor allem die höheren Schichten. Die Folgen sind bis heute zu spüren: Die Wiedervereinigung war eigentlich ein großer Erfolg, aber trotzdem hatten hinterher viele Bürger das Gefühl, dass sie zu den Opfern gehörten. In Ostdeutschland ist die Bitterkeit besonders groß, wie Umfragen immer wieder zeigen.

Im Frühjahr 1990 waren noch 77 Prozent der DDR-Bürger überzeugt, dass eine »soziale Marktwirtschaft« anzustreben sei. 1995 glaubten dies nur noch ganze 26 Prozent.[68] Stattdessen meinten jetzt 75 Prozent der Ostdeutschen, dass der Sozialismus eigentlich eine gute Idee gewesen sei – nur leider schlecht ausgeführt.[69]

Westdeutsche konnten oft gar nicht nachvollziehen, dass viele Ostdeutsche so enttäuscht waren. Aber der Instinkt trog die Ostdeutschen nicht. Die »soziale Marktwirtschaft« erwies sich als längst nicht so sozial, wie gern behauptet wurde.

Vielleicht wäre die Politik sozial gerechter ausgefallen – wenn im Dezember 1990 die SPD die Bundestagswahl gewonnen hätte. Doch diese Chance wurde leichtfertig vertan. Die Sozialdemokraten fuhren eine schwere Niederlage ein, da ihr Kanzlerkandidat Oskar Lafontaine agierte, als wäre er ein Provinzpolitiker aus Saarbrücken. Kohl konnte mühelos zum »Kanzler der Einheit« aufsteigen, weil Lafontaine sich weigerte, die Wiedervereinigung als historische Chance zu sehen.

Schicksalswahl 1990: Das tragische Versagen von Oskar Lafontaine

Die SPD war an Oskar Lafontaine gekettet, weil sie glaubte, keinen besseren Kandidaten zu haben, um gegen Kohl anzutreten. Kein anderer »Enkel« von Willy Brandt war so beliebt und medienwirksam. Lafontaine, damals 47 Jahre alt, galt als dynamisch und progressiv. Er symbolisierte einen Generationenwechsel, den vor allem die Jüngeren herbeisehnten, die den behäbigen Kohl nach fast acht Kanzlerjahren gründlich satthatten.

Zudem war es Lafontaine gelungen, in Saarbrücken und im Saarland sechs Wahlen hintereinander zu gewinnen und absolute Mehrheiten zu erringen. Er schien die Gabe zu besitzen, selbst aussichtslose Wahlkämpfe in einen Sieg zu verwandeln. Genau diese Fähigkeit wurde jetzt gebraucht, denn im Jahr 1990 wurde permanent gewählt und für die SPD war die strategische Ausgangslage nicht einfach.

Zunächst standen, wie schon erwähnt, am 18. März 1990 die ersten freien Wahlen in der DDR an. Die CDU profitierte nicht nur vom Kanzlerbonus, sondern wandte erneut den bewährten Trick an, sich selbst als die Partei des westdeutschen »Wirtschaftswunders« zu feiern. Die Botschaft war denkbar schlicht: Mit der D-Mark würde auch der Aufschwung kommen.

Trotzdem hätte auch die SPD punkten können, denn es war vor allem ihrer Ostpolitik unter Willy Brandt zu verdanken, dass eine friedliche Wiedervereinigung überhaupt möglich wurde. Zudem stellten die Sozialdemokraten einen echten Neuanfang dar, weil sie in der DDR verboten gewesen waren. Die Ost-CDU hingegen besaß wenig Glaubwürdigkeit und wurde als »Blockflöte« verspottet, da sie willig an der DDR-Diktatur teilgenommen hatte und jahrzehntelang eine Listenverbindung mit der SED eingegangen war.

Die Ostdeutschen waren auch keineswegs so naiv, wie sie im Westen gern dargestellt wurden. Die DDR-Bürger wollten zwar ihrer wirtschaftlichen Misere entkommen, aber deswegen hielten sie die Bundesrepublik noch lange nicht für das gelobte Land. Schließlich hatten sie jahrzehntelang aufmerksam Westfernsehen geguckt, und daher war ihnen nicht entgangen, dass es jenseits der Grenze zwei Millionen Arbeitslose und auch wirkliche Armut gab.

Die Ostdeutschen sehnten sich nach Sicherheit, und dieses Bedürfnis hätte die SPD von allen Parteien am glaubwürdigsten befriedigen können, stand sie doch für den sozialen Ausgleich. Um zu gewinnen, hätte Lafontaine nur zwei Botschaften miteinander kombinieren müssen: Er hätte die Einheit begrüßen und ein gerechtes Deutschland versprechen müssen.

Doch Lafontaine weigerte sich beharrlich, die Einheit als Chance zu sehen. Stattdessen gab er den Mahner, Bedenkenträger – und weltfremden Kosmopoliten. Die Mauer war kaum gefallen, da erklärte Lafontaine schon in Interviews, dass er den »Nationalstaat alter Form« für überholt hielt: »Mein Ziel sind die Vereinigten Staaten von Europa.«[70]

Bereits mit diesem einen Satz verabschiedete sich Lafontaine aus der praktischen Politik, denn damals war so offensichtlich wie heute, dass ein geeintes Europa eher unwahrscheinlich und höchstens in ferner Zukunft zu erwarten ist. Zudem entbehrte es jeder Logik, auf die deutsche Einheit zu verzichten, nur weil man auf ein neues Europa hoffte. Es sprach nichts dagegen, als Gesamtdeutschland beizutreten. Brandt ging daher sofort auf Distanz zu seinem einstigen Lieblingsenkel: »Nirgends steht geschrieben, dass sie, die Deutschen, auf einem Abstellgleis zu verharren haben, bis irgendwann ein gesamteuropäischer Zug den Bahnhof erreicht hat.«[71]

Lafontaine lehnte die Einheit ab, weil er glaubte, dass sie nicht finanzierbar sei und Ostdeutschland ruinieren würde.[72] Sein Mantra war: »Was ökonomisch falsch ist, kann politisch nicht richtig sein.« Dieser Satz klang zwar durchaus weise, ging aber an den Realitäten vorbei – sowohl politisch wie ökonomisch.

Anders als Lafontaine suggerierte, ließen sich Einheit und Währungsunion nämlich gar nicht verhindern. Jedenfalls nicht von den Westdeutschen. Nach Artikel 23 des Grundgesetzes konnten die DDR-Bürger jederzeit einseitig den Anschluss an die Bundesrepublik beantragen, und Artikel 106 ermöglichte es ihnen hinterher, »gleichwertige Lebensverhältnisse« einzufordern.

Die DDR-Bürger machten damals kein Geheimnis daraus, dass sie so schnell als möglich die Einheit anstrebten. Auf jeder Demonstration war das Plakat »Wir sind ein Volk« zu sehen. Dennoch hielt Lafontaine unbeirrt an der Fiktion fest, man könnte die Währungsunion irgendwie verschieben. Er vertrat das sogenannte Entwicklungsmodell: Erst sollte sich die ostdeutsche Wirtschaft erholen und modernisieren, bevor schließlich die D-Mark eingeführt würde.

Der SPD-Vorstand war entsetzt. Hamburgs Ex-Bürgermeister Klaus von Dohnanyi ätzte, dass Lafontaines Plan »offenkundiger Unsinn« sei, weil man in einem geeinten Deutschland nicht zwei verschiedene Währungen mit flexiblen Wechselkursen haben könnte. »Wir sitzen in einem Wirtschaftsboot, und da kann es nicht einen Kapitän für den Bug und einen für das Heck geben.«[73]

Die ersten freien Wahlen in der DDR gingen für die SPD verloren, weil die Partei zerstritten war und die Ostdeutschen sichergehen wollten, dass sie bald die D-Mark in Händen halten würden. Die SPD erzielte nur 21,9 Prozent der Stimmen, während die Union auf 48,1 Prozent kam.

Selbst von dieser herben Niederlage ließ sich Lafontaine nicht irritieren. Als nächstes standen die Bundestagswahlen im geeinten Deutschland an, und der SPD-Kanzlerkandidat war überzeugt, dass Kohl nun »in der Falle« saß: Der Kanzler sei gefangen, weil er versprochen habe, dass es keine Steuererhöhungen und keine Leistungskürzungen geben würde. »Dann schlage ich zurück, weil Kohl die Leute belogen und betrogen hat.«[74]

In der Tat wirkte es etwas albern, dass Kohl munter »blühende Landschaften« in Ostdeutschland versprach, die keinen einzigen Steuergroschen kosten würden. Wie Umfragen zeigten, waren die Wähler so weise, sich nicht blenden zu lassen. 81 Prozent der Westdeutschen waren überzeugt, dass es zu höheren Steuern und Abgaben kommen würde, sobald die Bundestagswahl vorüber wäre.[75] Aber die Bürger wollten Hoffnung haben; sie wünschten sich eine Regierung, die Optimismus und Tatkraft ausstrahlte. Kohl fing diese Stimmung auf, indem er den Spruch plakatieren ließ: »Wir freuen uns auf Deutschland«.

Lafontaine hingegen hatte weiterhin nur Pessimismus zu bieten: Die »überhastete Einführung der D-Mark in der DDR« sei eine »eminente Fehlentscheidung«, die »Massenarbeitslosigkeit zur Folge« haben würde.[76] Bei jedem Auftritt prophezeite er aufs Neue, dass alsbald ein soziales und finanzielles Desaster drohte. Ein derartiger Wahlkampf musste scheitern, wie SPD-Politiker Erhard Eppler früh warnte: »Bisher verbinden die Menschen mit Oskar allenfalls ihre gesamtdeutschen Befürchtungen, sie verbinden mit ihm nicht ihre gesamtdeutschen Hoffnungen.«[77]

Zudem fiel bald auf, dass Lafontaine keine praktikablen Alternativvorschläge zu bieten hatte. Einheit und Währungsunion waren Fakten, und nun wollten die Wähler wissen, welche Konzepte die SPD vorlegen konnte, um dieses neue Gesamtdeutschland zu gestalten. Lafontaine führte jedoch einen Wahlkampf, als hätte es die Wiedervereinigung nie gegeben. Sein Top-Thema war der Umweltschutz, den er stets an den Anfang seiner Reden stellte, wenn er in Westdeutschland auftrat. Er beklagte das Ozonloch, die Vernichtung der Regenwälder, die Reaktorkatastrophe in Tschernobyl, das Robbensterben und die Rheinverschmutzung.[78] Natürlich hatte Lafontaine recht, dass sich diese Umweltthemen nicht erledigt hatten, nur weil die Mauer gefallen war. Trotzdem war es abwegig, dass ihm zu Ostdeutschland vor allem einfiel, dass auch dort eine Öko-Steuer gelten sollte.[79]

Für Union und FDP war es daher unverhofft leicht, die Bundestagswahl im Dezember 1990 zu gewinnen. Die CDU-Parteizentrale hatte eine Musterrede ausgearbeitet, um ihre Kandidaten im Wahlkampf zu unterstützen. Die Kernsätze lauteten: »Lafontaine hat kein Konzept für die deutsche Einheit. Er kann es auch nicht haben, weil er immer ein Gegner der deutschen Einheit war.« Und: »Lafontaine setzt auf das wirtschaftliche Chaos in der DDR. Er hofft, dass es den Menschen schlechter geht, damit seine Wahlchancen steigen.«[80] Die Tragik der SPD war, dass diese Sätze nicht ganz falsch waren.

Lafontaine wiederholte just jenen Fehler, an dem schon sein politischer Urgroßvater Kurt Schumacher 1949 gescheitert war. Der Chef der Nachkriegs-SPD wollte Bundeskanzler werden, indem er ständig den Untergang des Kapitalismus prophezeite. Wie später Lafontaine glaubte Schumacher, dass eine schwere Krise seine Chance wäre, die Wahlen zu gewinnen. Doch dieser Hang zu Apokalypse diskreditierte Schumacher, da viele Bürger den Eindruck gewannen, dass er nur klagen, aber nicht gestalten wollte. Am Ende setzte Adenauer sich durch, obwohl die SPD als Favoritin in den Wahlkampf gestartet war.

Auch Lafontaine musste erleben, dass sein Pessimismus die Bürger verschreckte. 1990 wollten ihn noch nicht einmal die Arbeitslosen in Ostdeutschland wählen, obwohl er doch ständig ihr Schicksal beklagte. Denn es half den Arbeitslosen nicht weiter, von Lafontaine zu hören, dass alles noch schlimmer würde.

Wie bei Schumacher war es auch bei Lafontaine nicht nur Taktik, ständig vor der schweren Krise zu warnen. Er glaubte es wirklich. Lafontaine war fest davon überzeugt, dass es eine enorme finanzielle Belastung bedeutete, jährlich mindestens 100 Milliarden D-Mark an den Osten zu überweisen. Offenbar konnte er nicht erkennen, dass dieses Geld langfristig wie ein normales Konjunkturprogramm wirken würde: In Ost und West waren Millionen

Menschen arbeitslos, sodass ausreichend Kapazitäten vorhanden waren, um den »Aufbau Ost« zu stemmen. Am Ende würden sich die Staatsausgaben rechnen und vom gesamtdeutschen Wachstum automatisch finanziert.

Lafontaine stellte die falsche Frage: Das Problem war nicht, ob die Wiedervereinigung zu meistern wäre. Interessant war nur, wer profitieren und wer bezahlen würde. Leider hatte die SPD den falschen Kandidaten zur falschen Zeit. Denn mit dem Sieg von Union und FDP war entschieden, dass vor allem die normalen Angestellten in Ost und West verlieren würden.

Die »soziale Marktwirtschaft« bleibt unsozial

Kaum war die Bundestagswahl 1990 gewonnen, gab auch Kohl zu, dass die »blühenden Landschaften« im Osten keinesfalls von allein erblühen würden. Die Regierung nahm nun Milliardenkredite auf, die zum Teil in Schattenhaushalten versteckt wurden. Von 1990 bis 1998 stieg die Staatsverschuldung um mehr als das Doppelte.

Staatsschulden haben in Deutschland einen schlechten Ruf, aber es war völlig richtig, die Kosten der Einheit durch Kredite zu finanzieren. Nur so konnte Wachstum entstehen. Hätte man bei den Westdeutschen rigoros gespart, um die Ostdeutschen zu versorgen, wären am Ende alle ärmer gewesen.

Allerdings waren Kredite nur begrenzt möglich, weil parallel über die Einführung des Euros verhandelt wurde und ausgerechnet CSU-Finanzminister Waigel darauf bestanden hatte, dass die Staatsverschuldung eines Euro-Landes nur maximal 60 Prozent seiner Wirtschaftsleistung betragen darf. Die Kosten der Einheit ließen sich also nicht allein über Darlehen finanzieren, sondern es mussten auch noch andere Geldquellen angezapft werden.

Die Regierung bediente sich vor allem bei den Sozialkassen. Bereits zum 1. April 1991 stieg der Beitrag zur Arbeitslosenversicherung von 4,3 auf 6,8 Prozent, und der Beitrag zur gesetzlichen Rente nahm bis 1997 schrittweise von 17,7 auf 20,3 Prozent des Bruttolohns zu.[81] Die Angestellten mussten also eine Art Sondersteuer aufbringen – während Beamte und Selbstständige geschont wurden, weil sie gar nicht in die gesetzlichen Kassen einzahlten.

Unfair war zudem, dass die Angestellten diese Sonderzahlungen für die Einheit auch noch voll versteuern mussten: Bei der Einkommenssteuer wurde damals nur der Bruttolohn zugrunde gelegt, sodass die abgeführten Sozialbeiträge keine Rolle spielten.[82] Das Netto vom Brutto schrumpfte also deutlich – wenn man Angestellter war.

Um die Einheit zu finanzieren, stiegen zudem die indirekten Steuern. Bereits 1991 wurden die Tabak-, Versicherungs- und Mineralölsteuern erhöht; bis 1998 stieg auch die Mehrwertsteuer um zwei Prozentpunkte. Konsumsteuern treffen die unteren Einkommensgruppen immer besonders hart, weil sie ihr ganzes Geld ausgeben müssen, um über die Runden zu kommen, während die Wohlhabenden große Teile ihrer Einkünfte sparen können.

Die oberen Schichten wurden vor allem durch den »Solidaritätszuschlag« belastet, der am 1. Juli 1991 eingeführt wurde. Die Geschichte des »Solis« ist durchaus verwirrend: Zunächst betrug er 3,75 Prozent der Einkommens- und Körperschaftssteuer, dann wurde er für zwei Jahre ausgesetzt, um ab 1995 auf 7,5 Prozent zu steigen. Seit 1998 gilt ein Satz von 5,5 Prozent.

Von 1995 bis 1997 brachte der Soli jährlich rund 26 Milliarden Mark ein, was zunächst wie eine stattliche Summe wirkt. Doch gerade die Besserverdienenden profitierten zeitgleich von enormen Steuervergünstigungen, die die Investitionen in Ostdeutschland ankurbeln sollten. Diese Subventionen erreichten oft abenteuerliche Ausmaße, weil sich direkte Zuschüsse vom Staat mit diversen Steuernachlässen höchst lukrativ kombinieren ließen.[83] Ergebnis: Trotz Soli zahlten viele Gutsituierte nicht etwa mehr Steuern, sondern sparten sogar noch. Ausgerechnet die Reichen wurden gefördert, als es galt, die Einheit zu finanzieren.[84]

Beamte, Selbstständige und Wohlhabende wurden also geschont, während die Angestellten nun deutlich höhere Beiträge in die Sozialkassen abführen mussten. Der Begriff »Lohnnebenkosten« wurde plötzlich zum geflügelten Wort.

Bald war vergessen, dass die Lohnnebenkosten nur gestiegen waren, weil die Einheit finanziert werden musste. Stattdessen startete eine lebhafte Debatte, ob »wir« uns den deutschen »Wohlfahrtsstaat« noch leisten könnten. Munter wurde suggeriert, dass sich die Arbeitnehmer vor der »Eigenverantwortung« scheuten, übertriebene Ansprüche stellten und in der »sozialen Hängematte« faulenzten. Diese realitätsfernen Behauptungen wurden besonders gern von Professoren der Volkswirtschaftslehre vertreten, die Beamte waren und keinen Pfennig in die Sozialkassen einzahlen mussten – aber lebenslang abgesichert waren und obendrein eine üppige Pension erwarten durften.[85]

Die Debatte um den »Standort« Deutschland nahm Fahrt auf, weil 1997 knapp 4,4 Millionen Arbeitslose gezählt wurden – 2,87 Millionen im Westen und 1,5 Millionen im Osten. Bei den Neoliberalen kam es wieder zu dem beliebten Fehlschluss, dass die Arbeitslosen selbst schuld sein müssten, wenn sie arbeitslos sind.

Es geriet völlig aus dem Blick, dass der »Standort« Deutschland vor allem durch die extrem hohen Zinsen der Bundesbank belastet wurde (siehe Kapitel VII). Kredite waren viel zu teuer, sodass die Firmen nicht investierten.[86] Zudem litten die Exporte, weil der Kurs der D-Mark stieg: Finanzanleger aus aller Welt drängten in die deutsche Währung, um von den hohen Zinsen zu profitieren. Allein dieser Höhenflug der D-Mark sorgte dafür, dass die deutschen Waren auf den Weltmärkten zwischen 1992 und 1995 um 13 Prozent teurer wurden.[87]

Am 8. November 1996 kam es zu einer Premiere: Ex-Kanzler Helmut Schmidt rechnete öffentlich mit dem Chef der Bundesbank ab. In der *Zeit* publizierte er einen Brief an den »sehr geehrten Herrn Tietmeyer«, in dem es unter anderem hieß: Die »Standortdebatte … hat ihren wichtigsten Grund in der singulären D-Mark-Aufwertung, die ganze Branchen der deutschen Industrie hat verschwinden lassen.« Schmidt verzichtete auf diplomatische Schnörkel und äußerte offen die Vermutung, dass die Bundesbank in Wahrheit den Euro verhindern wollte, um die eigene Macht nicht zu verlieren: »Es ist nicht angenehm, wenn einer vom De-facto-Währungskönig herabgestuft werden soll zum Filialdirektor der Europäischen Zentralbank.«[88]

Die Arbeitnehmer in Ost und West wurden also gleich zweifach in die Zange genommen: Die hohen Zinsen der Bundesbank machten

Menschen unnötig arbeitslos, was wiederum auf die Löhne drückte. Gleichzeitig stiegen die Sozialbeiträge, um die Einheit zu finanzieren, und ließen die Nettoeinkommen schrumpfen. Da die mageren Gehaltssteigerungen noch nicht einmal die Inflation ausglichen, sanken die realen Nettolöhne zwischen 1994 und 1997 um jährlich zwei Prozent. In nur vier Jahren war die Kaufkraft der Arbeitnehmer also um über acht Prozent geschrumpft.[89] Trotzdem fabulierte Kanzler Kohl, dass die deutschen Beschäftigten in einem »Freizeitpark« leben würden.

Im Wahljahr 1998 glaubte nur noch Kohl, dass er die Bürger »draußen im Lande« begeistern könnte. Die Mehrheit der Deutschen sehnte sich nach einem Machtwechsel, so dass nun Rot-Grün die Regierung übernahm. »Einen solchen Erdrutschsieg für die Opposition gab es noch nie«, freute sich Grünen-Star Joschka Fischer nach der Wahl. »Das wird die Republik dauerhaft verändern.«[90] Deutschland wandelte sich tatsächlich: Ausgerechnet unter Rot-Grün wurde das Land zu einem Paradies für Reiche, obwohl die SPD mit dem Slogan »Innovation und soziale Gerechtigkeit« angetreten war.

IX Die Reichen werden beglückt – vor allem von Rot-Grün

Es bleibt überraschend, dass ausgerechnet Gerhard Schröder die Reichen beschenkt und die Armen abgestraft hat. Der SPD-Kanzler kam selbst aus dem Prekariat: Der Vater war Gelegenheitsarbeiter gewesen und fiel im Zweiten Weltkrieg; die Mutter musste die Familie als Putzfrau durchbringen.

Schröder hat sich seiner Herkunft nie geschämt, sondern war zu Recht stolz auf die eigene Karriere. Da für die Mutter undenkbar war, dass ihr Sohn auf dem Gymnasium richtig sein könnte, besuchte Schröder zunächst die Volksschule. Anschließend absolvierte er eine dreijährige Kaufmannslehre bei einer Firma in Lemgo, die Glas, Porzellan, Hausrat und Spielwaren vertrieb. Die nächste Station war Göttingen, wo Schröder tagsüber Baubeschläge verkaufte, während er nebenher die Abendschule besuchte und die mittlere Reife nachholte.[1] Trotz dieser mühsamen Anfänge hatte es Schröder bald weiter gebracht als die meisten Altersgenossen: Nach Abitur und Jurastudium ließ er sich mit 32 Jahren als Anwalt nieder und zog mit 36 Jahren in den Bundestag ein. Mit 46 Jahren wurde er Ministerpräsident von Niedersachsen und mit 54 Jahren Bundeskanzler.

Schröders Karriere war nicht nur steil, sondern hatte ihn auch mit allen Bevölkerungsgruppen in Berührung gebracht. Gerade von Schröder hätte man erwarten können, dass er wusste, was Arbeitslosigkeit bedeutet und dass sie nicht freiwillig ist. Trotzdem hat ausgerechnet er als Kanzler eine Politik betrieben, die höchst ungerecht war.

»Die größte Steuerreform der Bundesrepublik«

Der rot-grüne Koalitionsvertrag trug den verheißungsvollen Titel »Deutschlands Weg ins 21. Jahrhundert«. Gleich auf den ersten Seiten wurde eine »große Steuerreform« angekündigt, die alles richten sollte: »Stärkung des Wirtschaftsstandorts Deutschland« und »Bekämpfung der Arbeitslosigkeit«.[2] Bereits diese Passagen zeigten, dass SPD und Grüne offenbar nicht verstanden hatten, warum die deutsche Wirtschaft lahmte. Das Wachstum wurde durch hohe Realzinsen und hohe Sozialabgaben gebremst, nicht aber durch die Steuern auf Einkommen und Gewinne.

Die ersten Pläne fielen noch halbwegs moderat aus, doch dauerte es nur ein Jahr, bis sich die rot-grüne Finanzpolitik radikalisierte.[3] Profunde Erkenntnisse spielten dabei keine Rolle, Schröder handelte rein taktisch: Mit der nunmehr »größten Steuerreform in der Geschichte der Bundesrepublik« wollte er wieder in die Offensive kommen.[4] Rot-Grün hatte sechs wichtige Landtagswahlen verloren, während die CDU überall triumphierte. In dieser Zwangslage wählte Schröder eine riskante Taktik: Plötzlich gab er die Ideen der Union als das eigene Programm aus.

Die Konservativen hatten schon lange gefordert, den Spitzensteuersatz bei der Einkommenssteuer von 53 auf 39 Prozent zu senken und den Eingangssteuersatz von 25,9 auf 19,5 Prozent zu reduzieren.[5] Bisher hatte Rot-Grün derartige Reformen immer abgelehnt. Noch im Oktober 1999 hatte sich SPD-Finanzminister Hans Eichel über die kostspieligen Pläne der Opposition lustig gemacht: »So unseriöse Steuervorschläge mit einem Einnahmeausfall von 50 Milliarden Mark kann nur jemand machen, der genau weiß, dass sie nie Wirklichkeit werden.«[6]

Die Öffentlichkeit war daher bass erstaunt, als die SPD nur zwei Monate später Reformen vorschlug, die von den Unionsplänen kaum zu unterscheiden und ähnlich teuer waren. Drei Tage vor Heiligabend berief Kanzler Schröder eine Pressekonferenz ein, um sein »Weihnachtsgeschenk« zu verkünden: 73 Milliarden Mark netto wollte Rot-Grün nun an Bürger und Unternehmen verteilen.[7]

Die Medien waren begeistert. Selbst die alternative *tageszeitung* (taz) titelte: »Ein gelungener Überraschungscoup. Die Regierung lernt das Regieren.«[8] Schröder galt jetzt wieder als Macher, nachdem es streckenweise so ausgesehen hatte, als würde Rot-Grün das Jahr 1999 nicht überstehen und auseinanderbrechen.[9]

Niemanden interessierte, wie die Steuerreform finanziert werden sollte. Kritiklos nahmen die Journalisten hin, dass Rot-Grün den Wunderglauben verbreitete, dass weniger Steuern hinterher mehr Steuern seien. O-Ton Eichel: Die Reform sei zwingend, »weil sie zusätzliche Arbeitsplätze schafft und den Ländern damit auch Steuereinnahmen sichert«.[10]

Der deutsche Finanzminister erinnerte plötzlich stark an US-Präsident Ronald Reagan, der ab 1981 ein riesiges Haushaltsdefizit erzeugt hatte, weil er ebenfalls glaubte, dass weniger Steuern bald mehr Steuern seien. »Voodoo-Ökonomie« nannte man hinterher diesen gedankenfreien Optimismus.

Kaum hatte Eichel seine abenteuerlichen Pläne präsentiert, setzte im Bundesrat ein großes Ringen ein, das eigentlich überflüssig war, weil die rot-grünen Vorhaben nur marginal von den Ideen der Union abwichen. Aber Show musste sein. Im Juli 2000 stand der Kompromiss schließlich: Bei der Einkommenssteuer sanken die Spitzensteuersätze bis 2005 von einst 53 auf 42 Prozent, und der Eingangssteuersatz fiel von 25,9 auf 15 Prozent. Die Körperschaftssteuer sollte nur noch 25 Prozent betragen.

Diese Steuerreform war eine historische Zäsur: Plötzlich und ohne Not brach man mit einer Tradition, die bis in die Weimarer Republik zurückreichte. 1920 war die moderne Einkommenssteuer eingeführt worden, und damals wurde der Spitzensteuersatz auf 60 Prozent festgesetzt. Trotz aller historischen Wirren blieb dieser Steuersatz bemerkenswert stabil. Auch nach dem Zweiten Weltkrieg lag er meist zwischen 53 und 56 Prozent. Doch plötzlich glaubten alle Parteien im Bundestag, dass sie die gesamte Steuersystematik radikal ändern und den Spitzensteuersatz auf 42 Prozent senken müssten.

Eine gute Begründung gab es nicht, warum die Reichen und Unternehmen so dringend entlastet werden mussten. Die deutsche

Steuerlast war im internationalen Vergleich ohnehin schon niedrig. Im Jahre 1999 entsprach das Aufkommen aus der Einkommenssteuer 9,5 Prozent der Wirtschaftsleistung, während es in den USA 11,4 Prozent und in den fünfzehn EU-Staaten im Schnitt 10,9 Prozent waren. Ähnlich sah es bei der Körperschaftssteuer aus: In Deutschland lag sie bei 1,8 Prozent der Wirtschaftsleistung, während es in den USA 2,4 Prozent und in den EU-Staaten sogar 3,5 Prozent waren.

Nicht die Steuern waren das Problem in Deutschland – sondern die Sozialabgaben. Nach der Wiedervereinigung waren sie drastisch gestiegen, sodass sie bei 14,9 Prozent der Wirtschaftsleistung lagen. In den USA hingegen waren es nur 6,9 Prozent und in den EU-Staaten 11,3 Prozent.[11]

Reformen wären also sinnvoll gewesen, wenn Rot-Grün bei den Sozialbeiträgen angesetzt hätte, die die Unter- und Mittelschicht enorm belasteten. Stattdessen wurden die Steuern gesenkt, wovon vor allem die Reichen profitierten. Bei der Einkommenssteuer fiel zwar auch der Eingangssteuersatz, doch war dies keineswegs eine zielgenaue Förderung von Kleinverdienern: Auch die Reichen sparen, wenn die Steuersätze am unteren Ende sinken.

Die Staatseinnahmen reduzierten sich dramatisch. Es fehlten nicht nur jene 73 Milliarden Mark im Jahr, für die es sowieso keine seriöse Gegenfinanzierung gab.[12] Rot-Grün hatte sich zudem verkalkuliert. Die Reformen waren in Wahrheit deutlich teurer, und überdies zahlten viele Konzerne plötzlich gar keine Steuern mehr. Im Jahr 2000 hatte die Körperschaftssteuer noch 23,6 Milliarden Euro eingespielt, doch schon ein Jahr später mussten die Finanzämter 426 Millionen Euro an die Firmen zurückzahlen. Es herrschte verkehrte Steuerwelt: Nicht der Staat kassierte, sondern die Konzerne. Es dauerte Jahre, bis sich das Aufkommen der Körperschaftssteuer wieder erholte.[13]

Die rot-grüne Steuerreform stellte sich als ein Desaster heraus. Sie war unfair, nicht bezahlbar, falsch berechnet und handwerklich schlecht gemacht.

Zudem hatte Rot-Grün auch noch Pech. Die Steuerreform war gerade in Kraft getreten, als eine weltweite Finanzkrise ausbrach. Im

»Dotcom«-Crash platzte der Traum von der »New Economy«: Begeistert hatten die Börsianer auf das Internet gehofft und windigen Start-ups allzu großzügig Kapital zur Verfügung gestellt. Zu spät bemerkten die Finanzanleger, dass viele Firmen auf diesem »Neuen Markt« niemals Gewinne erzielen würden. Die Aktienkurse verfielen daher rasant. Der deutsche Aktienindex DAX rutschte von 8 070 Punkten im März 2000 auf nur noch 2 204 Punkte im März 2003. In den USA war es nicht besser, dort wurde an den Börsen ein Aktienvermögen von mehr als fünf Billionen Dollar vernichtet.[14]

Eigentlich hätte man jetzt klassische Konjunkturpolitik betreiben müssen, indem der deutsche Staat investiert und zusätzliche Nachfrage erzeugt. Doch dazu fehlte das Geld nach den Steuerreformen. Nun rächte sich Eichels Voodoo-Ökonomie: Mitten in der Krise musste Rot-Grün auch noch sparen, sodass die Wirtschaft weiter einbrach. 2002 wurden bereits vier Millionen Arbeitslose gemeldet; allerdings war diese offizielle Zahl noch geschönt, weil weitere 940 000 Menschen an Maßnahmen der Arbeitsämter teilnahmen und nicht berücksichtigt wurden. Tatsächlich hatten fast fünf Millionen Menschen keine Stelle.[15]

In dieser Krise stand wieder eine Bundestagswahl an, und ein erneuter Sieg von Rot-Grün erschien geradezu ausgeschlossen. In allen Umfragen fehlten mindestens fünf Prozentpunkte, um die Koalition fortzusetzen.[16] Doch zwei Ereignisse retteten die rot-grüne Regierung gänzlich unerwartet: Als es im August 2002 an der Elbe und ihren Zuflüssen zu einer Jahrhundertflut kam, konnte sich der Kanzler als Krisenmanager bewähren. In Gummistiefeln besuchte Schröder das zerstörte Grimma und dirigierte telegen die Einsatzkräfte. Zeitgleich wurde über einen Krieg gegen den Irak debattiert, denn US-Präsident Bush behauptete, Diktator Saddam Hussein würde einen Angriff mit Massenvernichtungswaffen planen. Beweise gab es jedoch nicht. Schröder versicherte den Wählern, dass er für »Abenteuer« nicht zur Verfügung stehen würde. CSU-Spitzenkandidat Edmund Stoiber hingegen setzte weiterhin auf Bündnistreue zu den USA, sodass Rot-Grün plötzlich als das kleinere Übel erschien, wie Transparente von empörten Bürgern deutlich machten: »Lieber mit Schröder arbeitslos als mit Stoiber im Krieg«.[17]

Äußerst knapp reichte es erneut für Rot-Grün, doch die leidigen Probleme blieben: Die Staatskasse war leer – und die Arbeitslosigkeit hoch. Wie immer, wenn es schwierig wurde, entfachte Schröder wilden Aktionismus, um weiterhin als Macher zu gelten.

Die Bundestagswahl war nur drei Monate vorbei, da stellten Schröder und sein Kanzleramtschef Frank-Walter Steinmeier bereits eine »schonungslose« Analyse an. »Wir waren uns einig«, so erinnerte sich Schröder später, dass »die Zeit reif war für ein offensives Reformprogramm, das weit über den Koalitionsvertrag hinausreichte«.[18] Schröder plante plötzlich Einschnitte, gegen die sich das SPD-Wahlprogramm noch explizit verwahrt hatte. Im Kanzleramt machte man sich in kleinstem Kreise daran, den Wahlbetrug in Worte zu fassen.

Das neue Programm erhielt den Namen »Agenda 2010« und wurde am 14. März 2003 im Bundestag verkündet. Wie zuvor bei der »großen« Steuerreform wurde nicht vertieft begründet, warum es plötzlich zum radikalen Umschwung kam. Der Kanzler begnügte sich damit, seine jähe Kehrtwende als »alternativlos« darzustellen.[19]

Agenda 2010: Die SPD-Wähler werden betrogen

Schröders Agenda 2010 bleibt bis heute umstritten, denn sie führte unter anderem das sogenannte Arbeitslosengeld II ein, das im Volksmund meist »Hartz-IV« heißt. Die Arbeitslosenhilfe wurde mit der Sozialhilfe zusammengelegt – und zwar auf dem Niveau der niedrigen Sozialhilfe.[20] Viele Langzeitarbeitslose verloren plötzlich Teile ihres Einkommens.

Genau diese Art von Verarmungspolitik hatte das SPD-Wahlprogramm noch ausdrücklich ausgeschlossen. Wörtlich hieß es dort: »(Wir) wollen im Rahmen der Reform der Arbeitslosen- und Sozialhilfe keine Absenkung der zukünftigen Leistungen auf Sozialhilfeniveau.«[21] Nur wenige Monate später wurde dieses Versprechen gebrochen.

Auch Hartz-IV stellte eine historische Zäsur dar, denn die Erwerbsbiographien zählten plötzlich nicht mehr. Ab jetzt war es egal, ob Langzeitarbeitslose jahrzehntelang in die Sozialkassen eingezahlt hatten – oder ob sie noch nie berufstätig gewesen waren. Ab dem 1. Januar 2005 wurden alle gleich schlecht behandelt.[22] Für einen Familienvorstand gab es im Westen nur noch 345 Euro, im Osten 331 Euro. Das reichte kaum zum Leben.[23]

Wie das Deutsche Institut für Wirtschaftsforschung (DIW) später berechnete, hatten über die Hälfte aller Langzeitarbeitslosen hinterher weniger Geld; im Durchschnitt sank ihr Einkommen um 30 Prozent. Allerdings gab es auch Gewinner. Etwa ein Drittel der Betroffenen stand sich anschließend besser, wozu vor allem die Alleinerziehenden gehörten.[24] In der Summe war Hartz-IV jedoch als drastisches Sparprogramm gedacht, wie Schröder intern offen zugab.[25] Man kürzte bei den Arbeitslosen, um zumindest einen Teil der Löcher zu stopfen, die die »große« Steuerreform gerissen hatte. Die Armen mussten also dafür zahlen, dass die Reichen entlastet wurden.

Auch bei der eigentlichen Arbeitslosenversicherung wurde gestrichen. Wer unter 55 Jahre alt war, rutschte bereits nach zwölf Monaten in das Hartz-IV-System – und musste fast sein ganzes Vermögen opfern, bevor es Hilfe vom Staat gab. Seither ist zwar leicht nachgebessert worden, aber das Kernprinzip blieb bis heute erhalten: Arbeitslosigkeit wird bestraft.

Das neue Motto hieß »Fordern und Fördern«, wobei bereits das Wort »Fordern« insinuierte, dass sich die Arbeitslosen nicht genug anstrengen würden, um einen Job zu finden. Im Bundestag drohte Schröder denn auch explizit: »Niemandem aber wird künftig gestattet sein, sich zulasten der Gemeinschaft zurückzulehnen. Wer zumutbare Arbeit ablehnt – wir werden die Zumutbarkeitskriterien verändern –, der wird mit Sanktionen rechnen müssen.«

Schröder konnte sich offenbar nicht vorstellen, dass es Arbeitslose gab, weil schlicht die Arbeit fehlte. Stattdessen hoffte er, dass durch die Hartz-Reformen zwei Millionen neue Jobs entstehen würden.[26] Die Arbeitslosigkeit stieg jedoch weiter, woraus in der SPD-Logik zwingend folgte, dass die Erwerbslosen in Wahrheit Simulanten sein müssten, die sich Sozialleistungen erschleichen wollten. Dieses Menschenbild spiegelte sich auch in einer 33-seitigen Regierungsbroschüre wider, die offen gegen Arbeitslose hetzte.

Herausgeber war SPD-Wirtschaftsminister Wolfgang Clement, und schon der Titel klang wie eine Überschrift aus der *Bild*-Zeitung: »Vorrang für die Anständigen – Gegen Missbrauch, ›Abzocke‹ und Selbstbedienung im Sozialstaat«.

In diesem »Report vom Arbeitsmarkt im Sommer 2005« fiel unter anderem der ungeheuerliche Satz: »Biologen verwenden für Organismen, die zeitweise oder dauerhaft zur Befriedigen ihrer Nahrungsbedingungen auf Kosten anderer Lebewesen – ihren Wirten – leben, übereinstimmend die Bezeichnung Parasiten.«[27] Nicht wenige Kommentatoren fühlten sich sofort an das Nazi-Deutsch erinnert und an das ideologische Schlagwort vom unwerten Leben. Die Broschüre wurde denn auch bald von der Homepage des Wirtschaftsministeriums entfernt. Aber sie bleibt ein Symbol für die geradezu schrankenlose Diskriminierung, die die Arbeitslosen ausgerechnet unter Rot-Grün zu erdulden hatten.

Auch vor krassen Lügen schreckte die Regierung nicht zurück. Noch einmal Clement: »Viele Empfänger von Arbeitslosengeld II stehen heute deutlich besser da als zuvor. Durch die Arbeitsmarktreform wird die Bundeskasse im Jahr 2005 voraussichtlich um mehrere Milliarden stärker belastet als angenommen – Geld, das bei den Arbeitslosen und ihren Familien ankommt.«[28]

An diesen Ausführungen stimmte nur, dass die Hartz-IV-Ausgaben im Jahr 2005 tatsächlich deutlich höher lagen als im Bundeshaushalt angesetzt. Denn offiziell hatte man mit nur 3,4 Millionen Empfängern gerechnet, da Rot-Grün so dringend glauben wollte, dass die Agenda 2010 viele neue Stellen schaffen würde. Am Ende waren jedoch 4,9 Millionen Menschen zu versorgen. Anders als Clement suggerierte, bekam der Einzelne aber nicht mehr Geld, nur weil sich die Regierung bei ihrem Gesamtetat verkalkuliert hatte. Es war erstaunlich, dass der Wirtschaftsminister noch nicht einmal die Grundrechenarten beherrschte.

Trotzdem wird Hartz-IV bis heute als Erfolg verkauft. Der »Beweis«: Vor Corona waren nur noch etwa 2,2 Millionen Menschen offiziell arbeitslos, während es 2005 fast fünf Millionen gewesen waren.[29] Selbst SPD-Linke verbreiten die Legende, dass es allein der Agenda 2010 zu verdanken sei, dass der Arbeitsmarkt floriert. So sagte der heutige Gesundheitsminister Karl Lauterbach 2018 in einem Interview: »Hartz-IV hat vor zehn Jahren die Löhne im unteren Bereich gesenkt. Deshalb ist die Arbeitslosigkeit gesunken.«[30]

Es führt jedoch in die Irre, die Jahre 2005 und 2018 miteinander zu vergleichen. 2005 war das vierte Krisenjahr in Folge, während die Wirtschaft vor Corona blühte. Um die konjunkturellen Effekte herauszurechnen und die reinen Hartz-Folgen abzuschätzen, müsste man also ein Boomjahr wie 2000 mit 2018 vergleichen. Dann aber stellt sich heraus: Hartz-IV erklärt gar nichts.

Im Jahr 2000 wurden insgesamt 57,96 Milliarden Stunden gearbeitet. Auf diesen Wert kam die deutsche Wirtschaft erst wieder 2014. Dazwischen gab es stets weniger Arbeit als zur Jahrtausendwende.[31] Die Zahl der Arbeitsstunden gibt also nicht her, dass Hartz-IV ab 2005 ein rasantes »Jobwunder« ausgelöst hätte.

Seit 2014 gibt es zwar mehr Arbeit als früher, aber auch dieser Aufschwung ist keiner mystischen Fernwirkung von Hartz-IV zu verdanken. Stattdessen wirkte die Eurokrise auf Deutschland – zynischerweise – wie ein Konjunkturprogramm. Die Zinsen sind seither niedrig, was den Staat entlastet und Investitionen möglich macht. Zudem ist der Euro im Vergleich zum Dollar billig, sodass deutsche Waren auf den Weltmärkten günstig zu haben sind und die Exporte florieren.

Deutsche machen gern den Fehler, auf den Arbeitsmarkt zu starren, wenn sie verstehen wollen, warum es Arbeitslose gibt. Entscheidend ist jedoch nicht die Welt der Jobcenter – sondern der Realzins. Er ergibt sich, wenn man von den vertraglich vereinbarten Zinsen die Inflation abzieht. Dieser Realzins darf nicht über der Wachstumsrate liegen, weil sich Investitionen dann nicht mehr lohnen und es stattdessen für die Unternehmen rentabler ist, ihr Geld auf den Finanzmärkten anzulegen. Ein hoher Realzins würgt die Wirtschaft ab, sodass keine neuen Stellen entstehen können (siehe Kapitel zur Bundesbank).

Die Agenda 2010 hatte jedoch den verheerenden Effekt, dass die deutschen Realzinsen stiegen. Denn die Europäische Zentralbank musste sich an der gesamten Eurozone orientieren und konnte bei ihrer Zinspolitik nicht berücksichtigen, dass in Deutschland die Löhne stagnierten.

In allen anderen Euro-Ländern stiegen die Gehälter nämlich ordentlich, sodass dort auch die Preise zulegten, da die Unternehmen einen Teil der Lohnkosten an ihre Kunden weitergaben. Nur in Deutschland dümpelten die Preise, weil hier ein riesiger Niedriglohnsektor entstand. Die EZB richtete sich aber nach der Inflation in der gesamten Eurozone. Im europäischen Durchschnitt waren die Zinsen nicht hoch – aber für Hartz-Deutschland waren sie zu hoch.

Dieser Zinsfalle hätte Rot-Grün mühelos entkommen können. Die Schröder-Regierung hätte sich nur an Frankreich orientieren müssen, das seine Reallöhne leicht steigen ließ (siehe Kapitel zur Eurokrise). Aber für Rot-Grün waren selbst moderate Gehaltserhöhungen undenkbar.

Die Agenda 2010 ließ sich von einem seltsamen Paradox leiten: Ausgerechnet Armut sollte reicher machen. Rot-Grün versprach den Deutschen, dass es allen besser gehen würde, wenn die Löhne nicht steigen und bei den Arbeitslosen gekürzt wird. Auf dem Weltwirtschaftsforum in Davos verkündete Schröder 2005 stolz: »Wir haben einen der besten Niedriglohnsektoren aufgebaut, den es in Europa gibt.«

Dieser deutsche Niedriglohnsektor war übrigens so »gut«, dass sich dort jeder wiederfinden konnte: Etwa 70 Prozent der Geringverdiener hatten eine Berufsausbildung, weitere zehn Prozent waren Akademiker.[32]

Auch Rot-Grün verwechselte Volks- und Betriebswirtschaft. Für den einzelnen Firmenchef ist es immer schön, wenn er bei den Lohnkosten sparen kann. Aber für die Gesamtgesellschaft gilt eben nicht, dass sie reicher wird, wenn ein riesiger Niedriglohnsektor entsteht.

Zudem zahlen Geringverdiener fast keine Sozialbeiträge, sodass die Kranken- und Rentenversicherungen in Not gerieten.[33] Rot-Grün machte sich daher an eine dritte »historische« Reform – und erfand die »Riester-Rente«.

»Riester-Rente«: Die Angst vor der Altersarmut kehrt zurück

Deutschland ist ein sehr reiches Land. Doch obwohl vor Corona fast Vollbeschäftigung herrschte, hatten mehr als die Hälfte der Bundesbürger Angst, sie könnten im Alter in die Armut abrutschen.[34]

In der Rentendebatte wird stets suggeriert, dass es alternativlos sei, bei den Alten zu kürzen. Schließlich steigt die Lebenserwartung, während gleichzeitig weniger Kinder zur Welt kommen. Also wird die »Vergreisung« der Gesellschaft beklagt und »Generationengerechtigkeit« angemahnt. Den Jungen wird vermittelt, dass sie demnächst unter der Last der vielen Alten zusammenbrechen würden.

Doch die objektiven Zahlen geben dieses Drama gar nicht her. Alle landläufigen Prognosen nehmen an, dass dank des technischen Fortschritts die deutsche Wirtschaft künftig weiter wächst und die gesamte Gesellschaft noch reicher wird. Es gäbe also genug zu verteilen.

Auch Rot-Grün ging davon aus, dass die Wirtschaft von 2002 bis 2030 real um 62 Prozent zulegen würde.[35] Trotzdem fürchtete die Regierung, dass es zu einer unerträglichen Belastung für die Beschäftigten würde, falls die Rentenbeiträge von damals 20 auf perspektivisch 24 Prozent steigen würden. Diese rot-grüne Panik war gar nicht nachzuvollziehen: Das prognostizierte Wachstum hätte dafür gesorgt, dass ein sattes Lohnplus von real 42 Prozent übrig geblieben wäre – trotz der höheren Rentenbeiträge. Überalterung macht niemanden arm.

Genauso seltsam: 2002 war die befürchtete »Vergreisung« noch ferne Zukunft, denn die Babyboomer waren damals im Durchschnitt keine 50 Jahre alt. Erst ab 2020, so hatten Experten errechnet, würde der Altersquotient deutlich steigen. Rot-Grün kümmerte sich also um ein Problem, das es eigentlich gar nicht gab und das zudem weit jenseits der eigenen Legislaturperiode stattfinden sollte. So langfristig agieren Politiker sonst nie – selbst wenn es, wie etwa beim Klimawandel, nötig wäre.

»Demographie« war denn auch nur ein Gummiwort, um die Probleme der Gegenwart zu kaschieren, die Rot-Grün selbst verursacht hatte. Millionen Beschäftigte verdienten im Niedriglohnsektor zu wenig, um nennenswert in die Sozialkassen einzuzahlen. Da Milliarden Euro fehlten, mussten die Rentner nun mehrere »Nullrunden« hinnehmen.

Diese rabiate Sparpolitik sollte jedoch wie ein »Sachzwang« wirken. SPD und Grüne diskreditierten daher die staatliche Rente ganz generell und suggerierten, dass die Umlagefinanzierung sowieso nicht funktionieren könnte – und dass die Finanzmärkte die einzige Rettung seien.

Das Ergebnis hieß »Riester-Rente«. Die Angestellten sollten weiterhin in die normalen Rentenkassen einzahlen – und außerdem noch vier Prozent ihrer Bruttoeinkommen in die private Altersvorsorge stecken. Faktisch handelte es sich also um eine extreme Beitragserhöhung von 20 auf 24 Prozent.[36] Diese schnöde Realität wurde jedoch verbrämt, indem den Beschäftigten weisgemacht wurde, dass sie die Freiheit der Kapitalmärkte für sich erobern könnten. Es klang wie eine Revolution: privat statt Staat.

Nur wenigen Kommentatoren fiel damals auf, wie paradox die rot-grüne Agenda war. Erst erzählte man das Schauermärchen, dass die Renten ab 2030 unbezahlbar würden, weil in dieser fernen Zukunft die Beiträge von derzeit 20 auf dann 24 Prozent klettern müssten. Doch dann zog man genau diese angeblich so bedrohliche Beitragserhöhung um fast dreißig Jahre vor – und ließ die Rentenbelastung sofort auf 24 Prozent steigen. Rot-Grün wollte die Rentenbeiträge 2002 um vier Prozentpunkte erhöhen, damit sie 2030 nicht um vier Prozentpunkte stiegen.[37] Es war der Wahnsinn.

Die meisten Bürger verstanden die Details dieser Rentenreform nicht, aber sie ahnten, dass irgendetwas an den Riester-Plänen nicht stimmen konnte. Die *Bild*-Zeitung startete eine Kampagne gegen die neue »Zwangsrente«, und bald war die allgemeine Unruhe so groß, dass Rot-Grün lieber davon absah, die Riester-Rente verpflichtend zu machen.

Die Riester-Rente wurde zu einem freiwilligen Angebot herabgestuft. Dennoch blieben viele Bundesbürger misstrauisch, weil sie die komplexen Produkte gar nicht einschätzen konnten, die ihnen die Bankberater so dringend vermitteln wollten. Die Mehrheit der Beschäftigten hat daher nie »geriestert«: Im ersten Halbjahr 2021 gab es insgesamt nur knapp 16,3 Millionen Verträge, obwohl etwa 37 Millionen Bundesbürger für eine Riester-Rente in Frage kämen.[38] Zudem dürfte etwa ein Fünftel dieser Riester-Policen bereits wieder ruhen und nicht mehr bedient werden.

Außer Spesen ist also nicht viel gewesen. Profitiert haben nur Banken und Versicherungen, die bei jedem Vertrag üppige Provisionen einstreichen konnten. Für die Kunden hingegen werden diese Verträge niemals echte Renditen abwerfen, denn die Gebühren sind zu hoch und die Garantiezinsen zu niedrig.

Auch Ex-Arbeitsminister Walter Riester hat inzwischen indirekt zugegeben, dass seine Rentenreform eine Mogelpackung war. Auf einer Lobbyveranstaltung von Versicherungen sagte er: »Die Riester-Rente rechnet sich durch die hohen staatlichen Zuschüsse für jeden … Besserverdienende können zudem die Steuervorteile nutzen.«[39]

Riester offenbart damit eine sehr seltsame Vorstellung von privater Vorsorge, denn die Renditen sollen nicht etwa auf den Finanzmärkten erzielt werden – sondern kommen direkt vom Staat. Die Steuerbürger wirtschaften also langfristig von einer Tasche in die andere: Erst zahlen sie Steuern, und diese Steuern sind dann später ihre »Rendite«.

Seit 2002 hat der Staat mehr als 50 Milliarden Euro ausgegeben, um Riester-Verträge zu fördern.[40] Selten ist staatliches Geld so sinnlos verschwendet worden. Denn die Riester-Rente wird wahrscheinlich noch nicht einmal die Inflation ausgleichen: Banken und Versicherungen garantieren nur, dass man im Alter die eigenen Beiträge und die staatlichen Zuschüsse zurückerhält.

Die Regierung subventioniert also Riester-Verträge, die genauso »rentabel« sind, als würde man sein Geld unter der Matratze verstecken. Die Bettenlösung hätte zudem den Vorteil, dass man im Alter sofort über das ganze Geld verfügen könnte – und dass es sich im Todesfall vererben ließe. Die Riester-Rente hingegen wird monatlich in kleinen Raten ausgezahlt, so dass die Versicherten ihre Beiträge plus Staatszulagen nur vollständig zurückerhalten, falls sie mindestens 90 Jahre alt werden.[41]

Die Riester-Rente ist so gnadenlos unrentabel, weil Banken und Versicherungen bis zu zehn Prozent der Beiträge abzweigen, um ihre Verwaltungen und die eigenen Gewinne zu finanzieren. Die gesetzliche Rentenkasse hingegen ist konkurrenzlos billig: Das Personal kostet nur ein Prozent der Gesamtausgaben, sodass 99 Prozent des Geldes direkt an die Rentner fließen. Effizienter geht es nicht.

Wie schon Adenauer 1957 richtig erkannt hatte, ist die Umlagefinanzierung die beste aller Alternativen, um die Rente zu organisieren. Die private Vorsorge hingegen ist keine Lösung, weil wieder einmal Betriebs- und Volkswirtschaft verwechselt werden: Der Einzelne kann sparen – aber nicht die ganze Wirtschaft.[42] Für die Gesamtnation gilt, dass sich nur verteilen lässt, was aktuell erwirtschaftet wird. Diese Wirtschaftsleistung wird aber von den Erwerbstätigen erarbeitet, nicht von den Rentnern, die ihre Berufstätigkeit bereits hinter sich gelassen haben. Die Jungen sorgen also immer für die Alten. An dieser Tatsache ändert auch die private Vorsorge nichts. Sie ist nur besonders teuer, weil Banken und Versicherungen mitverdienen wollen.

Die Höhe der Renten hängt nur davon ab, wie hoch das Volkseinkommen ist – und ob die Angestellten angemessen beteiligt werden. Die Gehälter der Beschäftigten finanzieren die Renten, und daher war es so besonders verfehlt, dass Rot-Grün unbedingt den Niedriglohnsektor ausweiten wollte.

Die Schröder-Regierung war fest überzeugt, dass »Arbeit nicht teurer« werden dürfe, weil Deutschland sonst ein »Standortproblem« hätte und im globalen Wettbewerb nicht mithalten könnte. Dieses vermeintliche Standortproblem gab es jedoch gar nicht. Die deutschen Exporte nahmen zwischen 1999 und 2007 jährlich um durchschnittlich zwölf Prozent zu und die Bilanz des Außenhandels war durchweg positiv.[43]

Von der Globalisierung hat Deutschland profitiert, aber der Binnenmarkt lahmte, weil die Reallöhne nicht stiegen. Von 2001 bis 2005 blieb die inländische Konsum völlig konstant, wenn man die Inflation herausrechnet.[44] Ohne zusätzliche Nachfrage konnte es jedoch kein nennenswertes Wachstum geben.

Rot-Grün stellte einen seltsamen Sonderfall in der deutschen Geschichte dar. Keine andere Regierung hat ihre Machtbasis so konsequent untergraben und die eigenen Wählergruppen so systematisch sabotiert. Ideologisch verblendet missachtete das Schröder-Kabinett eine einfache Weisheit, die US-Präsident Bill Clinton in dem legendären Satz zusammenfasst hatte: »It´s the economy, stupid«. Normalerweise versuchen Regierungen, einen Boom zu erzeugen, um an der Macht zu bleiben. Rot-Grün ging den anderen Weg und provozierte künstlich eine Krise.

Die Wähler waren zutiefst enttäuscht, dass ausgerechnet eine links-alternative Regierung ihren eigenen Markenkern preisgab und nicht mehr für den sozialen Ausgleich stand. Im Sommer 2004 hatten 73 Prozent der Befragten »nicht den Eindruck«, dass sich Rot-Grün »bei ihren Reformen um soziale Gerechtigkeit« bemühen würde.[45] Besonders verbittert waren die SPD-Anhänger, die sich von ihrer Partei verraten fühlten. In Scharen gaben sie ihre Mitgliedsbücher zurück. 1998 hatten noch 775 036 Menschen der SPD angehört, 2005 waren es nur noch 590 485.[46]

Inmitten dieser Tristesse war allerdings eine bemerkenswerte Ausnahme zu verzeichnen: 90 Prozent der grünen Anhänger waren mit ihrer Partei sehr zufrieden und hatten an der Agenda 2010 nichts auszusetzen.[47] Die grüne Basis bestand vor allem aus Akademikern, die meist gut verdienten und von der Sparpolitik kaum getroffen wurden.[48] Schröder strebte in die »Neue Mitte«, doch dort waren nicht so sehr die SPD-Wähler zuhause – sondern die Grünen.

Zudem konnten die Grünen bei ihrem Markenthema punkten: Beim Thema Umweltschutz erwies sich die Schröder-Regierung tatsächlich als innovativ. Es wurden eine Ökosteuer eingeführt und der Atomausstieg beschlossen sowie erneuerbare Energien besser gefördert.

Bei den Wahlen 2005 wurde daher vor allem die SPD abgestraft. Sie büßte 4,3 Prozentpunkte ein, während die Grünen weitgehend stabil blieben. Die rot-grüne Mehrheit, sowieso schon äußerst knapp, war jetzt endgültig verschwunden. Es begann die Ära Merkel.

Vor der GroKo ist nach der GroKo

Auf den ersten Blick erschien es ungewöhnlich, dass nun eine Große Koalition die Geschäfte übernahm, denn Union und SPD hatten zuletzt von 1966 bis 1969 zusammen regiert. Doch so neu war diese Konstellation gar nicht. Indirekt war die Union bereits seit Februar 1999 an der Macht beteiligt, denn damals hatte Rot-Grün die absolute Mehrheit im Bundesrat verloren.

Da alle wichtigen Gesetze den Bundesrat passieren müssen, konnten die rot-grünen Steuerreformen und die Hartz-Pakete nur verabschiedet werden, weil die Union zugestimmt hatte. Die GroKo war somit keine Wende, sondern ließ die wahren Machtverhältnisse sichtbar werden.

Eine Große Koalition war auch insofern konsequent, als die inhaltlichen Unterschiede zwischen den beiden Volksparteien ohnehin gering ausfielen: Union wie SPD drängten in die »Mitte«. Programmatische Differenzen wurden vor allem während der Wahlkämpfe inszeniert, waren aber nach dem Urnengang sofort vergessen. Das Thema Mehrwertsteuer führte erneut deutlich vor, wie schnell die SPD ihre eigenen Versprechen brechen konnte.

Die Union hatte im Wahlkampf 2005 ehrlich zugegeben, dass sie die Mehrwertsteuer von 16 auf 18 Prozent anheben würde. Für die SPD war damit das Thema gefunden, das sie skandalisieren konnte. Großflächig plakatierten die Sozialdemokraten »Merkelsteuer« und »Zwei Prozent auf alles«. Im Fernsehen versicherte Noch-Kanzler Schröder treuherzig: »Ich schließe eine Erhöhung für die gesamte nächste Legislaturperiode aus.« Auch im SPD-Wahlprogramm hieß es: »Eine Anhebung der Mehrwertsteuer würde angesichts der derzeit schwachen Binnennachfrage in die falsche Richtung weisen und die sich abzeichnende wirtschaftliche Erholung gefährden.«[49]

Kaum waren die Wahlen aber vorbei und die Große Koalition im Amt, fiel dem neuen SPD-Finanzminister Peer Steinbrück auf, dass im Haushalt eine Lücke von 35 Milliarden Euro klaffte. Im Koalitionsvertrag mit der Union wurde daher vereinbart, dass die Mehrwertsteuer zum 1. Januar 2007 von 16 auf 19 Prozent steigen sollte.[50] Die »Merkelsteuer« hatte damit eine ebenso rasante wie paradoxe Karriere hinter sich: Die Union wollte ein Plus von zwei Prozentpunkten, die SPD eigentlich gar keine Erhöhung – und am Ende kamen drei Prozentpunkte heraus.

Die SPD wurde erneut von ihrer Vergangenheit eingeholt: Die Steuergeschenke für die Reichen waren so teuer, dass nun bei den Verbrauchern kassiert werden musste. Die Sozialdemokraten belasteten ausgerechnet jene »Mitte«, die sie doch eigentlich umschwärmen wollten. Die Mehrwertsteuer zahlt jeder, und sie trifft auch Menschen, die gar kein eigenes Einkommen haben wie Arbeitslose, Rentner oder Studenten. Für alle wurde das Leben nun teurer – um durchschnittlich 350 Euro pro Jahr und Haushalt.[51]

Die Mehrwertsteuer wäre in jedem Fall erhöht worden – auch unter Rot-Grün. Der ehemalige Vizekanzler Joschka Fischer sah auch später kein Problem darin, die Reichen zu beglücken und die Armen zu belasten. Im Rückblick bezeichnete er es als Fehler, dass Rot-Grün »zwar eine Steuerentlastung von über 50 Milliarden jährlich beschlossen« hatte, in der zweiten Legislaturperiode dann aber nicht den »Mut« fand, »zur Gegenfinanzierung die Mehrwertsteuer zu erhöhen«.[52]

Um die Ungerechtigkeiten optisch ein wenig zu verbrämen, wurde 2007 auch eine »Reichensteuer« eingeführt: Der Spitzensteuersatz stieg von 42 auf 45 Prozent, wenn ein Single über ein zu versteuerndes Einkommen von mehr als 250 000 Euro verfügte. Für Ehepaare lag die Schwelle bei 500 000 Euro.

Die Vermögenden haben diese »Reichensteuer« allerdings nicht lange gezahlt, denn im Januar 2009 kam es schon zur nächsten Reform. Das Projekt firmierte unter dem Namen »Abgeltungssteuer«: Kapitalerträge wie Zinsen oder Dividenden werden seither nur noch einheitlich mit 25 Prozent belastet.

Diese Reform war ebenfalls eine historische Zäsur. Ohne Not wurde das klassische Prinzip der »synthetischen Besteuerung« aufgegeben, womit gemeint ist, dass alle Einkünfte gleich veranlagt werden. Früher spielte es für das Finanzamt keine Rolle, ob Löhne, Mieten, Zinsen, Dividenden oder freiberufliche Honorare zu versteuern waren. Doch seit 2009 werden Kapitalerträge bevorzugt und unterliegen nicht mehr der Steuerprogression. Reichtum wird belohnt – und normales Arbeitseinkommen benachteiligt.

SPD-Finanzminister Steinbrück, damals zuständig, räumt inzwischen ein, dass es ein »Fehler« gewesen sei, die Abgeltungssteuer einzuführen: »Man darf Kapitalerträge wie Dividenden und Zinsen nicht anders besteuern als Arbeit.«[53]

Die Abgeltungssteuer war jedoch keineswegs die letzte Reform, die den Reichen zugutekam. Mindestens eine Posse fehlt noch: die Erbschaftssteuer. Sie wurde mehrfach reformiert, zuletzt 2016, doch das Resultat blieb kurios. Gerade die besonders reichen Erben zahlen jetzt meist keinen einzigen Steuer-Cent mehr, denn Firmenbesitz wird nicht belastet, selbst wenn die Betriebe Milliarden wert sind.[54] Die Lobbyisten behaupteten, dass es Arbeitsplätze gefährden würde, falls der »Mittelstand« Erbschaftssteuern zahlen müsste. Dabei konnten selbst die Handelskammern keinen einzigen Fall nennen, bei dem ein Betrieb Pleite gegangen wäre, nur weil die Erbschaftsteuer so drückte.

In der Summe waren die rot-grünen und rot-schwarzen Steuerreformen extrem ungerecht, wie auch Steinbrück zugeben musste: Die Steuerlast der Spitzenverdiener sei »um rund zehn Prozent« gesunken, »während der Durchschnittsverdiener … sehr viel weniger oder kaum profitierte«.[55]

Selbst dieses Bild ist noch geschönt: Die Durchschnittsverdiener haben nicht etwa »weniger profitiert« – sie haben klar verloren. Werden alle Steuer- und Sozialreformen von 1998 bis 2015 addiert, dann ergibt sich für die mittleren Einkommen, dass sie 2,4 Prozent von ihrem Haushaltsbrutto eingebüßt haben.[56]

Zudem geben Steinbrücks Zahlen gar nicht den ganzen Skandal wieder: Die reichen Haushalte wurden entlastet, obwohl nur sie vom Wirtschaftswachstum profitiert haben. Zwischen 1990 und 2015 nahm das deutsche Volkseinkommen pro Kopf um 25 Prozent zu, doch die Beschäftigten erhielten davon nichts. Während dieser gesamten Zeit stagnierten die realen Bruttolöhne im Durchschnitt.[57] Das Wachstum kam also allein den Kapitaleignern zugute. Nur wer Vermögen hatte, konnte steigende Gewinne verbuchen – und musste obendrein weniger Steuern zahlen.

Wer aber sind die Vermögenden in Deutschland? Das weiß niemand so genau. Die Statistiken über die wirklich Wohlhabenden sind immer noch so lückenhaft wie zu Adenauers Zeiten.[58] Es gibt nur Schätzungen: Wahrscheinlich besitzt das reichste eine Prozent sagenhafte 33,1 Prozent des Volksvermögens. Die obersten fünf Prozent dürften gemeinsam über 51,1 Prozent verfügen – und das reichste Zehntel kontrolliert 63,8 Prozent.

Für die große Mehrheit bleibt da nicht viel übrig. Die untersten 40 Prozent haben ohnehin kein Nettovermögen – und auch die Mittelschicht verfügt kaum über Besitz. Gemeinsam kommen die unteren 70 Prozent gerade einmal auf 11,7 Prozent vom Volksvermögen.[59]

Selbst die Finanzkrise ab 2007 hat den Reichen nicht geschadet. Stattdessen wurden die Gewinne privatisiert – und die Verluste sozialisiert.

X Die Finanzkrise ab 2007: Die Pleite einer Bank war keine gute Idee

Die Finanzkrise war ein Schock, und trotzdem kam dieser Crash nicht überraschend.[1] Vage hatten viele Beobachter geahnt, dass sich in den USA eine gigantische Kreditblase aufgepumpt hatte. 2001 hatte das Volumen aller US-Hypotheken noch bei 5,3 Billionen Dollar gelegen; 2007 waren es bereits 10,5 Billionen. Schon diese nackten Zahlen sind eindrucksvoll, aber im historischen Vergleich werden sie noch sensationeller: »In nur sechs Jahren stiegen die Hypothekenschulden der amerikanischen Haushalte fast so stark wie im Laufe der mehr als 200-jährigen Geschichte unseres Landes«, stellte das US-Repräsentantenhaus später schockiert fest.[2]

Doch nicht nur das Kreditvolumen verdoppelte sich – auch die Immobilienpreise nahmen zwischen 1996 und 2006 um knapp das Zweifache zu. Ein derartiger Preisanstieg ist immer ein Alarmsignal, denn im Normalfall schwanken Immobilienpreise kaum, wenn man die Inflation herausrechnet. Auch in den USA waren Häuser in dem Jahrhundert von 1890 bis 2000 real nicht teurer geworden.[3] Daher hätte die Aufsicht sofort einschreiten müssen, als die Immobilienpreise ab 2003 plötzlich explodierten.

Selbst Laien hatten ein mulmiges Gefühl: Zwischen Januar 2004 und Sommer 2005 verzehnfachten sich bei Google die Suchanfragen zum Begriff »Immobilienblase«, und auch die US-Medien entdeckten das Phänomen und erwähnten es im Jahr 2005 schon 3447-mal.[4] Jenseits des Atlantiks erkannte man ebenfalls früh, dass sich in den USA eine neue Krise anbahnte. Ab 2005 diskutierten auch die deutschen Medien zunehmend besorgt, ob sich in Amerika eine Immobilienblase aufpumpte.

Der Internationale Währungsfonds gab ebenfalls Warnungen heraus, und das FBI wies schon im Jahr 2004 darauf hin, dass es bei Hypotheken gehäuft zum Betrug käme. Trotzdem unterschätzten Amerikaner und Europäer die Gefahr, denn die Banken kaschierten gekonnt das Risiko, indem sie sogenannte Verbriefungen einsetzten.

Der ewige Traum: Spekulieren ohne Risiko

Diese Verbriefungen bündelten viele einzelne Hypotheken und machten daraus neue Wertpapiere, die sich weltweit verhökern ließen.[5] Die Papiere erschienen als besonders sicher, weil das Kreditrisiko nun breit und global gestreut wurde.

Zudem wurde der Trick genutzt, die Verbriefungen nach Bonitätskriterien zu »strukturieren«, indem jedes dieser Schachtelpapiere in drei verschiedene Tranchen aufgeteilt wurde. Die unterste Tranche war die sogenannte Equity-Tranche, auf die das ganze Risiko abgewälzt wurde. Sollten Hypotheken ausfallen, die sich in dem Sammelsurium einer Verbriefung befanden, würden diese Verluste als Erstes von der Equity-Tranche getragen. Als Nächstes kam die »Mezzanine«-Tranche und zuletzt die »Senior«-Tranche. Nach dieser Logik waren die Senior-Tranchen bombensichere Anlagen, die von den Ratingagenturen auch prompt mit der Bestnote AAA versehen wurden.

Blieb nur das Problem, dass die Mezzanine-Tranchen so schlechte Ratings hatten, dass viele Anleger davor zurückschreckten, sie zu kaufen. Also wurden diese Ramschpapiere nochmals gebündelt, verbrieft und in drei Tranchen aufgeteilt. Diese neuen Schachtelpapiere hatten den wundersamen Effekt, dass ehemalige Mezzanine-Tranchen nun doch noch zu Senior-Tranchen aufsteigen konnten. Durch immer neue Verbriefungen verschwand das Risiko unauffällig ins Nichts, und aus Ramschanlagen wurden scheinbar erstklassige Vermögenstitel gebastelt.

Banken, Ratingagenturen und Aufseher unterlagen alle zusammen dem Irrtum, dass sich das Risiko »diversifizieren« ließe. Doch das Risiko nahm nicht ab, sondern blieb im System und verteilte sich nur anders.

Selbst Arbeitslose kaufen Häuser

Die Kreditverwurstungsmaschine konnte nur auf Hochtouren laufen, solange sie ständig mit neuen Krediten gefüttert wurde. Die Investmentbanken warben daher schon bald aggressiv um Kunden, die eigentlich als »subprime« abgestempelt waren, also als zweitklassig, weil ihr Verdienst zu kümmerlich war, um ein Haus zu kaufen oder ein Darlehen abzuzahlen. Im Nachhinein ist das Label »Ninja« weltberühmt geworden, das für »no income, no job, no assets« steht – also für »kein Einkommen, keine Stelle und kein Vermögen«.[6]

Die Investmentbanken wussten natürlich, wie riskant diese Subprime-Kredite waren, weswegen deren Zins variabel war und ständig stieg. Anfangs war er niedrig, um die Kunden anzulocken, doch schon nach kurzer Laufzeit schossen die Kreditkosten nach oben. Dieses Schneeballprinzip funktionierte nur, solange die Immobilienpreise explodierten und die hohen Zinsen finanziert werden konnten, indem man das eigene Haus mit Gewinn verkaufte oder neu belieh.

Ab Mai 2006 stagnierten die Hauspreise in den USA jedoch, sodass bald die ersten Subprime-Kredite platzten.[7] Das Schicksal der arbeitslosen Gabelstaplerfahrerin Diane Brimmings war typisch: 1998 hatte sie ein kleines Haus in Alton, Illinois, auf Kredit gekauft und sich 2003 von einem Hypothekenmakler überreden lassen, dieses Darlehen umzuschichten und mit einem variablen Zins zu versehen. Dank des neuen Kredits war Brimmings in der Lage, ihr Auto reparieren zu lassen und Arztrechnungen zu bezahlen. Wenige Jahre später wurde ihr der variable Zins jedoch zum Verhängnis, denn er stieg von ehemals 6,3 auf 11,25 Prozent, was die monatlichen Raten wiederum von 414 auf 691 Dollar trieb. Dieses Geld konnte Brimmings nicht mehr aufbringen, obwohl sich der Gesamtkredit auf magere 65 000 Dollar belief.[8]

Im Laufe des Jahres 2007 wurden die Ausfälle im Subprime-Sektor immer größer, doch noch machten sich die meisten Ökonomen keine Sorgen. Sie erkannten nicht, dass es sich um eine systemische Krise handelte, sondern glaubten, dass nur einzelne Banken zusammenbrechen würden.[9]

Der Schock: Lehman Brothers geht pleite

Vielleicht wären die Schäden der Finanzkrise tatsächlich überschaubar geblieben, wenn es nicht am 15. September 2008 zu einer katastrophalen Fehlentscheidung gekommen wäre: Die überschuldete US-Investmentbank Lehman Brothers wurde in die ungeordnete Insolvenz geschickt. Die Schockwelle versenkte nicht nur viele weitere Finanzinstitute, sondern erfasste auch die Realwirtschaft. Erstmals seit dem Zweiten Weltkrieg fiel die globale Wirtschaftsleistung.

Die US-Regierung hatte irrtümlich vermutet, dass niemand Lehman vermissen würde: Die New Yorker Bank war ein eher kleines Institut, das nur eine Bilanzsumme von 691 Milliarden Dollar aufwies. Zudem war Lehman eine reine Investmentbank, die keine Einlagen von normalen Sparern hatte.

Anfangs waren die US-Medien geradezu begeistert, dass endlich ein Exempel statuiert und eine bankrotte Bank abgestraft wurde, indem man den »Markt« frei walten ließ. Die *New York Times* schrieb, es sei »merkwürdig beruhigend«, dass Lehman in die Pleite geschickt wurde. Das *Wall Street Journal* kommentierte angetan: »Irgendwo musste die Regierung die rote Linie ziehen.«[10]

Es kam bekanntlich anders als gedacht. Die Insolvenz von Lehman Brothers löste ein globales Finanzbeben aus, denn nun begann der »Bank Run«. Alle Banken und Fonds zogen untereinander ihr Geld ab, um das eigene Vermögen zu sichern, während niemand mehr Kredite vergab. Der Geldmarkt brach zusammen, und plötzlich schien jede Bank pleite zu sein.

Um das Chaos zu stoppen, blieb den Regierungen keine Wahl: Sie mussten alle Bankguthaben garantieren. Auch Kanzlerin Merkel stellte sich publikumswirksam vor die Kamera, um den »Sparern und Sparerinnen« zu versprechen, »dass Ihre Einlagen sicher sind«. Ein einziger ungeordneter Konkurs hatte ausgereicht, um die Regierungen weltweit davon zu überzeugen, dass man sich weitere Bankpleiten nicht leisten konnte.

Der Schaden war jedoch geschehen. Mit der Lehman-Pleite sprang die Finanzkrise auf die Realwirtschaft über: Investitionen wurden aufgeschoben, die Kreditvergabe stockte, die Arbeitslosigkeit stieg, der Konsum lahmte. Die deutsche Wirtschaftsleistung schrumpfte 2009 um minus 5,1 Prozent, was einen einsamen Negativrekord in der Geschichte der Bundesrepublik darstellt.

Zudem stand fast der gesamte deutsche Bankensektor vor dem Bankrott. Diese Schieflage war umso bemerkenswerter, als die Immobilienpreise in der Bundesrepublik vorher gar nicht gestiegen waren. Andere europäische Staaten wie Irland, Island, Großbritannien, Finnland, Schweden, Dänemark, Belgien, Frankreich oder Spanien hatten eigene, heimische Immobilienblasen produziert, die nun ebenfalls platzten. Aber Deutschland stellte den seltenen Fall dar, wo sämtliche Schrottpapiere aus dem Ausland stammten. Die deutschen Banken hatten ihre Krise importiert – und dies mit deutscher Gründlichkeit.

Seltsam: Auch deutsche Banken sind bankrott

Im Juli 2007 kollabierte als erste Bank die kleine IKB in Düsseldorf, die zwar nur eine Bilanzsumme von 64 Milliarden Euro aufwies, aber einen immensen Schaden verursachte. Die Sanierung kostete die Steuerzahler 9,6 Milliarden Euro[11]; weitere 1,4 Milliarden brachten die Bankverbände auf. Wie am Verhältnis zwischen Kosten und Bilanzsumme unmittelbar zu erkennen ist, bestand die IKB faktisch nur aus Schrottpapieren, die nun teilweise abgeschrieben werden mussten.

Diesen Ramsch hatte die Bank, das war das Pikante, unter staatlicher Aufsicht erworben. Denn die IKB gehörte zu 38 Prozent der öffentlichen Förderbank KfW. Allerdings saßen im IKB-Aufsichtsrat auch bekannte Manager aus der freien Wirtschaft, sodass sich SPD-Finanzminister Peer Steinbrück später mokierte, »der Aufsichtsrat der IKB las sich wie ein ›Who's who‹ der deutschen Wirtschaft«.[12]

Der Aufsichtsrat hätte eigentlich wissen müssen, was sich bei der IKB abspielte. Der Erwerb der toxischen Schachtelpapiere wurde nämlich stolz in jedem Geschäftsbericht erwähnt. Die Bank prahlte mit ihrer »internationalen Ausrichtung« und stellte ihre »Verbriefungsaktivitäten« sowie »Investments in internationale Kreditportfolios« ausführlich dar.[13]

Die IKB-Pleite war nur der Anfang. Im Sommer 2007 schlitterte auch die sächsische Landesbank in die Insolvenz; 2008 folgten die nordrhein-westfälische WestLB, die BayernLB, die baden-württembergische Landesbank sowie die HSH-Nordbank. Doch nicht nur der öffentliche Sektor wurde getroffen; die Privatbanken standen genauso schlecht da. Die Hypo Real Estate brach zusammen, und selbst die traditionsreiche Commerzbank musste gestützt werden, die kurz zuvor mit der Dresdner Bank fusioniert hatte. Die Deutsche Bank überlebte nur, weil sie Rettungsmilliarden aus den USA erhielt.[14]

Wie teuer die Pleitebanken für den deutschen Staat insgesamt werden, kann bisher niemand sagen, weil viele Ramschpapiere in »Bad Banks« ausgelagert sind. Der Finanzökonom Martin Hellwig schätzt, dass sich die Kosten am Ende auf mehr als 70 Milliarden Euro belaufen dürften. Allein die Landesbanken werden etwa 50 Milliarden verschlingen; weitere 14 Milliarden benötigte die Hypo Real Estate. Die Commerzbank schlägt mit drei bis fünf Milliarden zu Buche, und die IKB kostete fast zehn Milliarden.[15]

Übrigens ist es kein Zufall, dass ausgerechnet deutsche Banken so viele toxische Papiere importiert hatten: Dies ist die Kehrseite des Exportüberschusses. Jahr für Jahr liefern deutsche Unternehmen weitaus mehr Waren ins Ausland, als umgekehrt eingeführt werden. Durch diesen Geldüberhang bilden sich Ersparnisse, die irgendwo angelegt werden müssen. Die Deutschen sind weltweit als Kreditgeber unterwegs, was unweigerlich dazu führt, dass sie bei Finanzkrisen besonders hart getroffen werden.[16]

Allerdings erklären die Exportüberschüsse nur zum Teil, warum die deutschen Banken so ungehemmt spekulierten. Nebenher drehte sich auch noch ein Kreditkarussel der eigenen Art: Deutsche Banken liehen sich kurzfristig Dollar, um diese Dollar dann scheinbar lukrativ zu investieren – indem man Schrottanleihen erwarb. Die deutschen Banken operierten also wie gigantische Hedge Fonds. Sie nahmen Kredite auf, um damit auf eigene Rechnung zu spekulieren.[17]

Nach der Krise ist vor der Krise

Nach dem Crash war die Politik so schockiert, dass das weltweite Finanzkasino für immer geschlossen werden sollte. Um künftige Bankpleiten zu vermeiden, prägten die wichtigsten Industrieländer 2008 die griffige Formel, dass »kein Finanzplatz, kein Finanzakteur und kein Finanzprodukt« unreguliert bleiben sollte. Dieses Projekt ist inzwischen gescheitert. Zwar wurden viele Vorschriften erlassen, aber meist sind diese neuen Regeln weitgehend wirkungslos. Besonders fatal ist, dass den Banken kein deutlich höheres Eigenkapital vorgeschrieben wurde. Die eigenen Aktien und gebunkerten Gewinne müssen nur drei Prozent der Bilanzsumme betragen, so sieht es das internationale Abkommen »Basel III« vor. Dies ist lächerlich wenig. Sobald eine neue Finanzkrise anrollt, wären die Banken wieder pleite und müssten vom Staat gerettet werden, weil ihr Verlustpuffer nicht ausreicht.

Der Begriff »Eigenkapital« mag sterbenslangweilig klingen, aber es ist kein Zufall, dass die Banken ihre Lobbymacht vor allem auf dieses Thema konzentrierten. Für die Institute ist es lukrativ, nur mit Fremdkapital zu operieren, denn dies bekommen sie fast umsonst. Sparer und andere Anleger geben sich mit mickrigen Zinsen zufrieden, weil sie wissen, dass sie keinerlei Risiko eingehen, da bei einer Bankpleite eigentlich immer der Staat einspringt.

Banklobbyisten behaupten gern, dass es unmöglich sei, das Eigenkapital deutlich zu erhöhen. Diese Aussage ist historisch falsch. In den 1990er-Jahren hatten die Banken im Schnitt noch ein Eigenkapital von zehn Prozent der Bilanzsumme, und im 19. Jahrhundert waren es gar 40 bis 50 Prozent.[18] Der Finanzökonom Martin Hellwig schlägt daher vor, das Eigenkapital auf 30 Prozent der Bilanzsumme anzuheben, damit die Banken ihre Verluste künftig selbst tragen können und der Staat nicht ständig einspringen muss.

Allerdings dürften höhere Kapitalquoten allein nicht ausreichen, um die Banken davon abzuhalten, zu spekulieren und Blasen zu produzieren. Sie würden weiterhin undurchsichtige Finanzprodukte erfinden, die fast niemand versteht. Banken können ungemein kreativ sein, wie sich bei den Derivaten zeigt: Das erste kommentierte Lexikon für Derivate erschien 1989 und war bereits 700 Seiten stark. Der Nachfolger, der 2006 kurz vor der Finanzkrise aufgelegt wurde, umfasste fast 5 000 Seiten.[19]

Diese Derivate benötigt niemand. Die Spekulation ließe sich schnell beenden, wenn eine einfache Grundregel gelten würde: Ein Derivat darf nur kaufen, wer auch das dazu gehörige Grundgeschäft getätigt hat. Eine Fluglinie, die Öl benötigt, könnte also weiterhin Ölderivate erwerben, um sich gegen Preisschwankungen abzusichern. Aber reine Spekulation wäre ausgeschlossen.

Die Deutsche Bank zeigt eindrucksvoll, wie gefährlich es ist, unbeirrt auf das Investmentbanking zu setzen. Die Bank ist inzwischen ein Sanierungsfall, und es ist nicht unwahrscheinlich, dass sie irgendwann mit Staatsgeld gerettet werden muss.

Ein Sanierungsfall: Die Deutsche Bank

Die Deutsche Bank ist inzwischen zu Ramschpreisen zu haben. Im Dezember 2021 kostete die Aktie nur noch 10,94 Euro.[20] Zum Vergleich: Vor dem Ausbruch der Finanzkrise, im Juli 2007, war eine Aktie noch 109 Euro wert. Was ist schiefgelaufen?

Der größte Fehler dürfte gewesen sein, dass die Deutsche Bank überhaupt ins Investmentbanking eingestiegen ist. Diese Fehlentscheidung lässt sich genau datieren: Ende 1989 erwarb die Deutsche Bank die Investmentbank Morgan Grenfell in London, um international agieren zu können und an den scheinbar lukrativen

Spekulationsgeschäften auf den globalen Finanzmärkten teilzuhaben.

Bis dahin war die Deutsche Bank das Symbol der »Deutschland AG« gewesen. Sie war mit fast allen großen Firmen verflochten und hatte die meisten Unternehmen seit mehr als hundert Jahren finanziert. Gleichzeitig betreute sie aber auch viele Sparer und Vermögende.

Doch dieses deutsche Nest war dem damaligen Vorstandssprecher Alfred Herrhausen zu eng. Nur wenige Tage bevor er von der RAF ermordet wurde, kündigte er am 27. November 1989 den Kauf von Morgan Grenfell an. Seine Nachfolger setzten diesen Kurs fort, und 1999 kam der Bankers Trust in den USA hinzu.

Die Deutsche Bank besaß jetzt zwar große Investmentabteilungen in New York und in London – doch vom Geschäft auf den Finanzmärkten verstand man in der Frankfurter Zentrale nichts. Diese Ahnungslosigkeit war allerdings nicht nur bei den Deutschbankern zu beobachten; auch in allen anderen deutschen Kreditinstituten wusste fast niemand, wie das Investmentbanking funktioniert. An der Wall Street war es bald gängig, sich über »Herman, the German« lustig zu machen, weil man den Deutschen angeblich jedes Schrottpapier andrehen konnte.

Die Ignoranz in Frankfurt haben die Investmentbanker an der Wall Street und vor allem in London gründlich ausgenutzt. Unkontrolliert haben sie nur ihre Eigeninteressen verfolgt und üppigste Boni verlangt. »Die angelsächsischen Investmentbanker melken die Deutsche Bank, bis die Kuh tot umfällt«, kritisiert der unabhängige Bankanalyst Dieter Hein.[21]

Auch die Finanzkrise ab 2007 war keine Zäsur – zumindest nicht für die persönlichen Portemonnaies der Investmentbanker. Bis 2017 kassierten sie weitere 35,7 Milliarden Euro an Boni, obwohl die Deutsche Bank schwere Verluste einfahren musste. Das Gesamtergebnis war bizarr, wie Hein beobachtet: »Die Deutsche Bank zahlt Erfolgsboni dafür, dass die Bank Minus macht!«

Die Aktionäre hingegen wurden ärmer, obwohl ihnen die Bank gehört. Immerzu mussten sie frisches Geld nachschießen, um die Verluste zu kompensieren. Von 2007 bis 2017 wurden insgesamt

37,5 Milliarden Euro neu aufgebracht, um die Deutsche Bank mit ausreichend Kapital auszustatten.

Für die Aktionäre wäre es billiger gewesen, die Deutsche Bank pleitegehen zu lassen, wie eine weitere Zahl illustriert: Die Bank weist noch ein Eigenkapital von 55,8 Milliarden Euro aus[22], doch an der Börse sind alle Aktien des Instituts nur noch 22,8 Milliarden Euro wert.[23] Die Spekulanten rechnen also damit, dass in der Bilanz der Deutschen Bank weitere gewaltige Verluste schlummern.

Das Investmentbanking hat die Deutsche Bank ruiniert. Zusätzlich hat sie aber – wie alle Banken – mit dem Problem zu kämpfen, dass die Zinsen bei fast null liegen und sich daher im klassischen Bankgeschäft kaum Geld verdienen lässt.

Auch die deutschen Sparer sind längst unruhig geworden, weil die Zinsen die Inflation nicht ausgleichen und das Geld auf den Konten permanent an Wert verliert. Einen Schuldigen für diese Situation haben die meisten Kommentatoren auch schon gefunden: die Eurokrise.

XI Ein Kontinent zerstört sich selbst: Die Eurokrise

Der Euro war und ist richtig. Für alle wird das Leben leichter, wenn es nur eine Währung gibt. Denn Europa ist ein einzigartiger Kontinent: Nirgendwo sonst auf der Welt gibt es so viele unabhängige Nationalstaaten auf einer so kleinen Fläche. Europa ist politisch zerklüftet – aber ökonomisch war es seit der Antike immer eng verwoben. Seit der Zeit des römischen Reiches haben die Europäer intensiv miteinander gehandelt.

Für diesen grenzüberschreitenden Austausch war es stets ein Hindernis, dass die Staaten und manchmal sogar die Städte ihr jeweils eigenes Geld hatten. Auf dieses monetäre Chaos reagierten die Kaufleute schon früh, indem sie sich implizit oder explizit auf eine Leitwährung einigten. Im Mittelalter war dies der Florin aus Florenz, im 17. Jahrhundert der Amsterdamer Gulden, im 19. Jahrhundert das britische Pfund und im 20. Jahrhundert der US-Dollar.

Für die Europäer stellte es daher eine epochale Zäsur dar, als das Weltwährungssystem von Bretton Woods sukzessive zusammenbrach und 1973 endgültig scheiterte. Plötzlich schwankten die europäischen Währungen gegeneinander – und gegen den Dollar. Überdies sorgten Spekulanten dafür, dass die Devisenkurse künstlich verzerrt wurden. Alle europäischen Staaten mussten erleben, dass ihre Export- und Importgüter innerhalb von Tagen drastisch billiger oder teurer werden konnten, nur weil sich der Kurs der eigenen Währung plötzlich verändert hatte. Immer wieder gerieten Regierungen unter Druck, weil Spekulanten gezielt gegen einzelne Länder wetteten.

Die D-Mark war kein Dollar

Die Europäer versuchten daher in mehreren Anläufen, für stabile Wechselkurse zu sorgen. Doch wie immer diese Währungssysteme auch konkret aussahen[1]: Die D-Mark war faktisch die neue Leitwährung für Europa. Die Bundesrepublik war schlicht die größte Wirtschaftsnation, und zudem sorgte die Bundesbank mit teils rabiaten Mitteln dafür, dass die heimische Inflationsrate niedrig blieb (siehe Kapitel zur Bundesbank).

Viele Deutsche blickten mit Stolz auf ihre »starke Mark«. Doch es war eigentlich kein Grund zur Freude, dass sich die D-Mark zur europäischen Leitwährung entwickelte. Mit dieser Rolle war die Bundesrepublik eindeutig überfordert. Sie war zwar ein reiches Industrieland, aber keine ökonomische Supermacht wie die USA. Die D-Mark war nicht der Dollar. Die Bundesrepublik war schlicht zu klein, um eine weltweite »Reservewährung« zu beheimaten, die den Spekulanten als sicherer Hafen dienen konnte, wann immer es auf den Finanzmärkten zu turbulent wurde. Stets bestand die Gefahr, dass so viele Anleger in die D-Mark drängten, dass ihr Kurs rasant stieg und dies die bundesdeutschen Exportgüter auf den Weltmärkten schlagartig verteuerte.

Hinzu kam das Problem, dass die Bundesbank ihre europäische Verantwortung nicht wahrnahm. Obwohl die D-Mark als europäische Leitwährung fungierte, interessierten sich die Notenbanker in Frankfurt allein für die Inflationsrate in der Bundesrepublik. Wie die Nachbarländer zu ihrem Entsetzen mehrfach erleben mussten, hob die Bundesbank immer dann die Zinsen an, wenn es eigentlich wichtig gewesen wäre, Kredite billiger zu machen. Ganz Europa litt unter den hohen Zinsen, und überall stieg die Arbeitslosigkeit.[2]

Nicht nur das Ausland war empört über diese »Tyrannei der Bundesbank«; auch das Kabinett Kohl erkannte bald, dass man die undemokratische Nebenregierung in Frankfurt nicht länger tolerieren durfte, wenn man das europäische Projekt retten wollte. FDP-Außenminister Genscher arbeitete daher ab 1986 daran, eine europäische Währungsunion voranzubringen.[3] Im Juni 1988 verkündete Kohl dann öffentlich, dass er »zu 90 Prozent sicher« sei, dass eine Europäische Zentralbank bis zum Jahr 2000 verwirklicht wäre.[4]

Diese Prognose erwies sich als überraschend zutreffend, obwohl es zwischenzeitlich nicht so aussah, als ob sich der Kanzler durchsetzen würde. Die Bundesbank leistete hinhaltenden Widerstand, weil sie nicht gewillt war, kampflos auf ihre Macht zu verzichten und zu einer Filiale der Europäischen Zentralbank abzusteigen. Doch ab November 1989 verschoben sich die Fronten: Der französische Präsident Mitterand griff eigens zum Telefon, um Kohl persönlich zu übermitteln, dass sein Land einer deutschen Wiedervereinigung nur zustimmen würde – wenn es zu einer europäischen Währungsunion käme.[5]

Aber der Preis war hoch. Die deutschen Wähler waren nur bereit, sich von ihrer geliebten D-Mark zu trennen, wenn die Europäische Zentralbank möglichst genauso konstruiert war wie die Bundesbank. Also wurde auch die EZB völlig unabhängig und jeder demokratischen Kontrolle entzogen; und wie einst die Bundesbank sollte sich auch die EZB allein darauf beschränken, die Inflationsrate zu steuern. Wie die Eurokrise ab 2010 zeigen sollte, war diese Perspektive viel zu eng.

Die Eurokrise ist eine Krise ohne Vorbild, denn noch nie zuvor hatten sich 19 souveräne Staaten zu einer Währungsunion zusammengeschlossen. Wie immer diese Krise ausgeht: Das Resultat wird die deutsche Zukunft bleibend prägen. Allerdings führt der Begriff »Eurokrise« in die Irre, solange er im Singular benutzt wird. Europa hat nämlich nicht mit nur einer einzigen Eurokrise zu kämpfen, sondern mit vier Verwerfungen gleichzeitig.[6]

Der Euro ist die »Story«

Krise I war offensichtlich: In Griechenland, Portugal, Irland und Spanien hatten sich hohe Schuldenberge aufgetürmt, die mit ausländischem Geld finanziert worden waren. Diese Eurokrise hatte mit der US-Finanzkrise ab 2007 nicht unmittelbar zu tun, folgte aber dem gleichen Muster. Es handelte sich um Kreditblasen. Sie wurden nicht rechtzeitig erkannt, weil es eine »Story« gab, warum es vermeintlich völlig risikolos sei, sehr viele Darlehen zu vergeben. Diese Story war der Euro.

Die Investoren glaubten, dass eine einheitliche Währung bedeuten würde, dass nun alle Kredite in allen Euroländern gleich sicher wären. Als es noch die griechische Drachme oder das irische Pfund gab, mussten die Randstaaten der EU für jedes Darlehen hohe Risikozinsen zahlen. Diese Kreditkosten sanken rapide, als der Euro eingeführt wurde. Plötzlich konnten sich die europäischen Randstaaten billig Geld leihen, und diese Kredite waren für die Griechen oder Iren sogar besonders günstig: Während das Zinsniveau europaweit ähnlich niedrig lag, war die Inflation in den Randstaaten deutlich höher, was die Realzinsen an der Peripherie nach unten drückte. Da es die Kredite fast umsonst gab, griffen Spanier, Portugiesen, Griechen und Iren freudig zu.

Die Kreditblase wurde lange ignoriert, weil sie für Wachstum sorgte. Die Bauindustrie boomte, die Arbeitslosigkeit ging zurück, und die Löhne stiegen, was wiederum den Konsum ankurbelte. Über Nacht schien sich in den armen Randstaaten ein Wirtschaftswunder zu ereignen, und sie stiegen zu europaweiten Vorbildern auf. So wurde Irland gern als »keltischer Tiger« bezeichnet, und über Spanien schrieb die Deutsche Bank, dass es bis zum Jahr 2020 Deutschland überholen und eine höhere Wirtschaftsleistung pro Kopf aufweisen würde.[7] Ein peinliches Fehlurteil, wie sich im Rückblick herausstellte. Auch die Aufsicht versagte: Es störte weder die EZB noch die Bundesbank, dass die Immobilienkredite in Spanien oder Irland jährlich um mehr als 20 Prozent expandierten.[8]

Die Überschuldung fiel auch deswegen nicht auf, weil sie in jedem Land ein wenig anders aussah. In Griechenland verschuldete sich vor allem der Staat, während es in Spanien und Irland zunächst die privaten Haushalte und Banken waren. Dort kam der Staat erst in Bedrängnis, als die Institute ihre faulen Kredite auf öffentliche »Bad Banks« abwälzten.

Die Kreditblasen in den Randstaaten wären in jedem Fall geplatzt, aber die weltweite Finanzkrise ab 2007 hat den Crash beschleunigt. Das erste Pleiteland war Griechenland, das im Frühjahr

2010 europäische Rettungskredite erhielt, damit es nicht in eine Insolvenz schlitterte. Wenig später folgten Irland und Portugal.

So unschön Kreditblasen sind: Trotzdem war es seltsam, dass aus eher lokalen Krisen am Rande Europas ein Finanzbeben werden konnte, das die gesamte Eurozone erschütterte. Griechenland ist ökonomisch so bedeutsam wie Hessen – und wer würde erwarten, dass die Eurozone an Hessen scheitern könnte? Die Eurozone wirkte wie eine Schulklasse, in der ein Grippevirus von einem Kind zum nächsten springt. Wie war diese »Ansteckungsgefahr« zu erklären? Die Antwort liefert Krise II: Die Eurozone ist falsch konstruiert.

Es funktioniert nicht: Ein Euro, aber 19 Staatsanleihen

Die Eurozone ist einzigartig, denn es gibt nur eine gemeinsame Währung – aber 19 verschiedene Staatsanleihen. Jedes Euroland begibt eigene Papiere, wenn es Kredite aufnehmen will. Ob Finnland, Malta, die Slowakei, Slowenien oder Deutschland: Alle Länder haben ihre speziellen Staatsanleihen.

Dieser nationale Eigensinn mag einleuchtend wirken, hat aber verheerende Folgen, wie das Beispiel Italien zeigt. Ab Juli 2011 wurde das Land von panischen Investoren in Richtung Pleite getrieben, obwohl Italien damals ein wirtschaftlich gesunder Staat war. Diese Beschreibung mag so manchen Deutschen wundern, der weder die Mafia noch den einstigen Regierungschef Silvio Berlusconi goutiert. Doch Fakt ist: Italiens Banken hatten – anders als die deutschen Institute – vor 2007 keine Schrottpapiere aus den USA aufgekauft. Zudem sind Italiens Staatsschulden zwar hoch, aber nicht neu, sondern werden seit mehr als 30 Jahren mitgeschleppt und verlässlich bedient.[9]

Aber diese objektiven Daten interessierten die Investoren nicht mehr, als ab Juli 2011 ein »Schuldenschnitt« für Griechenland diskutiert wurde. Den ausländischen Banken und Versicherungen wurde schlagartig bewusst, dass sie einen Teil ihrer Kredite nie wiedersehen würden. Prompt fürchteten die Investoren, dass auch andere Euroländer konkursreif sein könnten. Also verkauften sie hektisch ihre italienischen Staatsanleihen und erwarben deutsche Papiere, die ihnen sicherer erschienen. Das Gesetz von Angebot und Nachfrage begann zu wirken: Die Zinsen für italienische Staatsanleihen stiegen auf über sieben Prozent, während umgekehrt die deutsche Regierung mit Geld überschwemmt wurde und für einen zehnjährigen Kredit nur noch 1,4 Prozent bieten musste.

Die hohen Zinsen waren für Italien jedoch tödlich, weil im Staatshaushalt gekürzt werden musste, was dann die Wirtschaft um insgesamt minus 4,5 Prozent schrumpfen ließ, was wiederum die Staatsverschuldung erhöhte, die doch eigentlich gesenkt werden sollte. Italien geriet in einen Teufelskreis, der die Panik der Investoren ständig neu schürte.

Italien ist ein reiches Industrieland, wurde aber trotzdem fast in die Pleite getrieben. Diese bizarre Konstellation war nur möglich, weil die Investoren in der Eurozone zwischen 19 Staatsanleihen wählen können, die alle auf Euro lauten. Also konnten sich die Anleger von ihren italienischen Papieren trennen und dafür deutsche Anleihen kaufen, ohne einen Währungsverlust zu erleiden. Sie behielten immer ihre Euros.

Diese Konstruktion fördert Panikattacken, wie ein Vergleich mit Großbritannien zeigt, das bekanntlich noch sein Pfund besitzt. Man stelle sich einmal vor, in den Brexit-Wirren nicht unwahrscheinlich, dass viele Investoren plötzlich die Sorge hätten, die britische Wirtschaft könnte kollabieren. Also würden sie versuchen, ihre britischen Staatsanleihen abzustoßen, was natürlich Kursverluste bei diesen Papieren bedeuten würde. Doch was sollten die Anleger dann mit den Pfund anstellen, die sie beim Verkauf der Anleihen erhalten? Die Investoren könnten das Geld zwar in Euro oder Dollar tauschen, doch würde das Pfund sofort abstürzen, wenn viele Anleger gleichzeitig von der Insel fliehen wollten. Die Investoren hätten also einen doppelten Kursverlust zu verkraften: erst bei den britischen Staatsanleihen und dann beim Pfund. Die Panikattacke würde zu teuer – und daher automatisch enden. In der Eurozone hingegen fehlt die Bremse namens Währungsrisiko, weil die Anleger von einem Euroland zum nächsten springen können.[10]

Noch wichtiger: Anders als Italien besitzt Großbritannien eine eigene Notenbank, die eingreift, sobald auf den Finanzmärkten Panik herrscht. Die Investoren können sich darauf verlassen, dass die Bank of England sofort britische Staatsanleihen aufkaufen würde, um den Markt zu beruhigen. Da die Anleger aber wissen, dass sie ihr Geld garantiert zurückbekommen, werden sie gar nicht erst panisch.

Die Europäische Zentralbank hingegen hat sich lange gesträubt, italienische Staatsanleihen zu erwerben, um die Zinsen wieder nach unten zu drücken. Vor allem die Deutschen fürchteten, dass es eine Inflation auslösen könnte, wenn die Notenbank Geld »druckt«. Diese Angst war abwegig. Die Preise in der Eurozone stiegen jahrelang fast gar nicht, weil überall das Wachstum schwächelte.

Die Europäische Zentralbank zögerte viel zu lange und griff erst im Juli 2012 entschieden ein. EZB-Chef Mario Draghi kündigte damals an, dass man »alles« tun würde, um den Euro zu retten. Die Investoren wussten sofort, was mit diesem kurzen Satz gemeint war: Ab jetzt würde die Notenbank unbegrenzt Staatsanleihen aufkaufen, um die Zinsen für Italien und Spanien zu drücken. Die Panik verebbte sofort, sodass die EZB damals keine einzige Staatsanleihe erwerben musste. Reine Psychologie hatte ausgereicht, um die Anleger zu beruhigen.

Selbst die Europäische Zentralbank ist jedoch machtlos gegen die dritte Krise, die die Eurozone seit ihren Anfängen begleitet: Deutschland häuft immense Exportüberschüsse auf, die zulasten der Nachbarn gehen.

»Exportstar« Deutschland: Weltrekorde im Außenhandel

2019 war wieder ein gigantischer Rekord fällig: Zum vierten Mal hintereinander konnte Deutschland die weltweit größten Überschüsse in der Leistungsbilanz verbuchen. Diesmal waren es etwa 245,5 Milliarden Euro, was 7,3 Prozent der Wirtschaftsleistung entsprach.[11] In Corona-Zeiten ist das Plus im Außenhandel zwar etwas gesunken, dürfte aber wieder steigen, sobald die Pandemie vorbei ist.

Viele Bundesbürger sind stolz auf die jährlichen Exportüberschüsse, die sie für ein Zeichen der Stärke halten: Wer auf dem Weltmarkt bestehen kann, so die Idee, muss einfach gut sein. Doch hat es nicht allein mit der Qualität der deutschen Produkte zu tun, dass sie global so gefragt sind. Sie sind auch relativ billig. Seitdem der Euro existiert, betreibt Deutschland Lohndumping und hat die Arbeitskosten gezielt gesenkt. Wie Schröder ja entwaffnend ehrlich erklärte: »Wir haben einen der besten Niedriglohnsektoren aufgebaut, den es in Europa gibt.«

Die permanenten deutschen Überschüsse sorgen inzwischen für weltweite Aufregung. Die OECD-Staaten beschweren sich genauso wie der Internationale Währungsfonds oder die EU-Kommission. Es ist nun einmal ein schlichtes Gesetz der Logik, dass es Überschüsse nur geben kann, wenn andere Länder Defizite einfahren und sich verschulden.

Die Gefechtslage erinnert an die Zeiten ab 1952: Auch damals kritisierten die anderen Europäer, dass die Bundesdeutschen ihre relativ niedrigen Löhne nutzten, um die Nachbarn zu unterbieten. Es ist kein Zufall, dass sich Geschichte gerade jetzt wiederholt. Wie das Weltwährungssystem von Bretton Woods ist auch der Euro ein System von festen Wechselkursen. Allerdings gibt es einen relevanten Unterschied: Früher konnten die anderen europäischen Staaten ihre eigene Währung noch abwerten, wenn die deutschen Überschüsse zu drückend wurden. Doch jetzt sind Kursveränderungen nicht mehr möglich – eben weil es nur noch den gemeinsamen Euro gibt.

Die deutsche Regierung weist gern darauf hin, dass es doch nicht ihre Schuld sei, dass Griechenland oder Spanien zu hohe Löhne zahlten. In der Tat: In den Randstaaten legten die Gehälter exorbitant zu, nachdem der Euro eingeführt worden war. Zwischen 1999 und 2007 stiegen die irischen und spanischen Lohnstückkosten um 36 beziehungsweise 28 Prozent.[12] Geradezu legendär wurde Griechenland, wo sich die Gehälter der Staatsdiener in nur zehn Jahren mehr als verdoppelten.[13] Diese überhöhten Löhne sind aber längst korrigiert.

Vor allem verkennen die Deutschen, dass ihr Lohndumping selbst gesunde Staaten schwer beschädigt – vorneweg Frankreich. Dabei haben sich gerade die Franzosen mustergültig verhalten: Ihre Reallöhne stiegen parallel zum technischen Fortschritt und entsprachen damit dem Zugewinn an Produktivität. Frankreich hat sich also genau an die Spielregeln gehalten, die alle Eurostaaten befolgen müssten, wenn es nicht zu Wettbewerbsverzerrungen zwischen den einzelnen Mitgliedsländern kommen soll. Doch nun müssen die Franzosen erleben, dass sie gegen die Deutschen nicht mehr konkurrieren können. Auch Frankreich versucht nun, seine Arbeitskosten zu senken.

Auf den ersten Blick erscheint diese Idee naheliegend: Wer nicht konkurrieren kann, muss eben Kosten und Preise reduzieren. So macht es schließlich jedes Unternehmen. Nur leider wird dabei übersehen, dass ein Staat keine Firma ist. Volkswirtschaft wird wieder einmal mit Betriebswirtschaft verwechselt. Europa wird ärmer, nicht reicher, wenn alle Länder ihre Löhne senken und die Nachfrage fehlt.

Die Eurozone schwächelte daher schon vor Corona: 2019 lag das Wachstum bei nur 1,2 Prozent. Ausgerechnet »Exportweltmeister« Deutschland erreichte noch nicht einmal diesen mageren Durchschnittswert – und kam auf ein Plus von nur 0,6 Prozent.[14]

Auch in den vergangenen zwanzig Euro-Jahren ist die deutsche Wirtschaft im Schnitt eher schwach gewachsen. Es ist eben ein ziemlich schlechtes Geschäftsmodell, Lohndumping zu betreiben, um »Exportweltmeister« zu werden. Nur ein kleiner Kreis profitiert: die deutschen Exportkonzerne. Zuhause sind die Löhne niedrig, aber auf den globalen Märkten können die Firmen die hohen Preise verlangen, die dort üblich sind. Konkurrenten werden immer nur knapp unterboten – und die Gewinnmargen voll mitgenommen.

Der große Rest der Deutschen hat jedoch nichts davon, dass die Großkonzerne mühelos Profite einfahren können. Da die Löhne kaum steigen, bleibt die Binnennachfrage niedrig, sodass sich Investitionen nicht lohnen und das Wachstum gering ausfällt. Die Importe nehmen natürlich auch nicht zu, weil das Geld fehlt, um im Ausland einzukaufen. Wie schon vor 60 Jahren sind die »Exportüberschüsse« in Wahrheit »Importdefizite«.[15]

Aber es kommt noch schlimmer: Der kollektive Lohnverzicht

lohnt sich überhaupt nicht, weil das deutsche Vermögen im Ausland alsbald verloren geht. Die Zahlen sind geradezu unglaublich. Rein rechnerisch hat Deutschland zwischen 1999 und 2014 ein Finanzvermögen von 1788 Milliarden Euro im Ausland aufgehäuft. Doch davon waren im Jahr 2014 nur noch 1020 Milliarden Euro übrig. Rund 768 Milliarden Euro waren also schon wieder verloren gegangen. Vor allem die Finanzkrise hat riesige Löcher gerissen, aber auch die Eurokrise ist teuer.[16]

Es nutzt den Deutschen nichts, auf ihren Exportüberschüssen zu beharren, denn die ökonomische Logik ist stärker: Wenn die Bundesrepublik stets mehr exportiert, als sie importiert, dann können die anderen Länder deutsche Waren nur kaufen, indem sie Kredite aufnehmen – bei den Deutschen. Es ist nur eine Frage der Zeit, bis einige Importländer überschuldet sind und die Darlehen nicht mehr bedienen können. Das deutsche Auslandsvermögen verschwindet ins Nichts.

Faktisch haben die Deutschen ihre Waren also gar nicht verkauft, sondern ins Ausland verschenkt und dafür wertlose Schuldtitel erhalten. Es wäre deutlich intelligenter gewesen, die deutschen Löhne anzuheben und selbst zu konsumieren – statt den Konsum im Ausland zu finanzieren.

Die drei beschriebenen Eurokrisen sind bereits verwirrend genug, aber inzwischen hat sich noch eine vierte Krise eingestellt, die sich »Managementkrise« nennen ließe. Die Politiker der Eurozone haben dramatische Fehlentscheidungen getroffen, und leider stammen die falschen Rezepte meist aus Deutschland.

Der Euro wird von innen gesprengt

Der schlimmste Fehler ist, prinzipiell und überall zu sparen. Fast jedes Land in der Eurozone versucht, bei den Ausgaben zu kürzen. Dieses doktrinäre Sparen ist jedoch nicht nur ökonomisch unsinnig, sondern auch politisch gefährlich. Menschen ertragen es nicht lange, wenn jede Perspektive fehlt und ihnen alle Sicherheit genommen wird. In weiten Teilen Europas herrschen Ohnmacht, Angst und Wut. Italien wurde zwischenzeitlich von sehr rechten Populisten regiert, in Frankreich war der rechtsradikale Front National die stärkste Kraft bei der Europawahl, und in Spanien ist es fast nicht mehr möglich, stabile Regierungen zu bilden.

Erneut werden Volkswirtschaft und Betriebswirtschaft verwechselt. Der Staat wird behandelt, als wäre er ein normales Unternehmen. Firmen müssen schließlich auch sparen, sobald der Umsatz nicht stimmt, und wenn sie überschuldet sind, werden sie in die Pleite geschickt.

Dieser rein betriebswirtschaftliche Ansatz führte zu einem weiteren schweren Fehler beim europäischen Krisenmanagement: Wie ein konkursreifes Unternehmen musste der griechische Staat Insolvenz anmelden, und 2012 kam es zu einem »Schuldenschnitt«, bei dem die Besitzer von griechischen Staatsanleihen 107 Milliarden Euro verloren, was einem Wertverlust von etwa 65 Prozent entsprach.[17] Es wurde nach dem beliebten Motto verfahren, dass Strafe sein muss. Wenn Banken und Versicherungen so dumm waren, Griechenland allzu viel Geld zu leihen, dann sollen sie dafür büßen.

Menschlich ist zu verstehen, dass Rache an den Banken ein populäres Bedürfnis ist. Jedes Mal wieder ist es ärgerlich, wenn diese Institute und ihr unfähiges Management vom Staat gerettet werden müssen. Dennoch war der Schuldenschnitt in Griechenland falsch, denn er hat das Vertrauen in den Euro für immer zerstört.

Seit dem griechischen Schuldenschnitt gilt es als denkbar, dass weitere Eurostaaten oder Banken Konkurs anmelden. Geld basiert aber auf Vertrauen, sonst verliert es seinen Wert. Daher gibt es jetzt nicht mehr einen Euro, sondern 19 verschiedene Euros: Ein griechischer oder italienischer Euro ist nicht mehr so viel wert wie ein deutscher Euro. Die Währungsunion wird von innen gesprengt, noch während sie existiert.

Dieses seltsame Phänomen spielt sich nicht etwa im Geheimen ab, sondern bewegt fast jeden Europäer, der über sein Vermögen nachdenkt. Ob Griechen, Spanier oder Italiener – sie alle glauben, dass Geld in der Bundesrepublik besonders sicher sei, während es in ihren Heimatländern gefährdet sein könnte. Also transferieren sie ihr Finanzvermögen zumindest teilweise nach Deutschland, damit es seinen Wert behält, falls es in der Eurozone zu weiteren Turbulenzen kommt.

Aus einem griechischen, italienischen oder spanischen Euro wird also ein deutscher Euro gemacht. Umgekehrt ziehen deutsche Investoren und Banken ihr Geld aus dem Ausland ab, weil ihnen Deutschland natürlich ebenfalls am sichersten erscheint. Diese gemeinsame Kapitalflucht erreichte zwischendurch gigantische Ausmaße: Zeitweise wurden in Deutschland rund 750 Milliarden Euro geparkt.

Diese Wanderschaft der Finanzvermögen hat leider Folgen: Ein italienisches Unternehmen muss für einen Kredit mehr Zinsen zahlen als eine deutsche Firma, selbst wenn beide Betriebe gleich erfolgreich sind. Die Wettbewerbsbedingungen in der Eurozone werden also erneut verzerrt – und zwar wieder zugunsten von Deutschland. Die Währungsunion kann jedoch nicht überleben, wenn sie nicht allen Ländern die gleichen Chancen bietet.

Was wäre die Alternative gewesen? Es ist ja unbestritten, dass Griechenland entschuldet werden musste. Wie man es richtig macht, führte Irland vor, das ebenfalls bankrott war, nachdem es seine maroden Banken hatte retten müssen. Aber Irland hat einen Teil seiner Schulden einfach vom Staat zur irischen Notenbank verschoben. Die meisten Europäer haben von dieser Aktion nie gehört, weil sie so geräuschlos vonstattenging.

Der Trick war denkbar einfach: Ein Teil der irischen Schulden wurde in Staatsanleihen verwandelt, die bis 2053 laufen und sehr niedrig verzinst sind. Diese Papiere wurden dann von der irischen Zentralbank aufgekauft – mit Einverständnis der EZB. Das Schuldenproblem hatte sich damit weitgehend erledigt, denn die Zinsen sind so gering, dass sie den irischen Staatshaushalt kaum belasten.[18]

Es ist eine überaus elegante Lösung, Schuldenkrisen zu bekämpfen, indem die Zentralbank einspringt. Doch die deutsche Regierung sowie die Bundesbank blockierten diesen Weg fast immer, weil sie fürchteten, dass hemmungslos Geld »gedruckt« würde. Nur bei Irland stimmten sie zu, weil dringend eine Erfolgsstory benötigt wurde, damit nicht auffiel, wie falsch die brutale Sparpolitik in

Griechenland und in Portugal war.

Es ist weltweit einmalig, dass eine Zentralbank nicht tätig werden darf, wenn ihr eigenes Währungsgebiet in Schwierigkeiten gerät. Die US-Notenbank Fed, die Bank von England und die japanische Zentralbank kaufen immer Staatsanleihen auf, sobald eine Krise droht.

Erst ab Januar 2015 emanzipierte sich die Europäische Zentralbank wenigstens ein bisschen von ihren engen Vorgaben: EZB-Chef Mario Draghi rief eine Art Notstand aus, weil die Inflationsrate in der Eurozone inzwischen unter null lag. Fallende Preise sind jedoch extrem gefährlich, da viele Konsumenten dann ihre Anschaffungen aufschieben – in der Hoffnung, dass die Waren noch billiger werden. Sobald eine Deflation einsetzt, ist es mit dem Wachstum garantiert vorbei.

Um die Preise wieder nach oben zu treiben, begann die EZB systematisch, die Banken mit Geld zu fluten: Pro Monat »druckte« die Europäische Zentralbank 60 Milliarden Euro, um Staatsanleihen und andere Wertpapiere zu erwerben.[19] Erst Ende 2018 wurde dieses Programm wieder eingestellt – nachdem die europäische Zentralbank insgesamt 2,6 Billionen Euro in Umlauf gebracht hatte.[20]

Der Erfolg war jedoch mäßig. Die Geldschwemme hatte zwar die Zinsen fast auf null gedrückt – aber die Wirtschaft kam trotzdem nicht in Gang. Selbst billige Kredite waren nämlich zu teuer: In den meisten Euroländern waren die ökonomischen Aussichten so trübe, dass Bürger und Firmen das Wagnis lieber mieden, ein neues Darlehen aufzunehmen. Das Wachstum blieb daher gering, und auch die Inflationsrate ist immer noch alarmierend niedrig.

So paradox es klingt: Geld ist nicht gleich Geld. Es nutzt überhaupt nichts, Billionen Euro in die Banken zu pumpen. Diese Summen bleiben dort nutzlos liegen. Wachstum kommt nur zustande, wenn Geld sofort Nachfrage erzeugt. Die Eurozone benötigt also Konjunkturprogramme, und die Staaten müssen investieren.

Die Eurozone wäre sofort gesundet, wenn die Europäische Zentralbank ihr Geld nicht an die Banken, sondern direkt an die Staaten vergeben hätte. 200 Milliarden Euro hätten wahrscheinlich gereicht, um das Wachstum wieder anzuschieben. Stattdessen bunkern die Banken nun 2,6 Billionen Euro, die fast nichts bewirken.

Kein Euro ist auch keine Lösung

Viele Bundesbürger haben das sonnige Gefühl, dass sie auf die anderen Euroländer eigentlich gar nicht angewiesen seien. Besonders markant war diese Fehleinschätzung im AfD-Programm für die Bundestagswahl 2021 nachzulesen. Dort wurde tatsächlich ein »Dexit« vorgeschlagen – also der Austritt Deutschlands aus dem Euro.[21]

Ein Abschied vom Euro ist jedoch keine gute Idee, weil es dann sofort zu einem Finanzcrash kommen würde.[22] Die Deutsche Bank ist nämlich nicht das einzige Sorgenkind: Fast alle europäischen Geldinstitute sind mit spekulativem Kapital vollgepumpt, für das keine realen Gegenwerte existieren. Noch sind diese virtuellen Summen in den Bankbilanzen gut versteckt, doch sobald der Euro auseinanderfiele, würden die Verluste offensichtlich.

In der Eurozone hat sich ein gewaltiger Geldberg aufgetürmt: Die Bilanzsummen der Banken sind drei- bis fünfmal größer als die jährliche Wirtschaftsleistung ihrer Heimatstaaten. Hinzu kommen die Aktien und Anleihen, die außerhalb der Banken kursieren und von Hedgefonds, Pensionsfonds, Unternehmen oder Privatleuten gehalten werden.

Fast alle diese Papiere notieren in Euro. Würde die Währungsunion aufgelöst, müsste jeder einzelne Finanztitel auf eine der 19 neuen/alten Währungen umgeschrieben werden. Dabei ergäben sich 171 bilaterale Beziehungen zwischen den 19 Staaten, die sich zudem einigen müssten, wie sie die unterschiedlichen Typen von Forderungen künftig behandeln: In den Bankbilanzen findet sich ja alles – vom Derivat bis zur normalen Spareinlage. »Eine geordnete Abwicklung des Euro ist nicht möglich«, urteilt daher der österreichische Ökonom Stephan Schulmeister. »Wie in der Natur, so gibt es auch in der Gesellschaft irreversible Prozesse: Man kann 19 Flüssigkeiten in einen Krug gießen, trennen kann man sie nicht mehr –

höchstens das Ganze verschütten.«[23]

Wir müssen also mit dem Euro leben, und das ist gut so. Es stellt einen gewaltigen Fortschritt dar, dass die Bundesbank nicht mehr indirekt über ganz Europa herrscht. Statt eine unschöne Vergangenheit zu glorifizieren, sollten die Deutschen lieber ihre Zukunft gestalten. Der Euro könnte längst so wichtig wie der Dollar sein.

Der Euro könnte wie der Dollar sein

EU-Kommissionspräsident Jean-Claude Juncker formulierte 2018 ein ehrgeiziges Ziel: Er wollte den Dollar als globale Leitwährung entmachten und »die internationale Bedeutung des Euro stärken«.[24] Beispiele hatte Juncker auch parat, um zu illustrieren, wie absurd es sei, dass der Dollar dominiert: »Es ergibt keinen Sinn, dass wir in Europa unsere Energieimporte – die sich auf 300 Milliarden Euro pro Jahr belaufen – zu 80 Prozent in US-Dollar bezahlen. Schließlich stammen nur rund zwei Prozent unserer Öleinfuhren aus den USA.« Genauso lächerlich sei es, »dass europäische Unternehmen europäische Flugzeuge nicht in Euro, sondern in Dollar erwerben«.[25]

Juncker hatte recht. Es ist tatsächlich erstaunlich, dass sich der Dollar so unangefochten als weltweite Leitwährung behauptet. Denn die Eurozone kann mit den USA durchaus mithalten. In den Vereinigten Staaten leben knapp 327 Millionen Menschen – in der Eurozone sind es 341 Millionen. Die USA kamen 2018 auf eine Wirtschaftsleistung von 20,5 Billionen Dollar, die Eurozone erwirtschaftete immerhin 11,6 Billionen Euro.

Trotzdem ist das globale Interesse am Euro schwach. Weltweit horten die Zentralbanken lieber Dollar: Der Internationale Währungsfonds verzeichnet aktuell Dollar-Reserven in Höhe von 7,08 Billionen; dies sind 59,2 Prozent aller Devisen, die die Zentralbanken weltweit halten. Der Euro kommt hingegen nur auf 20,6 Prozent der globalen Reserven.[26]

Ähnlich unwichtig ist der Euro im weltweiten Handel. Nur etwa 30 Prozent aller Transaktionen werden in Euro abgewickelt, während Dollar-Geschäfte knapp 52 Prozent ausmachen.[27] Die US-Währung dominiert die Weltmärkte, obwohl die USA im globalen Handel eine eher geringe Rolle spielen. Die Vereinigten Staaten waren 2017 nur an 8,7 Prozent der globalen Importe und Exporte beteiligt, während die EU 33,3 Prozent beisteuerte.[28] Aus diesen Zahlen lässt sich ziemlich klar erkennen, dass der europäische Handel zwar oft in Euro abgewickelt wird – dass aber fast alle anderen internationalen Transaktionen über den Dollar laufen.

Die eigene Bedeutungslosigkeit ist für die Europäer durchaus eine Enttäuschung, denn der Euro war einst als Alternative zum Dollar gedacht und sollte die Dominanz der Amerikaner brechen. Dieses Projekt ist vorerst gescheitert, weil die Europäer nie begriffen haben, wie eine Leitwährung funktioniert.

Anleger und Zentralbanken denken schlicht: Wenn sie Devisen besitzen, soll dieses Geld nicht nutzlos auf einem Girokonto liegen, sondern investiert werden. Als sichere Anlage bieten sich Staatsanleihen an. Beim Dollar ist dies einfach; man kauft ein US-Papier. Aber wo, bitte schön, kann man seine Euros loswerden? Einheitliche Eurobonds gibt es ja fast gar nicht. Stattdessen emittiert jeder Eurostaat seine eigenen Anleihen.

Wie immer man die Bonität von Finnland, Lettland oder der Slowakei bewerten mag: Diese Eurostaaten sind viel zu klein, um eine Reservewährung zu beheimaten. Eine Weltwährung soll maximale Liquidität garantieren und jede Staatsanleihe sofort einen Käufer finden, wenn man sie veräußern will.

Die Vielstaaterei ist allerdings nicht das Haupthindernis, um den Euro als Weltwährung zu etablieren. Katastrophal waren die Fehlentscheidungen in der Eurokrise. Seit dem Schuldenschnitt für Griechenland fürchtet jeder Investor, dass Eurostaaten pleitegehen könnten und die Anleihen ihren Wert verlieren. Also werden nur noch Papiere von »sicheren« Eurostaaten gekauft – vorneweg die deutschen.

Die Bundesrepublik allein ist aber auch zu klein, um den Euro als Weltwährung zu tragen. Längst ist die paradoxe Situation eingetreten, dass es viel zu wenige deutsche Staatsanleihen gibt, um die internationale Nachfrage zu befriedigen. Neue Kredite wollte Deutschland aber nicht aufnehmen, denn starr glaubte man an die

»Schuldenbremse« und die »schwarze Null«. Auch der restlichen Eurozone hatte man eine rigide Sparpolitik verordnet.

Corona hat dann allerdings neue Fakten geschaffen: Die »Geiz-ist-geil«-Politik wurde vorübergehend aufgegeben, und ab 2020 machten alle Eurostaaten Schulden, um die Pandemie zu bekämpfen. Frisches Geld kam auch von der EU-Kommission, die ein Konjunkturpaket von 750 Milliarden Euro auflegte. Aber eine Kurskorrektur ist das bisher nicht. Die »Schwarze Null« soll so bald als möglich wieder gelten, und offiziell gilt die Parole, dass alle Länder ihre Corona-Schulden bis 2058 wieder zurückzahlen müssen.

Dieser neoliberale Sparwahn verhindert, dass sich die Eurozone langfristig erholt und garantiert gleichzeitig, dass der Euro niemals zur Leitwährung werden kann. Es mag wie ein Paradox erscheinen, aber nur wer sich verschuldet, kann die Devisenmärkte dominieren.

Die Zeit nach dem Zweiten Weltkrieg bietet dafür reiches Anschauungsmaterial: Die USA pumpten permanent Dollar in die weite Welt, die sie vorher »gedruckt« hatten, indem die amerikanische Regierung ihre Verschuldung erhöhte. Wäre Washington nicht bereit gewesen, ins Defizit zu gehen, hätte sich der Dollar niemals zur Leitwährung entwickeln können. Denn das Ausland hätte ja gar nicht über Dollar verfügen können.

Für die USA bedeutet es bis heute ein schönes Geschäft, die Leitwährung zu besitzen: Die Amerikaner dürfen permanent über ihre Verhältnisse leben, weil die anderen Nationen dringend Dollar besitzen wollen. Auch die Europäer könnten vom kostenlosen Reichtum einer Leitwährung namens Euro profitieren – wenn sie endlich aufhören würden, das Sparschwein für die Inkarnation einer klugen Politik zu halten.

XII Schluss: Politik lohnt sich

In der Vergangenheit waren nicht alle Prognosen richtig, aber eine Vorhersage hat sich – leider – bestätigt. Bereits 1972 sah der Club of Rome in seinem Bestseller »Grenzen des Wachstums« absolut präzise voraus, dass ein gefährlicher CO2-Anstieg in der Atmosphäre drohte. Schon damals warnten die Forscher: »Es ist unbekannt, wie viel Kohlendioxid oder Abwärme man freisetzen kann, ohne dass sich das Klima der Erde unwiderruflich verändert.«[1]

Die heutige Menschheit verbraucht Rohstoffe und Natur so ungehemmt, als ob wir zwei Planeten zur Verfügung hätten – es gibt aber nur die eine Erde.[2] Das Wachstum hat Deutschland reich gemacht, aber dieses Modell hat keine Zukunft, weil es unsere Umwelt ruiniert.

Auch angeblich »grünes« Wachstum bietet keinen Ausweg, denn selbst alternative Technologien verbrauchen Rohstoffe und Natur. Windräder sind zwar nicht so schlimm wie Kohlekraftwerke, aber auch sie greifen in die Landschaft ein und werden bald zu einem Müllproblem. Denn Windräder laufen nur maximal dreißig Jahre und sind dann nutzlose Industrieruinen aus 90 Metern Schrott.[3]

Die Zukunft wird also schwierig und lässt sich nur gestalten, wenn die Deutschen ihre Vergangenheit verstehen. Bisher dominieren jedoch Mythen. Die bleibende Verehrung für Ludwig Erhard zeigt, dass noch nicht einmal der Zweite Weltkrieg vollständig aufgearbeitet wurde. Sonst würde man heute nicht Festsäle, Journalistenpreise und Straßen nach einem Mann benennen, der ein Nazi-Profiteur, Lügner und Opportunist war.

Zudem war Erhard ein erstaunlich einfältiger Ökonom. Allerdings scheint gerade diese ungeheure Mittelmäßigkeit viele Anhänger zu beruhigen: Sie wünschen sich eine Welt, die so übersichtlich ist wie Erhards schlichtes Denken. Mit seiner kärglichen Theorie wird es jedoch niemals gelingen, den Rohstoff- und Umweltverbrauch um mindestens die Hälfte zu senken.

Erhard wird heute zitiert, als sei er ein harmloses Maskottchen, das jedem Parteiprogramm Glück bringt. Auch SPD und Grüne haben den angeblichen »Vater der sozialen Marktwirtschaft« für sich entdeckt. Es wird verkannt, wie gefährlich seine Konzepte sind. Es ist nämlich kein Zufall, dass Erhard in der NS-Zeit reüssierte: Sein Ansatz war völlig unpolitisch. Er glaubte, dass es ausreichen würde, für Konkurrenz zu sorgen. Der »Markt« wurde zu einem vermeintlichen Sachzwang verklärt, der der Demokratie entzogen ist.

Erhards Konzepte waren immer falsch, aber in den nächsten Jahren könnten sie die Zukunft kosten. Die »Marktwirtschaft« wird garantiert nicht die Umweltprobleme lösen, die sie selbst erzeugt hat.

Es ist nämlich keineswegs trivial, die Wirtschaft davon abzuhalten, ständig zu wachsen. Auch diese Lektion lässt sich direkt aus der deutschen Geschichte ableiten, denn neoliberal verblendet haben die Bundesbürger schon fast alles versucht, um ihre Wirtschaft abzuwürgen: Die Bundesbank hat die Zinsen nach oben getrieben, der Staat hat zu wenig investiert, die Löhne der Beschäftigten stiegen kaum, und die Banken durften eine spekulative Geldblase aufpumpen, die die Realwirtschaft heute fast erdrückt.

Es mag zynisch klingen, ist aber trotzdem wahr: Es war die bisher größte Umweltschutzmaßnahme, die Finanzmärkte zu fördern. Plötzlich war Wachstum tatsächlich »entkoppelt« und verbrauchte keine Ressourcen mehr. Durch die spekulativen Geschäfte in den virtuellen Welten des Geldes entstanden fiktive Gewinne – während die Realwirtschaft kaum noch zulegen konnte.

Der blinde Glaube an den »Markt« hätte den Markt fast ruiniert. Trotzdem, und das ist die eigentliche Nachricht, ist es noch nicht einmal den Spekulanten gelungen, das Wachstum völlig zu zerstören. Der Kapitalismus erweist sich als enorm widerstandsfähig.

Im Umkehrschluss bedeutet dies: Punktuelle Eingriffe in den »Markt« werden niemals ausreichen, um das Wachstum zu zähmen. Genau diese minimal-invasiven Strategien sind aber äußerst populär. Von CSU bis Grün wird vor allem darauf gesetzt, Energie stärker zu belasten. Gegen eine C02-Steuer ist an sich nichts einzuwenden, aber die deutsche Geschichte macht wenig Hoffnung, dass der Verbrauch dadurch nennenswert sinken würde.

Der Ölschock 1973 war eine Art ungeplantes Experiment in Echtzeit: Als sich die Energiepreise in nur wenigen Monaten vervierfachten, war plötzlich Sparen angesagt. Dieser Elan wirkt bis heute fort, und die Erfolge sind durchaus beeindruckend. Allein zwischen 1990 bis 2015 ist die deutsche Energieeffizienz um 50 Prozent gestiegen. Einziges Problem: Die deutsche Wirtschaft ist so stark gewachsen, dass der C02-Ausstoß kaum sinkt.[4]

Es ist kein Zufall, dass die Wirtschaft steigende Energiepreise bestens überlebt. Der Denkfehler besteht darin zu glauben, dass das Geld irgendwie verschwinden würde, wenn es an die Ölländer fließt oder als Ökosteuer an den Staat geht. In Wahrheit kehrt es jedoch auf den Markt zurück und erzeugt neue Nachfrage: Die Ölstaaten sind stets beste Kunden der deutschen Industrie gewesen, und auch die Regierung gibt ihre Einnahmen wieder aus.

Diese Erkenntnisse sind nicht neu – werden aber in der Bundesrepublik immer wieder neu diskutiert. Seit mehr als 40 Jahren dreht sich die deutsche Debatte in einer Endlosschleife. Permanent wird versucht, Markt und Natur zumindest gedanklich zu »versöhnen«. Die Lieblingsfrage heißt: Sind Wachstum und Ökologie tatsächlich ein Widerspruch? Dabei ist die längst bekannte Antwort so schlicht wie eindeutig: Ja.

Natürlich wäre es nicht leicht, die deutsche Wirtschaft so umzubauen, dass sie nicht mehr wächst und ökologisch ist.[5] Aber auffällig ist, dass die politische Debatte gar nicht bis zu der Frage vordringt, wie ein umweltverträgliches Wirtschaftsmodell konkret aussehen könnte. Es ist tabu, kritisch über die »soziale Marktwirtschaft« nachzudenken. Sie bildet das Fundament des nationalen Selbstverständnisses und darf nicht angetastet werden.

Dabei hat es die »soziale Marktwirtschaft« nie gegeben. Sie ist ein Mythos. Die Bundesrepublik war nie besonders sozial, und in den vergangenen 70 Jahren hat sich die Ungleichheit noch deutlich verschärft.[6] Diese enorme Kluft zwischen Schein und Sein war politisch nur erträglich, weil die Wirtschaft wuchs. Die Wohlhabenden profitierten zwar überproportional – aber auch in den unteren Schichten kam meist ein Teil des neuen Reichtums an.

Ohne Wachstum würden sich die sozialen Fragen neu stellen, und Umverteilung wäre unumgänglich. Diese Herausforderung ließe sich durchaus bewältigen – wenn man bereit wäre, echte Wirtschaftspolitik zu betreiben. Doch dieser Wille fehlt. Es ist kein Zufall, dass fast alle Parteien in die »Mitte« streben. Die Deutschen wollen zwar zur Wahl gehen, aber ökonomisch eigentlich keine Wahl haben. Politik soll nur simuliert werden und darf den Status quo nicht erschüttern. Das Märchen von der »sozialen Marktwirtschaft« war da sehr nützlich: Der Begriff täuschte eine »Wirtschaftsreform« vor, die nie stattgefunden hat. Geschickt wurde verbrämt, dass man ökonomisch dort weitermachte, wo man im Krieg aufgehört hatte.

In der bundesdeutschen Geschichte wurde nur zweimal bewusst Wirtschaftspolitik betrieben, und in beiden Fällen war sie richtig: Adenauer hörte nicht auf Erhard, als er sich für Europa entschied. Und Kohl ignorierte die Bundesbank, als er die deutsche Währungsunion forcierte. Diese Beispiele sollten Mut machen, die ökologische Wende ernsthaft anzugehen. Politik lohnt sich.

Dank

Auch dieses Buch wäre nicht möglich gewesen ohne die Unterstützung von Freunden. Daniel Haufler, Andrew James Johnston und Jörgen Pisarz waren die ersten Leser, und ihnen ist es zu verdanken, wenn das Buch verständlich ist. Als Historiker, Literaturwissenschaftler und Ingenieur haben sie ganz unterschiedliche Perspektiven eingebracht.

Für Hinweise und Gespräche danke ich auch Werner Abelshauser, Stefan Bach, Martin Hellwig, Carl-Ludwig Holtfrerich, Friederike Spiecker, und Adam Tooze.

Aber wie immer gilt: Für Fehler ist nur die Autorin verantwortlich.

Anmerkungen

Einleitung

1. Stiftung Klimaneutralität/Agora Energiewende et. al., Klimaneutrales Deutschland 2050 (Berlin 2021), S. 10. Zu den Verantwortlichen für die Studie gehören Patrick Graichen, heute grüner Staatssekretär für Energie im Wirtschaftsministerium, sowie Rainer Baake, von 1998 bis 2005 grüner Staatssekretär im Umweltministerium und von 2014 bis 2018 grüner Staatssekretär im Wirtschaftsministerium..
2. Siehe etwa: Wie viel Ludwig Erhard steckt in Robert Habeck? Wirtschaftswoche, 6.12.2021; Habeck hat die Chance, ein grüner Erhard zu werden. Welt, 26.11.2021; Robert Habeck hat ein gutes Gespür für den Markt. Süddeutsche Zeitung, 10.12.2021.
3. Um die Sondereffekte der Corona-Krise herauszurechnen, wurde hier nur der Zeitraum von 2000 bis 2019 berücksichtigt. www.bpb.de/nachschlagen/zahlen-und-fakten/soziale-situation-in-deutschland/61766/lohnentwicklung.

I Was von der Nazi-Zeit übrig blieb

1. Borsdorf/Niethammer, S. 150.
2. Wehler 2003, S. 943.
3. Borsdorf/Niethammer, S. 150. Der jüdische Architekt Julius Posener, der seit 1941 freiwillig für die Briten gekämpft hatte, machte die gleiche Erfahrung im Ruhrgebiet und in Wuppertal: »Die Wohnungen der Arbeiter sind zerstört, die Vororte stehen im Allgemeinen. … Nie habe ich eine Zerstörung gesehen, die mit so großem Recht den Namen tragen könnte: Krieg den Hütten, Friede den Palästen« (Posener, S. 9 f.).
4. Borsdorf/Niethammer, S. 48.
5. Siehe Tooze 2007, S. 135 ff.; Eichengreen/Ritschl, S. 2 f.
6. Rainer Metz, Expansion und Kontraktion. Das Wachstum der deutschen Wirtschaft im 20. Jahrhundert. In: Spree, S. 70 – 89; hier S. 85 f.
7. Wimschneider, S. 14.
8. Tooze 2007, S. 178. Tooze nimmt an, dass ein Hof mindestens 20 Hektar haben musste, um der Armut zu entkommen.

9. Siehe Tabelle bei Tooze 2007, S. 136 f. Clarks Berechnungen wurden später von dem britischen Ökonomen Angus Maddison überprüft – und weitgehend bestätigt. Maddison kam 2003 zu dem Ergebnis, dass der deutsche Lebensstandard in den Jahren 1924 bis 1935 bei etwa 63 Prozent des Pro-Kopf-Einkommens in den USA lag. Clarks Berechnungen waren damals in Deutschland bekannt – er hatte sie in der deutschen Fachzeitschrift *Weltwirtschaftliches Archiv* veröffentlicht.
10. Tooze 2007, S. 138.
11. Wehler 2003, S. 699; Tooze 2007, S. 659.
12. Wehler 2003, S. 709; Herbert, S. 345 ff.; Spoerer/Streb, S. 103. Hitlers Aufrüstung hatte konzeptionell nichts mit einem keynesianischen Konjunkturprogramm zu tun. Denn »keynesianisch« wäre gewesen, die staatlichen Gelder dorthin zu lenken, wo sie am meisten Wirtschaftswachstum schaffen. Unter Hitler galt das Gegenteil: Die Aufrüstung war weitgehend ineffizient und hat die deutsche Wirtschaft kaum stimuliert. Der Multiplikator betrug nur 1,6, wie Historiker René Erbe ausgerechnet hat (Spoerer/Streb, S. 115).
13. Spoerer/Streb, S. 120 f.
14. Spoerer/Streb, S. 178.
15. Zitiert nach Herbert, S. 370.
16. Buchheim 1988, S. 199.
17. Tooze 2007, S. 397 f.
18. Im August 1939, kurz vor Kriegsbeginn, war in Deutschland die Rationierung eingeführt worden. Pro Kopf gab es nur noch 500 Gramm Fleisch pro Woche, Milch erhielten allein die Kinder. Jährlich bekam jeder deutsche Erwachsene eine Kleiderkarte mit insgesamt 100 Punkten, wobei schon ein einziger Herrenmantel 60 Punkte kostete (Spoerer/Streb, S. 205).
19. Tooze 2007, S. 361, S. 419 und S. 366.
20. Tooze 2007, S. 454.
21. Tooze 2007, S. 476 f.
22. Wehler 2003, S. 860.
23. Neitzel, S. 254.
24. Neitzel, S. 250. Diese Zitate von deutschen Offizieren stammen aus einer einzigartigen Quelle: Ab Herbst 1942 nahmen die Alliierten in diversen Schlachten deutsche Generäle gefangen, die dann auf dem herrschaftlichen Anwesen Trent Park in der Nähe von London untergebracht wurden. Die Gemeinschaftsräume waren verwanzt, sodass der britische Geheimdienst die Privatgespräche der deutschen Offiziere abhören konnte.
25. Wehler 2003, S. 874; Tooze 2207, S. 483. Es gibt keine genauen Zahlen, wie viele Rotarmisten in deutscher Gefangenschaft gestorben sind. Manche Schätzungen gehen von »nur« 2,7 Millionen Toten aus (Herbert, S. 445).
26. Herbert, S. 514.
27. Judt, Tony, S. 20; Herbert, S. 534.

28. Wehler, 2003 S. 931 f.
29. USSBS, S. 5 f. Die US-Regierung ließ nach Kriegsende durch eine Kommission untersuchen, wie effektiv die Bombenangriffe in Europa und im Pazifik gewesen waren, um daraus für zukünftige Luftkriege zu lernen. Die europäische Delegation dieses United States Strategic Bombing Survey (USSBS) leitete unter anderem der später weltberühmte Ökonom John Kenneth Galbraith; zu seinem Team gehörte auch der Wirtschaftshistoriker Jürgen Kuczynski, der anschließend in die sowjetische Besatzungszone übersiedelte. Beide haben amüsante Erinnerungen an ihre USSBS-Zeit hinterlassen (Galbraith, S. 192 ff.; Kuczynski, S. 398 ff.).
30. USSBS, S. 12.
31. Spoerer/Streb, S. 212.
32. Posener, S. 18.
33. Padover, S. 128.
34. Borsdorf/Niethammer, S. 34.
35. Herbert, S. 482.
36. Padover, S. 47.
37. Borsdorf/Niethammer, S. 38.
38. Borsdorf/Niethammer, S. 37.
39. Borsdorf/Niethammer, S. 38.
40. Borsdorf/Niethammer, S. 30.
41. Borsdorf/Niethammer, S. 50.
42. Spoer/Streb, S. 213. Bei leichter körperlicher Arbeit benötigen Frauen 2 200 und Männer 2 700 Kalorien am Tag.
43. Borsdorf/Niethammer, S. 59.
44. Trittel, S. 77.
45. Trittel, S. 226.
46. CARE steht für Cooperative for American Remittances to Europe. CARE kaufte überzählige Rationenpakete der US-Army auf und verschickte sie nach Westeuropa. Ein solches Paket konnte zum Beispiel enthalten: 340 Gramm Frühstücksfleisch, ein englisches Pfund Leberkäse, ein englisches Pfund geschmortes Rindfleisch, zwei englische Pfund Zucker, zwei englische Pfund Pflanzenfett, sieben englische Pfund Mehl, zwei englische Pfund Trockenobst, zwei englische Pfund Schokolade, ein englisches Pfund Kaffee, ein halbes englisches Pfund Trockenei, 170 Gramm Seife.
47. Kleßmann, S. 48.
48. Trittel, S. 269.
49. So ein Hamburger Arzt zum britischen Sozialisten Fenner Brockway, der im Frühjahr 1946 eine zweiwöchige Erkundungstour durch das zerstörte Deutschland unternahm (Brockway, S. 51).
50. Posener, S. 41.
51. Steinert, S. 274.

52. Judt, Tony, S. 21.
53. Trittel, S. 47.
54. Posener, S. 42.
55. Trittel, S. 40.
56. http://www.bpb.de/mediathek/206899/hunger.
57. Steinert, S. 282.
58. Zitiert nach Tooze 2007, S. 672.
59. Kleßmann, S. 51.
60. Wehler 2003, S. 955.
61. Trittel, S. 56.
62. Mörchen, S. 58.
63. Mörchen, S. 70.
64. Herbst, S. 307 f. Der SD-Bericht zur Wirtschaft vom 13. Dezember 1943 konstatiert eine »Vertiefung des Misstrauens zur Währung«.
65. Mörchen, S. 62.
66. Kleßmann, S. 50.
67. Kleßmann, S. 49.
68. Buchheim, Christoph, Von altem Geld zu neuem Geld. Währungsreformen im 20. Jahrhundert. In: Spree, S. 141 – 156; hier S. 149.
69. Eigentlich hätte sich auch der Dollar als Schwarzwährung angeboten – doch er war nicht im Umlauf. Die US-Armee entlohnte ihre Soldaten zunächst mit »Besatzungsmark«, die die Alliierten gemeinsam ausgaben, und ab September 1946 dann mit »Military Payment Certificates«, kurz »script«.
70. Mörchen, S. 143 f.
71. Wandel, S. 143. Im Mai 1947 wurde der postalische Versand von Zigaretten verboten, sodass nur noch das Angebot in den Militärshops blieb. Alternativ gab es auch deutsche Zigaretten, die auf dem Schwarzmarkt aber deutlich weniger wert waren. Der Tabak wurde oft im Eigenanbau im Schrebergarten gezüchtet, weswegen sich die spöttischen Namen »Siedlerstolz« oder »AEG« (aus eigenem Garten) für diese Produkte durchsetzten.
72. Mörchen, S. 157.
73. Kleßmann, S. 49.
74. Mörchen, S. 156.
75. Trittel, S. 32.
76. US-Krimiautor Mario Puzo, vor allem bekannt für seine Mafia-Bücher wie »Der Pate«, war Soldat im Zweiten Weltkrieg und Besatzungsoffizier in Bremen. Sein Krimi-Erstling »The Dark Arena« (1953) schildert die illegalen Schwarzmarktgeschäfte von US-Soldaten.
77. Zitiert nach Posener, S. 99.

II Kein Wunder: Das »Wirtschaftswunder«

1. Stolper, S. 33 ff.

2. Diese Prognosen zitierte Ludwig Erhard später immer wieder gern, um seine eigenen Leistungen als Wirtschaftsminister herauszustreichen (siehe Erhard 2009, S. 27).
3. Krengel, S. 14. Auf dieser Studie des Deutschen Instituts für Wirtschaftsforschung (DIW) aus dem Jahre 1958 beruhen bis heute alle Berechnungen, wie hoch die Bombenschäden gewesen sein könnten (Spoerer/Streb, S. 213 f.). Denn es fehlen verlässliche Daten: Umfassende Erhebungen wurden in den Betrieben direkt nach dem Krieg nicht angestellt; auch Krengel konnte nur Schätzungen vornehmen.
4. Herbert, S. 573.
5. Spoerer/Streb, S. 213 f.
6. Abelshauser 2011, S. 80.
7. Kleßmann, S. 45.
8. Abelshauser 2011, S. 106 f.
9. Abelshauser 2011, S. 126.
10. Wandel, S. 97 f.
11. Gerhard Colm (1897 – 1968) hatte bei Franz Oppenheimer in Frankfurt studiert, 1926 promoviert, war dann ab 1927 am Weltwirtschaftlichen Institut in Kiel. Nach seiner Emigration wurde er Gründungsmitglied der New School of Social Research in New York. Ab 1940 arbeitete er im Bureau of the Budget des Weißen Hauses, später im Stab des Council of Economic Advisers. Raymond Goldsmith (1904 – 1988) arbeitete nach seiner Promotion in Berlin im Statistischen Reichsamt, emigrierte 1933 zunächst nach London und arbeitete ab 1934 für die US-Regierung in Washington. Ab 1951 hatte er eine Professur an der New York University (Ritschl in Abelshauser 2016, S. 278, Anm. 36 und 37).
12. Buchheim 1988, S. 198.
13. Zum deutschen Geldüberhang kam noch die »Militärmark« hinzu, die die Alliierten gedruckt hatten, um ihre Besatzungstruppen zu finanzieren. Es ist unklar, wie viele dieser »Militärmark« bis 1948 ausgegeben worden sind; Schätzungen belaufen sich auf 15 bis 18 Milliarden. Davon wurden zwei Drittel von den Russen gedruckt. Clays Finanzberater Jack Bennett behauptete, die Sowjets hätten den Sold an ihre Soldaten zum Teil sechs Jahre im Voraus ausgezahlt, um von dem kostenlosen Geldsegen zu profitieren (Wandel, S. 148 ff.).
14. Der CDG-Plan war weit mehr als nur ein Konzept für eine Währungsreform: Er wurde von einem fast 200-seitigen Anhang begleitet, in dem die ökonomische Situation in Deutschland wissenschaftlich aufgearbeitet wurde. Unter anderem wurden Statistiken erstellt über die Wirtschaftsleistung des Deutschen Reiches, das Volksvermögen, die Kriegsschäden, den Bargeldumlauf, Bankeinlagen, Reichsschulden und ausländische Forderungen.
15. Der CDG-Plan ist abgedruckt in: Möller 1961, S. 214 – 254.

16. Eine Währungsreform hatte bei den Alliierten lange Zeit keine besonders hohe Priorität: Franzosen und Russen finanzierten ihre Besatzungstruppen, indem sie »Besatzungsmark« ausgaben. Sie schöpften also neues Geld, was nach einer Währungsreform (mit einer deutschen Zentralbank) nicht mehr möglich gewesen wäre. Zudem hatten die Sowjets den Geldüberhang in ihrer Zone bereits beseitigt: Sie hatten einfach alle Banken geschlossen – und damit waren die Geldbesitzer enteignet. Die Briten wiederum glaubten, dass eine Währungsreform erst funktionieren würde, wenn sich die Deutschen wieder selbst versorgen könnten – und die öffentlichen Haushalte ausgeglichen wären. Allein die USA setzten sich früh für eine Währungsreform ein, was auch damit zu tun hatte, dass sie auf »Militärmark« nicht angewiesen waren, sondern die Besatzungskosten selbst trugen und die US-Truppen komplett mit amerikanischen Produkten versorgten (Buchheim 1988, S. 201).
17. Hentschel 1998, S. 53.
18. Konkret stellte sich Erhard vor, dass jeder Bürger sofort eine Kopfquote von 50 Mark bekäme. Auch das Sparvermögen wäre letztlich erhalten geblieben: Fünf Prozent sollten sofort in neues Geld umgetauscht werden. Weitere 15 Prozent sollten auf gesperrten Sonderkonten geparkt werden. Die restlichen 80 Prozent sollten in »Reichsmark-Liquidationsanteile« verwandelt werden. Mit diesen »Liquis« sollten die Vermögenden dann ihren Anteil am Lastenausgleich finanzieren. Neues Geld wäre dabei kaum geflossen, sondern die Bedürftigen hätten Jahrzehnte gehofft, dass der deutsche Staat irgendwann einmal in der Lage sein könnte, die alten NS-Schulden abzuzahlen. Der »Homburger Plan« ist unter anderem abgedruckt in: Weick, S. 301 – 333.
19. Buchheim 1988, S. 213. Der »Homburger Plan« griff zum Teil eine Denkschrift auf, die Erhard 1943/44 für die Reichsgruppe Industrie erarbeitet hatte (siehe nächstes Kapitel).
20. Die Entscheidung, schon im Herbst 1947 neue Geldscheine zu drucken, fiel relativ spontan. Die American Bank Note Company hatte mitgeteilt, dass sie bis Dezember 1947 freie Kapazitäten hätte, danach aber für längere Zeit ausgebucht sei (Buchheim 1988, S. 208).
21. Fuhrmann, S. 138, Anm. 115.
22. Das Kopfgeld war inzwischen auf 25 D-Mark erhöht worden. Die Briten hatten zudem durchgesetzt, dass zunächst nur 70 Prozent der Reichsmark abgeschrieben werden sollten, und nicht 90 Prozent, wie ursprünglich im CDG-Plan vorgesehen. Die restlichen 20 Prozent sollten als sogenannte »Schattenquote« auf Festkonten blockiert werden, um später zu entscheiden, was mit ihnen geschieht. Die Briten wollten sicherstellen, dass bei Bedarf die deutsche Geldmenge wieder erhöht werden könnte, falls sich der Währungsschnitt von 10 : 1 als zu restriktiv herausstellen sollte. Dieser Vorschlag hatte am Ende aber keine praktische Relevanz.

23. Am 5. April 1948 hatte die US-Militärregierung den Wirtschaftsrat der Bizone aufgefordert, aus seinem Währungsausschuss zehn deutsche Vertreter zu benennen, die gemeinsam mit den Alliierten in einem abgeschirmten Konklave die Gesetze und Verordnungen für die Währungsreform entwickeln sollten. Unter anderem wurden alle Mitglieder der Homburger »Sonderstelle Geld und Kredit« entsandt. Als elftes Mitglied kam Anfang Mai 1948 die Finanzwissenschaftlerin Wilhelmine Dreißig hinzu, der eine typisch weibliche Rolle zugedacht war: Sie sollte die Sitzungsprotokolle erstellen. Manch deutscher Finanzexperte war hinterher beleidigt, dass er nicht an dem Konklave teilnehmen durfte. Zu ihnen gehörte der spätere Bundesbankpräsident Wilhelm Vocke, der in seinen Memoiren verächtlich schreibt: »In dem Beratungskonklave befand sich niemand mit Erfahrung in praktischer Währungspolitik« (Vocke, S. 145). Dies ist stark übertrieben. Acht der elf Teilnehmer von Rothwesten waren Banker: Sie gehörten bereits der Bank deutscher Länder oder einer Landesbank an oder würden dort ihre Arbeit nach dem Konklave aufnehmen (Weick, S. 66).
24. Hielscher, S. 21.
25. Hielscher, S. 38. Ähnlich Möller 1976, S. 446 und Emminger, S. 23.
26. Wandel, S. 95 f. Die Biographie Tenenbaums ist noch immer weitgehend unbekannt. Tenenbaum wollte später ein Buch über die Währungsreform schreiben, doch das Manuskript blieb unvollendet, weil kein Verleger Interesse zeigte. Um die Wissenslücken über Tenenbaum und die Vorgeschichte der Währungsreform zu schließen, läuft derzeit ein Forschungsprojekt an der FU Berlin, das der Finanzhistoriker Carl-Ludwig Holtfrerich leitet (http://www.jfki.fu-berlin.de/faculty/economics/research/holtfrerich/Tenenbaum/index.html).
27. Wie siegessicher und doch verblendet die deutschen Finanzexperten zu Beginn des Konklaves waren, zeigt eine ihrer frühen Protokollnotizen: »Die vorgesehene Regelung (der Alliierten) ist so phantastisch, dass eine ins einzelne gehende Diskussion darüber zunächst nicht für erforderlich gehalten wird.« (Möller 1976, S. 447).
28. Weick, S. 119.
29. Die Währungsreform vollzog sich in mehreren Schritten. Von den angemeldeten Reichsmark-Ersparnissen wurden zunächst nur fünf Prozent in D-Mark ausgezahlt; weitere fünf Prozent wurden auf einem Festkonto geparkt, über das später entschieden werden sollte. Im Oktober 1948 dekretierten die Alliierten dann, dass von diesen fünf Prozent Festgeld sieben Zehntel gestrichen würden. Zwei Zehntel wurden sofort ausgezahlt, während ein Zehntel auf einem Sperrkonto bis zum 31. Dezember 1953 geparkt blieb.
30. Carl-Ludwig Holtfrerich, Wie ein amerikanischer Leutnant Ludwig Erhard half. Edward A. Tenenbaum und die Währungsreform 1948. In: *Frankfurter Allgemeine Zeitung*, 28. Mai 2018, S. 16.

31. Möller 1976, S. 437.
32. Erhard war nur einmal in Rothwesten: Am 11. Mai 1948 reiste er gemeinsam mit dem dreiköpfigen Währungsausschuss des Wirtschaftsrates sowie dem Finanzdirektor der Bizone an, um die deutschen Vorstellungen zu koordinieren. Dieser erste Besuch blieb auch der letzte, weil es anschließend zu Indiskretionen kam: Der Bankier Robert Pferdmenges, Mitglied im Währungsausschuss und Vertrauter von Konrad Adenauer, hatte in der CDU freimütig über Rothwesten berichtet und damit die Geheimhaltung gefährdet. Nicht nur die Alliierten, auch die deutschen Finanzexperten im Konklave wollten daraufhin keine Gäste mehr empfangen (Möller 1976, S. 448 ff.).
33. Nur ein paar Beispiele, wie sich Erhard als Schöpfer der DM inszenierte: Bis heute wird gern das Foto gedruckt, auf dem Erhard hinter einer überdimensionierten D-Mark steht. Für sein Buch »Wohlstand für alle« warb er zwischenzeitlich mit einem Umschlag, auf dem sein Konterfei von DM-Münzen umrahmt wurde. Stolz war Erhard auch auf Karikaturen, die sein rundes, glattes Gesicht zu einer D-Mark verwandelten. Eine dieser Karikaturen wurde auch in »Wohlstand für alle« abgedruckt (S. 37).
34. Erhards usurpierter Ruhm verbreitete sich weltweit. Der neoliberale Ökonom Milton Friedman erweckte 1980 in seinem Bestseller »Free to Choose« (S. 56) gar den Eindruck, als hätte Erhard die D-Mark ganz allein und eigenmächtig eingeführt, um die Alliierten zu übertölpeln. Tenenbaums Witwe schickte zwar einen empörten Leserbrief an die New York Review of Books (Kindleberger, S. 405), aber ihr Einspruch hatte keinen Erfolg. Auch spätere Ausgaben von »Free to Choose« feiern Erhard als den Helden der Währungsreform.
35. Wandel, S. 138.
36. Der Tag der Währungsreform sollte eigentlich geheim sein. Doch war allgemein bekannt, dass am 1. März 1948 die Bank deutscher Länder gegründet worden war – also die Zentralbank für die neue Währung. Daher war klar, dass es nicht mehr lange dauern konnte, bis die D-Mark eingeführt würde. Der Schwarzmarkt war ohnehin bestens informiert: In Unternehmerkreisen kursierte eine Abschrift in etwa 1 000 Exemplaren, die vertrauliche Einzelheiten zur Währungsreform enthielt (Fuhrmann, S. 140).
37. Das Horten verstärkte den Hunger: Anfang 1948 mussten die sehr niedrigen Fleischrationen noch einmal gekürzt werden, weil die Bauern ihr Vieh nicht ablieferten, sondern lieber auf die Währungsreform warteten. Der Wirtschaftsrat der Bizone verabschiedete daher im März 1948 ein »Enthortungsgesetz«, das aber kaum Wirkung zeigte, weil Erhard als Wirtschaftsdirektor unverhohlen durchblicken ließ, dass Hortungen geduldet würden. Erhard wollte sicherstellen, dass am Tag der Währungsreform ausreichend Waren vorhanden wären, damit das neue Geld seinen Wert behielt (Wildt, S. 31).
38. Stolper, S. 98.
39. Abelshauser 2011, S. 107.

40. Buchheim 1988, S. 197.
41. Abelshauser 2011, S. 126.
42. Maddison, S. 132.
43. Loth 1995, S. 125 ff. und 181 ff.
44. Maddison, S. 132.
45. Lindlar, S. 212 f.
46. Maddison, S. 132.
47. Eichengreen/Ritschl, S. 4.
48. Es war kein Geheimnis, dass Erhard zu den Anhängern des freien Marktes zählte. Vor allem die FDP sorgte daher im März 1948 dafür, dass Erhard zum Wirtschaftsdirektor der Bizone gewählt wurde. Sein Vorgänger Johannes Semler (CSU) war von den Alliierten abberufen worden, nachdem er die Nahrungsmittellieferungen der USA als »Hühnerfutter« bezeichnet hatte. Erhard hielt seine erste große Rede im Wirtschaftsrat am 21. April 1948 und kündigte bereits an, dass er die Preiskontrollen weitgehend aufheben würde. Kurz vor der Währungsreform nahm der Wirtschaftsrat das sogenannte »Leitsätzegesetz« gegen die Stimmen von SPD und KPD an. Es ermächtigte den Wirtschaftsdirektor, allein zu entscheiden, welche Güter und Dienstleistungen nicht mehr der Preiskontrolle unterliegen sollten. Dieses neue Gesetz war allerdings von der Militärregierung noch gar nicht abgesegnet worden, als Erhard am 20. Juni eigenmächtig im Radio verkünden ließ, dass am nächsten Tag fast alle Preise freigegeben wären. General Clay zitierte Erhard daher umgehend zu sich, und dabei soll sich folgender Dialog entsponnen haben, den Erhard später gern und oft zitierte. Clay: »Sie haben alliierte Gesetze willkürlich abgeändert, wie kommen Sie dazu?« Erhard: »Ich habe sie nicht geändert, ich habe sie abgeschafft.« Allerdings musste Erhard später einräumen, dass es nicht viel Mut gekostet hatte, die Preise eigenmächtig freizugeben, denn es war bekannt, dass Clay diese Maßnahme befürwortete.
49. Fuhrmann, S. 167.
50. Fuhrmann, S. 181.
51. Kindleberger, S. 408.
52. Trittel, S. 192.
53. Wildt, S. 32.
54. Stolper, S. 105.
55. Möller 1976, S. 462; Trittel, S. 183 ff.
56. Buchheim 1988, S. 229.
57. Fuhrmann, S. 173 ff.
58. Fuhrmann, S. 178 ff. und S. 213.
59. Die Gewerkschaften hatten den Streiktag extra auf einen Freitag gelegt, weil sie verhindern wollten, dass der Ausstand von den Belegschaften spontan verlängert wurde (Fuhrmann, S. 223).
60. Fuhrmann, S. 244 ff.

61. Fuhrmann, S. 144.
62. Unter deutschen Historikern hält sich bis heute das Missverständnis, dass die Briten arm gewesen sein müssten, weil sie bis 1954 an der Rationierung von Lebensmitteln festhielten (siehe etwa Schindelbeck/Ilgen, S. 109).
63. Zweiniger-Bargielowska, S. 21.
64. Zweiniger-Bargielowska, S. 39.
65. Zweiniger-Bargielowska, S. 44 f.
66. Fuhrmann, S. 194.
67. Buchheim 1988, S. 230.
68. Dahrendorf, S. 86. Dahrendorfs Vater Gustav saß für die SPD im Wirtschaftsrat und erhielt zahlreiche Briefe von Hamburger Wählern, die ihn beschworen, an der Rationierung festzuhalten: Planung sei der Schutz der Armen.
69. Ritschl in Abelshauser 2016, S. 279. Zumindest eine historische Debatte ist damit beigelegt. Denn Ritschl hatte ursprünglich nachzuweisen versucht, dass die Bizone dank Erhards Preisfreigabe dynamischer gewachsen sei als die französische Zone (Ritschl 1985). Dabei hatte Ritschl aber nicht berücksichtigt, dass die Ausgangslage eine ganz andere war, wie Abelshauser konterte: Die Franzosen hatten kaum in ihre Besatzungszone investiert – sondern bis zum Frühjahr 1948 mehr als zehn Prozent der laufenden Produktion als Reparationsleistung abgezweigt. Diese schlechteren Ausgangsbedingungen führten dann dazu, dass die französische Besatzungszone nach der Währungsreform nicht sofort so dynamisch wachsen konnte wie die Bizone (Abelshauser 1985, S. 216 f.).
70. Merseburger, S. 327.
71. Walter 2018, S. 153. Ähnlich Merseburger, S. 204.
72. Walter 2018, S. 148.
73. Koerfer in Gillies/Koerfer/Wengst, S. 26.

III Ludwig Erhard: Ein talentierter Selbstdarsteller

1. Hohmann, S. 26.
2. Selbst die Ludwig Erhard Stiftung hat keine Übersicht, wie oft Erhard im deutschen Straßenbild verewigt wurde (Telefonat am 15. April 2019).
3. Eschenburg, Theodor, Aus persönlichem Erleben: Zur Kurzfassung der Denkschrift 1943/44. In: Erhard 1977, S. XV–XXI; hier S. XIX. Eschenburg (1904–1999) war von Anfang 1938 bis Mitte 1939 Verbandsfunktionär in der Bekleidungsindustrie und hat in dieser Zeit mit Stellungnahmen und Vorschlägen an »Arisierungen« mitgewirkt. Ab 1952 wirkte er als vielfach geehrter Politologe an der Universität Tübingen. Über seine Tätigkeiten zu NS-Zeiten hat er sich fast nie geäußert. Nachdem seine Mitwirkung an den »Arisierungen« 2011 bekannt wurde, setzte die »Eschenburg-Debatte« ein. Seit 2013 wird der »Theodor-Eschenburg-Preis« der Deutschen Vereinigung für politische Wissenschaft nicht mehr verliehen. Eine gute Einführung in die Eschenburg-

Debatte ist das Streitgespräch »Er gehörte nicht zu den Mutigen« zwischen den Historikern Rainer Eisfeld und Udo Wengst (Zeit-Online, 20. November 2014).

4. Hohmann, S. 3.
5. Erhard in einem Fernsehgespräch mit Günter Gaus am 10. April 1963.
6. Eschenburg, S. XVI f.
7. Ohm, Barbara, Ludwig Erhard und Fürth. In: LEZ, S. 96 – 103; hier S. 100f.
8. Die damals 20-jährige Elisabeth von Quistorp arbeitete ab 1964 als Hausdame im Kanzlerbungalow – und wurde von den Erhards wie eine Tochter betrachtet. Vor allem Luise Erhard erzählte viel aus ihrem Leben, wozu auch die schmerzhafte Pleite der Schwiegereltern gehörte. Siehe: Interview mit Elisabeth Leutheusser von Quistorp. In: LEZ, S. 134 – 150; hier S. 146.
9. Erhard 1977, S. VIII.
10. Anfangs lebten die Erhards durchaus ärmlich, denn Ludwig verdiente beim IWF zunächst nur 120 Mark im Monat. Immerhin wurde er während der Weltwirtschaftskrise ab 1929 nicht entlassen. Da gleichzeitig die Preise fielen, stand er sich am Ende sogar besser (Hentschel 1998, S. 17).
11. Das IWF gründete 1935 noch einen Ableger – die Gesellschaft für Konsumforschung (GfK). Auch dort war Erhard einer der Geschäftsführer, aber in die praktische Arbeit kaum involviert. Die GfK existiert noch heute, gehört inzwischen einem amerikanischen Investmentfonds und hat sich zu einem weltweit agierenden Unternehmen mit rund 13 000 Mitarbeitern und einem Umsatz von knapp 1,5 Milliarden Euro entwickelt.
12. Erhard 1977, S. IX.
13. https://www.youtube.com/watch?v=qw1NuAdwkZg. Eine transkribierte Fassung findet sich bei www.rbb-online.de/zurperson/interview_archiv/ludwig_erhard.html.
14. Fernsehgespräch mit Günter Gaus, Minute 15:30.
15. Hentschel 1998, S. 642.
16. Hentschel 1998, S. 21.
17. Keynes veröffentlichte 1936 seine »Allgemeine Theorie der Beschäftigung, des Zinses und des Geldes« und begründete damit einen völlig neuen, makroökonomischen Ansatz in der Volkswirtschaftslehre (siehe Herrmann 2016, S. 181 ff.).
18. Hentschel 1998, S. 21 ff.
19. Wachter, S. 664 ff. Da offiziell kein Habilitationsverfahren eröffnet wurde, ist letztlich nicht zu klären, ob Erhards 141-seitiger Text tatsächlich als Habilitation geplant war. Aber es ist überaus wahrscheinlich: Beim IWF stand Erhard in Dauerkonkurrenz zu Erich Schäfer, der fast vier Jahre jünger war als er – aber 1931 bereits eine fertige Habilitation einreichen konnte. Auch Erhards Text wird auf die Zeit um etwa 1931 datiert.
20. Wachter, S. 665 f.

21. Auch im Folgenden: Gerlach, S. 242 ff.
22. Gerlach, S. 267, Anm. 3.
23. Roth 1995, S. 59; LEZ, S. 200 f. Erhard bekam von Bürckel monatlich 1 200 Reichsmark brutto. Dieser Zuverdienst verdoppelte sein IWF-Gehalt, das bei 1 000 RM plus Aufwandsentschädigung und 250 RM Kinderzuschlag lag (Wachter, S. 659).
24. Bisher konnten mindestens 13 IWF-Expertisen über Lothringen nachgewiesen werden (Roth 1995, S. 59, Anm. 21). Unter anderem kümmerte sich das IWF um die Frage, wie man die lothringische Industrie in die deutsche Rüstungswirtschaft integrieren könnte. Auch die strukturelle Lage von »lothringischen Industriezweigen« wurde untersucht (Gerlach, S. 244).
25. Gerlach, S. 244.
26. Wünsche 2014, S. 14. Horst Friedrich Wünsche war der ehemalige Geschäftsführer der Ludwig-Erhard-Stiftung. Wie viele Erhard-Apologeten beharrte er unbeirrt auf der Legende, dass Erhard nur die Glasindustrie in Lothringen untersucht habe, obwohl die Aktenlage im Bundesarchiv und im Stadtarchiv Nürnberg eindeutig ist (Roth, S. 59, Anm. 21; Gerlach, S. 269, Anmerkungen 32 bis 35).
27. Gerlach, S. 247.
28. Herbert, S. 397.
29. Gerlach, S. 254.
30. In ihrem Nichtangriffspakt vom 23. August 1939 hatten Stalin und Hitler vereinbart, dass sie Polen aufteilen würden. Die östlichen Gebiete gingen an die Sowjetunion; der Westen stand den Deutschen zu. In diesem westlichen Landesteil lebten etwa 22 Millionen Menschen. Davon wohnten rund zehn Millionen in Gebieten, die annektiert und in das Deutsche Reich eingegliedert wurden. Die Gegend nördlich von Warschau wurden der Provinz Ostpreußen zugeschlagen, Ostoberschlesien kam zur Provinz Schlesien, außerdem wurden die beiden neuen Reichsgaue Wartheland und Danzig-Westpreußen geschaffen. Das restliche Westpolen mit seinen zwölf Millionen Einwohnern wurde zu einem »Generalgouvernement«, das von Krakau aus verwaltet wurde. Die annektierten Gebiete sollten so schnell wie möglich »germanisiert« werden. Daher sah der »Generalplan Ost« von SS-Chef Heinrich Himmler eigentlich vor, umgehend eine Million Juden und 3,4 Millionen Polen aus den annektierten Gebieten zu entfernen und ins »Generalgouvernement Polen« zu deportieren. Dies scheiterte jedoch an logistischen Schwierigkeiten, zumal die Güterzüge bald für die Kriegsplanung gegen die Sowjetunion benötigt wurden (Tooze, S. 464 f.; Herbert, S. 398 ff.).
31. Gerlach, S. 249. Eine einjährige Gehaltsfortzahlung im Krankheitsfall konnte Erhard nicht durchsetzen.
32. Erhards eigentlicher Vorbericht über »Die Wirtschaft des neuen deutschen Ostraums« konnte bisher nicht aufgefunden werden, obwohl es einen breiten

Verteiler gab. Es existiert aber ein 15-seitiger »Auszug« des Vorberichts, der von der Haupttreuhandstelle Ost erstellt wurde und in dem Erhards Kernsätze, weitgehend unverändert, aneinander montiert wurden (Gerlach, S. 246 f. und S. 271, Anm. 52). Diese Zusammenfassung ist vollständig abgedruckt in Gerlach, S. 253 ff.

33. Wünsche 2014, S. 15.
34. Sogar Wünsche gibt zu, dass Kritik an Himmlers Vernichtungspolitik in den NS-Organen weit verbreitet war (siehe Wünsche 2014, S. 17 f.).
35. Roth 1995, S. 72. Görings Worte sind überliefert, weil Erhard sie erfreut in seiner Korrespondenz zitierte.
36. Wachter, S. 662.
37. BA R49/893, Blatt 62, 63 sowie 77. Unmittelbarer Auftraggeber war Ulrich Greifelt, SS-Obergruppenführer und Leiter der Dienststelle »Reichskommissar für die Festigung deutschen Volkstums«. Nach dem Krieg wurde Greifelt als Kriegsverbrecher zu lebenslanger Haft verurteilt und starb 1949 im Gefängnis Landsberg.
38. BA R49/893, Blatt 56. Erhard war an diesem Auftrag außerordentlich gelegen, wie sich auch daran zeigt, dass er zweimal bei dem zuständigen Regierungsrat Schäfer brieflich nachhakte, wann denn der Auftrag an ihn erteilt würde (Blatt 59 und Blatt 60).
39. BA R49/893, Blatt 85.
40. BA R49/893, Blatt 89. Mit diesem Brief Erhards schließt die Akte.
41. Roth 1995, S. 76.
42. Gerlach, S. 267, Anm. 3; Roth 1995, S. 59 f.; Wachter, S. 662. Erhard war verletzt, dass er von Vershofen übergangen wurde, weil er das IWF seit 1937 faktisch allein geleitet hatte. Vershofen wurde 1936 an der Handelshochschule in Nürnberg emeritiert und zog sich ins Allgäu zurück (Wünsche 2014, S. 14, Anm. 1). Am Ende war die Atmosphäre im IWF so vergiftet, dass es zwischen Erhard und der Stiftungsverwaltung auch noch zu einem Beleidigungsprozess kam, den Erhard verlor. Diese Schmach hat er später ebenfalls in seine Widerstandslegende eingebaut und insinuiert, dass er nur unterlegen wäre, weil er sich mutig gegen die Nürnberger NS-Größen gestellt hätte (siehe Erhard 1977, S. XI).
43. Erhard im Fernsehgespräch mit Gaus, Minute 16:50.
44. Erhard 1977, S. XI.
45. Gerlach, S. 267, Anm. 3.
46. Roth 1995, S. 77.
47. Hentschel 1998, S. 29 f.
48. Guth gehörte seit dem 1. Mai 1933 der NSDAP an und hatte dieser Parteimitgliedschaft wohl auch seine Karriere zu verdanken (Bähr/Kopper, S. 138 f.). Guths Sohn Wilfried, also Erhards Neffe, war von 1976 bis 1985 Chef der Deutschen Bank.

49. Roth 1995, S. 82 ff. Erhard war letztlich der Profiteur eines Steuersparmodells: Die Reichsgruppe Industrie hatte im November 1942 eine »Fördergemeinschaft der Deutschen Industrie« mit einem Stiftungsvermögen von 22 Millionen Reichsmark gegründet, weil die Industriefirmen ihre Gewinne nicht länger beim Staat in Reichsanleihen anlegen wollten. Denn es zeichnete sich bereits ab, dass der Krieg verloren ging – und die Reichsanleihen wertlos würden (Bähr/Kopper, S. 160 f.).
50. Herbst, S. 323; Bähr/Kopper, S. 161.
51. Erhard geht zum Beispiel explizit davon aus, dass man einen Teil der Investitionen in die deutsche Rüstungsindustrie »abschreiben« müsse (Erhard 1977, S. 186). Dieses Problem konnte nur bei einer Niederlage entstehen. Bei einem Sieg hätten sich die Rüstungsaufwendungen durch Gebietsgewinne »amortisiert«.
52. Herbst, S. 334.
53. Erhard 1977, S. 261 f.
54. Bereits im Krieg beschäftigten sich verschiedene Ökonomen mit der Frage, wie der Staat seine enormen Schulden wieder abtragen könnte. Von Otto Donner stammte der Vorschlag, die Staatsschulden zu streichen, was »das Volk weder reicher noch ärmer« machen würde. Denn der Staat hatte sich ja bei seinen eigenen Bürgern verschuldet – und müsste nun genau diese Bürger besteuern, um seine Schulden bei eben diesen Bürgern zurückzuzahlen. Doch Erhard verwarf diese einfache Lösung der Schuldenannullierung, um es besonders kompliziert zu machen: Er betrachtete den Staat wie eine bankrotte Firma und entwickelte einen ausgefeilten Konkursplan. Sämtliche Schulden sollten in Staatsanleihen umgewandelt werden, die dann unterschiedliche Laufzeiten, Zinsen und Tilgungspläne hätten, die jeweils berücksichtigen sollten, um welche Schulden und Schuldner es sich handelte. Auch das Bargeld und die Unternehmenskredite sollten nämlich in Staatsschulden umgewandelt werden, um alle Vermögensbesitzer gleichzustellen. Erst am Schluss seiner Studie fiel auch Erhard das entscheidende Problem auf: Sein raffinierter Konkursplan änderte nichts daran, dass dem Staat das Geld fehlte, um diese Schulden zu bedienen. Erhard setzte daher darauf, dass die Bürger freiwillig auf eine Rückzahlung verzichten würden, sobald sie verstünden, dass dies zunächst einmal eine Steuererhöhung bedeuten würde. Erhard rechnete also mit einer faktischen Annullierung der Staatsschuld – und war damit wieder bei den Argumenten von Donner angelangt. Otto Donner war damals Leiter der Forschungsstelle für Wehrwirtschaft der Dienststelle Vierjahresplan bei Hermann Göring. Dies zeigt erneut, dass die Frage der Nachkriegsordnung bereits die gesamte NS-Spitze beschäftigte.
55. Zu seinem 80. Geburtstag, 1977, ließ Erhard die Denkschrift als Faksimile noch einmal neu drucken.

56. Herbst, S. 323. Das Gegengutachten stammte von Günter Keiser, damals Leiter der statistischen Abteilung der Wirtschaftsgruppe Privates Bankgewerbe (siehe auch Löffler, S. 58).
57. Herbst, S. 323 f.
58. Herbst, S. 335 f.; Hentschel, S. 41. Der Gesprächsbedarf war so groß, dass noch ein weiterer Termin am 12. Januar 1945 vereinbart wurde, den dann allerdings Ohlendorffs Referent Karl Günther Weiss wahrnahm.
59. Ohlendorf wurde 1907 als viertes und jüngstes Kind eines Landwirts im niedersächsischen Hoheneggelsen geboren. Bereits mit 18 Jahren trat er der NSDAP und wenig später der SS bei. 1936 wurde Jurist Ohlendorf Wirtschaftsreferent beim SD, wo er »Fehlentwicklungen und Schäden der nationalsozialistischen Politik nachrichtenmäßig« erfasste. Diese Analysen gingen 1939 in den »Meldungen aus dem Reich« auf, die die Stimmungslage der Bevölkerung erkundeten und streng geheim waren. Ohlendorf machte sowohl in der SS wie im Reichswirtschaftsministerium eine steile Karriere. Im Wirtschaftsministerium war er Ministerialdirektor und stellvertretender Staatssekretär; bei der SS brachte er es bis zum Gruppenführer und Generalleutnant der Polizei (siehe Angrick, S. 408 ff.).
60. Goerdeler hatte dem NS-Regime anfangs loyal gedient. Er betrachtete den Versailler Vertrag als »Schandfrieden« und lehnte die Demokratie als »Absolutismus des Parlaments und der Parteien« ab. Er störte sich jedoch an Hitlers Kriegsplänen, an der hemmungslosen Kreditfinanzierung, an der grassierenden Korruption und an der Verfolgung der Juden. 1937 trat er als Leipziger Oberbürgermeister zurück, weil das Mendelssohn-Bartholdy-Denkmal gegen seinen Willen geschleift worden war. Goerdeler sprach sich dagegen aus, ein Attentat auf Hitler zu planen, und stellte sich eher einen Militärputsch vor. Auf die jüngeren Verschwörer rund um Stauffenberg hatte er kaum Einfluss: Er war ihnen zu autoritär und auch zu geschwätzig. Goerdelers »hypertrophe Betriebsamkeit« war gefürchtet, weil sie die Geheimhaltung gefährdete (siehe Mommsen 2005).
61. Wünsche 2018, S. 4.
62. Herbst, S. 306; Hentschel, S. 37 f.
63. Fernsehgespräch am 10. April 1963, Minute 17:45.
64. Fernsehgespräch am 10. April 1963, ab Minute 18:45. Ähnlich auch in Erhard 1977, S. VII ff.
65. Erhard behauptete später, er habe Goerdelers Briefe entsorgt, um sich »angesichts des wahren Amoklaufs der wildesten Nazis« nicht selbst zu belasten. Er würde annehmen, dass auch Goerdeler »besonders belastende Korrespondenz vernichtet« hätte (Erhard 1977, S. XIII). Doch da war Erhard zu hoffnungsfroh: Goerdeler hat seinen Schriftverkehr aufbewahrt, und Briefe von Erhard sind dort nicht zu finden.
66. Koerfer in Gillies/Koerfer/Wengst, S. 23.

67. Der Brief wird im Ludwig-Erhard-Zentrum in Fürth ausgestellt.
68. Bayerischer Ministerpräsident war der SPD-Politiker Wilhelm Hoegner. Er soll erfolglos zehn andere Kandidaten gefragt haben, ob sie Wirtschaftsminister werden wollten, bevor die US-Militärregierung Erhard vorschlug (Hentschel 1998, S. 46).
69. Fernsehgespräch am 10. April 1963, Minute 20:00.
70. Hentschel 1998, S. 48.
71. Adolf Weber war nicht der jüngere Bruder des berühmten Soziologen Max Weber (das war der Nationalökonom Alfred Weber in Heidelberg). Dennoch werden Adolf und Alfred Weber bis heute verwechselt (siehe etwa Koerfer in Gillies/Koerfer/Wengst, S. 26).
72. Interview mit Elisabeth von Quistorp. In: LEZ, S. 140.
73. Hentschel 1998, S. 49. Seit Sommer 1945 hatte Erhard zwei Stunden pro Semester bei den Volkswirten unterrichtet (allerdings pausiert, solange er bayerischer Wirtschaftsminister war).
74. Lillteicher, S. 191; LEZ, S. 211.
75. Lillteicher, S. 181 ff.
76. LEZ, S. 211; Lillteicher, S. 190 f.
77. Trotzdem mussten sich die Rosenthals am Ende des Restitutionsverfahrens 1950 auf einen Kompromiss einlassen: Die Familie erhielt eine Entschädigung, und Philip Rosenthal übernahm einen Vorstandssitz, aber sie erhielten nicht das ganze Unternehmen zurück.
78. Hohmann, S. 4.
79. LEZ, S. 199.
80. Caspari/Lichtblau, S. 163. Himmlers Adjutant war zeitweise Assistent bei dem Ägyptologen Georg Steindorff gewesen, der Oppenheimers Schwager war. Der damals 74-jährige Oppenheimer durfte nur ausreisen, weil er auf alle Pensionsansprüche verzichtete.
81. Fernsehgespräch mit Gaus, Minute 24:40.
82. Alle Beobachter sind sich einig, dass Erhards Reden schriftlich nicht viel Sinn ergeben: Siehe etwa Werbeunternehmer Rudolf Stilcken im Interview, in LEZ, S. 121; Gillies in Gillies/Koerfer/Wengst, S. 132; Hentschel 1998, S. 22; Koerfer in Gillies/Koerfer/Wengst, S. 60.
83. Es gibt Unterlagen, die belegen sollen, dass Erhard in die CDU eingetreten ist, als er 1963 Kanzler wurde. Aber diese Dokumente sind gefälscht (siehe Koerfer in Gillies/Koerfer/Wengst, S. 60).
84. Hentschel 1998, S. 103. Erhards Dünkel dürfte auch erklären, warum er nicht in die NSDAP eingetreten ist: Er konnte durch eine Mitgliedschaft nichts gewinnen, weil er sowieso schon mit Gauleitern verkehrte. Er hätte sich nur mit dem Fußvolk gemein gemacht.
85. Die FDP ging noch lange davon aus, dass Erhard bei ihr anheuern würde. Der FDP-Oberbürgermeister der Stadt Göttingen bot ihm am 14. Mai 1949

den Wahlkreis Göttingen an. Auch für die CSU hätte Erhard kandidieren können: Sie offerierte ihm den Wahlkreis Nürnberg. Am Ende wurde Erhard, in Absprache mit Adenauer, Spitzenkandidat der CDU in Württemberg-Baden mit einem Wahlkreis in Ulm/Heidenheim (Hentschel 1998, S. 107 f.).

86. Bucerius, S. 47 ff.
87. Hentschel 1998, S. 117.
88. Pferdmenges saß von 1949 bis zu seinem Tod 1962 im Bundestag, meldete sich aber im Plenum nie zu Wort, sondern wirkte ausschließlich hinter den Kulissen und in den Ausschüssen. Pferdmenges wurde scherzhaft »der große Schweiger von Bonn« genannt, weil er nur eine einzige Rede gehalten hat – um 1961 als Alterspräsident den vierten Deutschen Bundestag zu eröffnen (Silber-Bonz, S. 15).
89. Grunenberg, S. 123.
90. Hentschel 1998, S. 401.
91. Koerfer in Gillies/Koerfer/Wengst, S. 43.
92. Löffler, S. 279. Bucerius verstand sich explizit als »Sprachrohr« Erhards. 1963 resümierte er in einem Brief an ihn: »Keine Zeitung und kein Politiker haben so für Sie gestritten, wie die ›Zeit‹ und ich.«.
93. Bucerius, S. 90.
94. Den Spottnamen »Brigade Erhard« hatten Journalisten aufgebracht. Er spielte auf die »Marine-Brigade Ehrhardt« an, die sich 1920 am Kapp-Putsch beteiligt hatte.
95. Koerfer in Gillies/Koerfer/Wengst, S. 43. Siehe auch die Studie von Schindelbeck/Ilgen. Die Werbekampagnen für Erhard importierten erstmals Wahlkampferfahrungen aus den USA nach Deutschland. Dazu gehörte auch, dass die Kampagnen demoskopisch evaluiert wurden: Es gab stets Begleitumfragen des Allensbach-Instituts.
96. »Die Waage« galt in Unternehmerkreisen als so erfolgreich, dass es im Jahr 2000 zu einer Art Neugründung kam: Die Arbeitgeberverbände der Metall- und Elektroindustrie riefen die »Initiative Neue Soziale Marktwirtschaft« ins Leben, die ebenfalls mit einem Millionen-Etat ausgestattet ist. Erneut werden alle Kampagnen von Allensbach-Umfragen begleitet.
97. In die Reihe der bekennenden Erhard-Anhänger hat sich sogar Linken-Politikerin Sahra Wagenknecht eingereiht (siehe etwa ihr Buch *Freiheit statt Kapitalismus* (2011)).
98. Bührer 2007, S. 256 f. »Wohlstand für alle« entwickelte es sich zu einem Bestseller: 1964 war bereits die achte Auflage erreicht, obwohl das Buch analytisch flach und mit 14,80 DM für die damaligen Zeiten keineswegs billig war.
99. Hentschel 1998, S. 404. Selbst der Titel »Wohlstand für alle« stammte von Langer. Zuvor waren schon einmal Ghostwriter ans Werk gegangen: Erhards Buch »Deutschlands Rückkehr zum Weltmarkt« (1953) hatten der *Handels-*

blatt-Gründer Herbert Gross und der Ministerialrat Vollrath von Maltzan konzipiert (Löffler, S. 279).

100. Erhard 2009, S. 15.
101. Erhard 2009, S. 16.
102. Erhard 2009, S. 17.
103. Interview mit von Quistorp in LEZ, S. 141 f.
104. Koerfer in Gillies/Koerfer/Wengst, S. 58 f.
105. Zitiert nach Hentschel 1998, S. 854.
106. Erhard 2009, S. 16 f.
107. Fernsehgespräch mit Gaus, Minute 40:00.
108. Koerfer in Gillies/Koerfer/Wengst, S. 66.
109. Der weltberühmte US-Ökonom John Kenneth Galbraith schildert in seinen Memoiren, wie er Erhard einmal auf einer internationalen Konferenz traf: »Die letzte meiner wenigen Begegnungen mit ihm fand in Mexico City statt, ein oder zwei Jahre vor seinem Tod. Wir beide hielten Vorträge; er fragte mich, warum ich es für nötig hielt, nach Mexiko zu kommen, um seine Wahrheit anzuzweifeln« (Galbraith, S. 253).
110. Insgesamt hat das Ludwig Erhard Zentrum 18 Millionen Euro gekostet, davon wurden etwa zwei Millionen von privaten Spendern übernommen. In Fürth gibt es allerdings lokalen Widerstand gegen die Erhard-Verehrung. Siehe Imholz, Siegfried, Fürther Geschichtslegenden, … doch Ludwig Erhard war ein ehrenwerter Mann (http://www.der-landbote.de/Downloads/Anmerkungen%20zu%20Ludwig%20Erhard.pdf).
111. Koerfer in LEZ, S. 67. Etwas ausführlicher wird noch einmal auf Seite 201 auf Erhards Gutachtertätigkeiten eingegangen. Die »Haupttreuhandstelle Ost« kommt jetzt zwar vor, aber nur als Schlagwort, ohne weitere Erklärung. Zum Thema Lothringen erfährt der Leser immerhin, dass Erhard die Gutachten für Bürckel nicht über das IWF, sondern persönlich abgerechnet hat. Doch die eigentliche Tätigkeit wird weiterhin verharmlost, indem nicht dargestellt wird, dass es sich beim »volksfremden Vermögen« oft um arisierte Betriebe handelte und was mit den vormaligen Besitzern geschehen ist.
112. Koerfer in LEZ, S. 69. Ohlendorf wird in dem Ausstellungskatalog erst auf Seite 202 erwähnt, dort aber nur als »stellvertretender Staatssekretär im Reichswirtschaftsministerium« eingeführt. Es fehlt der Hinweis, dass er ein SS-General war und 1951 als Kriegsverbrecher hingerichtet wurde.
113. Siehe etwa Grußwort der ehemaligen Bundesbauministerin Barbara Hendricks (SPD), in: LEZ, S. 30 f.
114. Siehe auch Herbert, S. 645.

IV Die Rettung kommt von außen: Europa

1. Abelshauser 2011, S. 153.
2. Wehler 2008, S. 54.

3. Kleßmann, S. 226. Frauen verdienten sogar noch weniger: Arbeiterinnen erhielten nur 47,96 D-Mark pro Woche. Allerdings war es selten, dass Mütter berufstätig waren und das Familieneinkommen aufbesserten: 1950 betrug das Arbeitseinkommen der Ehefrauen nur 1,7 Prozent des Gesamteinkommens der Haushalte (Wildt, S. 63 f.).
4. Wehler 2003, S. 982.
5. Wildt 1996, S. 41.
6. Vor allem die USA drängten schon früh auf ein Konjunkturprogramm, doch konnte sich der Hohe Kommissar McCloy erst im Mai 1950 durchsetzen. Daher liefen die Arbeitsbeschaffungsmaßnahmen erst ab Herbst 1950 an, als sie eigentlich nicht mehr gebraucht wurden, weil inzwischen der »Korea-Boom« eingesetzt hatte (ausführlich: Holtfrerich, S. 371 ff.).
7. Erhard war der Meinung, dass die Arbeitslosigkeit nur durch die zuströmenden Flüchtlinge verursacht würde. Diese Wahrnehmung war eindeutig falsch, weil die Zahl der Arbeitsplätze absolut zurückging (siehe Abelshauser 2011, S. 153).
8. Die Marshall-Hilfe war allerdings nur eines von vielen Unterstützungsprogrammen der Amerikaner: Während des Krieges hatten die USA bereits 41 Milliarden Dollar an befreundete und verbündete Länder vergeben. Nach dem Krieg flossen weitere acht Milliarden Dollar nach Europa, dazu zählten auch die Nahrungsmittellieferungen in die Bizone. Noch einmal vier Milliarden Dollar gingen bis 1950 nach Asien. Insgesamt belief sich die wirtschaftliche und militärische US-Hilfe an das Ausland bis 1956 auf 57 Milliarden Dollar netto (Lindlar, S. 176). Da der Großteil der Hilfe während des Krieges gewährt wurde, waren die Belastungen in dieser Zeit wesentlich höher und machten etwa vier Prozent der US-Wirtschaftsleistung aus. Aber auch diese Ausgaben waren mühelos zu stemmen: Die Amerikaner stellten kaum Geld zur Verfügung, sondern lieferten vor allem US-Produkte wie Nahrungsmittel oder Waffen. Freie Kapazitäten gab es reichlich: Erst durch die Ausgaben für den Zweiten Weltkrieg, die wie ein Konjunkturprogramm wirkten, überwanden die USA endgültig die Weltwirtschaftskrise ab 1929.
9. Herbert, S. 594.
10. Abelshauser 2011, S. 136 ff. Maschinen und Fahrzeuge machten nur 2,3 Prozent der ERP-Importe aus. So sehr über die US-Waren gemäkelt wurde: Andere Produkte hätten sich die Westdeutschen nicht leisten können, weil die Devisen fehlten. Im vierten Quartal 1949 machten die Marshallplan-Güter 37 Prozent aller Einfuhren aus, 1950 waren es übers Jahr noch 18 und 1951 immerhin zwölf Prozent.
11. Netto lagen die Marschallhilfen für die Bundesrepublik sogar noch niedriger als die offiziellen 1,68 Milliarden Dollar, weil die USA ab 1949 den »kleinen Marshallplan« einführten, um den Handel zwischen den europäischen Staaten anzuregen. Schwache Länder erhielten nicht nur die komplette Dollar-

hilfe aus dem Marshallplan, sondern noch zusätzliche »Ziehungsrechte« in europäischen Währungen, mit denen sie dann bei ihren Nachbarn einkaufen konnten. Starke Länder, zu denen auch Westdeutschland gehörte, mussten diese Ziehungsrechte einlösen. Sie mussten also Waren exportieren, obwohl sie dafür keinen Gegenwert erhielten – und wurden dann anschließend aus dem Marshallplan abgefunden. Auf den ersten Blick mag es überraschen, dass ausgerechnet das kriegszerstörte Westdeutschland bereits 1949 als potentielles Überschussland eingestuft wurde, doch die Industriekapazitäten waren ja vorhanden. Sie lagen nur brach. Für die Westdeutschen war der »kleine Marshallplan« daher ein Segen, obwohl sie scheinbar Hilfsgelder verloren: Die Industrie erhielt Aufträge und gewann ihre angestammten Absatzkanäle im Ausland zurück (Abelshauser 2011, S. 219 f.).

12. Importeure bekamen die US-Waren nicht umsonst, sondern mussten den Dollar-Gegenwert in D-Mark bezahlen. Diese »Gegenwertmittel« wurden bei der »Kreditanstalt für Wiederaufbau« (KfW) gesammelt und für staatliche Investitionen genutzt. Vor allem der Bergbau, die Energieversorgung und die Verkehrsbetriebe profitierten. Allerdings wären diese öffentlichen Investitionen auch möglich gewesen, wenn es den Marshall-Plan nicht gegeben hätte: Die Bundesregierung hätte einfach D-Mark-Kredite bei den eigenen Banken aufnehmen können. Dies hätte keinen Preisschub ausgelöst, weil es noch immer viele Arbeitslose gab und die Kapazitäten nicht ausgelastet waren. Die Amerikaner drängten die Bundesrepublik ab 1949, ein kreditfinanziertes Konjunkturprogramm aufzulegen, doch Erhard und die Bank deutscher Länder sperrten sich. Die »Gegenwertmittel« wurden daher in der Praxis weitaus wichtiger, als sie es theoretisch hätten sein müssen: Sie ermöglichten wichtige staatliche Investitionen, obwohl Erhard öffentliche Projekte tendenziell als «Planwirtschaft« ablehnte (siehe ausführlich Abelshauser 2011, S. 140 ff.).
13. Buchheim 1990, S. 70 f.
14. 1948 importierte Westeuropa aus dem Dollarraum Güter im Wert von 6,2 Milliarden Dollar und exportierte Güter im Wert von nur 1,7 Milliarden Dollar dorthin (Hentschel 1989, S. 720, Anm. 10).
15. Die USA hatten schon früh erkannt, dass man verhindern müsste, dass der Welthandel wieder bilateral abgewickelt würde, denn Protektionismus hatte die Weltwirtschaftskrise ab 1929 weiter verschärft. Daher koppelten die USA ihre finanzielle Unterstützung im Krieg an die Bedingung, dass sich ihre Verbündeten verpflichteten, nach Kriegsende an einem multilateralen Welthandelssystem mitzuwirken. Die zentralen Prinzipien fanden sich bereits in der amerikanisch-britischen Atlantik-Charta von 1941 (Kindleberger, S. 413).
16. Kaplan/Schleiminger, S. 91.
17. Das Kreditsystem der Europäischen Zahlungsunion war sorgsam ausgetüftelt. Jedes Land erhielt eine Defizitquote, die 15 Prozent seines Außenhandels mit den anderen Partnerländern im Jahr 1949 entsprach. Um die Netto-

schuldner zu bewegen, ihre Defizite möglichst schnell abzubauen, wurde diese Quote wiederum in fünf Tranchen aufgeteilt: Innerhalb der ersten Tranche musste das Defizitland gar keine Dollar zahlen, sondern erhielt einen vollständigen Kredit. Bei der zweiten Tranche wurde schon eine Dollarüberweisung von 20 Prozent fällig, bei der dritten waren es 40 Prozent, bei der vierten 60 Prozent und bei der fünften 80 Prozent. Im Durchschnitt aller Tranchen wurde also ein Kredit von 60 Prozent gewährt; der Rest war wahlweise in Dollar oder Gold abzustottern. Ziel war ein ausgeglichener Außenhandel; es sollte sich nicht lohnen, Exportüberschüsse anzuhäufen. Nettogläubiger mussten daher Kredit gewähren. In der ersten Tranche bekamen sie gar kein Geld, und ab der zweiten Tranche erhielten sie nur 50 Prozent ihres Überschusses in Dollar ausgezahlt. Wurden alle Tranchen zusammengerechnet, galt für die Gläubiger das Gleiche wie für die Schuldner: 60 Prozent waren Kredit (Hentschel 1989, S. 731 f.).

18. Spoerer/Streb, S. 236 f.
19. Abelshauser 2011, S. 217.
20. Hentschel 1989, S. 732. Die zugesagten US-Dollars wurden zum Teil nötig, weil einige Länder dauerhafte Nettoschuldner waren. Dazu gehörten vor allem Griechenland und die Türkei. Ihre Defizite wurden von den USA übernommen (Kindleberger, S. 430).
21. Offiziell wurde die Europäische Zahlungsunion erst im September 1950 vereinbart, doch faktisch galten die Regeln schon ab Juli (siehe Hentschel 1989, S. 731). Die Bundesrepublik hatte eine Defizitquote von 320 Millionen Dollar. Wurden die Tranchen voll ausgenutzt, ergab sich ein Kreditanteil von 60 Prozent – also 192 Millionen (sieht auch Anmerkung 286). Dieses Geld war bereits im Oktober 1950 aufgebraucht.
22. Eine Pleite der Bundesrepublik kam für die anderen Europäer nicht in Frage, weil gleichzeitig die Montanunion verhandelt wurde. Zudem profitierten die Nachbarländer von den westdeutschen Importen, weil es die eigenen Exporte waren. So hatten sich die westdeutschen Einfuhren aus den Niederlanden zwischen 1948 und 1950 verachtfacht, aus Dänemark fast verzehnfacht (Kaplan/Schleiminger, S. 98 f.).
23. Ab Herbst 1950 trat als zusätzliches Problem auf, dass die heimische Kohle nicht mehr reichte, da der Ruhrbergbau nicht weiter expandieren konnte: Zu NS-Zeiten waren die Bergwerke nur unzureichend modernisiert worden; außerdem gab es nicht genug Wohnungen im zerstörten Ruhrgebiet, um die eigentlich benötigten Bergarbeiter unterzubringen. Die Bundesregierung musste daher Kohle im Ausland kaufen, was das Minus im Außenhandel weiter erhöhte (Kleßmann, S. 225).
24. Hentschel 1989, S. 736.
25. Siehe Tabelle bei Abelshauser, S. 153. Zahlen beziehen sich auf das Jahr 1951. Der Korea-Krieg steigerte allerdings auch die inländische Nachfrage:

Viele Bundesbürger fürchteten, dass ein weiterer Weltkrieg und eine erneute Hyperinflation bevorstehen könnten. Wer über Geldvermögen verfügte, räumte seine Konten und flüchtete in Sachwerte. Die Panik der Wohlhabenden wirkte sich wie ein Konjunkturprogramm aus (Holtfrerich, S. 373). Diese inländische Nachfrage erhöhte die Importe noch zusätzlich: Im Februar 1951 waren bereits 91 der 120 Millionen Dollar Sonderkredit verbraucht, sodass die Bundesregierung einen Einfuhrstopp verhängte. Die westdeutsche Einfuhr brach jedoch nicht völlig zusammen, weil schon erteilte Importlizenzen weiter galten und sich viele Unternehmen bereits mit diesen Papieren eingedeckt hatten (Buchheim 1990, S. 132).

26. Hentschel 1998, S. 209.
27. Hentschel 1998, S. 204.
28. Buchheim 1990, S. 172.
29. Buchheim 1990, S. 174. Ähnlich auch Berger/Ritschl, S. 487 ff.
30. Zitiert nach Erhard 2009, S. 309.
31. Emminger, S. 31.
32. 1953 hatte die Bundesrepublik schon einen kumulierten Überschuss von 4,1 Milliarden D-Mark angehäuft. Trotzdem prognostizierte der damalige Chef der Bank deutscher Länder, Wilhelm Vocke, dass »Westdeutschland immer ein kapitalarmes Land bleiben« würde (Emminger, S. 69).
33. Der Verzehr von Rinder- und Schweinefleisch in den deutschen Haushalten war 1950 noch nicht einmal halb so hoch wie 1937 (Herbert, S. 678). Insgesamt lag der private Verbrauch 1951/52 immer noch um 14 Prozent niedriger als 1938 (Hockerts, S. 348).
34. Emminger, S. 29; Hentschel, S. 221.
35. Wehler 2008, S. 35.
36. Wirtschaftskammer Österreich, Inflationsentwicklung (Jänner 2019).
37. Emminger, S. 75.
38. Bundesamt für Statistik, LIK-Teuerungsrechner (http://www.portal-stat.admin.ch/lik_rechner/d/lik_rechner.htm).
39. Die deutschen Exporteure gaben die relativ niedrigen Preise in der Bundesrepublik nicht an ihre auswärtigen Kunden weiter, sondern unterboten die externe Konkurrenz immer nur knapp. Dafür ist ein Indiz, dass die Exportpreise wesentlich schneller stiegen als die Preise auf dem westdeutschen Binnenmarkt (Buchheim 1990, S. 178; Lindlar, S. 283).
40. Abelshauser 2011, Tabelle S. 217.
41. Statistisches Bundesamt, Außenhandel, Fachserie 7, Reihe 1 (Wiesbaden 2019), S. 26. Abelshauser gibt irrtümlich an, dass sich der kumulierte Außenhandelsüberschuss von 1951 bis 1958 auf 44,5 Milliarden D-Mark belaufen habe (2011, S. 230). Dieser Fehler ist dann von anderen Autoren übernommen worden (siehe etwa Herbert, S. 623 und Wehler 2008, S. 55).
42. Bührer 1997, S. 279 f.

43. Die reduzierten Importzölle erwiesen sich allerdings als zweischneidig: Sie senkten auch die Kosten für die eingeführten Vorprodukte, sodass die westdeutschen Exporteure noch wettbewerbsfähiger wurden (Kaplan/Schleiminger, S. 249).
44. Schon 1949 fanden deutsche Importeure britische Waren zu teuer, um sich damit einzudecken – obwohl die nötigen Devisen vorhanden waren (Abelshauser 2016, S. 490 f.).
45. Emminger, S. 20; Kaplan/Schleiminger, S. 257.
46. Zitiert nach Bührer 1997, S. 299.
47. Zitiert nach Bührer, S. 292. Erhard war damals stark von dem Ordoliberalen Wilhelm Röpke beeinflusst, der die EZU von Anfang an mit Skepsis betrachtet hatte: Sie sei überflüssig und »eine Art Glasglocke über Westeuropa« (Emminger, S. 65 f.).
48. Hentschel 1998, S. 253 f.
49. Bührer 1997, S. 296.
50. Zitiert nach Hentschel 1998, S. 270.
51. Bührer 1997, S. 319.
52. Hentschel 1998, S. 216; ähnlich Buchheim 1990, S. 167.
53. Zitiert nach Bührer 1997, S. 311.
54. Gavin, S. 34.
55. Zum Kreditmechanismus der Zahlungsunion siehe Anmerkung 286.
56. Bundesbank 2021, S. 54.
57. Stand am 31. Juli 2021.
58. Emminger, S. 95 f.
59. Bundesbank 2019, S. 54. Der Goldbestand von 3362 Tonnen wird mit einem Wert von 166,9 Milliarden Euro ausgewiesen. Daraus ergibt sich, dass 2345 Tonnen anteilig 116,4 Milliarden wert sind.
60. Siehe auch Herrmann 2013, S. 122 ff.
61. Ralf Schuler, BILD beim deutschen Goldschatz in New York. In: Bild, 6. März 2012.
62. https://www.bundesbank.de/resource/blob/743058/cd4aab4573ca3870702dde18e07b61fd/mL/goldbarrenliste-data.pdf.
63. Bundesbank 2021, S. 54.
64. Loth 1995, S. 144 ff.
65. Abelshauser 2011, S. 234.
66. Simms, S. 179.
67. Die Franzosen ließen sich allerdings auch von rein ökonomischen Interessen leiten, als sie die Montanunion vorschlugen: Der französische Stahl war teurer als die Produkte der britischen und westdeutschen Konkurrenz, weil man keine eigenen Kohlevorkommen besaß. Die Franzosen wollten daher sicherstellen, dass sie nicht vom Markt verdrängt wurden, falls es zu Überkapazitäten kam (Abelshauser 2016, S. 520 f.).

68. Statt sich in einen aussichtslosen Kampf um die Saar zu verstricken, handelten die Franzosen lieber wirtschaftliche Kompensationen heraus – insbesondere die Finanzierung der Mosel-Kanalisierung durch die Bundesrepublik (Loth 1995, S. 155).
69. Zitiert nach Simms, S. 184.
70. Simms, S. 182.
71. Lever, S. 123.
72. Simms, S. 176.
73. Zitiert nach Hentschel 1998, S. 343 ff.
74. Herbert, S. 642.
75. Löffler, S. 565.
76. Koerfer in Gillies/Koerfer/Wengst, S. 49.
77. Abelshauser 2011, S. 257.
78. Lindlar, S. 186 f.
79. Simms, S. 187.
80. https://www.ina.fr/video/CAF89034709.
81. Lever, S. ix und S. 149; Simms, S. 188.

V Die »soziale Marktwirtschaft« war nicht sozial

1. Schindelbeck/Ilgen, S. 75 f.; Interview mit Rudolf Stilcken über *Die Waage* in LEZ, S. 120 ff.
2. Hockerts, S. 348. Beim Konsumvergleich mit dem Jahr 1938 muss allerdings berücksichtigt werden, dass der Bedarf im Jahr 1953 viel höher lag, weil die Verluste durch Krieg und Vertreibung noch immer ausgeglichen werden mussten. Zudem war der Lebensstandard auch 1938 nicht hoch gewesen, weil viele Ressourcen in Hitlers Aufrüstung flossen.
3. Löffler, S. 266.
4. Zum Thema Vermögensverteilung siehe auch Herrmann 2010, Kapitel 3 und 4.
5. Herbert, S. 680 und S. 686.
6. Herbert, S. 680.
7. Die zunehmende Ungleichheit spiegelte sich auch in der Lohnquote wider, die angibt, wie viel die unselbstständig Beschäftigten vom Gesamteinkommen einer Volkswirtschaft erhalten. Diese Lohnquote lag im Jahr 1950 noch bei 65,6 Prozent und sank dann bis 1960 auf 60,4 Prozent (Muscheid, S. 65).
8. Bucerius, S. 73.
9. Erhard 2009, S. 39 f.
10. Schon bei der Währungsreform 1948 durften die Unternehmer den ersten Steuertrick anwenden: Bei ihrer Eröffnungsbilanz in D-Mark konnten die Firmeneigner weitgehend selbst entscheiden, wie hoch sie den Wert ihrer Betriebe ansetzten. Selbst Anlagen, die längst komplett abgeschrieben waren, durften wieder zu einem Drittel ihres Neuwerts in der Bilanz auftauchen. Die

Unternehmer durften also künstliche Kosten produzieren, um ihre Gewinne scheinbar zu senken und die Steuerlast zu reduzieren (Abelshauser 2011, S. 161). In der DM-Eröffnungsbilanz hohe Betriebswerte anzusetzen, barg allerdings das Risiko, dass die Firmeneigner dann auch höhere Beträge beim Lastenausgleich abführen müssten. Allerdings gingen die meisten Unternehmer davon aus, dass der Lastenausgleich milde ausfallen würde – diese Erwartung wurde nicht enttäuscht. Der *Spiegel* hat später versucht zu kalkulieren, wie groß dieses Steuergeschenk für die Unternehmen gewesen ist: Allein die erneute Abschreibung längst abgeschriebener Betriebsteile war bis 1955 satte zwölf Milliarden D-Mark wert (Spiegel 31/1969, S. 42). Der einträgliche Trick mit den DM-Eröffnungsbilanzen ging auf den Bankier und Adenauer-Duzfreund Pferdmenges zurück (Silber-Bonz, S. 27). Auch nach der Währungsreform wurden die Unternehmen systematisch begünstigt. Von 1948 bis 1950 konnten Firmeninhaber einen Teil der nicht entnommenen Gewinne als Sonderausgaben absetzen: Profite wurden also zu Kosten erklärt. Ab 1951 wurden dann Erträge, die beim Export anfielen, nur noch zum Teil versteuert (Muscheid, S. 44ff). Hinzu kamen Entlastungen, falls man in den Wohnungs- oder Schiffsbau investierte. Der *Spiegel* hat später errechnet, dass sich allein dieser letzte Posten auf ein Steuergeschenk von 15 Milliarden D-Mark summierte (Spiegel 31/1969, S. 42). Die degressive Abschreibung brachte weitere 35 Milliarden.

11. Die Unternehmen finanzierten ihre Investitionen 1949 zu 42,1 Prozent aus eigenen Mitteln. 1950 waren es 28,5 Prozent, dann 89,8 Prozent (1951), 66,7 Prozent (1952) und 50,7 Prozent (1953) (Muscheid, S. 48).
12. Spiegel 31/1969, S. 42.
13. In der Nachkriegszeit gab es zwar extrem viele Ausnahmen im Steuerrecht, aber wenn man Steuern zahlen musste, waren die Sätze anfangs sehr hoch. Der Spitzensteuersatz bei der Einkommenssteuer lag bis 1950 bei 95 Prozent und sank dann auf 53 Prozent ab dem Jahr 1958. Die Körperschaftssteuer schwankte in dieser Zeit zwischen 50 und 60 Prozent (Muscheid, S. 96).
14. Spiegel 31/1969, S. 39; ähnlich Abelshauser 2011, S. 343.
15. Krelle, S. 378.
16. Spiegel 31/1969, S. 39.
17. Herrmann 2010, S. 30f.
18. Wie in Kapitel II schon dargestellt, enthielt der amerikanische CDG-Plan für eine Währungsreform bereits einen Lastenausgleich. Die Alliierten erkannten jedoch schnell, dass das Verfahren kompliziert und langwierig sein würde, sodass man den Lastenausgleich lieber den Westdeutschen überließ.
19. Ein erstes »Soforthilfegesetz« trat bereits im August 1949 in Kraft. Es sollte die größte Not lindern und basierte daher ausschließlich auf dem Bedürftigkeitsprinzip. Pro Monat gab es mindestens 70 D-Mark, und dieser Rechtsanspruch befreite die Bedürftigen von dem Makel, von der Fürsorge abhängig

zu sein. Finanziert wurden diese Hilfen durch eine »Soforthilfeabgabe« in Höhe von zwei bis drei Prozent der abgabepflichtigen Altvermögen. Zudem gab es eine Hypothekengewinnabgabe, die die Gewinne wieder abschöpfte, die bei der Währungsreform entstanden waren, weil Grundschulden im Verhältnis von 10:1 abgewertet worden waren. Die Soforthilfen beliefen sich auf insgesamt 6,4 Milliarden D-Mark (Abelshauser 2011, S. 333 f.).

20. Kleßmann, S. 241.
21. Der private Vermögensverlust durch die Vertreibung wurde auf 62 Milliarden Reichsmark und durch die Bombardierungen auf 27 Milliarden Reichsmark geschätzt. Hinzu kamen 100 Milliarden Ersparnisse, die durch die Währungsreform verloren gegangen waren und von denen 25,8 Milliarden als »entschädigungspflichtig« anerkannt wurden (Abelshauser 2011, S. 334).
22. Stichtag war der 21. Juni 1948 – also der erste Geltungstag der D-Mark.
23. Kleßmann, S. 242.
24. Abelshauser 2011, S. 335.
25. Kleßmann, S. 242.
26. Koerfer in Gillies/Koerfer/Wengst, S. 40; Spoerer/Streb, S. 257.
27. Der Fürsorgerichtsatz lag im Juli 1955 in Stuttgart für ein Ehepaar bei 103 D-Mark pro Monat (Hockerts, S. 351, siehe auch Anm. 54). Allerdings lebte nur die Hälfte der Haushalte ganz oder stark von den Sozialleistungen, und in diesen Fällen lagen die Sätze meist weit über dem Durchschnittswert. Trotzdem gab es große Armut: Betroffen waren vor allem Rentner und Frühinvalide (Hockerts, S. 352 f.).
28. Hockerts, S. 346 (siehe auch Anm. 32).
29. Hockerts, S. 342.
30. Hockerts, S. 364.
31. Deutsche Rentenversicherung 2014, S. 20.
32. Die Rentenkassen legten ihr Vermögen in niedrig verzinste staatliche Anleihen an, mit denen dann der soziale Wohnungsbau finanziert wurde (Hockerts, S. 350 f.). Letztlich alimentierten also ausgerechnet die Ärmsten den Sozialstaat.
33. Kleßmann, S. 248 f.
34. Hockerts, S. 367.
35. Koerfer in Gillies/Koerfer/ Wengst, S. 40.
36. Erhard 2009, S. 290.
37. Hockerts, S. 365.
38. Kaufmann, S. 305.
39. In der Rentenversicherung der Arbeiter stiegen die Renten im Schnitt um 60 Prozent, die Renten der Hinterbliebenen um 81 Prozent und der Waisen um 57 Prozent. Bei den Angestellten stiegen die Renten um 66 Prozent, die Renten der Hinterbliebenen um 91 Prozent und der Waisen um 40 Prozent (Rentenversicherung, S. 44).

40. Abelshauser 2011, S. 197f.
41. Kleßmann, S. 251.
42. Die Rentenkassen wurden damals wie heute paritätisch finanziert: Die Arbeitgeber zahlten also die Hälfte der Beiträge. Dies änderte jedoch nichts daran, dass die Arbeitnehmer die Rentenreform allein stemmten, denn der Arbeitgeberanteil gehört zu den Lohnkosten und wird bei den Tarifverhandlungen berücksichtigt: Steigen die Sozialbeiträge, bleibt eben weniger Spielraum für eine Gehaltserhöhung. Die Unternehmen wurden also durch die Rentenreform nicht belastet, wie sich auch daran zeigt, dass die Lohnquote nach 1957 nicht stieg – sondern sogar fiel. Die Lohnquote misst den Anteil der Löhne am Volkseinkommen – der Rest sind die Gewinne und Gehälter der Selbstständigen. Trotz Rentenform sank die bereinigte Lohnquote von 61,6 Prozent 1956 auf 60,4 Prozent 1960 (Muscheid, S. 65).
43. Die Rentenversicherung war strikt nach dem Prinzip der Äquivalenz organisiert: Die Auszahlungen richteten sich danach, wie viel man eingezahlt hatte. Dies ließ jedoch jene Alten unversorgt, die nie in eine Rentenkasse eingezahlt hatten. Daher wurde 1961 das Bundessozialhilfegesetz verabschiedet, das erstmals einen einklagbaren Anspruch auf Unterstützung gewährte (Kaufmann, S. 288).
44. Hockerts, S. 367.
45. Der Anteil der Sozialleistungen am Bruttoinlandsprodukt lag 1960 immer noch bei niedrigen 18,3 Prozent (Bundesministerium für Arbeit und Soziales, Sozialbudget 2017, S. 8).
46. Hockerts, S. 369, Anm. 123; Bucerius, S. 75.
47. Kaufmann, S. 311.
48. Paradies der Reichen. In: *Spiegel* 31/1969, S. 38 – 51; hier S. 39.
49. Erhard 2009, S. 190.
50. Erhard 2009, S. 201.
51. Erhard 2009, S. 193.
52. Erhard 2009, S. 194.
53. Wengst in Gillies/Koerfer/Wengst, S. 95; Abelshauser 2011, S. 176.
54. Hesse, Jan-Otmar, Abkehr vom Kartelldenken? Das Gesetz gegen Wettbewerbsbeschränkungen als ordnungspolitische und wirtschaftstheoretische Zäsur der Ära Adenauer. In: Hockerts/Schulz, S. 29 – 50; hier S. 29ff.
55. Wehler 2008, S. 68.
56. Joly, S. 138ff.
57. Löffler, S. 540.
58. Wehler 2008, S. 67.
59. Löffler, S. 521f.; Kreikamp, S. 232.
60. Joly, S. 144. Die Aufteilung der I. G. Farben in drei Konzerne hatte für die beteiligten Manager zudem den Charme, dass sich die Zahl der lukrativen Leitungspositionen deutlich erhöhte.

61. Kreikamp, S. 233.
62. Kreikamp, S. 233.
63. Abelshauser 2011, S. 242.
64. Abelshauser 2011, S. 242 f.
65. Von den ersten Vorarbeiten 1947 bis zur Verabschiedung 1957 wurden 30 Gesetzentwürfe ausgearbeitet, intern und in der Öffentlichkeit diskutiert, verworfen und reaktiviert. Bis 1974 leitete das neue Bundeskartellamt 7385 Bußgeldverfahren ein, von denen allerdings mehr als die Hälfte ergebnislos eingestellt wurden und nur 621 mit rechtskräftigen Bußgeldbescheiden endeten (Hesse in Hockerts/Schulz, S. 34 ff.).
66. Statistisches Jahrbuch 2018, S. 526.
67. Die Wirtschaftstheorie hatte schon früh erkannt, dass es perfekten Wettbewerb nicht geben kann. Karl Marx hatte in seinem Hauptwerk *Das Kapital* (1867) gezeigt, dass der Kapitalismus zum Oligopol neigt und dass ausgerechnet der Wettbewerb dazu führt, dass am Ende kein Wettbewerb mehr übrig ist. Marx argumentierte bereits mit den »Skaleneffekten«, wie sie heute heißen: Durch technischen Fortschritt können immer mehr Waren hergestellt werden. Aber irgendwann sind die Märkte gesättigt, und den anschließenden Verdrängungswettbewerb überstehen nur die größten Firmen, weil sie – dank Massenproduktion – die Waren am billigsten herstellen können. Der österreichische Ökonom Joseph Schumpeter wies in seinem Buch *Theorie der wirtschaftlichen Entwicklung* (1911/1926) nach, dass der perfekte Wettbewerb auch als theoretisches Konstrukt nicht überzeugt: Das Konzept »Gewinn« bleibt nebulös. Denn bei perfektem Wettbewerb würden die Preise so weit sinken, bis sie nur noch die Kosten deckten. Die britische Ökonomin Joan Robinson hat dann in ihrem Buch *Economics of Imperfect Competition* (Ökonomie des unvollkommenen Wettbewerbs; 1933) dargestellt, dass in der Realität nicht nur Großkonzerne ihre Märkte kontrollieren – sondern dass selbst Kleinstbetriebe keiner totalen Konkurrenz ausgesetzt sind, weil sie letztlich unverwechselbar sind. Beispiel Restaurants: Jede Gaststätte hat eine besondere Lage, Speisekarte, Einrichtung oder Musik. Restaurants konkurrieren zwar um Kunden, aber nicht mit dem exakt gleichen Gut. Robinson taufte dieses Phänomen »monopolistische Konkurrenz«. (Zur Entwicklung der ökonomischen Theorie siehe auch Herrmann 2016.) Erhard hing also einer überholten Theorie an, als er vom Leitbild der vollkommenen Konkurrenz ausging (Hesse in Hockerts/Schulz, S. 40 ff.).
68. Hentschel, S. 184.
69. Abelshauser 2011, S. 356 f.
70. Abelshauser 2011, S. 360. Erst unter SPD-Kanzler Helmut Schmidt wurde die paritätische Mitbestimmung auf alle Kapitalgesellschaften ausgedehnt, die mehr als 2000 Mitarbeiter haben. In Pattsituationen kann sich jedoch die Ka-

pitalseite durchsetzen, weil sie den Vorsitzenden stellt, der ein doppeltes Stimmrecht hat.

71. Wehler 2008, S. 68.
72. Grunenberg, S. 18.
73. Joly, S. 146.
74. Joly, S. 135.
75. Joly, S. 135.
76. Grunenberg, S. 37 und S. 105.
77. Borsdorf/Niethammer, S. 152 ff.
78. Grunenberg, S. 42 ff.
79. Grunenberg, S. 45. Bis heute ist unklar, wie viele Industrielle wie lange in alliierter Haft gesessen haben, weil es dazu nur widersprüchliche Aussagen gibt (Schanetzky, S. 80).
80. Joly, S. 151.
81. Joly, S. 151.
82. Erker/Pierenkemper, S. 9.
83. Schanetzky, S. 90 f.
84. Grunenberg, S. 20 und S. 143.
85. Gall, S. 330 f. Pferdmenges hatte – neben seinem Bundestagsmandat – bis 1954 insgesamt 25 Aufsichtsrats-, Verwaltungsrats- und Präsidentenposten inne. Unter anderem war er Präsident des Bankenverbandes (Silber-Bonz, S. 28 f.). Vor allem Bankiers neigten dazu, in vielen Aufsichtsräten zu sitzen, weil sie gleichzeitig Kreditgeber der Firmen waren. Diese Machtfülle wurde erst 1966 ein wenig begrenzt, als ein neues Aktiengesetz in Kraft trat, das nur noch zehn Mandate pro Person erlaubte. Im Volksmund hieß es »Lex Abs«.
86. Herbert, Ulrich, Rückkehr in die Bürgerlichkeit? NS-Eliten in der Bundesrepublik. In: L. I. S. A. Wissenschaftsportal Gerda Henkel Stiftung, 20.04.2010, S. 4 f.
87. Wehler 2003, S. 902.

VI Die Krisen kehren zurück

1. Die Zechen hatten noch die Bundestagswahl am 15. September 1957 abgewartet, um dann am nächsten Tag zu verkünden, dass sie die Kohle- und Kokspreise am 1. Oktober um sechs bis zehn Prozent anheben würden. Diese eigenmächtige Preiserhöhung wirkte auf die Regierung »wie eine Kriegserklärung«, und ein erbitterter Erhard drohte, man werde jetzt »aus allen Rohren« schießen. Dabei ging es gar nicht um die Preiserhöhung an sich: Seit 1952 war der Kohlepreis jährlich um etwa fünf D-Mark pro Tonne gestiegen. Stattdessen war die Bundesregierung empört, dass die Ruhrbarone das Wirtschaftsministerium nicht konsultiert hatten, denn die Zechen kassierten umfangreiche indirekte Subventionen. Erhard reiste eigens am 1. Oktober 1957

nach Essen, um sich mit 150 Ruhr-Industriellen zu streiten. Nach dreistündiger Debatte reiste der Wirtschaftsminister gedemütigt ab. (Das stenographische Protokoll dieser denkwürdigen Sitzung findet sich bei Abelshauser 1985.).

2. Abelshauser/Kopper in Abelshauser 2016, S. 46 f.
3. Abelshauser 2011, S. 202 f.
4. Schon im August 1959 führte die Bundesregierung eine Heizölsteuer von 30 D-Mark pro Tonne ein, um den Konkurrenzvorteil des Öls abzumildern und die Subventionen für den Bergbau zu finanzieren. Trotz dieser Sondersteuer war leichtes Heizöl 1964 in den Ballungsräumen 60 bis 72 D-Mark pro Tonne preiswerter als Steinkohlebriketts, wenn der Wärmewert berücksichtigt wird (Abelshauser/Kopper in Abelshauser 2016, S. 49).
5. Illing, S. 70.
6. Abelshauser 2011, 203.
7. Brüggemeier, S. 356 f.
8. Ab 1963 waren insgesamt 1,5 Milliarden D-Mark vorgesehen, um die »Rationalisierung im Steinkohlebergbau« zu unterstützen. Das wichtigste Instrument war die Stilllegungsprämie, die am 31. August 1968 wieder auslief (Illing, S. 73).
9. Statistik der Kohlenwirtschaft e.V. (https://kohlenstatistik.de/18-0-Steinkohle.html). 1969 wurde die Ruhrkohle AG (RAG) gegründet und die Zechen zu einer Einheitsgesellschaft zusammengelegt. Wirtschaftsminister Karl Schiller (SPD) drohte, dass sonst die staatlichen Subventionen gestrichen würden. RAG-Besitzer blieben die Montanbetriebe; sie stellten das Grundkapital, das allerdings gering ausfiel. Die Schuldenlast und auch die Investitionen wurden vom Bund und vom Land Nordrhein-Westfalen übernommen. Der Staat hatte daher die Entscheidungshoheit.
10. Brüggemeier, S. 356.
11. Brüggemeier, S. 360.
12. Abelshauser 2011, S. 211. Etwa 8,5 Milliarden D-Mark wurden benötigt, um die Knappschaftskassen zu unterstützen: Sie mussten viele Rentner versorgen, hatten aber durch den Zechenschwund kaum noch Beitragszahler.
13. Der »Kohlepfennig« war eine von vielen Subventionen für die Steinkohle: Er brachte mehr als zwei Milliarden Euro im Jahr und war eine Abgabe, die jeder Stromkunde zu zahlen hatte. Das Bundesverfassungsgericht verwarf dieses System: Mit den Subventionen für die Steinkohle solle die nationale Energieversorgung gesichert werden. Dies sei aber Aufgabe des Staates, nicht der Stromkunden. Der Bundestag beschloss daher 1997, den Kohlepfennig direkt aus dem Bundeshaushalt zu zahlen, aber schrittweise zu kürzen (Brüggemeier, S. 380).
14. Brüggemeier, S. 382.
15. Abelshauser/Kopper in Abelshauser 2016, S. 60.

16. Es hatte auch ganz praktische Gründe, dass im Weltwährungssystem von Bretton Woods nur noch der Dollar durch Gold gedeckt war: Direkt nach dem Zweiten Weltkrieg besaßen die meisten Staaten überhaupt kein Gold mehr, mit dem sie ihre Währung hätten decken können. Stattdessen war fast das gesamte Gold in den USA gebunkert. Die Amerikaner hatten in beiden Weltkriegen einen Großteil der Waffen geliefert – und als Kompensation das Gold ihrer Alliierten verlangt.
17. Der britische Ökonom John Maynard Keynes hatte diese Probleme vorausgesehen und daher 1944 ein Weltwährungssystem vorgeschlagen, das keine Leitwährung wie den Dollar benötigt hätte. Keynes sah eine internationale Zentralbank vor, die »International Clearing Bank«. Jedes Land sollte dort ein Konto unterhalten, über das seine auswärtigen Zahlungsströme abgewickelt würden. Wenn ein Staat mehr exportierte als importierte, hatte er ein Guthaben bei dieser Clearing Bank. Umgekehrt machte ein Land Schulden, wenn es mehr importierte als exportierte. Abgerechnet wurde in einer künstlichen Währung namens »Bancor«, die eine reine Recheneinheit war. Jedes Land hatte einen fixen Wechselkurs zum Bancor, der offiziell zwar noch ans Gold gekoppelt war – aber nicht mehr in Gold eingetauscht werden konnte. Eigentlich war diese Rückbindung ans Gold völlig überflüssig, doch Keynes wollte die Goldfetischisten nicht allzu sehr verschrecken, die in vielen Ländern noch das Sagen hatten. Natürlich musste verhindert werden, dass einzelne Länder permanent Schulden aufhäuften, indem sie ständig mehr importierten als exportierten. Daher wurden Strafzinsen fällig, wenn die Defizite zu hoch ausfielen. Auch mussten chronische Defizitländer ihre Währungen abwerten, damit die heimischen Produkte auf den Weltmärkten billiger wurden und die Exportchancen wieder stiegen. Bei Keynes wurden allerdings nicht nur die Defizitländer bestraft: Auch hohe Exportüberschüsse wurden geahndet, indem für diese Bancor-Guthaben ebenfalls Strafzinsen fällig wurden. Zudem wurden die Überschussländer gezwungen, die eigene Währung aufzuwerten, sodass ihre Waren international teurer wurden. Keynes konnte sich in Bretton Woods nicht durchsetzen, weil die USA die ökonomische Supermacht waren und nicht gedachten, ihren Status an das Bancor-System abzutreten. Stattdessen präsentierten die USA einen eigenen Plan, der den Dollar als globale Leitwährung zementierte (siehe Herrmann 2016, S. 201 ff.).
18. Eichengreen, S. 160.
19. Gavin, S. 45 f.
20. Eichengreen, S. 166.
21. Kindleberger, S. 439 ff. Die Erfinder des Eurodollarmarkts waren sowjetische Staatsbetriebe, die durch Exporte ins westliche Ausland Dollar verdient hatten – diese Devisen aber lieber nicht beim Klassenfeind USA anlegen wollten (Frieden, S. 81). Richtig in Schwung kam der Eurodollarmarkt aber erst ab

1958, als die Europäische Zahlungsunion aufgelöst und der Dollar frei konvertierbar wurde. Für die Spekulation auf Wechselkurse und Zinsen wurden Derivate benutzt, also befristete Wettgeschäfte zwischen den Banken (Karlik 1977).

22. Hobsbawm, S. 277f. 1964 waren auf dem Eurodollarmarkt geschätzte 14 Milliarden Dollar unterwegs, 1973 sollen es schon 160 Milliarden und 1978 fast 500 Milliarden gewesen sein. Der Eurodollarmarkt blähte sich so rasch auf, weil auch die arabischen Herrscher ihre Ölmilliarden dort anlegten, nachdem sich ab Oktober 1973 der Ölpreis vervierfacht hatte.
23. Gavin, S. 121.
24. De Gaulles Attacke kam für die USA nicht überraschend: Bereits Kennedy hatte damit gerechnet, dass de Gaulle versuchen würde, das französische Gold als Waffe einzusetzen. Der US-Präsident hatte daher seinen Finanzminister angewiesen, die Stärke der französischen und amerikanischen Devisen-»Bataillone« zu überprüfen. Man kam zu dem richtigen Ergebnis, dass die amerikanischen Goldreserven eine französische Attacke vermutlich überstehen würden (Zimmermann 1999, S. 82). Bis Ende 1966 konnte Frankreich seinen Goldschatz aber immerhin um umgerechnet 1,5 Milliarden Dollar erhöhen.
25. Gavin, S. 203 und S. 213. 1960 betrug das Plus 4,6 Milliarden Dollar und war damit mehr als doppelt so groß wie der westdeutsche Überschuss im Außenhandel.
26. Gavin, S. 203ff.
27. Gavin, S. 59; Zimmermann 2002, S. 121.
28. Gavin, S. 212.
29. Zimmermann 2002, S. 134, Anm. 49.
30. Zimmermann 2002, S. 106f.
31. Gavin, S. 46. Zudem hatten die Republikaner die Präsidentschaftswahl im November 1960 verloren – und Adenauer hoffte damals noch, dass der Demokrat Kennedy weniger rigoros auf einen Devisenausgleich bestehen würde.
32. Gavin, S. 50f.
33. Zimmermann 2002, S. 134, Anm. 49 und Zimmermann 1999, S. 83, Anm. 85.
34. Zimmermann 1999, S. 60 und Zimmermann 2002, S. 165.
35. Zimmermann 1999, S. 77.
36. Zimmermann 2002, S. 167. Sinnvolle Waffenkäufe waren auch deswegen schwierig, weil damals die NATO-Strategie unklar war. Die Franzosen stiegen ganz aus und die USA gingen gerade zum Konzept der »flexible response« über. Zudem war der US-Ansatz widersprüchlich: Die Amerikaner drängten eigentlich auf eine europäische Kooperation bei der Waffenproduktion, um die Effizienz bei den NATO-Verteidigungsausgaben zu steigern. Doch genau diese europäische Kooperation konnte gar nicht zustande kommen, weil der

westdeutsche Beschaffungsetat komplett von den Offset-Programmen absorbiert war (Zimmermann 1999, S. 81).

37. Zimmermann 2002, S. 212.
38. Ulrich Schiller, Bonn wird nicht mehr zur Ader gelassen. In: *Die Zeit*, 23.7.1976.
39. Einige Bundesbanker wie Otmar Emminger befürchteten zudem, dass die Exportüberschüsse eine »importierte Inflation« auslösen könnten. Denn die westdeutschen Betriebe wandelten ihre Deviseneinnahmen in D-Mark um – denen aber kein Warenangebot gegenüberstand, weil die Bundesrepublik mehr exportierte als importierte. Emminger selbst hielt das Konzept der »importierten Inflation« für einen genialen Geistesblitz und kämpfte lebenslang darum, dass das Patent auf diesen Ausdruck ihm und nicht dem Ordoliberalen Wilhelm Röpke zugesprochen wurde (Emminger, S. 79). Trotzdem ist das Konzept der »importierten Inflation« falsch. Es beruht auf der sogenannten Mengentheorie des Geldes (auch Quantitätstheorie genannt). Dieses Konzept geht davon aus, dass Geld eine Ware wie etwa ein Apfel sei. Bei Äpfeln trifft es zu, dass sie auf dem Wochenmarkt billiger werden und an Wert verlieren, wenn viele Äpfel gleichzeitig angeboten werden. Doch bei Geld kommt es nicht automatisch zu einer Inflation, also einer Entwertung, wenn es viel Geld gibt. Entscheidend sind die Umstände. Wenn das Geld gespart wird, kann es nicht zu einer Inflation kommen, weil es dem Kreislauf entzogen wird. Werden hingegen tatsächlich Waren gekauft, kann es sein, dass die Betriebe einfach ihre Produktion ausweiten, anstatt die Preise zu erhöhen. In der Empirie zeigt sich, dass Inflationen vor allem dann auftreten, wenn die Kapazitäten der Unternehmen ausgelastet sind und die Löhne schneller steigen als die Produktivität.
40. Emminger, S. 124f.
41. Holtfrerich, S. 413, Emminger, S. 98.
42. Holtfrerich, S. 412. Die Parteispenden der Industrie liefen über die Staatsbürgerliche Vereinigung, die 1954 gegründet worden war und erst 1984 bei einer Steuerfahndung aufflog. In diesen 30 Jahren hat die Industrie einen unbekannten Millionenbetrag verdeckt und über Geheimkonten an die bürgerlichen Parteien gespendet. Die Steuerfahndung konnte nur die Unterlagen ab 1969 sicherstellen – aber allein in den Jahren von 1969 bis 1980 flossen Spenden von insgesamt 225,9 Millionen D-Mark (Bähr/Kopper, S. 238ff.).
43. In einer Modellrechnung kam der Internationale Währungsfonds (IWF) zu dem Ergebnis, dass die westdeutschen Ausfuhren ohne Aufwertung nur um zehn Prozent höher ausgefallen wären (Holtfrerich, S. 415). Zur gesamten Aufwertungsdiskussion siehe auch Nützenadel, S. 272ff.
44. Die Leistungsbilanz tendierte auch ins Minus, weil die Bundesrepublik neuerdings Entwicklungshilfe betrieb. Diese Zahlungen waren ebenfalls auf

Druck der USA zustande gekommen, um die westdeutschen Überschüsse abzubauen. 1960 floss die erste Milliarde D-Mark, 1961 waren es vier Milliarden. Damals entstand das Bundesministerium für wirtschaftliche Zusammenarbeit (BMZ), das bis heute die Entwicklungshilfe verwaltet.

45. Die steigenden Löhne zeigten sich auch in der bereinigten Lohnquote: Der Anteil der unselbstständig Beschäftigten am Volkseinkommen hatte 1960 bei 60,4 Prozent gelegen; 1966 waren es 63,3 Prozent (Muscheid, S. 68).
46. Holtfrerich, S. 415.
47. Kopper 2007, S. 73.
48. Muscheid, S. 68.
49. Das Wirtschaftswachstum lag 1967 in den USA bei 2,7 Prozent, in Großbritannien bei 2,8 Prozent und in Frankreich sogar bei 4,69 Prozent.
50. Zitiert nach Emminger, S. 40.
51. Spiegel 43/1966, S. 51.
52. Spiegel 43/1966, S. 42.
53. Emminger, S. 137.
54. Emminger, S. 23.
55. Der Jurist Kiesinger (1904 – 1988) trat am 1. Mai 1933 in die NSDAP ein. Trotz Bestnoten im Examen verzichtete er zunächst auf eine Karriere in der NS-Justiz: Ein Richteramt schlug er aus und bot stattdessen private Repetitorien an. Um dem Kriegsdienst zu entgehen, nahm er 1940 eine Stelle im Außenministerium an. Er war dort unter anderem für die Zensur der amerikanischen Journalisten zuständig und feilte an der Außendarstellung der antisemitischen NS-Ideologie. Da es beim Thema Auslandsberichterstattung ständig zu Kompetenzstreitigkeiten mit Goebbels' Propagandaministerium kam, wurde Kiesinger zu einer Art Vermittler zwischen beiden Ministerien. In dieser Rolle stieg er bis zum stellvertretenden Abteilungsleiter im Außenministerium auf. Kiesinger muss von der Judenvernichtung in den Konzentrationslagern gewusst haben, denn sie war spätestens ab Mai 1943 im Außenministerium allgemein bekannt. Zudem gehörte es zu seinen Amtspflichten, den britischen Radiosender BBC abzuhören, der bereits ab Herbst 1942 über die Judenvernichtung berichtete (Gassert 2006).
56. In ihrer Begründung für diesen Zinsentscheid gab die Bundesbank ausdrücklich an, dass sie damit die Wirtschaftspolitik der Bundesregierung unterstützen wollte (Görtemaker, S. 448).
57. Lösche/Walter, S. 71.
58. Görtemaker, S. 449.
59. Die Bundesbank befand sich damals in einem strukturellen Dilemma: Die weltwirtschaftliche Realität passte nicht zu ihrem Dogma, unbedingt die Inflation niedrig zu halten. Denn die anderen Länder hatten höhere Inflationsraten, sodass die D-Mark permanent unterbewertet war. Eigentlich hätte man also die D-Mark regelmäßig und konsequent aufwerten müssen. Doch

über den Wechselkurs entschied nicht die Bundesbank, sondern die Bundesregierung. Die Kanzler lehnten jedoch Aufwertungen oft ab und hörten auf die Exportindustrie, die auf ihre Wettbewerbsvorteile durch eine unterbewertete Mark nicht verzichten wollte. Im Ergebnis kam es daher indirekt zu Inflationen in Westdeutschland: Die Exportindustrie machte durch die Differenz zwischen den niedrigen Preisen zuhause und den hohen Preisen auf dem Weltmarkt exorbitante Gewinne. Die Gewerkschaften forderten daher hohe Löhne, sobald sie dank der Vollbeschäftigung nicht mehr um Arbeitsplätze fürchten mussten. Zum Teil führten diese höheren Lohnkosten zu steigenden Preisen – also zur Inflation. Eigentlich hätte die Bundesbank diese Inflation akzeptieren müssen, denn damit glichen sich die westdeutschen Preise wieder an das Ausland an und die Überschüsse im Außenhandel verschwanden. Doch eine Inflation wollte die Bundesbank nicht tolerieren, weil sie ja den gesetzlichen Auftrag hatte, für Geldwertstabilität zu sorgen. Also setzte sie die Zinsen hoch, um die Konjunktur zu bremsen. Die Idee dabei: Steigende Arbeitslosigkeit führt zu mäßigen Löhnen; gleichzeitig zwingen Überkapazitäten die Unternehmer dazu, ihre Preise moderat zu halten. Durch die Rezession 1966/67 sank die Inflation auch wie geplant und war bis 1969 sehr gering. Am eigentlichen Problem änderte sich jedoch nichts: Der Abstand zu den Inflationsraten im Ausland wurde noch größer, die Überschüsse im Außenhandel explodierten und die Gewinne der Unternehmer waren exorbitant – sodass die Beschäftigten erneut höhere Löhne forderten. Ab 1970 legte die westdeutsche Inflation wieder deutlich zu. Die Rezession 1966/67 hatte nichts gebracht, sondern nur Wachstum gekostet und Arbeitslose erzeugt. Die Bundesbank hätte damals akzeptieren müssen, dass sie machtlos war, solange die Bundesregierung eine kontinuierliche Aufwertung ablehnte. Jedenfalls stellte es keine sinnvolle Alternative dar, willkürlich eine Rezession zu erzeugen.

60. Die Bundesbank hatte ausgerechnet, dass zwischen 1962 und 1969 die westdeutschen Preise und Kosten im Vergleich zum Ausland um 7,5 bis neun Prozent zurückgeblieben waren (Emminger, S. 163).
61. Emminger, S. 153.
62. Emminger, S. 154 ff. Kanzler Kiesinger hatte am 8. Mai 1969 eigens ein Streitgespräch zwischen Aufwertungsgegner Abs und Befürworter Emminger im Kanzlerbungalow organisiert, um sich eine Meinung zu bilden.
63. Emminger, S. 143. Kiesingers kategorische Absage an eine Aufwertung wurde fortan als »Bonner Rütlischwur« verspottet.
64. Spiegeltitel vom 18. August 1969. Siehe auch Ehmke, S. 93 f.; Baring/Görtemaker, S. 146 f. Die meisten Sozialdemokraten waren allerdings anfangs skeptisch, ob sich das komplizierte Thema Aufwertung für den Wahlkampf eignen würde. Doch Schiller – wie immer unbeirrt und von sich selbst überzeugt – beharrte auf seiner Position (Lütjen, S. 259 ff.).

65. Emminger, S. 149.
66. Karl Schiller (1911 – 1994) stammte aus kleinbürgerlichen Verhältnissen, fiel aber schon in der Schule als hochbegabt auf und erhielt ein Stipendium der Studienstiftung des deutschen Volkes. 1935 promovierte er zum Thema »Arbeitsbeschaffung und Finanzordnung« und entwickelte eine Konjunkturtheorie, die sich stark bei dem britischen Ökonomen Keynes bediente. Die NSDAP war wenig erbaut über Schillers Text: Die »Reichsstelle zur Förderung des deutschen Schrifttums« verriss die Arbeit. Sie sei als »völlig unzulänglich abzulehnen ..., weil sie das spezifisch Nationalsozialistische der deutschen Arbeitsbeschaffung überhaupt nicht erkannt und verstanden hat.« Nach der Promotion wechselte Schiller 1935 an das Institut für Weltwirtschaft in Kiel und verfasste dort seine Habilitation über »Marktregulierung und Marktordnung in der Weltagrarwirtschaft«. In dieser Vergleichsstudie stellte Schiller fest, dass auch dezidiert liberale Länder ihre Landwirtschaft stark regulierten, um das Überleben der Bauern zu sichern. Am 1. Mai 1937 trat Schiller in die NSDAP ein. Die Motive sind unklar, aber wahrscheinlich wollte er seine Karriere fördern: Ohne Parteibuch wäre es schwierig gewesen, die dringend ersehnte Professur zu erhalten. Aufgrund seiner Forschungstätigkeiten in Kiel war Schiller eigentlich vom Kriegsdienst befreit, doch 1941 meldete er sich freiwillig an die Ostfront, weil er glaubte, ein Abstecher zur Wehrmacht würde die Berufung zum Professor beschleunigen. 1944 erhielt Schiller tatsächlich einen Ruf nach Rostock, den er aber kriegsbedingt nicht mehr wahrnehmen konnte. 1946 trat er in die SPD ein. 1947 wurde er Professor an der Universität Hamburg und von 1948 bis 1953 amtierte er als Wirtschaftssenator der Hansestadt. Einer seiner Mitarbeiter war damals Helmut Schmidt, der seine Karriere 1949 als persönlicher Referent des Senators begann. Das Verhältnis zwischen Schiller und Schmidt war schon bald extrem schwierig, weil sich beide für den jeweils Klügeren hielten. 1953 wechselte Schmidt in den Bundestag, während Schiller an die Universität Hamburg zurückkehrte. Bereits 1952 entwickelte Schiller jene Formel, die 1959 Eingang in das »Godesberger Programm« der SPD finden sollte: »Wettbewerb so weit wie möglich, Planung so weit wie nötig«. Ab 1961 ging Schiller eine enge Zusammenarbeit mit Willy Brandt ein, der damals Regierender Bürgermeister in Berlin und SPD-Kanzlerkandidat war. Diese Teamarbeit sollte beide an die Macht tragen. Brandt war Charismatiker und ein befähigter Außenpolitiker, aber ihm fehlte Wirtschaftskompetenz. Daher stellte er Schiller als Wirtschaftssenator in Berlin ein. 1966 wechselten sie dann gemeinsam nach Bonn, als die Große Koalition gebildet wurde. Schiller wurde Wirtschaftsminister, was er bis zu seinem Rücktritt 1972 blieb. Ab 1971 war er zusätzlich noch Finanzminister (Lütjen 2007).

67. Diese D-Mark schöpfte die Bundesbank aus dem Nichts, indem sie ein entsprechendes Guthaben auf das Konto der Dollarverkäufer buchte. Die Bundesbank »druckte« also Geld.
68. Emminger, S. 159ff.
69. Spiegel 45/1969, S. 31.
70. Mit der D-Mark-Aufwertung war zumindest das Inflationsgefälle zwischen den europäischen Währungen wieder ausgeglichen, denn bereits im August 1969 hatte Frankreich den Franc um 11 Prozent abgewertet und die Briten hatten das Pfund im November 1967 um 14,3 Prozent abgewertet. Gerechnet ab 1960 war nun die D-Mark gegenüber dem Pfund um rund 34 Prozent, gegenüber dem Franc um 29 Prozent aufgewertet worden (Emminger, S. 167).
71. Gavin, S. 180.
72. Gavin, S. 180.
73. Dieses Zwei-Preis-System barg die Gefahr, dass Notenbanken ihre Dollar in den USA in Gold umtauschen könnten, um es dann mit Gewinn auf dem Londoner Goldmarkt zu verkaufen. Die USA drohten daher an, dass sie kein Gold an Notenbanken abgeben würden, die es wieder veräußern wollten. Damit aber war die Golddeckung des Dollars faktisch aufgehoben (Gavin, S. 185).
74. Wirtschaftsminister Schiller wollte ursprünglich die anderen fünf EG-Staaten überzeugen, dass man die europäischen Währungen aneinanderkoppelt und gemeinsm gegen den Dollar schwankt. Doch dieses Block-Floating wurde vor allem von Frankreich und Italien abgelehnt. Beide Staaten fürchteten, dass sie dann in den Aufwertungssog der D-Mark geraten und ihre Exportindustrie gefährden würden (Emminger, S. 180f.). Statt den D-Mark-Wechselkurs freizugeben, hätte man im Mai 1971 auch einfach die D-Mark aufwerten können. Doch dieser Schritt erschien Schiller zu riskant, weil man eine Aufwertung nicht mehr hätte rückgängig machen können.
75. Gavin, S. 194f.
76. Emminger, S. 194.
77. Im Dezember 1971 wurde nicht nur der Dollar um 7,9 Prozent abgewertet, sondern gleichzeitig wurde auch die D-Mark um 4,5 Prozent aufgewertet. In der Summe ergab sich eine Höherbewertung der D-Mark um 13,6 Prozent. Für einen Dollar mussten jetzt nicht mehr 3,66, sondern nur noch 3,225 D-Mark gezahlt werden (Emminger, S. 204).
78. Zwischendurch kam es allerdings zu kleineren Devisen-Turbulenzen, was dann unter anderem den Rücktritt von Wirtschafts- und Finanzminister Schiller auslöste. Von vorn: Um Spekulanten abzuwehren, beschloss die Bundesregierung im Juni 1972, dass der Kauf westdeutscher Anleihen durch Ausländer genehmigungspflichtig würde. Denn die meisten Anleger, die in die D-Mark strömten, wollten ihr Geld ja nicht auf einem Girokonto halten, sondern Zinsen erwirtschaften. Die D-Mark wurde daher unattraktiver, wenn es nicht mühelos möglich war, westdeutsche Anleihen zu erwerben.

Gegen diesen Schritt sprach sich Schiller jedoch vehement aus; er setzte sich stattdessen weiterhin für ein gemeinsames Floaten der EG-Staaten gegenüber dem Dollar ein (an dem Italien und Frankreich aber bislang kein Interesse gezeigt hatten). Dieser Disput wurde vom Kabinett gern genutzt, um Schiller zurechtzustutzen: Kein einziger Minister stimmte für seinen Vorschlag, es gab auch keine Enthaltungen. Daraufhin bot Schiller einige Tage später seinen Rücktritt zum 7. Juli 1972 an. Nun wurde Helmut Schmidt Wirtschafts- und Finanzminister. Die Währungspolitik war aber nur der Auslöser für diese Personalien; eigentlich ging es um den Haushalt für 1973. Schiller hatte seine Kollegen verärgert, indem er seine Sparvorschläge in 131 Kopien verteilt und damit faktisch öffentlich gemacht hatte (Emminger, S. 217ff; Baring/Görtemaker, S. 664 ff.; Ehmke, S. 209 ff.). Schiller war in der SPD immer ein Fremdkörper geblieben, weil er mit den Ritualen der Partei nichts anfangen konnte und sich nie in seinem Ortsverein in Dortmund blicken ließ. Vor allem aber neigte er zur divenhaften Selbstüberschätzung und ging seinen Kollegen mit belehrenden Monologen auf die Nerven. Auch die Presse wurde kritischer und schrieb von einer isolierten »Callas der Partei«, die »lange genug Soli gesungen« habe (Lütjen, S. 284). Nach seinem Rücktritt war Schiller so verletzt, dass er gemeinsam mit Erhard auf Plakaten für den »Erhalt der sozialen Marktwirtschaft« warb. Einfluss hatte dies nicht: Die Bundestagswahl 1972 wurde von der Ostpolitik dominiert und von Willy Brandt gewonnen.

79. Emminger, S. 225.
80. Frieden, S. 85.
81. Emminger, S. 219.
82. Emminger, S. 240.
83. Emminger, S. 241.
84. Schmidt, S. 193.
85. Friedman, S. 23.
86. Auch im Folgenden: Spiegel 13/1975, S. 124 ff.
87. Siehe auch Herrmann 2013, S. 192 ff.
88. Lewis, S. 191.
89. Frieden, S. 116 ff.
90. Busch, S. 100 f.
91. Karlik, S. 12.
92. Die Finanzbranche ist in der Lage, die Pleite einzelner Banken abzufedern. So war es am Ende auch bei Herstatt: 30 000 Sparer fürchteten um ihr Geld, wurden aber am Ende aus einem Fonds entschädigt, in den die anderen westdeutschen Banken eingezahlt hatten, um einen tödlichen Rufschaden von ihrer Branche abzuwenden. Dieses Vorgehen wurde anschließend systematisiert: Nach der Herstatt-Pleite wurde 1976 der freiwillige »Einlagensicherungsfonds« der westdeutschen Banken gegründet. Allerdings war immer

klar, dass der Fonds niemals reichen würde, wenn mehr als eine Bank in Schwierigkeiten geriete – wenn es also zu einer »systemischen Krise« käme. Daher war es für die Banken so wertvoll, dass die Zentralbanken zugesichert hatten, im Notfall einzugreifen.

93. Karlik, S. 3; Frieden, S. 116.
94. https://stats.bis.org/statx/srs/table/d5.1?f=pdf, Tabelle D5.1
95. Hohensee, S. 147.
96. Hohensee, S. 178 f.
97. Schmidt, S. 194 ff.
98. Hohensee, S. 58.
99. Hohensee, S. 103 f.
100. Bei einer Geschwindigkeit von 140 Kilometern pro Stunde (Hohensee, S. 230).
101. Hohensee, S. 221.
102. Hohensee, S. 140 ff.
103. Hohensee, S. 157.
104. Noack, S. 136.
105. Die Studie »Grenzen des Wachstums« wurde 1972 im Auftrag des Club of Rome erstellt. Dieser private Club war 1968 von dem italienischen Industriellen Aurelio Peccei und dem britischen OECD-Direktor Alexander King gegründet worden, um die Folgen der hemmungslosen Industrialisierung zu untersuchen. Als Partner gewann man Jay W. Forrester vom Massachusetts Institute of Technology (MIT), der wenige Jahre zuvor ein kybernetisches Modell entwickelt hatte, mit dem sich komplexe, dynamische Wirtschaftsprozesse simulieren ließen. Die VW-Stiftung finanzierte die Studie mit einer Million D-Mark. Projektleiter wurde Dennis Meadows, ein Schüler von Forrester. Das 18-köpfige Projektteam isolierte fünf zentrale Phänomene, deren Rückkopplungseffekte geschätzt werden sollten: beschleunigte Industrialisierung, Ausbeutung der Rohstoffreserven, Zerstörung des Lebensraums, das rapide Bevölkerungswachstum sowie die weltweite Unterernährung. Das Ergebnis war ein Schock: »Wenn die gegenwärtigen Trends unverändert anhalten, werden die absoluten Wachstumsgrenzen in den nächsten hundert Jahren erreicht« (Meadows, S. 17). Einige der konkreten Prognosen erwiesen sich hinterher als falsch. So wurde etwa befürchtet, dass die Vorräte an Platin, Gold, Zink und Blei bald zur Neige gehen könnten (Meadows, S. 45). Aluminium sollte nur bis 2003 reichen, Kupfer nur bis 2008 (Meadows, S. 54). Allerdings hatten die Studienautoren selbst gewarnt, dass ihre Computerberechnungen keine Vorhersagen darstellten (Meadows, S. 128). Zentrale Aussagen waren erstaunlich korrekt: Der CO2-Anstieg in der Atmosphäre wurde präzise vorhergesehen (Meadows, S. 60). Schon 1972 warnten die MIT-Forscher: »Es ist unbekannt, wie viel Kohlendioxid oder Abwärme man freisetzen kann, ohne dass sich das Klima der Erde unwiderruflich verändert« (Me-

adows, S. 69). Vor allem aber war die Kernaussage des Buches richtig: Unendliches Wachstum ist nicht möglich.

106. Die Geschichte der Bundesbank ist bisher nur lückenhaft erforscht. Ein Projekt des Instituts für Zeitgeschichte arbeitet derzeit die personellen Kontinuitäten zwischen Reichsbank und Bundesbank auf (www.ifz-muenchen.de/forschung/ea/forschung/von-der-reichsbank-zur-bundesbank-personen-generationen-und-konzepte-zwischen-tradition-kontinuit/).

VII Staat im Staat: Die Bundesbank

1. Marsh 1992, S. 169. Der Ausdruck »Staat im Staat« ist nicht von Pöhl geprägt worden, sondern wurde von westdeutschen Experten schon 1946 benutzt, um vor einer unabhängigen Notenbank zu warnen (siehe Buchheim 2001, S. 7, Anm. 20).
2. Marsh 1992, S. 10.
3. Buchheim 2001, S. 6. Das Protokoll der westdeutschen Finanzexperten stammt vom 6. Juni 1946.
4. Buchheim 2001, S. 17f.
5. Buchheim 2001, S. 18.
6. Buchheim 2001, S. 23f.
7. Buchheim 2001, S. 27.
8. Zitiert nach Emminger, S. 77.
9. Vocke, S. 155.
10. Auch die europäischen Nachbarn waren empört, dass die westdeutsche Notenbank plötzlich ihre Zinsen anhob. Denn sinkende Wachstumsraten bedeuteten, dass die westdeutschen Importe kaum zulegten und die westdeutschen Exportüberschüsse noch weiter anschwollen. Die europäische Zahlungsunion kritisierte »die extreme Binnenorientierung der deutschen Politik« (Kaplan/Schleiminger, S. 253f.).
11. Otmar Emminger (1911 – 1986) stammte aus der politischen Elite: Vater Erich war von 1913 bis 1933 Mitglied des Reichstags gewesen, erst fürs Zentrum, dann ab 1918 für die Bayerische Volkspartei. 1923/24 amtierte Erich Emminger als deutscher Justizminister.
12. Emminger, S. 25.
13. Marsh, S. 339.
14. Marsh, S. 20.
15. Emminger, S. 253.
16. Emminger, S. 254.
17. Emminger, S. 256.
18. Spiegel 16/1969, S. 36; Nützenadel, S. 336ff.; Müller, S. 136.
19. Spiegel 39/1969, S. 102.
20. Müller, S. 136.
21. Herbert, S. 890.

22. Emminger, S. 219.
23. Mit diesem Spruch wurde eines der bekanntesten Arbeiterkampflieder abgewandelt, das auf einem Gedicht von Georg Herwegh aus dem Jahre 1863 basierte. Dort lautete die drittletzte Strophe: »Mann der Arbeit, aufgewacht!/Und erkenne deine Macht!/Alle Räder stehen still,/wenn dein starker Arm es will.«
24. 7. Bundestag, 76. Sitzung, 24. Januar 1974, S. 4777; siehe auch Soell 2008, S. 310; Baring/Görtemaker, S. 694 ff.
25. Spiegel 8/1974, S. 19 ff.
26. Klaus Wirtgen, »Überall riecht man Verfall«. In: *Spiegel* 10/1982, S. 77 ff.
27. Müller, S. 137.
28. Emminger, S. 32.
29. Flassbeck/Spiecker, S. 176.
30. Eine gewisse Inflation ist im Kapitalismus nötig, damit die Zentralbanken Geldpolitik betreiben und Krisen vermeiden können.
31. Volcker, S. 103. Volcker war Monetarist und glaubte an die heilsame Wirkung der Geldmenge. Er formulierte daher kein eindeutiges Zinsziel, wie es seine Vorgänger getan hatten, sondern gab stattdessen die Geldmenge vor – und ließ die Zinsen frei schwanken. Der Effekt schien zunächst der gleiche zu sein, denn die Zinsen stiegen zeitweise auf über zwanzig Prozent, weil das Geld verknappt wurde. Trotzdem war es für die Finanzbranche ein zentraler Unterschied, ob die Zinsen vorgegeben wurden – oder die Geldmenge. Der Finanzjournalist Michael Lewis hat von 1985 bis 1988 als Investmentbanker gearbeitet und die wunderbaren Zeiten an der Wall Street miterlebt, die auf den »Volcker-Schock« folgten: »Damit begann das goldene Zeitalter der Anleihespekulanten … Denn der Wechsel in der Geldpolitik bedeutete, dass ab jetzt die Zinsen wild schwanken würden … (Zuvor) waren Anleihen konservative Anlagen, wo Investoren ihre Ersparnisse parkten, wenn sie nicht an den Aktienmärkten spekulieren wollten. Nach der Rede Volckers wurden die Anleihen zu Spekulationsobjekten« (Lewis, S. 39; Herrmann 2013, S. 187 ff.). Volcker musste bald einsehen, dass der Monetarismus nicht funktionieren kann: Es ist schlicht unmöglich, die Geldmenge vorab festzulegen. Denn Geld entsteht, indem Kredite vergeben werden. Ob Darlehen bei den Banken beantragt werden, hängt aber stark von der Konjunktur ab: In Rezessionen stagniert die Geldmenge daher tendenziell, während sie in Boomphasen stark zunimmt. Nur den Zins können Zentralbanken direkt beeinflussen – weswegen sich inzwischen alle Notenbanken vom Monetarismus verabschiedet haben und zur konventionellen Zinssteuerung zurückgekehrt sind.
32. Vor allem für die Schwellenländer bedeutete es eine Katastrophe, dass der Dollarkurs ab 1973 so stark schwankte. Denn fast alle internationalen Kredite wurden in Dollar vergeben, und für die Realzinsen hatte es dramatische Folgen, wenn sich der Dollarkurs änderte. Zunächst ein hypothetisches Beispiel: Wenn alle Währungen gegenüber dem Dollar um zehn Prozent aufwer-

ten und ein Land vorher Dollarkredite zu einem Zins von sechs Prozent aufgenommen hat – dann wird der reale Dollarzins plötzlich negativ und liegt bei minus vier Prozent. Genau dieser Effekt war zwischen 1972 und 1980 zu beobachten: Durch den Sinkflug des Dollars lag der Realzins für einen internationalen Dollarkredit im Durchschnitt bei minus 7,8 Prozent. Viele Schwellenländer nahmen daher nur allzu willig Dollarkredite auf. Zudem stand Geld auf den Euromärkten massenhaft zur Verfügung, denn dort sammelten sich die Petrodollars derÖlländer, die nun »recycelt« wurden. Doch ab 1979 stieg der Dollar wieder, sodass die Realzinsen 1981 plötzlich bei plus 18 Prozent lagen. 1982 brach daher die Schuldenkrise in Lateinamerika aus (Schulmeister, S. 108 ff.).

33. Emminger, S. 420 f. Die durchs Inland bestimmte Teuerungsrate lag von 1979 bis 1981 nur zwischen 2,8 und 3,1 Prozent. Selbst diese Preiserhöhungen waren zum Teil staatlich aufgebläht, weil zum 1. Juli 1979 die Mehrwertsteuer um einen Prozentpunkt angehoben wurde.
34. Emminger, S. 421.
35. Emminger, S. 450. Im Jahr 1981 kostete ein zweijähriger Konsumkredit bei der Commerzbank 18,3 Prozent Zinsen (Spiegel 10/1981, S. 107).
36. Heinzen/Koch (1985).
37. Flassbeck/Spiecker, S. 183.
38. Emminger, S. 446.
39. Eine unhaltbare Strangulierung. Professor Norbert Walter zum Kurs der Bundesbank. In: *Spiegel* 10/1981, S. 105.
40. Emminger, S. 451.
41. Emminger, S. 28.
42. Flassbeck/Spiecker, S. 180.
43. Siehe etwa Baltensperger, S. 491.
44. Da die Bundesbank mit ihren hohen Zinsen den Binnenmarkt abbremste, wuchs die westdeutsche Wirtschaft vor allem dank des Exports. Wieder wurden hohe Überschüsse im Außenhandel angehäuft. Dieses »Exportwunder« wirkt zunächst erstaunlich, weil die Wechselkurse seit 1973 frei flottierten. Eigentlich hätte die D-Mark stark aufwerten müssen, da die westdeutschen Waren weltweit begehrt waren. Doch in der Realität zeigte sich, dass die Wechselkurse vor allem durch spekulative Kapitalströme beeinflusst wurden und auf die Verzerrungen im Außenhandel fast gar nicht reagierten: Der reale Außenwert der D-Mark fiel sogar ab 1979 und blieb bis zur Einführung des Euros unter dem Höchstwert von 1979 (Bundesbank 1998, S. 60).
45. Brenke, S. 25.
46. Der Kaufrausch im Osten währte nur sehr kurz: Bereits ab September 1990 begannen die Ostdeutschen erneut zu sparen, weil die sich fürchteten, dass sie ihren Arbeitsplatz verlieren könnten und für die unsichere Zukunft vorsorgen wollten (Brenke, Tabelle auf S. 24).

47. Spiegel 43/1992, S. 21.
48. Spiegel 43/1992, S. 21.
49. Schweden wurde ab 1990 durch eine Bankenkrise gebeutelt. In den 1980er-Jahren waren zu viele Immobilien errichtet worden, weil man Hypothekenzinsen bis zu 50 Prozent von der Steuer absetzen konnte. Dieses Steuergeschenk war besonders lukrativ, wenn man die Immobilien möglichst vollständig durch Darlehen finanzierte, so dass sich schnell eine Kreditblase aufpumpte. Die schwedische Bankenkrise wurde aber deutlich verschärft, als die Bundesbank die Zinsen hochsetzte und die Schweden nachziehen mussten. Viele Kreditnehmer wurden sofort insolvent, weil sie ihre Zinsen nicht mehr zahlen konnten, sodass die schwedischen Banken am 24. September 1992 verstaatlicht werden mussten.
50. Spiegel 43/1922, S. 21.
51. Spiegel 39/1992, S. 145.
52. Lever, S. 149 f.; ähnlich Simms, S. 196. In Deutschland wurde hinterher gern argumentiert, dass das Pfund in Turbulenzen geraten musste, weil es überbewertet gewesen sei. Doch diese deutsche Sicht wurde nicht durch die britischen Lohnstückkosten und Erzeugerpreise gedeckt. Auch die Spekulanten selbst hielten das Pfund eigentlich nicht für überbewertet, wie die einjährigen Termingeschäfte zeigten. Erst als die Bundesbank die Zinsen anhob, geriet das Pfund plötzlich unter Druck (Eichengreen, S. 230 ff.).
53. Spiegel 39/1992, S. 151.
54. Jan Fleischhauer, Der Erzbischof aus Frankfurt. In: *Spiegel* 23/1997, S. 45.
55. Loth 2013, S. 458.
56. Emminger, S. 371.

VIII Ein historisches Geschenk: Die Wiedervereinigung

1. Malycha, S. 291.
2. Steiner, S. 26 ff. Siehe auch Kapitel II in diesem Buch.
3. Bahr, S. 78 f.
4. Bahr, S. 80.
5. Dass der Juni-Aufstand ein Arbeiteraufstand war, lässt sich auch daran ablesen, dass die 1 526 hinterher Verurteilten zu 88 Prozent Arbeiter waren (Süß, S. 466, Anm. 107).
6. Steiner, S. 80 f.
7. Steiner, S. 110 f.
8. Steiner, S. 105.
9. Steiner, S. 135.
10. Holtmann/Köhler, S. 55 f.
11. Diese Umfragen entstanden im Auftrag der Bundesregierung in Bonn. Herbert Wehner war von 1966 bis 1969 Bundesminister für gesamtdeutsche Fragen und wollte genauere Informationen über die Situation der Ostdeut-

schen gewinnen. Daher wandte er sich an das Münchner Markt- und Meinungsforschungsinstitut Infratest, das dann »Stellvertreterumfragen« durchführte. Interviewt wurden Westdeutsche, die für mindestens drei Tage in die DDR gereist waren. Sie sollten berichten, was ihnen die ostdeutschen Gesprächspartner erzählt hatten. Zwischen 1968 und 1989 sind etwa 27 000 dieser Stellvertreterinterviews geführt worden, weil eine Direktbefragung der DDR-Bürger nicht möglich war. Man hätte nur Ostdeutsche interviewen können, die im Westen zu Besuch waren. Reiseerlaubnisse erhielten jedoch fast nur Rentner, sodass diese Gruppe nicht repräsentativ gewesen wäre. Die SED dürfte über die Infratest-Umfragen bestens informiert gewesen sein: Der zuständige Leiter des Referats Politik im Ministerium für innerdeutsche Beziehungen wurde 1993 als Auslandsspion der Stasi enttarnt (Holtmann/Köhler, S. 22ff). Ab 1986 wurden die Reisebeschränkungen gelockert, sodass allein 1987 etwa 2,2 Millionen Ostdeutsche mindestens einmal im Westen zu Besuch waren. Jetzt kamen nicht nur Rentner, sodass es möglich wurde, repräsentative Umfragen mit DDR-Bürgern durchzuführen. Der westdeutsche Geheimdienst BND nutzte diese Gelegenheit, indem er von 1986 bis 1990 alle sechs Monate 600 Ostdeutsche interviewen ließ. Auch über diese BND-Aktivitäten war die Stasi bestens informiert (Wentker, S. 327f.).

12. Holtmann/Köhler, S. 63.
13. Steiner, S. 210.
14. Schröder, S. 81.
15. Brenke, S. 22.
16. Die DDR stand auf dem 12. bis 13. Platz der Industrienationen, weil man im Westen entschieden hatte, die offiziellen Statistiken der Ostblockstaaten nicht zu hinterfragen, um den Entspannungsprozess nicht zu gefährden. Die Bundesregierung, die OECD, die EG und auch die UNO übernahmen daher die Daten des SED-Politbüros. Nur die NATO nutzte die Erkenntnisse der eigenen Geheimdienste, die ein realistisches Bild der östlichen Wirtschaftsschwäche zeichneten: Das Verteidigungsbündnis wollte verlässlich kalkulieren, inwieweit der Ostblock seine Armeen noch finanzieren konnte (Wentker, S. 339f.).
17. Schöne, S. 178f.
18. Bundesbank 1999, S. 41.
19. Steiner, S. 187. Die Valutamark war eine DDR-interne Verrechnungseinheit für Devisen, entsprach in ihrem Wert aber weitgehend der D-Mark.
20. Bundesbank 1999, S. 53.
21. Steiner, S. 195ff.
22. Herbert, S. 1077. Die Bürgschaften stellten kein Risiko für die westdeutschen Steuerzahler dar: Die DDR hatte Teile der Transitpauschale verpfändet (Judt, Matthias, S. 159).

23. Die DDR konnte einen Teil ihrer Auslandsverschuldung sogar wieder abbauen, indem sie von den steigenden Ölpreisen auf dem Weltmarkt profitierte. Die Sowjetunion gab die Preisschwankungen nur verzögert weiter, sodass die DDR Öl billig in Moskau einkaufen und dann veredelt zu höheren Preisen in die Bundesrepublik exportieren konnte. Das Moskauer Öl war eigentlich zur Versorgung der DDR gedacht, doch die SED schaufelte diese Lieferungen frei, indem die DDR zunehmend auf Braunkohle umstieg, obwohl die Umweltzerstörung gewaltig war. Ende 1985 war es mit dem lukrativen Ölexport allerdings weitgehend vorbei: Die Sowjetunion erhöhte ihre Ölpreise, während der Barrelpreis auf dem Weltmarkt zeitgleich zusammenbrach. 1985 hatte die DDR durch den Ölexport noch 2,5 Milliarden Valutamark verdient, 1986 waren es nur noch eine Milliarde und 1987 dann 900 Millionen Valutamark (Steiner, S. 202).
24. Holtmann/Köhler, S. 171 f.; Schöne, S. 187.
25. Scherzer, S. 52 f.
26. Madarász-Lebenhagen, S. 29. »Schule der sozialistischen Arbeit« waren Kurse im Betrieb, die vom Gewerkschaftsbund FDGB angeboten wurden.
27. Madarász-Lebenhagen, S. 33.
28. Madarász-Lebenhagen, S. 83.
29. Steiner, S. 204. Um die Lieferschwierigkeiten zwischen den Firmen zu beheben, wurden die volkseigenen Betriebe ab 1978 zu 133 Kombinaten zusammengeschlossen, die von der Forschung bis zum Absatz ihre Branche kontrollierten. Es entstanden autarke Wirtschaftseinheiten, die sogar ihre Schrauben und Muttern selbst produzierten. Der Preis für diese Produktionssicherheit war hoch, denn auf kostengünstige Massenfertigung und effiziente Arbeitsteilung musste fortan verzichtet werden: Die Fertigungstiefe im PKW-Kombinat lag zuletzt bei nicht weniger als 80 Prozent. Autofirmen im Westen stellten hingegen nur 30 bis 40 Prozent ihrer Fahrzeuge selbst her und kauften die restlichen Teile bei anderen Unternehmen (Abelshauser 2011, S. 413).
30. Scherzer, S. 96. Der DDR-Schriftsteller Landolf Scherzer durfte im Herbst 1986 einen Monat lang den Ersten SED-Kreissekretär in Suhl begleiten. Scherzer erlebte daher mit, wie der Parteifunktionär unermüdlich durch seinen Kreis hastete, um »sich um fehlende Anoraks in der Jugendmode und um die Schlüsseltechnologie im Kaltwalzwerk zu kümmern« (S. 109).
31. Madarász-Lebenhagen, S. 127.
32. Schöne, S. 212. Die Treuhand musste später 40 Milliarden D-Mark ausgeben, um die industriellen Altlasten in der Ex-DDR zu sanieren (Radkau 2011, S. 535).
33. Faktisch hatten die Sowjets bereits im Dezember 1981 entschieden, in ihren Vasallenstaaten nicht mehr militärisch einzugreifen: Damals hatte Polens Militärdiktator Jaruzelski um Hilfe gebeten, falls das Kriegsrecht scheitern

sollte. Doch Breschnew lehnte eine Intervention ab, weil er keine westlichen Wirtschaftssanktionen riskieren wollte (Süß, S. 476).

34. In Wahrheit hatte Gorbatschow gesagt: »Wenn wir zurückbleiben, bestraft uns das Leben sofort.« Erst die leicht abgewandelte Übersetzung seines Dolmetschers machte diesen Satz zum geflügelten Wort.
35. Die SED hatte bereits Internierungslager für 80 000 Personen eingerichtet, um die Montagsdemonstrationen in Leipzig niederzuknüppeln. Trotzdem kam es zu keinem Polizeieinsatz: Die Sowjetunion hatte im Vorfeld klar signalisiert, dass die mehr als 300 000 Rotarmisten, die in der DDR stationiert waren, nicht eingreifen würden. Zudem konnte sich die SED ausrechnen, dass Westdeutschland seine Milliardenzahlungen sofort stoppen würde, falls es zu Gewalt gegen Demonstranten käme. Über Nacht wäre die DDR zahlungsunfähig und von den internationalen Kreditmärkten abgeschnitten gewesen. Zudem befanden sich auch die osteuropäischen Nachbarländer auf dem Weg in den Post-Sozialismus. Eine kommunistische DDR hätte sich also rundum abschotten müssen, um die eigene Bevölkerung zu halten (Herbert, S. 1103 ff).
36. Bundesbank 1999, S. 59.
37. Judt, Matthias 2013.
38. Judt, Matthias, S. 182.
39. Herbert, S. 1111.
40. Bofinger, S. 60. Die »Fünf Weisen« beschränkten sich darauf, am 20. Januar 1990 ein 30-seitiges Sondergutachten zu verfassen, das davon ausging, dass die DDR weiterhin bestehen würde. Eine Währungsunion wurde verworfen, stattdessen wurden »geringe Hilfen« Westdeutschlands angedacht (Bundesdrucksache BT 11/8472). Danach herrschte Schweigen seitens des Sachverständigenrats. Die »Fünf Weisen« meldeten sich erst wieder zu Wort, als sie im November 1990 ihr reguläres Jahresgutachten überreichten. Doch zu diesem Zeitpunkt waren alle großen Entscheidungen längst gefallen.
41. Herbert, S. 1107.
42. Steiner, S. 203.
43. Brenke, S. 24.
44. Spiegel 15/1990, S. 16 ff.
45. Ein Teil der Sparguthaben wurde allerdings ebenfalls 1 : 1 umgetauscht. Die Obergrenze variierte nach Alter: Bis zum 14. Lebensjahr waren es 2 000 Mark, vom 15. bis 59. Lebensjahr 4 000 Mark, und bei Älteren waren es 6 000 Mark. Dieser Umtausch der Sparguthaben bot einen einzigartigen Einblick, wer in der DDR zu Wohlstand gekommen war. Es stellte sich heraus, dass ein Fünftel deutlich reicher war als seine Mitbürger: 20 Prozent der Ostdeutschen verfügten über mehr als 80 Prozent der Finanzvermögen. Vor allem Handwerker hatten stattliche Summen beiseitegelegt, denn zu DDR-Zeiten durften sie in ihrer Freizeit völlig steuerfrei weitere Aufträgen annehmen.

Die SED genehmigte diese »Feierabendbrigaden«, weil alle Handwerker in den Kombinaten eingespannt waren – aber auch die Bevölkerung Profis benötigte, um Autos reparieren oder Dächer decken zu lassen (Schröder, S. 76).

46. Spiegel-Titel vom 25. Juni 1990.
47. Waigel, S. 129.
48. Herbert, S. 1145.
49. Brenke/Zimmermann, S. 33.
50. Bundestagsdrucksache BT 19/4075, S. 6.
51. Siehe Bundestagsdrucksachen BT 12/8404 und BT 13/10900. Einen dritten Untersuchungsausschuss zum Thema Treuhand hat die Linksfraktion am 30. April 2019 beantragt (BT 19/9793). Ein Untersuchungsausschuss kann jedoch nur eingesetzt werden, wenn ein Viertel der Abgeordneten zustimmt. Dieses Quorum dürfte die Linksfraktion verfehlen, weil nur die AfD Unterstützung signalisiert hat.
52. Spiegel 43/1995, S. 126 f.
53. AP, 16. Juni 1998.
54. Eine ökonomische Bilanz der Treuhand fehlt bisher: Die Behörde hat 45 Kilometer an Akten hinterlassen, und diese Primärquellen werden derzeit von einem Forschungsprojekt des Münchner Instituts für Zeitgeschichte (IfZ) aufgearbeitet. Der Bund fördert das Vorhaben »Geschichte der Treuhandanstalt 1989/90 bis 1994« mit 2,5 Millionen Euro. Ergebnisse sollen 2021 vorliegen (BT 19/7166). Die interne Sicht der Treuhand-Mitarbeiter ist hingegen bereits umfassend dokumentiert: Marcus Böick, Die Treuhand. Idee – Praxis – Erfahrung 1990 – 1994 (Wallstein 2018).
55. www.viertakttrabant.de.
56. Brenke, S. 26.
57. Brenke/Zimmermann, S. 35 f.
58. Brenke, S. 28.
59. Herbert, S. 1147.
60. dpa, 5. August 2001. Käufer von Leuna und Minol war der französische Ölkonzern Elf Aquitaine, der knapp 50 Millionen Mark an Schmiergeld gezahlt haben dürfte, die dann in die schwarzen Kassen der CDU geflossen sind (AP, 20. Juni 2001).
61. Brenke/Zimmermann, S. 38.
62. IWH, S. 43.
63. Abfrage im Internet am 30. Juni 2019.
64. Waigel, S. 146.
65. www.destatis.de/DE/Themen/Wirtschaft/Volkswirtschaftliche-Gesamtrechnungen-Inlandsprodukt/Tabellen/eu-stabilitaetspakt-defizit-schulden-eu.html.
66. Es gibt inzwischen diverse Modellrechnungen, wie hoch die Kosten der deutschen Einheit waren. Eine Übersicht findet sich bei: Wissenschaftliche

Dienste, Transferzahlungen an die ostdeutschen Bundesländer (Deutscher Bundestag 2018) sowie Bundeszentrale für politische Bildung, Die Frage nach den Kosten der Vereinigung (www.bpb.de/212659/, 28.9.2015).

67. Waigel, S. 184. Die Vermögenssteuer entfiel, weil das Bundesverfassungsgericht moniert hatte, dass Finanz- und Immobilienvermögen nicht gleichbehandelt wurden, da bei Immobilien veraltete Einheitswerte galten. Der Gesetzgeber hatte bis Ende 1996 Zeit, eine Reform vorzulegen. Diese Frist ließ die Regierung Kohl einfach verstreichen und damit war die Vermögenssteuer suspendiert.
68. Schindelbeck/Ilgen, S. 200.
69. Herbert, S. 1155.
70. Spiegel 52/1989, S. 67.
71. Spiegel 52/1989, S. 67.
72. Lafontaine hat später behauptet, er hätte die Einheit damals nicht abgelehnt, sondern sei falsch verstanden worden. Er hätte sich nur gegen eine Währungsunion gewandt (siehe etwa Deutschlandfunk, Gespräch am 31. Oktober 2014). Doch diese Haltung ist inkonsistent, denn es hätte keine Einheit ohne Währungsunion geben können.
73. Klaus v. Dohnanyi, »Es gibt keine Wahl«. In: *Spiegel* 22/1990, S. 30 f.
74. Spiegel 13/1990, S. 22.
75. Spiegel 39/1990, S. 139.
76. Spiegel 22/1990, S. 26 ff. Lafontaines Widerstand gegen die Währungsunion wurde für ihn zu einem fundamentalen Problem, als Gerhard Schröder im Mai 1990 die Landtagswahl in Niedersachsen gewann, denn damit kippte die Mehrheit im Bundesrat. Die SPD konnte jetzt alle zustimmungspflichtigen Gesetze blockieren. Lafontaine hätte also die Währungsunion verhindern können, die er so falsch fand, doch diese Verantwortung wollte er lieber nicht übernehmen. Stattdessen gab er die Losung aus, dass die SPD im Bundesrat zustimmen sollte – wo es auf die Stimmen der Sozialdemokraten ankam. Aber im Bundestag sollte die SPD-Fraktion gegen die Währungsunion votieren, da Kohl im Parlament sowieso eine Mehrheit hatte und auf die Opposition nicht angewiesen war. Diese taktische Volte verstand niemand. Fraktions-Vize Horst Ehmke fragte Lafontaine wütend am Telefon, ob er »nicht wenigstens ab und zu einmal vorher einen Erwachsenen fragen« könnte, bevor er schon wieder ein *Spiegel*-Interview gab (Ehmke, S. 428). Die SPD-Fraktion im Bundestag ignorierte Lafontaines Anweisungen und stimmte für die Währungsunion. Aber der Schaden war nicht mehr zu beheben: In der Öffentlichkeit erschien Lafontaine als absurder Taktierer, den man nicht mehr ernst nehmen konnte.
77. Spiegel 13/1990, S. 22.
78. Jürgen Leinemann, »Ich bin ein Instinktpolitiker«. Über den schwierigen Kampf des Kandidaten Oskar Lafontaine. In: *Spiegel* 48/1990, S. 39 – 53.

79. Diese seltsame Prioritätensetzung spiegelt sich auch im Wahlprogramm der SPD von 1990 wider: Es beginnt mit der ökologischen Energiewende, während sich das Thema Ostdeutschland ganz am Ende findet.
80. Spiegel 37/1990, S. 19f.
81. Vesper, S. 18.
82. Bofinger, S. 68. Ungerecht war auch, dass bei den Angestellten die Besserverdienenden relativ geschont wurden, weil es die »Beitragsbemessungsgrenze« gibt. Oberhalb dieser Grenze wird das Einkommen nicht mehr mit Sozialabgaben belastet.
83. Herbert, S. 1149; Vesper, S. 6.
84. Die allgemeine Steuerquote blieb zwischen 1990 und 1998 weitgehend konstant und lag bei knapp 22 Prozent der Wirtschaftsleistung. Trotzdem haben die Reichen deutlich profitiert, wie sich daran zeigt, dass sich die Zusammensetzung des Steueraufkommens markant veränderte: Zwischen 1991 und 1998 sank der Anteil der direkten Einkommenssteuern von 55,9 auf 52 Prozent, während der Anteil der indirekten Konsumsteuern von 44,1 auf 48 Prozent anstieg. Die Konsumenten zahlten also mehr, während die Wohlhabenden entlastet wurden (Bundesfinanzministerium, Datensammlung zur Steuerpolitik 2013, S. 11).
85. Siehe etwa die »Berliner Rede« 1997 von Präsident Roman Herzog, die Talkshows von Sabine Christiansen (Rossum 2004) oder die Bücher von Hans-Werner Sinn.
86. Flassbeck/Spiecker, S. 180ff. In den 1990er-Jahren lag der Realzins im Durchschnitt 1,3 Prozent über der Wachstumsrate.
87. Bofinger, S. 78.
88. Helmut Schmidt, Die Bundesbank – Kein Staat im Staate. In: *Die Zeit*, 8. November 1996.
89. Bofinger, S. 81.
90. Spiegel, 5.10.1998, S. 28f.

IX Die Reichen werden beglückt – vor allem von Rot-Grün

1. Schöllgen, S. 34ff.
2. Rot-Grüner Koalitionsvertrag vom 20. Oktober 1998, S. 9. Unter anderem sollte der Spitzensteuersatz von 53 auf 48,5 Prozent fallen.
3. Eine Zäsur in der rot-grünen Politik stellte der Rücktritt von Oskar Lafontaine dar, der am 11. März 1999 sein Amt als Bundesfinanzminister, sein Bundestagsmandat und seinen Posten als SPD-Parteichef aufgab. In den ersten Monaten hatte Rot-Grün einen klassisch sozialdemokratischen Kurs verfolgt, indem vor allem Entscheidungen aus der Kohl-Ära wieder rückgängig gemacht wurden: So wurde bei der Rente der »demographische Faktor« wieder abgeschafft, und bei Krankheit wieder der volle Lohn weitergezahlt (seit 1996 waren es nur noch 80 Prozent). Scheinselbstständige mussten ab April

1999 ebenfalls in die Sozialkassen einzahlen, gleiches galt für die Arbeitgeber von Mini-Jobbern.

4. Schöllgen, S. 482.
5. Waigel, S. 187.
6. reuters, 4. Oktober 1999.
7. dpa, 21. Dezember 1999.
8. die tageszeitung, 22. Dezember 1999, S. 3.
9. Allerdings profitierte die Regierung Schröder auch davon, dass zeitgleich die CDU-Spendenaffäre aufflog. Die Partei hatte etwa 200 Millionen Euro in schwarzen Kassen versteckt. Der Skandal zog sich mehrere Jahre hin, sodass die CDU als schlagkräftige Opposition ausfiel. Bleibende Bedeutung hatte, dass Angela Merkel im April 2000 zur CDU-Parteivorsitzenden aufstieg, weil Vorgänger Wolfgang Schäuble ebenfalls in die Affäre verstrickt war.
10. Spiegel 29/2000, S. 34.
11. Bofinger, S. 142, Tabelle 14.2.
12. Da eine solide Gegenfinanzierung fehlte, setzte Eichel einfach auf »stärkeres Wirtschaftswachstum«. Außerdem war eine »neue Zinsbesteuerung« geplant, die später nie eingeführt wurde. Zudem sollte Bundesvermögen verkauft werden – was aber Einnahmeausfälle nur einmal und nicht dauerhaft kompensieren kann (ap, 21. Dezember 1999).
13. Rot-Grün hatte den Fehler gemacht, dass die Unternehmen sowohl Kursverluste als auch alte Steuerforderungen unbeschränkt geltend machen durften. Dieses Problem war bereits vor der Reform bekannt (siehe *Spiegel* 7/2000, S. 90 f.). Konkret: Bei der Körperschaftssteuer hatten früher zwei verschiedene Sätze gegolten. Wenn die Unternehmen den Gewinn als Dividende an die Aktionäre ausschütteten, wurde nur ein Steuersatz von 30 Prozent fällig. Blieb der Profit in der Firma, mussten 45 Prozent versteuert werden. Die Unternehmen konnten sich diese Differenz von 15 Prozentpunkten allerdings vom Finanzamt zurückholen, wenn sie ihre thesaurierten Gewinne später doch noch an die Aktionäre ausschütteten. Von dieser Sonderregelung machten die Firmen nach der rot-grünen Steuerreform umfangreich Gebrauch. Erst als die Steuerausfälle unerträglich wurden, korrigierte Rot-Grün die Reform: Alte angesammelte Gewinne durften bis 2019 nur noch in gleichen Jahresraten an die Aktionäre ausgezahlt werden. Zudem durften alte Verluste neue Gewinne nur noch bis zur Hälfte steuerlich schmälern (siehe auch Wilfried Herz, Das größte Steuergeschenk aller Zeiten. In: *Die Zeit*, 8. September 2005).
14. Admati/Hellwig, S. 60.
15. Bundesanstalt für Arbeit, Arbeitsmarkt 2002 (Nürnberg 2003), S. 57.
16. Schöllgen, S. 618.
17. Schöllgen, S. 635.
18. Schöllgen, S. 664.

19. Walter 2010, S. 87.
20. Es war durchaus richtig, Arbeitslosenhilfe und Sozialhilfe zusammenzulegen. Beide Leistungen waren steuerfinanziert, und es war ein Fortschritt, dass nun auch erwerbsfähige Sozialhilfe-Empfänger an den Fördermaßnahmen der Jobcenter teilnehmen konnten. Falsch war nur, die Arbeitslosenhilfe auf das Niveau der Sozialhilfe abzusenken. Stattdessen hätte man die Sozialhilfe leicht anheben sollen, um einen angemessenen Inflationsausgleich zu gewährleisten.
21. SPD-Parteivorstand, Erneuerung und Zusammenhalt – Wir in Deutschland. Regierungsprogramm 2002 – 2006 (Juni 2002), S. 25.
22. Die Arbeitslosenhilfe hatte 53 bis 57 Prozent des letzten Nettogehalts betragen. Das Einkommen des Partners oder das Vermögen wurde zwar angerechnet, aber nur »moderat« (Hassel/Schiller, S. 30ff.). Doch seit der Agenda 2010 galten plötzlich die Maßstäbe der Sozialhilfe: Paare waren nun eine »Bedarfsgemeinschaft«, sodass auch das Einkommen des Partners zählte, und es war nur noch ein minimales »Schonvermögen« erlaubt. 15 Prozent der Arbeitslosenhilfe-Empfänger verloren daher ihre Zuwendungen völlig (Schupp, S. 248).
23. Auch bei den ehemaligen Sozialhilfe-Empfängern wurde gespart, als sie ins Hartz-IV-System wechselten: Die ehemaligen Einmalzahlungen (etwa für Kleidung) wurden auf niedrigerem Niveau pauschaliert; der Bedarfssatz für Kinder und Jugendliche bis zu 18 Jahren wurde ebenfalls gesenkt (Hassel/Schiller, S. 34).
24. Schupp, S. 248.
25. Schöllgen, S. 680.
26. Die völlig fehlgeleitete Schätzung, dass sich die Zahl der Arbeitslosen um zwei Millionen reduzieren ließe, stammte aus dem Abschlussbericht der Hartz-Kommission, die ihre Ergebnisse am 16. August 2002 präsentiert hatte.
27. Bundesministerium für Wirtschaft und Arbeit, Vorrang für die Anständigen – Gegen Missbrauch, »Abzocke« und Selbstbedienung im Sozialstaat. Ein Report vom Arbeitsmarkt im Sommer 2005 (August 2005), S. 10.
28. Ebenda, S. 2.
29. Die offiziellen Arbeitslosenzahlen sind verzerrt, weil die Teilnehmer an Angeboten wie Weiterbildungsmaßnahmen aus der Statistik herausgerechnet werden. Aussagekräftiger sind daher die Angaben zur »Unterbeschäftigung«: Sie lag 2005 bei 6,13 Millionen und verzeichnete im Juni 2019 nur noch 3,17 Millionen Menschen.
30. »Hartz-IV ist ein Gespenst«. In: *die tageszeitung*, 28. November 2018.
31. Statistisches Bundesamt, S. 360.
32. Hassel/Schiller, S. 39f. Zwischen 1998 und 2007 stieg der Anteil der Geringverdiener von 14,2 auf 21,5 Prozent der abhängig Beschäftigten.

33. Gern wird die Legende verbreitet, dass die Krankenkassen in Not gerieten, weil die Bevölkerung älter wird. Die steigende Lebenserwartung verursacht jedoch keine Zusatzlasten: Jeder Mensch, egal in welchem Alter, verursacht 70 bis 80 Prozent aller Behandlungskosten in seinem letzten Lebensjahr. Junge Sterbende sind sogar besonders »teuer« – weil dann noch alles medizinisch Mögliche versucht wird, während Hochbetagte oft nur palliativ behandelt werden. Deutschland könnte sich sein Gesundheitssystem mühelos leisten, wenn die Löhne angemessen steigen würden.
34. Reuters, 2. Januar 2019.
35. Bundesministerium für Gesundheit und Soziale Sicherung, S. 61.
36. Zudem wurden die vier Prozent für die Riester-Rente nicht paritätisch finanziert: Die Arbeitgeber beteiligten sich nicht an den Kosten.
37. Auf dieses Paradox wies erstmals Frank Nullmeier hin (siehe Hegelich/Knollmann/Kuhlmann, S. 30).
38. Bundesministerium für Arbeit und Soziales, Statistik zur privaten Altersvorsorge (Riester-Rente), 28. September 2021.
39. ots, 28. Januar 2016.
40. https://www.vzbv.de/meldungen/nach-dem-riester-debakel-muss-endlich-ein-attraktiver-fonds-her.
41. »Rente für Methusalem«. In: *Zeit-Online*, 8. Dezember 2011.
42. Es ist kein Zufall, dass in der heutigen Politik permanent Betriebs- und Volkswirtschaft verwechselt werden. Die meisten Berater gehören dem Mainstream in der Ökonomie an – der sogenannten Neoklassik. Dort wird auf die »Mikrofundierung« gesetzt: Das Verhalten der einzelnen Haushalte oder Firmen soll die gesamte Volkswirtschaft erklären. Man glaubt also, dass die Volkswirtschaft die Summe ihrer Teile sei. Diese Annahme ist jedoch falsch, wie etwa das »Sparparadox« zeigt, das der britische Ökonom Keynes als Erster formuliert hat und das auch für die private Vorsorge relevant ist: Einzelne können sparen – wenn aber alle sparen, fehlt die Nachfrage und die Wirtschaft bricht ein. Die Ersparnisse verlieren ihren Wert, gerade weil alle gespart haben (zu den Fehlern der Neoklassik siehe auch Herrmann 2016).
43. Horn/Lindner, S. 803.
44. Statistisches Bundesamt, Konsumausgaben und verfügbares Einkommen, 4. Vierteljahr 2018 (Wiesbaden 2019), S. 8.
45. Hegelich/Knollmann/Kuhlmann, S. 139.
46. Alle Volksparteien verlieren Mitglieder – dennoch war der Schwund bei der SPD ungewöhnlich. Die CDU verlor von 1998 bis 2005 nur knapp neun Prozent ihrer Mitglieder, während es bei der SPD fast 24 Prozent waren. Auch langfristig konnte sich die SPD nicht wieder stabilisieren: Von 1998 bis 2017 hat sie fast 43 Prozent ihrer Mitglieder verloren, während es bei der CDU 32 Prozent waren.
47. Walter 2010, S. 93.

48. Wie 1998 eine Erhebung unter den Mitgliedern ergab, verfügten 58 Prozent der Grünen über ein abgeschlossenes Studium, weitere 22 Prozent besaßen das Abitur. 36 Prozent aller Mitglieder arbeiteten als Angestellte oder Beamte im öffentlichen Dienst. 24 Prozent waren in der Wirtschaft angestellt, 14 Prozent selbstständig, acht Prozent verdienten ihr Geld als akademische Freiberufler – und ganze sieben Prozent waren Arbeiter (Klein/Falter, S. 104 f.).
49. Vertrauen in Deutschland. Das Wahlmanifest der SPD, 4. Juli 2005, S. 39.
50. Handelsblatt, 11. November 2005.
51. Berechnung des Bundesfinanzministeriums, zitiert nach reuters, 13. November 2005.
52. Schöllgen, S. 639.
53. Peer Steinbrück im Interview mit der *tageszeitung*, 2. Februar 2015.
54. Bach 2018, S. 20.
55. Steinbrück, S. 352.
56. Bach/Beznoska/Steiner, S. 47.
57. Fratzscher, S. 53 f.
58. Die Lücken in den Vermögensstatistiken sind gut dargestellt in: Bach/Thiemann/Zucco, S. 1 ff.
59. Bach/Thiemann/Zucco, S. 21.

X Die Finanzkrise ab 2007: Die Pleite einer Bank war keine gute Idee

1. Dieses Kapitel ist eine gekürzte und aktualisierte Fassung von Herrmann 2013, S. 199 ff. Eine gute Übersicht über den Verlauf der Finanzkrise in den USA bietet Blinder 2013.
2. United States of America 2011, S. 7.
3. Blinder, S. 32.
4. Siehe Schirrmacher, S. 195, der hier den US-Statistiker Nate Silver zitiert.
5. Hypotheken sind für Investmentbanken eigentlich höchst unattraktiv, da jeder einzelne Hauskredit viel Arbeit macht. Man muss den Wert der Immobilie und die Zahlungsfähigkeit des Kreditnehmers abschätzen. Die Banker an der Wall Street suchten daher nach einem Trick, wie aus Tausenden individuellen Kreditverträgen eine handelbare Ware werden konnte. Die Lösung war dann die Verbriefung. Die Hypotheken wurden gebündelt und dienten dann als Sicherheit für ein neues Papier, eine verbriefte Anleihe, die sich mühelos an Investoren veräußern ließ.
6. Es war atemberaubend, wie sehr die Subprime-Kredite innerhalb kürzester Zeit expandierten: 2005 und 2006 wurden jeweils eine Billion Dollar an »unkonventionellen« Krediten vergeben. Die Hälfte der Subprime-Kredite waren unvollständig oder gar nicht dokumentiert, und bei 30 Prozent mussten nur die Zinsen gezahlt werden, weil sowieso klar war, dass die Kunden kein ausreichendes Einkommen hatten, um die Darlehen zu tilgen (Tooze 2018, S. 63 f.).

7. Blinder, S. 18.
8. Gretchen Morgenson, Mortgage Maze May Increase Foreclosures, *New York Times*, 6. August 2007.
9. Siehe etwa das VWL-Lehrbuch von Olivier Blanchard, S. 27. Der MIT-Professor war zwischen 2008 und 2015 Chefökonom des Internationalen Währungsfonds.
10. Tooze 2018, S. 176 f.
11. Hellwig, S. 2.
12. Steinbrück, S. 194.
13. Siehe etwa IKB, Geschäftsbericht 2004/2005, S. 107 ff.
14. Die Deutsche Bank hatte sich in großem Stil mit Kreditausfallversicherungen eingedeckt. Diese Derivate namens »Credit Default Swap« hatte der amerikanische Versicherungskonzern AIG verkauft, der in der Krise von der US-Regierung gerettet werden musste. An die Deutsche Bank flossen 11,8 Milliarden Dollar. In der Finanzkrise folgten die Staaten wieder dem Prinzip, das schon seit der Herstatt-Pleite galt: Jedes Land war für seine heimischen Finanzinstitutionen zuständig – und entschädigte alle Kunden, egal aus welchem Land sie stammten.
15. Hellwig, S. 2. Bei den Landesbanken verteilen sich die vermutlichen Kosten wie folgt: Die WestLB benötigt 18 Milliarden Euro, die HSH Nordbank 16 Milliarden, die SachsenLB mindestens 1,5 Milliarden, die Landesbank Baden-Württemberg fünf Milliarden und die BayernLB zehn Milliarden.
16. Hellwig, S. 38.
17. Tooze 2018, S. 75 ff.
18. Admati/Hellwig, S. 30.
19. Roubini/Mihm, S. 214.
20. Schlusskurs am 10. Dezember 2021.
21. die tageszeitung, 4. Juni 2018.
22. Deutsche Bank, Geschäftsbericht 2020 (Frankfurt 2021), S. 37.
23. Marktkapitalisierung am 10. Dezember 2021.

XI Ein Kontinent zerstört sich selbst: Die Eurokrise

1. Das »Europäische Währungssystem« (EWS) bestand von 1979 bis zur Euro-Einführung 1999. Es war dem Weltwährungssystem von Bretton Woods durchaus ähnlich, nur dass es keine Leitwährung wie früher den Dollar geben sollte. Stattdessen wurden die Kurse der Mitgliedswährungen bilateral festgesetzt. Außerdem gab es die künstliche Recheneinheit European Currency Unit (ECU), die aus einem Währungskorb gebildet wurde. Die D-Mark ging zu 32,98 Prozent in den ECU ein, der französische Franc zu 19,83 Prozent, die italienische Lira aber nur zu 9,49 Prozent, während der Gulden der deutlich kleineren Niederlande mit 10,51 Prozent berücksichtigt wurde. Die »harten« Währungen waren im ECU also deutlich überrepräsentiert. Die

Währungen durften von ihren festgelegten Kursen nur in einer Bandbreite von maximal 2,25 Prozent abweichen; dem inflationsanfälligen Italien wurde eine Bandbreite von sechs Prozent gewährt.

2. Bofinger, S. 77, Schaubild 7.1
3. Loth 2013, S. 458 f.
4. Loth 2013, S. 461.
5. Loth 2013, S. 467.
6. Die folgenden Absätze sind eine veränderte und aktualisierte Fassung von Herrmann 2013, S. 217 ff.
7. Stefan Bergheim, Spanien 2020 – die Erfolgsgeschichte geht weiter, Deutsche Bank Research, 11. September 2007.
8. Bofinger 2012, S. 52 f.
9. Italien hat kontinuierlich einen Primärüberschuss erwirtschaftet: Der Staatshaushalt war also im Plus, wenn die Zinszahlungen herausgerechnet werden. Auch die öffentlichen Ausgaben sind in den vergangenen Jahrzehnten kaum gestiegen: 1991 lagen sie bei 12 500 Euro pro Kopf – 2017 waren es 13 000 Euro. In Deutschland stiegen sie hingegen von 11 800 auf 15 000 Euro und in Frankreich von 12 600 auf 18 000 Euro (siehe Interview mit der italienischen Ökonomin Antonella Stirati, in: *tageszeitung,* 13. November 2018).
10. Paul de Grauwe, The Governance of a Fragile Eurozone (April 2011).
11. Zahlen der Bundesbank, zitiert nach dpa, 18. März 2019. Mindestens ein Viertel dieses Leistungsbilanzüberschusses kommt inzwischen dadurch zustande, dass Zinsen und Dividenden aus dem Ausland nach Deutschland zurückfließen (Horn/Lindner, S. 801). Der Hintergrund: Exportüberschüsse sind nur möglich, wenn Deutschland Kapital im Ausland anlegt, weil sonst in den anderen Ländern das Geld fehlen würde, um deutsche Waren zu kaufen.
12. Bofinger 2013, S. 64 f.
13. Papakonstantinou, S. 49.
14. dpa, 10. Juli 2019.
15. Horn/Lindner, S. 801 ff.
16. Schulmeister, S. 244.
17. Tooze, S. 426. Der Wertverlust entstand zum Teil, weil die griechischen Staatsanleihen in langlaufende Papiere mit niedrigem Zinssatz umgewandelt wurden.
18. Bessere Aussichten für Irland. In: *Frankfurter Allgemeine Zeitung*, 13. Februar 2013.
19. Nur Griechenland darf an diesem Ankaufprogramm der EZB nicht teilnehmen, was die Zinsen dort künstlich nach oben treibt und die griechische Wirtschaft noch zusätzlich belastet.
20. Seit Ende 2018 pumpt die Europäische Zentralbank kein frisches Geld mehr in die Banken. Wenn jedoch alte Anleihen in den EZB-Beständen auslaufen,

werden sie durch neue Papiere ersetzt. Die Summe von 2,6 Billionen Euro bleibt also stabil.

21. Alternative für Deutschland, Deutschland, aber normal. Programm für die Wahl zum 20. Deutschen Bundestag, S. 50 f.
22. Schulmeister, S. 262 f.
23. Schulmeister, S. 263.
24. Jean-Claude Juncker, Lage der Union 2018, Rede vor dem Europäischen Parlament in Straßburg, 12. September 2018, S. 11.
25. Juncker, S. 10.
26. Zweites Quartal 2021. Siehe IMF Data, Currency Composition of Official Foreign Exchange Reserves (30. September 2021).
27. Swift, Worldwide Currency Usage and Trends (December 2015), S. 7. Siehe auch European Central Bank, The international role of the euro (June 2019).
28. www.bpb.de/nachschlagen/zahlen-und-fakten/europa/135825/handelsanteile. Die Europäer sind im globalen Handel überrepräsentiert, weil der innereuropäische Handel mitgezählt wird. Wird die EU als eine Einheit betrachtet, sinkt der europäische Anteil am Welthandel auf 15,4 Prozent, während der US-Anteil auf 11,1 Prozent steigt.

XII Schluss: Politik lohnt sich

1. Meadows, S. 60 und S. 69.
2. Im Jahr 2019 war der »Erderschöpfungstag« am 29. Juli erreicht.
3. »90 Meter Schrott«. In: *Die Zeit*, 14. Februar 2019.
4. Schneidewind, S. 60. Seit 2009 hat sich der deutsche C02-Ausstoß fast gar nicht verändert – bis 2030 muss er aber um 35 Prozent sinken, um eine Klimakatastrophe zu vermeiden.
5. Wie der Wachstumszwang im Kapitalismus entsteht, erklärt anschaulich Binswanger 2019.
6. Bartels 2018.

Literatur

Abelshauser, Werner, Schopenhausers Gesetz und die Währungsreform. Drei Anmerkungen zu einem methodischen Problem. In: Vierteljahrshefte für Zeitgeschichte 1985, S. 214 – 218

Abelshauser, Werner, Kohle und Marktwirtschaft. Ludwig Erhards Konflikt mit dem Unternehmensverband Ruhrbergbau am Vorabend der Kohlenkrise. In: Vierteljahrshefte für Zeitgeschichte 1985, S. 489 – 546

Abelshauser, Werner, Deutsche Wirtschaftsgeschichte. Von 1945 bis zur Gegenwart (Beck 2011)

Abelshauser, Werner (Hg), Das Bundeswirtschaftsministerium in der Ära der Sozialen Marktwirtschaft (De Gruyter/Oldenbourg 2016)

Admati, Anat/Martin Hellwig, The Bankers´ New Clothes. What´s Wrong with Banking and What to Do about it (Princeton University Press 2013)

Alberti, Michael, »Exerzierplatz des Nationalsozialismus«: Der Reichsgau Wartheland 1939 – 1941. In: Klaus-Michael Mallmann/Bogdan Musial (Hg), Genesis des Genozids. Polen 1939 – 1941 (Wissenschaftliche Buchgesellschaft 2004), S. 111 – 126

Angrick, Andrej, Besatzungspolitik und Massenmord. Die Einsatztruppe D in der südlichen Sowjetunion 1941 – 1943 (Hamburger Edition 2003)

Bach Stefan/Martin Beznoska/Viktor Steiner, Wer trägt die Steuerlast? Verteilungswirkungen des deutschen Steuer- und Transfersystems (Hans Böckler Stiftung 2017)

Bach, Stefan/Andreas Thiemann/Aline Zucco, Looking for the Missing Rich: Tracing the Top Tail of the Wealth Distribution (DIW 2018, Discussion Papers 1717)

Bach, Stefan, 100 Jahre deutsches Steuersystem: Revolution und Evolution (DIW 2018, Discussion Papers 1767)

Bähr, Johannes/Christopher Kopper, Industrie, Politik, Gesellschaft. Der BDI und seine Vorgänger. 1919 – 1990 (Wallstein 2019)

Bahr, Egon, Zu meiner Zeit (Siedler 1998)

Baltensperger, Ernst, Geldpolitik bei wachsender Integration (1979 – 1996). In: Deutsche Bundesbank (Hg), Fünfzig Jahre Deutsche Mark. Notenbank und Währung in Deutschland seit 1948 (Beck 1998), S. 475 – 560

Baring, Arnulf/Manfred Görtemaker, Machtwechsel. Die Ära Brandt – Scheel (dtv 1984)

Bartels, Charlotte, Einkommensverteilung in Deutschland von 1871 bis 2013: Erneut steigende Polarisierung seit der Wiedervereinigung. In: DIW-Wochenbericht 2018, S. 51–58

Berger, Helge/Albrecht Ritschl, Die Rekonstruktion der Arbeitsteilung in Europa. Eine neue Sicht auf den Marshallplan in Deutschland 1947 – 1951. In: Vierteljahreshefte für Zeitgeschichte 1995, S. 473 – 519

Binwanger, Mathias, Der Wachstumszwang. Warum die Volkswirtschaft immer weiterwachsen muss, selbst wenn wir genug haben (Wiley 2019)

Blanchard, Olivier, Macroeconomics. 5. Auflage (Pearson 2009)

Blinder, Alan, After the Music Stopped. The Financial Crisis, The Response, and the Work Ahead (Penguin 2013)

Bofinger, Peter, Wir sind besser, als wir glauben. Wohlstand für alle (Pearson 2005)

Bofinger, Peter, Zurück zur D-Mark? Deutschland braucht den Euro (Droemer 2012)

Borsdorf, Ulrich/Lutz Niethammer (Hg), Zwischen Befreiung und Besatzung. Analysen des US-Geheimdienstes über Positionen und Strukturen deutscher Politik 1945 (Hoffmann & Campe 1976)

Brenke, Karl, Die Jahre 1989 und 1990: Das wirtschaftliche Desaster der DDR – schleichender Niedergang und Schocktherapie. In: Vierteljahrshefte zur Wirtschaftsforschung 2009/2, S. 18 – 31

Brenke, Karl/Klaus F. Zimmermann, Ostdeutschland 20 Jahre nach dem Mauerfall: Was war und was ist heute mit der Wirtschaft? In: Vierteljahrshefte zur Wirtschaftsforschung 2009/2, S. 32 – 62

Brockway, Fenner, German Diary (Left Book Club Edition 1946)

Brüggemeier, Franz-Josef, Grubengold. Das Zeitalter der Kohle von 1750 bis heute (Beck 2018)

Bucerius, Gerd, Der Adenauer. Subjektive Beobachtungen eines unbequemen Zeitgenossen (Hoffmann und Campe 1976)

Buchheim, Christoph, Die Währungsreform 1948 in Westdeutschland. In: Vierteljahrshefte für Zeitgeschichte 1988, S. 189 – 231

Buchheim, Christoph, Die Wiedereingliederung Westdeutschlands in die Weltwirtschaft 1945 – 1958 (Oldenbourg 1990)

Buchheim, Christoph, Die Unabhängigkeit der Bundesbank. Folge eines amerikanischen Oktrois? In: Vierteljahrshefte für Zeitgeschichte 2001, S. 1 – 30

Bührer, Werner, Westdeutschland in der OEEC. Eingliederung, Krise, Bewährung 1947 – 1961 (Oldenbourg 1997)

Bührer, Werner, Der Traum vom »Wohlstand für alle«. Wie aktuell ist Ludwig Erhards Programmschrift? In: Zeithistorische Forschungen 2007, S. 256 – 262

Bundesministerium für Gesundheit und Soziale Sicherung, Nachhaltigkeit in der Finanzierung der Sozialen Sicherungssysteme. Bericht der Kommission (Berlin 2004)

Bundesministerium für Arbeit und Soziales, Sozialbudget 2017 (Berlin 2018)

Busch, Andreas, Banking Regulation and Globalization (Oxford University Press 2009)

Caspari, Volker/Klaus Lichtblau, Franz Oppenheimer. Ökonom und Soziologe der ersten Stunde (Societäts-Verlag 2014)

Dahrendorf, Ralf, Liberal und unabhängig. Gerd Bucerius und seine Zeit (Beck 2000)

Deutsche Bundesbank, Aktualisierung der Außenwertberechnung und Anpassung an die Bedingungen der Europäischen Währungsunion. In: Deutsche Bundesbank, Monatsbericht 1998, S. 57 – 71

Deutsche Bundesbank, Die Zahlungsbilanz der ehemaligen DDR von 1975 bis 1989 (Frankfurt 1999)

Deutsche Bundesbank, Geschäftsbericht 2020 (Frankfurt 2021)

Deutsche Rentenversicherung, 125 Jahre gesetzliche Rentenversicherung: 1889 – 2014 (Berlin 2014)

Deutsche Rentenversicherung, Rentenversicherung in Zahlen 2019 (Berlin 2019)

Ehmke, Horst, Mittendrin. Von der Großen Koalition zur Deutschen Einheit (Rowohlt 1994)

Eichengreen, Barry, Vom Goldstandard zum Euro. Die Geschichte des internationalen Währungssystems (Wagenbach 1999)

Eichengreen, Barry/Albrecht Ritschl, Understanding West German Economic Growth in the 1950s (SFB 649 Discussion Paper 2008–068)

Emminger, Otmar, D-Mark, Dollar, Währungskrisen. Erinnerungen eines ehemaligen Bundesbankpräsidenten (DVA 1986)

Erhard, Ludwig, Kriegsfinanzierung und Schuldenkonsolidierung. Faksimiledruck der Denkschrift 1943/44 (Propyläen 1977)

Erhard, Ludwig, Wohlstand für alle, 1957 (Anaconda 2009)

Erker, Paul/Toni Pierenkemper (Hg), Deutsche Unternehmer zwischen Kriegswirtschaft und Wiederaufbau. Studien zur Erfahrungsbildung von Industrie-Eliten (Oldenbourg 1999)

Flassbeck, Heiner/Friederike Spiecker, Die deutsche Lohnpolitik sprengt die Europäische Währungsunion. In: WSI-Mitteilungen 2005, S. 707 – 713

Flassbeck, Heiner/Friederike Spiecker, Das Ende der Massenarbeitslosigkeit. Mit richtiger Wirtschaftspolitik die Zukunft gewinnen (Westend 2007)

Fratzscher, Marcel, Verteilungskampf. Warum Deutschland immer ungleicher wird (Hanser 2016)

Frieden, Jeffry, Banking on the World. The Politics of American International Finance (Harper & Row 1987)

Friedman, Milton, Kapitalismus und Freiheit, 1962 (Eichborn 2002)

Fuhrmann, Uwe, Die Entstehung der »sozialen Marktwirtschaft« 1948/49. Eine historische Dispositivanalyse (UVK Verlagsgesellschaft 2017)

Galbraith, John Kenneth, A Life in Our Times (Houghton Mifflin 1981)

Gall, Lothar, Der Bankier Hermann Josef Abs. Eine Biographie (Beck 2005)

Gassert, Philipp, Kurt Georg Kiesinger, 1904 – 1988. Kanzler zwischen den Zeiten (DVA 2006)

Gavin, Francis J., Gold, Dollars and Power. The Politics of International Monetary Relations, 1958 – 1971 (University of North Carolina Press 2004)

Gerlach, Christian, Ludwig Erhard und die »Wirtschaft des neuen deutschen Ostraums«. Ein Gutachten aus dem Jahr 1941 und Erhards Beratertätigkeit bei der deutschen Annexionspolitik 1938 – 43. In: Beiträge zur nationalsozialistischen Gesundheits- und Sozialpolitik Band 13, 1997, S. 241 – 276

Gillies, Peter/Daniel Koerfer/Udo Wengst, Ludwig Erhard (be.bra wissenschaft 2010)

Görtemaker, Manfred, Geschichte der Bundesrepublik. Von der Gründung bis zur Gegenwart (Fischer 1999)

Grunenberg, Nina, Die Wundertäter. Netzwerke der deutschen Wirtschaft 1942 – 1966 (Pantheon 2008)

Hassel, Anke/Christof Schiller, Der Fall Hartz IV: Wie es zur Agenda kam und wie es weitergeht (Campus 2010)

Hegelich, Simon/David Knollmann/Johanna Kuhlmann, Agenda 2010. Strategien – Entscheidungen – Konsequenzen (VS Verlag 2011)

Heinzen, Georg/Uwe Koch, Von der Nutzlosigkeit, erwachsen zu werden (Rowohlt 1985)

Hellwig, Martin, Germany and the Financial Crises 2007 – 2017 (Schwedische Reichsbank 2018)

Hentschel, Volker, Die europäische Zahlungsunion und die deutschen Devisenkrisen 1950/51. In: Vierteljahreshefte für Zeitgeschichte, 4/1989, S. 715 – 758

Hentschel, Volker, Ludwig Erhard. Ein Politikerleben (Ullstein 1998)

Herbert, Ulrich, Geschichte Deutschlands im 20. Jahrhundert (Beck 2014)

Herbst, Ludolf, Kriegsüberwindung und Wirtschaftsneuordnung. Ludwig Erhards Beteiligung an den Nachkriegsplanungen am Ende des Zweiten Weltkriegs. In: Vierteljahrshefte für Zeitgeschichte 1977, Heft 3, S. 305 – 340

Herrmann, Ulrike, Hurra, wir dürfen zahlen. Der Selbstbetrug der Mittelschicht (Westend 2010)

Herrmann, Ulrike, Der Sieg des Kapitals. Wie der Reichtum in die Welt kam: Die Geschichte von Wachstum, Geld und Krisen (Westend 2013)

Herrmann, Ulrike, Kein Kapitalismus ist auch keine Lösung. Die Krise der heutigen Ökonomie oder Was wir von Smith, Marx und Keynes lernen können (Westend 2016)

Hielscher, Erwin, Der Leidensweg der deutschen Währungsreform (Richard Pflaum Verlag 1948)

Hobsbawm, Eric, The Age of Extremes 1914 – 1991 (Abacus 1995)

Hockerts, Hans Günter, Sozialpolitische Reformbestrebungen in der frühen Bundesrepublik. Zur Sozialreform-Diskussion und Rentengesetzgebung 1953 – 1957. In: Vierteljahrshefte für Zeitgeschichte, 1977, S. 341 – 372

Hockerts, Hans Günter/Günther Schulz (Hg), Der »Rheinische Kapitalismus« in der Ära Adenauer (Ferdinand Schöningh 2016)

Hohensee, Jens, Der erste Ölpreisschock 1973/74. Die politischen und gesellschaftlichen Auswirkungen der arabischen Erdölpolitik auf die Bundesrepublik Deutschland (Steiner 1996)

Hohmann, Karl, Ludwig Erhard (1897 – 1977). Eine Biographie (ST-Verlag 1997). Wird hier nach der PDF-Ausgabe auf der Homepage der Ludwig-Erhard-Stiftung zitiert.

Holtfrerich, Carl-Ludwig, Geldpolitik bei festen Wechselkursen (1948 – 1970). In: Deutsche Bundesbank (Hg), Fünfzig Jahre Deutsche Mark. Notenbank und Währung in Deutschland seit 1948 (Beck 1998)

Holtmann, Everhard/Anne Köhler, Wiedervereinigung vor dem Mauerfall. Einstellungen der Bevölkerung der DDR im Spiegel geheimer westlicher Meinungsumfragen (Campus 2015)

Horn, Gustav/Fabian Lindner, Die deutschen Leistungsbilanzüberschüsse: hohe Wettbewerbsfähigkeit oder zu schwache Nachfrage? In: Wirtschaftsdienst 2016, S. 801 – 805

Illing, Falk, Energiepolitik in Deutschland. Die energiepolitischen Maßnahmen der Bundesregierung 1949 – 2019 (Nomos 2012)

IWH, Leibniz-Institut für Wirtschaftsforschung Halle, Vereintes Land – drei Jahrzehnte nach dem Mauerfall (Halle 2019)

Joly, Hervé, Großunternehmer in Deutschland. Soziologie einer industriellen Elite 1933 – 1989 (Leipziger Universitätsverlag 1998)

Judt, Matthias, Der Bereich Kommerzielle Koordinierung. Das DDR-Wirtschaftsimperium des Alexander Schalck-Golodkowski – Mythos und Realität (Links Verlag 2013)

Judt, Tony, Postwar. A History of Europe since 1945 (Vintage 2005)

Kaplan, Jacob/Günther Schleiminger, The European Payments Union. Financial Diplomacy in the 1950s (Clarendon 1989)

Karlik, John R., Some Questions and Brief Answers about the Eurodollar Market. A Staff Study prepared for the use of the Joint Economic Committee, Congress of the United States (US Government 1977)

Kaufmann, Franz-Xaver, Varianten des Wohlfahrtsstaats. Der deutsche Sozialstaat im internationalen Vergleich (edition suhrkamp 2003)

Kindleberger, Charles, A Financial History of Western Europe. Second Edition (Oxford University Press 1993)

Kitterman, David, Otto Ohlendorf, »Gralshüter des Nationalsozialismus«. In: Ronald Smelser/Enrico Syring (Hg), Die SS: Elite unter dem Totenkopf. 30 Lebensläufe (Schöningh 2000), S. 379 – 393

Klein, Markus/Jürgen W. Falter, Der lange Weg der Grünen. Eine Partei zwischen Protest und Regierung (Beck 2003)

Kleßmann, Christoph, Die doppelte Staatsgründung. Deutsche Geschichte 1945 – 1955 (Bundeszentrale für politische Bildung 1982)

Kopper, Christoph, Die Reise als Ware. Die Bedeutung der Pauschalreise für den westdeutschen Massentourismus nach 1945. In: Zeithistorische Forschungen 2007, S. 61 – 83

Kreikamp, Hans-Dieter, Die Entflechtung der I. G. Farbenindustrie A. G. und die Gründung der Nachfolgegesellschaften. In: Vierteljahrshefte für Zeitgeschichte 1977, S. 220 – 251

Krelle, Wilhelm, Überbetriebliche Ertragsbeteiligung der Arbeitnehmer. Mit einer Untersuchung der Vermögensstruktur der Bundesrepublik Deutschland (Mohr 1968)

Krengel, Rolf, Anlagevermögen, Produktion und Beschäftigung der Industrie im Gebiet der Bundesrepublik von 1924 bis 1956 (Duncker & Humblot 1958)

Kuczynski, Jürgen, Memoiren (Pahl-Rugenstein 1983)

Lever, Paul, Berlin Rules. Europe and the German Way (Tauris 2017)

Lewis, Michael, Liar´s Poker. Two Cities, True Greed: Playing the Money Markets (Coronet 1989)

Lillteicher, Jürgen, Raub, Recht und Restitution. Die Rückerstattung jüdischen Eigentums in der frühen Bundesrepublik (Wallstein 2007)

Lindlar, Ludger, Das missverstandene Wirtschaftswunder (Mohr Siebeck 1997)

Löffler, Bernhard, Soziale Marktwirtschaft und administrative Praxis. Das Bundeswirtschaftsministerium unter Ludwig Erhard (Franz Steiner Verlag 2002)

Lösche, Peter/Franz Walter, Die FDP. Richtungsstreit und Zukunftszweifel (Wissenschaftliche Buchgesellschaft 1996)

Loth, Wilfried, Geschichte Frankreichs im 20. Jahrhundert (Fischer 1995)

Loth, Wilfried, Helmut Kohl und die Währungsunion. In: Vierteljahrshefte für Zeitgeschichte 2013, S. 455 – 480

Ludwig Erhard Zentrum (LEZ), Ludwig Erhard. Der Weg zur Freiheit, Sozialer Marktwirtschaft, Wohlstand für Alle (Kerber Verlag 2018)

Lütjen, Torben, Karl Schiller, »Superminister« Willy Brandts (Dietz 2007)

Madarász-Lebenhagen, Jeanette (Hg), Alltag im ostdeutschen Premnitz. Mit den Kalenderblättern (1982 – 1984) von Hubert Biebl (Metropol 2012)

Maddison, Angus, The World Economy. A Millenial Perspective (OECD 2001)

Malycha, Andreas, Ungeschminkte Wahrheiten. Ein vertrauliches Gespräch von Gerhard Schürer, Chefplaner der DDR, mit der Stasi über die Wirtschaftspolitik der SED im April 1978. In: Vierteljahrshefte für Zeitgeschichte 2011, S. 283 – 305

Mantel, Peter, Betriebswirtschaftslehre und Nationalsozialismus. Eine institutionen- und personengeschichtliche Studie (Gabler 2009)

Marsh, David, The Bundesbank. The Bank that Rules Europe (Heinemann 1992)

Marsh, David, The Euro. The Battle for the New Global Currency (Yale University Press 2011)

Meadows, Dennis/Donella Meadows/Erich Zahn/Peter Milling, Die Grenzen des Wachstums. Bericht des Club of Rome zur Lage der Menschheit (Rowohlt 1973)

Merseburger, Peter, Der schwierige Deutsche: Kurt Schumacher. Eine Biographie (DVA 1995)

Möller, Hans, Zur Vorgeschichte der DM. Die Währungsreformpläne 1945 – 1948 (Mohr Siebeck 1961)

Möller, Hans, Die westdeutsche Währungsreform von 1948. In: Deutsche Bundesbank (Hg), Währung und Wirtschaft in Deutschland 1876 – 1975 (Fritz Knapp Verlag 1976), S. 433 – 484

Mörchen, Stefan, Schwarzer Markt. Kriminalität, Ordnung und Moral in Bremen 1939 – 1949 (Campus 2011)

Mommsen, Hans, Ludwig Beck und Carl Goerdeler – Führer des zivilen Widerstands gegen Hitler. In: Brakelmann, Günter/Manfred Keller (Hg), Der 20. Juli 1944 und das Erbe des deutschen Widerstands (LIT Verlag 2005)

Müller, Wolfgang, Ende des »Wirtschaftswunders«, erste Krisen und der Kampf um die 35-Stunden-Woche (1967 – 1989). In: IG Metall Bayern, Vom Wiederaufbau zur Arbeit 4.0 (VSA 2017)

Muscheid, Jutta, Die Steuerpolitik in der Bundesrepublik Deutschland 1949 – 1982 (Duncker & Humblot 1986)

Neitzel, Sönke, Abgehört. Deutsche Generäle in britischer Kriegsgefangenschaft 1942 – 1945 (List 2007)

Noack, Hans-Joachim, Helmut Schmidt. Die Biographie (rororo 2010)

Nützenadel, Alexander, Stunde der Ökonomen. Wissenschaft, Politik und Expertenkultur in der Bundesrepublik 1949 – 1974 (Vandenhoek & Ruprecht 2006)

Padover, Saul K., Lügendetektor. Vernehmungen im besiegten Deutschland 1944/45 (englische Originalausgabe 1946, Andere Bibliothek 2016)

Papakonstantinou, Giorgos, Game Over. The Inside Story of the Greek Crisis (Athen 2016)

Plumpe, Werner, Das kalte Herz des Kapitalismus (Rowohlt 2019)

Posener, Julius, In Deutschland 1945 bis 1946 (Siedler 2001)

Puzo, Mario, The Dark Arena, 1953 (Ballantine Books 2004)

Radkau, Joachim, Die Ara der Ökologie. Eine Weltgeschichte (Beck 2011)

Ritschl, Albrecht, Die Währungsreform von 1948 und der Aufstieg der westdeutschen Industrie. Zu den Thesen von Mathias Manz und Werner Abelshauser über die Produktionswirkungen der Währungsreform. In: Vierteljahrshefte für Zeitgeschichte 1985, S. 136 – 165

Rosenkötter, Bernhard, »... eine der radikalsten Räubereien der Weltgeschichte ...« Die Rolle der Haupttreuhandstelle Ost und ihrer »Sonderabteilung Altreich«. In: Katharina Stengel (Hg), Vor der Vernichtung. Die staatliche Enteignung der Juden im Nationalsozialismus (Campus 2007), S. 114 – 126

Rossum, Walter van, Meine Sonntage mit »Sabine Christiansen«. Wie das Palaver uns regiert (Kiepenheuer & Witsch 2004)

Roth, Karl Heinz, Das Ende eines Mythos. Ludwig Erhard und der Übergang der deutschen Wirtschaft von der Annexions- zur Nachkriegsplanung (1939 – 1945). Teil I und II. In: 1999, Zeitschrift für Sozialgeschichte des 20. und 21. Jahrhunderts, 1995, Band 4, S. 53 – 93 und 1999, Band 1, S. 73 – 91

Roubini, Nouriel/Stephen Mihm, Crisis Economics: A Crash Cource in the Future of Finance (Penguin 2010)

Schanetzky, Tim, Unternehmer: Profiteure des Unrechts. In: Norbert Frei, Karrieren im Zwielicht. Hitlers Eliten nach 1945 (Campus 2001), S. 73 – 130

Scherzer, Landolf, Der Erste (Aufbau 1997)

Schirrmacher, Frank, Ego. Das Spiel des Lebens (Blessing 2013)

Schmähl, Winfried, Die Einführung der dynamischen Rente 1957: Gründe, Ziele und Maßnahmen. Versuch einer Bilanz (ZeS-Arbeitspapier 3/2007)

Schmidt, Helmut, Menschen und Mächte (Siedler 1987)

Schindelbeck, Dirk/Volker Ilgen, »Haste was, biste was!« Werbung für die soziale Marktwirtschaft (Wissenschaftliche Buchgesellschaft 1999)

Schneidewind, Uwe, Die große Transformation. Eine Einführung in die Kunst gesellschaftlichen Wandels (Fischer 2018)

Schöllgen, Gregor, Gerhard Schröder. Die Biographie (DVA 2015)

Schöne, Jens, Die DDR. Eine Geschichte des »Arbeiter- und Bauernstaates« (Berlin Story Verlag 2014)

Schröder, Richard, Irrtümer über die deutsche Einheit (Herder 2014)

Schürer, Gerhard et al., Analyse der ökonomischen Lage der DDR mit Schlussfolgerungen (SED-Politbüro 30. Oktober 1989)

Schulmeister, Stephan, Der Weg in die Prosperität (Ecowin 2018)

Schupp, Jürgen, Hartz IV – weder Rolltreppe aus der Armut noch Fahrstuhl in die Armut. In: Wirtschaftsdienst 2019, S. 247 – 251

Silber-Bonz, Christoph, Pferdmenges und Adenauer. Der politische Einfluss des Kölner Bankiers (Bouvier 1997)

Simms, Brendan, Britain´s Europe. A Thousand Years of Conflict and Cooperation (Allan Lane 2016)

Soell, Hartmut, Helmut Schmidt. Macht und Verantwortung (DVA 2008)

Spoerer, Mark/Jochen Streb, Neue deutsche Wirtschaftsgeschichte des 20. Jahrhunderts (Oldenbourg 2013)

Spree, Reinhard (Hg), Geschichte der deutschen Wirtschaft (Beck 2001)

Statistisches Bundesamt, Statistisches Jahrbuch 2018 (Wiesbaden 2018)

Steinbrück, Peer, Unterm Strich (Hoffmann und Campe 2010)

Steiner, André, Von Plan zu Plan. Eine Wirtschaftsgeschichte der DDR (DVA 2004)

Steinert, Johannes-Dieter, Food and the Food Crisis in Post-War Germany, 1945 – 1948: British Policy and the Role of British NGOs. In: Frank Trentmann/Just

Flemming (Ed), Food and Conflict in Europe in the Age of the two World Wars (Palgrave 2006), S. 266 – 288

Stolper, Gustav, German Realities (Reynal & Hitchcock 1948)

Süß, Walter, Von der Ohnmacht des Volkes zur Resignation der Mächtigen. Ein Vergleich des Aufstandes in der DDR 1953 mit der Revolution von 1989. In: Vierteljahrshefte für Zeitgeschichte 2004, S. 441 – 477

Tooze, Adam, The Wages of Destruction. The Making & Breaking of the Nazi Economy (Penguin 2007)

Tooze, Adam, Crashed. How a Decade of Financial Crises Changed the World (Viking 2018)

Trittel, Günter, Hunger und Politik. Die Ernährungskrise in der Bizone 1945 – 1949 (Campus 1990)

United States of America, Strategic Bombing Survey (USSBS), Summary Report (European War), September 1945

United States of America, The Financial Crisis Inquiry Report. Final Report of the National Commission on the Causes of the Financial and Economic Crisis in the United States (Washington 2011)

Vesper, Dieter, 25 Jahre Deutsche Einheit. Was hat die Finanzpolitik im Anpassungsprozess geleistet? Eine Bilanz (Friedrich-Ebert-Stiftung 2015)

Vocke, Wilhelm, Memoiren. Die Erinnerungen des früheren Bundesbankpräsidenten (DVA 1973)

Volcker, Paul, Keeping at It. The Quest for Sound Money and Good Government (Public Affairs 2018)

Wachter, Clemens, Ludwig Erhard als Wissenschaftler und Dozent. Seine Tätigkeit an der Nürnberger Hochschule für Wirtschafts- und Sozialwissenschaften und am Institut für Wirtschaftsbeobachtung der deutschen Fertigware. In: Mitteilungen des Vereins für Geschichte der Stadt Nürnberg, 2013, S. 637 – 672

Wagenknecht, Sahra, Freiheit statt Kapitalismus (Eichborn 2011)

Waigel, Theo, Ehrlichkeit ist eine Währung. Erinnerungen (Econ 2019)

Walter, Franz, Gelb oder Grün? Kleine Parteiengeschichte der besserverdienenden Mitte in Deutschland (transcript 2010)

Walter, Franz, Vorwärts oder abwärts? Zur Transformation der Sozialdemokratie (edition suhrkamp 2010)

Walter, Franz, Die SPD. Biographie einer Partei von Ferdinand Lasalle bis Andrea Nahles (Rororo 2018)

Wandel, Eckhard, Die Entstehung der Bank deutscher Länder und die deutsche Währungsreform 1948 (Fritz Knapp Verlag 1980)

Wehler, Hans-Ulrich, Deutsche Gesellschaftsgeschichte. Vom Beginn des Ersten Weltkriegs bis zur Gründung der beiden deutschen Staaten 1914 – 1949 (Beck 2003)

Wehler, Hans-Ulrich, Deutsche Gesellschaftsgeschichte. Bundesrepublik und DDR 1949 – 1990 (Beck 2008)

Weick, Arne, Homburger Plan und Währungsreform. Kritische Analyse des Währungsreformplans der Sonderstelle Geld und Kredit und seiner Bedeutung für die westdeutsche Währungsreform von 1948 (Scripta Mercaturae Verlag 1998)

Wentker, Hermann, Die DDR in den Augen des BND (1985 – 1990). Ein Interview mit Dr. Hans-Georg Wieck. In: Vierteljahrshefte für Zeitgeschichte 2008, S. 323 – 358

Wildt, Michael, Vom kleinen Wohlstand. Eine Konsumgeschichte der fünfziger Jahre (Fischer 1996)

Wimschneider, Anna, Herbstmilch. Lebenserinnerungen einer Bäuerin (Piper 1984)

Wünsche, Horst Friedrich, Ludwig Erhards Gutachten für Dienststellen im Dritten Reich. In: Ludwig Erhard Stiftung, Orientierungen zur Wirtschafts- und Gesellschaftspolitik Nr. 140, Dezember 2014, S. 14 – 21

Wünsche, Horst Friedrich, Die jüngsten Falschmeldungen, die Ludwig Erhard verunglimpfen, 31. August 2018, www.ludwig-erhard.de

Zimmermann, Hubert, Franz Josef Strauß und der deutsch-amerikanische Währungskonflikt in den sechziger Jahren. In: Vierteljahrshefte für Zeitgeschichte 1999, S. 57 – 85

Zimmermann, Hubert, Money and Security. Troops, Monetary Policy, and West Germany's Relations with the United States and Britain, 1950 – 1971 (Cambridge University Press 2002)

Zürndorf, Irmgard, Der Preis der Marktwirtschaft. Staatliche Preispolitik und Lebensstandard in Westdeutschland 1948 bis 1963 (Franz Steiner Verlag 2006)

Zweiniger-Bargielowska, Ina, Auterity in Britain. Rationing, Controls and Consumption, 1939 – 1955 (Oxford University Press 2000)